Büßer/Tonner
Das zivilrichterliche Dezernat

Das zivilrichterliche Dezernat

von

Dr. Janko Büßer

Richter am Oberlandesgericht

und

Dr. Martin Tonner

Richter am Oberlandesgericht

3., vollständig überarbeitete Auflage 2019

C.H.BECK

www.beck.de

ISBN 978 3 406 73007 8

Wilhelmstraße 9, 80801 München

Druck und Bindung: Druckhaus Nomos,
In den Lissen 12, 76547 Sinzheim

Satz: Textservice Zink, 74869 Schwarzach
Umschlaggestaltung: Druckerei C.H. Beck Nördlingen

Gedruckt auf säurefreiem, alterungsbeständigem Papier
(hergestellt aus chlorfrei gebleichtem Zellstoff)

Vorwort

In der vorliegenden Neuauflage haben wir neben Gesetzesänderungen und neuerer Rechtsprechung vor allem viele der zahlreichen Hinweise berücksichtigt, die uns zur zweiten Auflage erreicht haben und für die wir herzlich danken. Den Bitten um eine inhaltliche Erweiterung sind wir auch diesmal nur an wenigen Stellen nachgekommen, da sich an dem Charakter des Buches als Einstiegshilfe nichts ändern sollte.

Allein aus Gründen der besseren Lesbarkeit und sprachlichen Vereinfachung haben wir auch in dieser Auflage auf die gleichzeitige Verwendung der männlichen und weiblichen Form verzichtet.

Für Kritik und Anregungen sind wir weiterhin sehr dankbar.

Hamburg im Dezember 2018

Janko Büßer
Martin Tonner

Vorwort zur ersten Auflage

Der Arbeitsalltag eines Zivilrichters besteht im Wesentlichen aus zwei Konstanten: der Gestaltung des Verfahrens und dem Abfassen von Entscheidungen. Wenn Sie erstmals als Beisitzer einer Zivilkammer am Landgericht eingesetzt werden bzw. den Vorsitz einer Zivilabteilung am Amtsgericht übernehmen, werden Sie sich vielleicht nicht auf sämtliche Anforderungen hinreichend vorbereitet fühlen, zumal diese Anforderungen stetig steigen: Das Recht wird internationaler und komplexer, Rechtsanwälte spezialisieren sich zunehmend auf bestimmte Rechtsgebiete und nicht zuletzt erhöht sich die Arbeitsbelastung. Unverändert bleibt die berechtigte Erwartung der Parteien auf schnelle und sachgerechte Erledigung des Rechtsstreits.

Dieses Buch soll Ihnen den Einstieg in Ihre Zivilrichtertätigkeit erleichtern und helfen, die nötige Sicherheit bei der Gestaltung der Verfahren und im Umgang mit dem Bestand Ihres Dezernats schnellstmöglich zu erlangen. Nach unserer Vorstellung soll diese Hilfe auf zwei Arten erfolgen: Zum einen können Sie sich einen Überblick über den Ablauf eines Zivilverfahrens und die jeweils anstehenden Arbeitsschritte verschaffen; zum anderen können Sie bei der täglichen Arbeit gezielt darauf zurückgreifen, wenn Sie in bestimmten Situationen Hinweise für die Verfahrensgestaltung oder die Formulierung von Verfügungen, Beschlüssen und Urteilen suchen.

Deshalb haben wir in erster Linie Wert auf die Darstellung der wichtigsten Abläufe und Formalien gelegt und nicht auf die „materielle“ Lösung prozessrechtlicher Probleme, für die Sie im Zweifel auf Kommentare zurückgreifen können. Dabei ist uns selbstverständlich bewusst, dass sich in vielen Konstellationen mehrere Vorgehensweisen, Formulierungen oder Gestaltungen anbieten und es häufig eine Frage der Erfahrung, Routine, manchmal auch der „regionalen Übung“ und nicht zuletzt des persönlichen Stils und Geschmacks ist, für welche Sie sich entscheiden.

Schließlich muss sich die Darstellung im Wesentlichen auf den gewöhnlichen Verfahrensverlauf, den „Standardprozess“, beschränken, der Sie in der täglichen Arbeit am häufigsten beschäftigen wird. Daneben kennt die Praxis der Zivilprozesse natürlich unzählige weitere Konstellationen, in denen der berühmte Blick in das Gesetz nicht genügt, deren Behandlung aber den Rahmen dieses Buches sprengen würde. Wir sind uns jedoch sicher, dass Sie hierfür und für alle weiteren Fragen jederzeit auf die Hilfsbereitschaft der erfahrenen Kolleginnen und Kollegen in Ihrem Umfeld zurückgreifen können.

Sollten Sie Kritik äußern wollen oder Anregungen haben, bitten wir Sie um eine Nachricht an: info@zivilrichter.net.

Hamburg im Juli 2010

Janko Büßer
Martin Tonner

Inhaltsverzeichnis

1. Kapitel
Allgemeines

2. Kapitel
Die Dezernatsarbeit

4. Kapitel
Güteverhandlung, mündliche Verhandlung, Beweisaufnahme, Verkündungstermin

5. Kapitel
Urteil, Erledigung, Klagerücknahme

6. Kapitel
Besondere Verfahren

Abkürzungsverzeichnis

a.A.	andere Ansicht
AG	Amtsgericht
Alt.	Alternative
Ausf.	Ausfertigung
Az.	Aktenzeichen
B	Beschwerde
BAG	Bundesarbeitsgericht
Bekl.	Beklagter
BeklagtenV/BeklV	Beklagtenvertreter
BerBeklV	Berufungsbeklagtenvertreter
BerKlV	Berufungsklägervertreter
Beschl.	Beschluss
BGB	Bürgerliches Gesetzbuch
BGH	Bundesgerichtshof
BGHZ	Bundesgerichtshof, Entscheidungen in Zivilsachen
Bl.	Blatt
bspw.	beispielsweise
b.u.v.	beschlossen und verkündet
BVerfG	Bundesverfassungsgericht
BVerfGE	Bundesverfassungsgericht, Entscheidungen
bzw.	beziehungsweise
d.A.	der Akte
ders.	derselbe
d.h.	das heißt
EB	Empfangsbekenntnis
EuGVVO	Europäische Gerichtsstands- und Vollstreckungsverordnung
Fn.	Fußnote
ggf.	gegebenenfalls
GKG	Gerichtskostengesetz
GmSOBG	Gemeinsamer Senat der obersten Bundesgerichte
GSt.	Geschäftsstelle
GVG	Gerichtsverfassungsgesetz
h.M.	herrschende Meinung
Hs.	Halbsatz
InsO	Insolvenzordnung
i.S.d.	im Sinne des/der
i.V.m.	in Verbindung mit
KfH	Kammer für Handelssachen
Kl.	Kläger
KlägerV/KlV	Klägervertreter
KG	Kammergericht

LG .... Landgericht

MDR .... Monatsschrift für Deutsches Recht
Mitt. .... Mitteilung
m.w.N. .... mit weiteren Nachweisen

NJW .... Neue Juristische Wochenschrift
NJW-RR .... NJW-Rechtsprechungs-Report
Nr. .... Nummer

OLG .... Oberlandesgericht

ParteiV .... Parteivertreter
PKH .... Prozesskostenhilfe

RA .... Rechtsanwalt
Ri .... Richter
RiAG .... Richter am Amtsgericht
RiLG .... Richter am Landgericht
Rn. .... Randnummer
RPflG .... Rechtspflegergesetz
RVG .... Rechtsanwaltsvergütungsgesetz

S. .... Satz
sog. .... so genannte(r)
Ss .... Schriftsatz
Stn. .... Stellungnahme
SV .... Sachverständiger

T .... Termin

u.a. .... unter anderem
UKlG .... Unterlassungsklagengesetz
u.m.A. .... urschriftlich mit Akte
Urt. .... Urteil

V./Vfg. .... Verfügung
Var. .... Variante
Vgl. .... Vergleich
vgl. .... vergleiche
VT .... Verkündungstermin
v.u.g. .... vorgelesen und genehmigt

WV .... Wiedervorlage

z. .... zur
z.F. .... zur Frist
z.T. .... zum Termin
ZPO .... Zivilprozessordnung
ZU .... Zustellungsurkunde

Literaturverzeichnis

Kramer, Die Berufung in Zivilsachen, 8. Auflage 2015
Musielak/Voit, Kommentar zur Zivilprozessordnung, 15. Auflage 2018 (auch bei beck-online abrufbar)
Schober, Zivilrichter-Leitfaden, 3. Auflage 2019
van den Hövel, Richterliche Arbeitstechnik: einschließlich Beweisaufnahme und Beweiswürdigung, 5. Auflage 2013
Seitz/Büchel (Hrsg.), Beck'sches Richter-Handbuch, 3. Auflage 2012
Thomas/Putzo, Zivilprozessordnung, 39. Auflage 2018
Zöller, Zivilprozessordnung, 33. Auflage 2019 (auch bei Juris abrufbar)

1. Kapitel
Allgemeines

§ 1. Organisation des Zivilverfahrens an Ihrem Gericht

Wenn eine Akte das erste Mal auf Ihrem Schreibtisch landet, hat sie bereits einige Stationen im Gericht durchlaufen. Nehmen Sie sich die Zeit, um die Abläufe an Ihrem Gericht kennenzulernen. Sie werden das, was Sie von nun an täglich umgibt, noch wesentlich besser verstehen. 1

I. Geschäftsverteilungsplan

Gemäß Art. 101 I 2 GG i.V.m. § 16 S. 2 GVG darf niemand seinem gesetzlichen Richter entzogen werden. Dies setzt „einen Bestand von Rechtssätzen voraus, die für jeden denkbaren Streitfall im Voraus den Richter bezeichnen, der für die Entscheidung zuständig ist".[1] Neben den gesetzlichen Vorschriften über die Zuständigkeit der einzelnen Gerichte gehören hierzu auch die Regelungen über die gerichtsinterne Verteilung der Streitsachen, sog. Geschäftsverteilungsplan (GVP), und ggf. die kammerinterne Verteilung. 2

1. Geschäftsverteilungsplan des Gerichts

Der GVP des Gerichts wird vom Präsidium beschlossen (§ 21e GVG). Sie sollten den für Ihre tägliche Arbeit maßgeblichen Inhalt des GVP kennen. Hierzu gehören die Regelungen über die Vertretung, also darüber, wer Sie vertritt und wen Sie vertreten, über die Spezialzuständigkeiten am Gericht und das Verfahren bei Abgabe einer solchen Spezialsache, über die Abgabe einer Sache wegen Sachzusammenhangs mit einer Sache, die bereits bei einer anderen Abteilung bzw. Kammer anhängig ist, und über Eildienste. 3

2. Kammerinterner Geschäftsverteilungsplan

Nach § 21g I 1 GVG hat jede Zivilkammer einen Beschluss über die kammerinterne Verteilung der Verfahren zu fassen. Mit Ihrem Eintritt in die Kammer muss folglich der bestehende kammerinterne GVP geändert werden, um auch Ihre künftige Zuständigkeit zu regeln. Regelmäßig erfolgt die Verteilung nach der letzten Ziffer der laufenden Nummer, abhängig davon, welches richterliche Pensum jedem Kammermitglied zugewiesen ist. 4

II. Ihre Geschäftsstelle

Auf der Geschäftsstelle werden die Akten Ihrer Abteilung bzw. Kammer und der Aktenumlauf verwaltet, Ihre Verfügungen ausgeführt und Entscheidungen ausgefer- 5

---

[1] *BVerfG* NJW 1995, 2703.

tigt. Jede Abteilung/Kammer wird von mindestens einem Geschäftsstellenverwalter betreut, der auch Ihr erster Ansprechpartner ist. Je nach Organisation Ihres Gerichts können einzelne Aufgaben (Ausfertigung, Schreibarbeit, Protokollführung) auf verschiedene Mitarbeiter verteilt sein. Stellen Sie sich allen Mitarbeitern Ihrer Geschäftsstelle vor. Sie sollten sich auch irgendwann die Zeit nehmen, sich von den einzelnen Mitarbeitern genau deren Aufgabenbereich erklären zu lassen. Das kann den Arbeitsablauf erleichtern, weil Sie im Zweifelsfall genau wissen, an wen Sie sich mit Ihrer konkreten Frage oder Bitte wenden können.

Eigentlich selbstverständlich, aber trotzdem eine Erwähnung wert: Bemühen Sie sich um einen aufgeschlossenen Umgang mit den Kollegen auf der Geschäftsstelle. Der reibungslose Arbeitsablauf zwischen Ihnen und der Geschäftsstelle macht allen das Leben leichter. Bitte denken Sie daran, dass Sie den Mitarbeitern auf der Geschäftsstelle gegenüber nicht weisungsbefugt sind. Das sollte Sie aber nicht davon abhalten, mögliche Kritikpunkte offen anzusprechen, um das gemeinsame Arbeiten noch angenehmer zu gestalten. Seien Sie gleichzeitig offen für Anregungen der Geschäftsstellenmitarbeiter. Die meisten von ihnen üben ihre Tätigkeit schon wesentlich länger aus als Sie.

Sie sollten Ihren Geschäftsstellenverwalter bitten, Sie auf Fehler oder Ungenauigkeiten in Ihren Verfügungen aufmerksam zu machen. Teilen Sie ihm auch mit, ob er Ihre Durchwahl an Anwälte weitergeben oder lediglich die Anrufe durchstellen soll.

§ 2. Ihr Arbeitsalltag

I. Aktenbestand

6 Sie werden regelmäßig einen Überblick über den Bestand Ihrer Abteilung bzw. Ihres Dezernats erhalten, in dem alle unerledigten Verfahren aufgeführt sind. So können Sie jederzeit die Entwicklung verfolgen. Dabei ist es ganz normal und sollte Sie deshalb auch nicht beunruhigen, dass der Bestand im ersten halben Jahr anwächst. Neben den allgemeinen Startschwierigkeiten führt hierzu vor allem der Umstand, dass Sie keine Ihrer Akten kennen, sich also in jede Sache völlig neu einarbeiten müssen. Sie werden aber schnell merken, dass Sie mit Aktenkenntnis und der nötigen Routine auch höhere Erledigungszahlen erreichen.

Die wichtigste Anforderung an Ihre Arbeit ist und bleibt natürlich, jede Sache ausgewogen zu entscheiden. Die konkrete Art und Weise der Verfahrensgestaltung gehört dabei zum Kernbereich der richterlichen Unabhängigkeit. Sie entscheiden also völlig autonom, wann, wie und mit welchem Aufwand Sie ein Verfahren fördern. Die Gerichtsleitung darf Ihnen deshalb auch keine Erledigungszahlen vorgeben. Die zügige Erledigung eines Rechtsstreits ist kein Selbstzweck.[2] Trotzdem müssen Sie natürlich Sorge dafür tragen, dass Ihr Bestand nicht unverhältnismäßig wächst. Deshalb wird es die vielleicht größte Herausforderung Ihrer Tätigkeit als Zivilrichter sein – und bleiben –, ein vertretbares Verhältnis zwischen Qualität und Quantität Ihrer Arbeit herzustellen.[3] Mit dem Ihnen übertragenen Amt absolut unvereinbar ist es dabei,

---

[2] *BGH* NJW 2014, 789 Rn. 44.

[3] Vgl. *Gärtner*, Kurzer Prozess – Gedanken zu einer effizienten Arbeitsweise im richterlichen Zivildezernat, NJW 2017, 2596.

Abstriche an der Qualität der Arbeit zu Lasten der materiellen Gerechtigkeit zu machen. Wenn Sie immer nur nach dem einfachsten Weg der Verfahrensbeendigung suchen, werden Sie als Zivilrichter sehr schnell scheitern.

II. Dekretur/Verfügungen

1. Dekretur

Hinter dem (nach dem Duden veralteten) Begriff der Dekretur verbirgt sich im Gerichtsalltag nichts anderes als die Bearbeitung der Ihnen täglich vom Geschäftsstellenverwalter vorgelegten Akten. Werden Ihnen die Akten nicht durch einen Wachtmeister ins Büro gebracht, sollten Sie zwei Mal am Tag Ihr Fach auf der Geschäftsstelle „leeren", morgens und am frühen Nachmittag nach Eingang der Mittagspost. 7

Überprüfen Sie zunächst den Grund der Wiedervorlage, den Sie in der Regel auf der letzten Seite der Akte finden. Die Gründe der Vorlage können vielfältig sein: Die von Ihnen gesetzte Wiedervorlagefrist ist abgelaufen, ein Schriftsatz, Gutachten oder Vorschuss ist eingegangen oder aus anderem Grund ist von Ihnen eine Verfügung oder Entscheidung zu treffen.

Wie Sie mit den Eingangsstapeln umgehen, ist in erster Linie eine Frage des persönlichen Stils. Ratsam kann es sein, die Akten kurz durchzusehen und nach dem für die Bearbeitung zu erwartenden zeitlichen und intellektuellen Aufwand zu sortieren. Sie sollten dieses Durchsehen aber nicht zu lange ausdehnen. Haben Sie sich erst mal in eine Akte vertieft, sollten Sie den anstehenden Arbeitsschritt sogleich vollenden.

Auch an Tagen, an denen Sie nicht ausreichend Zeit für die Bearbeitung der gesamten Vorlage finden, z.B. weil Sie ein umfangreiches Urteil absetzen müssen oder viele Verhandlungstermine haben, sollten Sie zumindest prüfen, ob sich im Aktenstapel Eilsachen befinden.

2. Verfügungen

Als Verfügungen werden in erster Linie die „Anweisungen" des Richters an die Geschäftsstelle bezeichnet. Sie sind nur mit Unterschrift wirksam, wobei Sie mit vollem Nachnamen unterschreiben sollten, da es hin und wieder Streit darüber gibt, ob ein Namenskürzel (Paraphe) den formalen Anforderungen genügt. 8

Die wohl häufigste und für die Organisation Ihrer Arbeit wichtigste Verfügung ist die Wiedervorlagefrist, mit der Sie Ihrem Geschäftsstellenverwalter mitteilen, wann er Ihnen die Akte wieder vorlegen soll. Da er diese Frist notiert, müssen Sie selbst keinen entsprechenden Kalender führen. Die konkrete Frist hängt davon ab, welcher Arbeitsschritt nach der Wiedervorlage ansteht. Diesen nächsten Schritt können Sie sich als Erinnerung hinter die Wiedervorlagefrist notieren. 9

V. WV 1 Monat (PKH-Beschluss)

In den folgenden Kapiteln finden Sie weitere Beispielsverfügungen für die häufigsten prozessualen Konstellationen.

III. Tipps

10 → *Versuchen Sie, Ihren Arbeitsalltag effizient zu organisieren.*

Ihr Arbeitsrhythmus wird im Wesentlichen durch vier Aufgaben geprägt sein:
- Dekretur/Verfügungen;
- Vorbereitung der mündlichen Verhandlungen;
- Durchführung der mündlichen Verhandlungen;
- Abfassen von Entscheidungen.

Sie werden sehr schnell feststellen, dass Sie dieses Pensum mit vertretbarem Aufwand nur bewältigen können, wenn Sie sich sinnvoll organisieren. Das heißt zunächst: Nehmen Sie sich nur so viel vor, wie Sie auch bewältigen können! Was wie eine Binsenweisheit klingt, erweist sich im Alltag eines belasteten Dezernats oft als gar nicht so leicht. Im Einzelnen sollten Sie versuchen,
- die tägliche Aktenvorlage durch sinnvolle Wiedervorlagefristen zu steuern;
- bereits bei der Terminierung darauf zu achten, dass Sie auch alle Sachen in angemessener Zeit vorbereiten können;
- bei der Anberaumung von Verkündungsterminen darauf zu achten, dass Sie genügend Zeit zum Abfassen der Urteile haben.

Darüber hinaus sollten Sie die Arbeit so über den Tag verteilen, dass Sie die anspruchsvolleren Aufgaben zu Zeiten erledigen, in denen Sie erfahrungsgemäß besonders leistungsfähig sind, während bspw. der Großteil der Dekretur auch während der „Schwächephasen" erledigt werden kann. Denken Sie aber trotz – oder besser gerade wegen – des Stresses und Arbeitsanfalls an ausreichende Pausen. Nutzen Sie auch die Gelegenheiten, sich in einer Kaffeerunde oder bei einem gemeinsamen Mittagessen mit Kollegen auszutauschen.

11 → *Nutzen Sie Hilfsmittel.*

Erkundigen Sie sich zunächst bei Ihren Kollegen, welche Hilfsmittel Ihnen zur Verfügung stehen sollten. In erster Linie werden das ein Computer, ein Diktiergerät und Standardkommentare sein. Ob Sie Ihre Urteile und Beschlüsse diktieren oder selbst schreiben, ist Geschmackssache und eine Frage der Übung und nicht zuletzt davon abhängig, wie schnell Ihnen Diktate als Texte zur Verfügung stehen. Dauert dies zu lange, kann es passieren, dass Sie sich bei der Überarbeitung noch einmal in die Akte einlesen müssen. Haben Sie an Ihrem Arbeitsplatz Zugriff auf Rechtsprechungsdatenbanken oder andere Recherchemöglichkeiten, sollten Sie sich die Zeit nehmen, um sich mit diesen Programmen und ihren Tricks vertraut zu machen. Das erleichtert nicht nur die Suche, sondern erweitert zugleich die Trefferquoten. An den meisten Gerichten gibt es für die üblichen Verfügungen und Beschlüsse Formularblätter oder Computerprogramme. Denken Sie daran, dass Sie mit deren Nutzung auch Ihrer Geschäftsstelle die Arbeit erleichtern. Verwenden Sie aber gerade Formulare nicht unkritisch, achten Sie z. B. darauf, ob Gesetzesänderungen Eingang gefunden haben.

12 → *Seien Sie problembewusst und entscheidungsfreudig.*

Konzentrieren Sie sich bei der rechtlichen Durchdringung der Sachen von Anfang an auf die wirklich streitentscheidenden Punkte und leiten Sie das Verfahren durch Hinweise.

Dasselbe gilt für Ihre Entscheidungen. Begründen Sie diese nachvollziehbar, aber auch nicht endlos. Seien Sie nicht zu wissenschaftlich. Niemand erwartet von einem erstinstanzlichen Urteil oder einem landgerichtlichen Berufungsurteil das Begründungs- und vor allem Nachweisniveau einer Entscheidung eines Oberlandesgerichts oder des Bundesgerichtshofs. Es ist auch nicht Ihre Aufgabe, in „obiter dicta" das Recht (oder die Anwälte) fortzubilden.[4]

Sowohl bei der Prozessleitung als auch bei der Entscheidungsfindung sollten Sie sich zwingen, Entscheidungen zu treffen, sobald Sie alle streitentscheidenden Rechtsfragen und die hierfür relevanten Tatsachen herausgearbeitet bzw. letztere sogar schon festgestellt haben. Beraten Sie sich in schwierigen Fällen mit Kollegen.

---

[4] Ausführlich zum Urteil § 11.

2. Kapitel
Die Dezernatsarbeit

§ 3. Typische Verfügungen, Entscheidungen und Arbeitsschritte

In diesem Teil sollen typische Anordnungen und Entscheidungen, die Sie in verschiedenen Abschnitten des Verfahrens treffen müssen, „vor die Klammer gezogen" dargestellt werden. 1

I. Übermittlung von Schriftstücken

Die Übermittlung von Schriftstücken – Urteile, Beschlüsse, Verfügungen, Schriftsätze etc. – ist grundsätzlich Aufgabe der Geschäftsstelle (§ 168 I ZPO). Ihr Geschäftsstellenverwalter weiß, an wen und in welcher Form die Übermittlung zu erfolgen hat. Dennoch sollen an dieser Stelle die Grundzüge der Übermittlung von Schriftstücken dargestellt werden, denn Sie müssen in der Lage sein, die ordnungsgemäße Übermittlung überprüfen zu können. Einzelheiten sollten Sie mit Ihrem Geschäftsstellenverwalter absprechen. 2

1. Adressat

Sobald sich für eine Partei ein Prozessbevollmächtigter legitimiert hat, dürfen Schriftstücke nur noch an diesen übermittelt werden. Das folgt für die Zustellung aus § 172 ZPO, der nach seinem Zweck – Konzentration des Prozessstoffs in einer Hand – auf die formlose Mitteilung entsprechend anzuwenden ist.[1] 3

Teilen die Partei oder der Prozessbevollmächtigte die Beendigung des Mandats mit, ist zu unterscheiden: Im Anwaltsprozess (§ 78 ZPO) erlangt die Mandatsbeendigung erst Wirksamkeit, wenn sich ein anderer Anwalt zur Akte legitimiert (§ 87 I Hs. 2 ZPO). Bis zu diesem Zeitpunkt müssen Übermittlungen an diesen Anwalt erfolgen, der verpflichtet ist, die Schriftstücke an die Partei weiterzuleiten, anschließend nur noch an den neuen. Im Parteiprozess (§ 79 ZPO) ist die Mandatsbeendigung wirksam, wenn sie dem Gegner oder dem Gericht angezeigt wird (§ 87 I Hs. 1 ZPO). Ab diesem Zeitpunkt erfolgen Übermittlungen an die Partei, bis sich ggf. ein neuer Anwalt legitimiert. 4

2. Form der Übermittlung

Als Grundsatz gilt, dass jedes gerichtliche Schriftstück beide Parteien und jeder eingehende Schriftsatz den Gegner erreichen muss. Dabei kommen förmliche Bekanntgabe (Zustellung, § 166 I ZPO) und formlose Mitteilung (§ 270 S. 1 ZPO) in Betracht. 5

---

[1] Zöller/*Schultzky*, § 172 Rn. 2.

a) Zustellung

6 Wann förmlich zugestellt werden muss, sagt das Gesetz. Darüber hinaus können Sie eine Zustellung nach eigenem Ermessen anordnen. Einzelheiten werden unter 3. dargestellt.

Die Zustellung an die Partei erfolgt durch Einschreiben mit Rückschein (§ 175 ZPO) oder Zustellungsauftrag (§ 176 ZPO). Über die Ausführung der Zustellung mit Zustellungsauftrag wird eine Zustellungsurkunde angefertigt (§ 182 ZPO), die den Zugang des Schriftstücks beweist (§ 418 ZPO).

An Rechtsanwälte wird regelmäßig gegen Empfangsbekenntnis (EB) zugestellt (§ 174 I ZPO). Das Empfangsbekenntnis muss mit dem Datum der Entgegennahme durch den Rechtsanwalt und dessen Unterschrift an das Gericht zurückgesendet werden und erbringt den Beweis der Zustellung (§ 174 IV ZPO). Sendet ein Rechtsanwalt wiederholt Empfangsbekenntnisse nicht zurück, sollten Zustellungen an ihn nur noch mit Zustellungsauftrag erfolgen.

Eine Zustellung kann auch im Verhandlungstermin erfolgen, indem Sie das Schriftstück dem Adressaten übergeben (§ 177 ZPO).

b) Formlose Mitteilung

7 Formlose Mitteilung genügt, wenn der Adressat von dem Schriftstück Kenntnis erlangen soll, ohne dass prozessuale Wirkungen eintreten. Sie reicht immer dann aus, wenn eine Zustellung nicht vorgeschrieben ist oder angebracht erscheint (§ 270 S. 1 ZPO). Formlose Mitteilung kann durch postalisches Übersenden, per Telefax, E-Fax oder E-Mail erfolgen; mündliche Mitteilung genügt grundsätzlich nicht. Bei Übersendung durch die Post gilt das Schriftstück grundsätzlich spätestens am zweiten Werktag nach der Aufgabe zur Post als zugestellt (§ 270 S. 2 ZPO).

3. Schriftsätze und gerichtliche Schriftstücke

a) Gerichtliche Schriftstücke

8 Urteile sind den Parteien bzw. ihren Prozessbevollmächtigten zuzustellen. Eine Ausnahme gilt für das verkündete Versäumnisurteil, das nur der unterlegenen Partei zugestellt wird (§ 317 I 1 ZPO).

Beschlüsse und Verfügungen, die Sie nicht in einem Verkündungstermin (§ 311 ZPO) verkündet haben, sind zuzustellen, wenn sie eine Terminsbestimmung enthalten oder eine Frist in Gang setzen (§ 329 II 2 ZPO). Ebenfalls zuzustellen sind Beschlüsse, die einen Vollstreckungstitel bilden oder der sofortigen Beschwerde bzw. Erinnerung unterliegen (§ 329 III ZPO). Ansonsten können Beschlüsse und Verfügungen formlos mitgeteilt werden.

b) Schriftsätze

9 Bei der Übermittlung von Schriftsätzen der Parteien muss zwischen bestimmenden und vorbereitenden unterschieden werden.

Bestimmende Schriftsätze sind solche, die unmittelbar Einfluss auf den Inhalt der Entscheidung haben. Hierzu gehören in erster Linie Schriftsätze, die einen Sachantrag enthalten, also die Klageschrift, Klageänderungen oder Widerklagen. Bestimmende Schriftsätze sind zuzustellen.

Vorbereitende Schriftsätze sind solche ohne Sachanträge, die den Haupttermin vorbereiten (§ 129 I ZPO). Sie können formlos mitgeteilt werden (§ 270 S. 1 ZPO), es sei denn, Sie verbinden die Übermittlung mit einer Stellungnahmefrist, dann müssen Sie zustellen lassen (§ 329 II 2 ZPO; siehe unter Punkt a).

V.
1. Ss an Gegner mit ZU/EB z. Stn. binnen 3 Wochen / Ss an Gegner
2. WV 4 Wochen

4. Öffentliche Zustellung

Öffentliche Zustellung kommt unter den Voraussetzungen des § 185 ZPO in Betracht. Die Vorschrift ist eng auszulegen. 10

a) Voraussetzungen

Häufigster Anwendungsfall ist der in § 185 Nr. 1 ZPO geregelte, dass der Aufenthaltsort einer Person unbekannt und eine Zustellung an einen Vertreter oder Zustellungsbevollmächtigten nicht möglich ist. 11

Grundsätzlich ist es Aufgabe des Klägers, die zustellungsfähige Anschrift des Beklagten mitzuteilen. Kennt er diese nicht, muss er alle der Sache nach geeigneten und ihm zumutbaren Nachforschungen anstellen, um den Aufenthalt des Beklagten zu ermitteln, und Ihnen diese darlegen.[2] Da die öffentliche Zustellung de facto bedeutet, dass der Beklagte keine Kenntnis von dem zuzustellenden Schriftstück erlangt, sind an diese Darlegung hohe Anforderungen zu stellen. Verfügt der Kläger über Kontaktdaten des Beklagten, z.B. Telefonnummer oder E-Mail-Adresse, muss er versuchen, die Anschrift vom Beklagten selbst zu erfahren.[3] Gelingt ihm dies nicht, muss er neben einer Anfrage beim Einwohnermeldeamt ggf. versuchen, die Anschrift über Verwandte, Nachbarn, Arbeitgeber oder Vermieter des Beklagten zu ermitteln; dabei kann im Einzelfall sogar die Einschaltung eines Privatdetektivs geboten sein.[4]

Die Zustellung an eine ausländische Partei erfolgt grundsätzlich nach § 186 ZPO. 12
Öffentliche Zustellung ist zulässig, wenn die Zustellung im Ausland nicht möglich ist oder keinen Erfolg verspricht (§ 185 Nr. 3 ZPO). Unmöglichkeit liegt z.B. vor, wenn mit dem Staat kein Rechtshilfeabkommen geschlossen wurde. Keinen Erfolg verspricht die Zustellung u.a., wenn die Durchführung einen derart langen Zeitraum in Anspruch nehmen würde, dass ein Zuwarten der betreibenden Partei unter Abwägung der widerstreitenden Interessen billigerweise nicht zugemutet werden kann.[5]

b) Entscheidung

Sie entscheiden durch Beschluss. Neben der Anordnung der öffentlichen Zustellung müssen Sie erwägen, ob eine Veröffentlichung der Benachrichtigung der öffentlichen Zustellung im Bundesanzeiger oder einem anderen Blatt, z.B. der Tagespresse, ausnahmsweise sinnvoll erscheint (§ 187 ZPO). Außerdem sollten Sie prüfen, ob die Monatsfrist des § 188 S. 1 ZPO ausreicht oder eine Verlängerung (S. 2) die Kenntniserlangung des Adressaten wahrscheinlicher macht. Soll ein Versäumnisurteil zugestellt werden, müssen Sie zudem im Urteil oder nachträglich durch Beschluss die Einspruchsfrist bestimmen (§ 339 II ZPO), anderenfalls wird diese Frist nicht in Lauf gesetzt.[6] 13

---

[2] *BGH* NJW-RR 2013, 307 Rn. 16.
[3] *OLG Frankfurt* NJW 2009, 2543 (2544).
[4] *OLG Frankfurt* NJW 2013, 2913.
[5] *BGH* NJW-RR 2009, 855 Rn. 13.
[6] Zur Beweislast *OLG Frankfurt* (1 U 222/15) BeckRS 2016, 15729 Rn. 10.

Beschluss

Die öffentliche Zustellung der Klageschrift vom ... und der Verfügung über die Anordnung des schriftlichen Vorverfahrens vom ... wird angeordnet, da der Aufenthaltsort des Beklagten unbekannt und eine Zustellung an einen Vertreter oder Zustellungsbevollmächtigten nicht möglich ist, § 185 Nr. 1 ZPO.

Die Frist für den Aushang der Benachrichtigung gemäß § 188 S. 1 ZPO wird auf zwei Monate verlängert.

V.

1. Beschluss an Kläger/KlägerV
2. Öfftl. Zustellung ausführen
3. WV 8 Wochen

5. Wirksamkeit der Zustellung

14 Die Wirksamkeit einer Zustellung spielt in erster Linie eine Rolle für die Prüfung, ob der Adressat eine Frist eingehalten hat, zum Beispiel:
- Einhaltung der Ladungsfrist vor Erlass eines Versäumnisurteils;
- Einhaltung der Einspruchsfrist gegen ein Versäumnisurteil und einen Vollstreckungsbescheid;
- Fristversäumung vor Präklusion (§ 296 ZPO);
- Einhaltung der Berufungs- und Berufungsbegründungsfrist;
- Einhaltung der Frist zur Einlegung einer sofortigen Beschwerde.

Die Zustellung ist wirksam, wenn bei ihrer Ausführung alle gesetzlichen Anordnungen der §§ 166 ff. ZPO eingehalten wurden.

a) Tatsächlicher Zugang des Schriftstücks

15 Finden Sie in der Akte Anhaltspunkte, dass das Schriftstück dem Adressaten tatsächlich zugegangen ist – z.B. Reaktion des Beklagten auf einen zugestellten Schriftsatz – müssen Sie die Wirksamkeit der Zustellung nicht prüfen, denn eventuelle Formfehler wären nach § 189 ZPO geheilt.

b) Förmlicher Nachweis der Zustellung

16 In der Akte muss sich ein förmlicher Nachweis der Zustellung finden: Zustellungsurkunde (§ 182 I 1 ZPO) oder Empfangsbekenntnis (§ 174 IV 1 ZPO). Welchen notwendigen Inhalt eine Zustellungsurkunde haben muss, gibt § 182 II ZPO vor. Das Empfangsbekenntnis muss das zugestellte Schriftstück identifizieren sowie Datum und Unterschrift des Adressaten tragen.

c) Ordnungsgemäße Ausführung der Zustellung

17 Auch ohne Rüge des Adressaten sollten Sie prüfen, ob sich aus den formell ordnungsgemäßen Nachweisen Anhaltspunkte für Zustellungsmängel ergeben.

18 **aa) Zustellung durch Übermittlung.** Das Schriftstück muss nicht zwingend dem Adressaten übergeben worden sein. Die §§ 178 bis 181 ZPO eröffnen die Möglichkeit von Ersatzzustellungen, geben dabei aber genau vor, an welchen Ablauf sich der Zusteller zu halten hat:
- Zunächst muss er versuchen, den Adressaten unter der angegebenen Anschrift anzutreffen, um ihm das Schriftstück zu übergeben (§ 177 ZPO).

- Trifft er in der Wohnung oder dem Geschäftsraum des Adressaten zwar nicht diesen, aber eine der in § 178 I, II ZPO genannten Personen an, kann er die Zustellung durch Übergabe an diese Person bewirken.
- Trifft er keine dieser Personen an, kann er die Zustellung durch Einlegen in den Briefkasten der Wohnung oder des Geschäftsraums oder in eine ähnliche Postempfangsvorrichtung, z.B. Briefschlitz an der Wohnungstür[7] oder Postfach[8], bewirken (§ 180 ZPO).
- Fehlt eine solche Vorrichtung, kann das Schriftstück nach § 181 I ZPO niedergelegt werden. In der Regel erfolgt die Niederlegung bei einer Postfiliale. Der Zusteller hat dem Adressaten eine Mitteilung über die Niederlegung zu übermitteln; dies kann durch Anheften an die Wohnungstür erfolgen (S. 3). Erst diese Mitteilung bewirkt die Zustellung.

bb) Öffentliche Zustellung. Haben Sie die öffentliche Zustellung angeordnet, obwohl die Voraussetzungen des § 185 ZPO nicht vorlagen, ist die Zustellung dennoch wirksam, es sei denn, Sie hätten das Fehlen der Voraussetzungen erkennen können.[9] Allerdings darf sich der Adressat auf die Unwirksamkeit nicht berufen, wenn er zielgerichtet versucht hat, eine Zustellung, mit der er sicher rechnen musste, zu verhindern.[10] 19

d) Fristberechnung

Für die Fristberechnung gelten gemäß § 222 I ZPO die §§ 187 ff. BGB. Fristbeginn ist für gesetzliche Fristen immer, für richterliche Fristen in der Regel (§ 121 I ZPO) die Zustellung des Urteils bzw. der Verfügung. Maßgeblich ist das Datum, das Sie auf der Zustellungsurkunde oder dem Empfangsbekenntnis finden. Aus § 187 I BGB folgt, dass der Tag der Zustellung bei der Fristberechnung nicht mitgerechnet wird; die Frist beginnt folglich am nächsten Tag. Hierfür ist es unerheblich, ob dieser Tag ein Sonnabend, Sonn- oder Feiertag ist. Das Fristende richtet sich nach §§ 188 BGB, 222 II ZPO: 20

- Eine nach Tagen bestimmte Frist, z.B. die Ladungsfrist im Parteiprozess, § 217 ZPO, endet mit dem Ablauf des letzten Tages der Frist.

  Beispiel: Zustellung am 3., Frist drei Tage, Fristablauf am 6., 24 Uhr.

- Eine nach Wochen oder Monaten bestimmte Frist endet mit dem Ablauf des Tages der letzten Woche oder des letzten Monats, der nach seiner Benennung oder Zahl dem Tag entspricht, an dem die Zustellung erfolgt ist.

  Beispiele: Zustellung am Mittwoch, dem 3., Frist zwei Wochen, Fristablauf Mittwoch, den 17., 24 Uhr; Zustellung am Mittwoch, dem 3., Frist ein Monat, Fristablauf 3. des Folgemonats, 24 Uhr.

Bei der Monatsfrist gibt es noch Folgendes zu beachten: Erfolgt die Zustellung an einem Tag, den es im Monat des Fristablaufs nicht gibt, endet die Frist mit dem Ablauf des letzten Tages dieses Monats (§ 188 III BGB). Die Berufungsfrist gegen ein am 31.1. zugestelltes Urteil ist also drei Tage kürzer als bei einer Zustellung am 31.7.

---

[7] *BGH* NJW 2006, 150 Rn. 14.
[8] *BGH* (IX ZB 83/06) BeckRS 2010, 03336 Rn. 10.
[9] *BGH* NJW 2017, 1735 Rn. 11; hierzu auch *Nastansky*, Die fehlerhafte öffentliche Zustellung und ihre Auswirkungen auf Rechtsbehelfe, Verjährung und Kosten, MDR 2017, 128.
[10] *BGH* NJW-RR 2008, 1310 Rn. 2.

II. Entscheidung über Fristverlängerung

1. Antrag

21 Die Fristverlängerung muss von der Partei schriftlich beantragt werden; ein mündlicher Antrag genügt nur, wenn er in der mündlichen Verhandlung gestellt wird; ein möglicher Formfehler wird jedoch durch die Bewilligung geheilt.

2. Verfahren

22 Sie müssen über das Fristverlängerungsgesuch nicht mündlich verhandeln (§ 225 I ZPO). Die gegnerische Partei muss zu dem Antrag nicht einmal gehört werden, wenn es sich um die erstmalige Verlängerung dieser Frist handelt; erst beim Antrag auf nochmalige Verlängerung derselben Frist ist, soweit Sie dem Antrag stattgeben wollen, eine Anhörung erforderlich (§ 225 II ZPO), die Sie telefonisch oder schriftlich mit kurzer Frist gewähren sollten.

V.
1. Ss an Gegner per Fax z. Stn. binnen 2 Tagen
2. WV 3 Tage

3. Inhaltliche Prüfung

a) Möglichkeit der Fristverlängerung

23 Prüfen Sie zunächst, ob eine Fristverlängerung statthaft ist. Handelt es sich um eine Notfrist, ist eine Verlängerung unzulässig (§ 224 II Hs. 2 ZPO). Notfristen sind im Gesetz ausdrücklich als solche bezeichnet (§ 224 I 2 ZPO). Wichtige Beispiele sind:
- Frist zur Anzeige der Verteidigungsbereitschaft im schriftlichen Vorverfahren (§ 276 I 2 ZPO);
- Einspruchsfrist gegen Versäumnisurteil und Vollstreckungsbescheid (§§ 339 I, 700 I ZPO);
- Berufungsfrist (§ 517 ZPO);
- Beschwerdefrist (§ 569 I 1 ZPO).

Hat der Antragsteller die Verlängerung einer Notfrist beantragt, sollten Sie ihn telefonisch auf die Unzulässigkeit hinweisen. Er wird dann den Antrag zurücknehmen. Falls nicht, müssen Sie den Antrag ablehnen. Der Partei bleibt die Möglichkeit, Wiedereinsetzung in den vorigen Stand nach §§ 233 ff. ZPO zu beantragen.

Gesetzliche Fristen können nur verlängert werden, wenn es das Gesetz ausdrücklich gestattet (§ 224 II Hs. 2 ZPO), wie z.B. für die Einspruchsbegründungsfrist (§ 340 III ZPO) und die Berufungsbegründungsfrist (§ 520 II ZPO).

Richterliche Fristen können grundsätzlich verlängert werden (§ 224 II Hs. 1 ZPO).

b) Rechtzeitigkeit des Antrags

24 Sie sollten sodann prüfen, ob die Frist, die verlängert werden soll, bei Eingang des Antrags noch lief. In diesem Fall können Sie auch nach Ablauf noch verlängern, andernfalls ist eine Verlängerung unzulässig.[11]

[11] Musielak/Voit/*Stadler*, § 224 Rn. 4.

c) Begründetheit des Antrags

Die Entscheidung über die Fristverlängerung steht in Ihrem Ermessen. Der Antragsteller muss einen erheblichen Grund für die Fristverlängerung glaubhaft machen (§ 224 II ZPO). Berücksichtigen Sie bei der Entscheidung das Interesse der gegnerischen Partei an einer schnellen Erledigung des Rechtsstreits. 25

4. Entscheidung

Wollen Sie Fristverlängerung gewähren, müssen Sie die verlängerte Frist konkret angeben. Hat der Antragsteller eine konkrete Frist beantragt, können Sie hierauf Bezug nehmen. 26

Ihre Verfügung kann den Parteien formlos mitgeteilt werden, § 329 II 2 ZPO gilt nicht, da keine neue Frist in Gang gesetzt wird, weil die Frist bereits läuft und lediglich verlängert wird.

> V.
> 1. Die Stellungnahmefrist des Klägers zum Ss vom … wird um 3 Wochen verlängert.
>
> oder
>
> Fristverlängerung nach Antrag
> 2. Mitt. von 1. an ParteiV; an Gegner mit Durchschrift des Ss
> 3. WV 4 Wochen

III. Prozessstillstand durch Unterbrechung, Aussetzung und Ruhen des Verfahrens

Unterbrechung, Aussetzung und Ruhen des Verfahrens führen zum Prozessstillstand. Dieser tritt bei der Unterbrechung von Gesetzes wegen ein, bei der Aussetzung und beim Ruhen des Verfahrens erst infolge eines Beschlusses. 27

1. Unterbrechung

Liegen Unterbrechungsgründe vor (hierzu unter b), ist der Prozess ab dem Zeitpunkt des Ereignisses von Gesetzes wegen unterbrochen, also auch dann, wenn weder Sie noch die Parteien Kenntnis vom Grund der Unterbrechung haben.[12] 28

a) Verfahren

Zeigt eine Partei den Eintritt der Unterbrechung an, müssen Sie die Gegenseite hiervon in Kenntnis setzen und rechtliches Gehör gewähren. 29

aa) Streit über den Unterbrechungsgrund. Haben Sie Zweifel am Vorliegen eines Unterbrechungsgrundes oder wird ein solcher von einer Partei bestritten, müssen Sie hierüber mündlich verhandeln. Kommen Sie sodann zu dem Ergebnis, dass ein Unterbrechungsgrund vorliegt, müssen Sie ein Zwischenurteil (§ 303 ZPO) erlassen, das mit der Berufung anfechtbar ist.[13] Andernfalls setzen Sie das Verfahren fort und begründen erst im Endurteil, warum keine Unterbrechung eingetreten ist. 30

---

[12] Musielak/Voit/*Stadler*, § 239 Rn. 1.
[13] *BGH* NJW-RR 2010, 1351 Rn. 6.

31 **bb) Dauer der Unterbrechung.** Solange das Verfahren unterbrochen ist, dürfen Sie keine Handlungen vornehmen, die nach außen wirken, z.B. Zustellungen, Ladungen, Fristsetzungen. Entscheidungen sind nur möglich, wenn sie in einem Verkündungstermin erfolgen und die Unterbrechung erst nach Schluss der mündlichen Verhandlung und ggf. dem Ablauf einer Schriftsatzfrist eingetreten ist (§ 249 III ZPO). Allerdings gilt dies nur in Bezug auf die Hauptsache, nicht jedoch für Nebenverfahren wie das PKH-Verfahren[14], das selbstständige Beweisverfahren[15] oder die Streitwertfestsetzung[16]. Regelmäßig wird es also genügen, wenn Sie sich die Akte alle sechs Monate vorlegen lassen und z.B. den Insolvenzverwalter auffordern, den Stand des Insolvenzverfahrens mitzuteilen.

32 **cc) Beendigung der Unterbrechung.** Die Unterbrechung endet, wenn der Prozess durch eine der in §§ 239–244 ZPO genannten Personen aufgenommen wird oder das Insolvenzverfahren beendet ist. Die Aufnahme muss durch einen Schriftsatz erfolgen, den Sie zustellen lassen (§ 250 ZPO).

Bei Zweifeln daran, ob der Aufnehmende zur Aufnahme berechtigt ist, müssen Sie mündlich verhandeln und ggf. durch Zwischenurteil entscheiden, wenn Sie die Aufnahme für unzulässig halten.[17]

Halten Sie die Aufnahme für zulässig, wird das Verfahren fortgesetzt, und zwar in dem Stadium, in dem es sich vor der Unterbrechung befand. Dies gilt allerdings nicht für den Lauf von Fristen. Gemäß § 249 I ZPO beginnen sämtliche Fristen neu. Hatten Sie einer Partei eine Frist gesetzt, die an einem bestimmten Tag enden sollte, müssen Sie nunmehr eine neue Frist setzen.

b) Unterbrechungsgründe im Einzelnen

33 **aa) Tod der nicht anwaltlich vertretenen Partei.** Stirbt eine Partei, tritt die Unterbrechung des Verfahrens ein (§ 239 I ZPO). Dies gilt nicht, wenn die Partei anwaltlich vertreten ist; hier kann der Prozessbevollmächtigte lediglich die Aussetzung des Verfahrens beantragen (§ 246 I ZPO). Wird der Prozessgegner Alleinerbe der verstorbenen Partei, endet der Prozess durch Konfusion.[18]

Der Prozess wird fortgesetzt, wenn der Erbe die Aufnahme erklärt (§ 239 I ZPO). Hierzu ist er verpflichtet, sobald er die Erbschaft angenommen hat (Umkehrschluss aus § 239 V ZPO). Erklärt er die Aufnahme dennoch nicht oder verzögert er die Aufnahme, kann der Gegner die Aufnahme beantragen (§ 239 II ZPO). Sie müssen dann einen Verhandlungstermin bestimmen und den Erben persönlich laden. Erscheint der Erbe in diesem Termin nicht, so ist auf Antrag des Gegners die Rechtsnachfolge als zugestanden anzunehmen und zur Hauptsache zu verhandeln (§ 239 IV ZPO). Dies gilt jedoch nur, wenn der Erbe prozessführungsbefugt ist, also nicht bei Nachlasspflegschaft und Testamentsvollstreckung (§ 243 ZPO), Nachlassverwaltung (§ 241 III ZPO) und Nachlassinsolvenz (§§ 240, 243 ZPO).

34 **bb) Untergang nicht vertretener juristischer Personen oder parteifähiger Personenmehrheiten.** § 239 ZPO wird auf den Untergang nicht vertretener juristischer Personen oder parteifähiger Personenmehrheiten entsprechend angewendet, soweit Gesamtrechtsnachfolge eintritt.[19]

---

[14] Vgl. *OLG Düsseldorf* NJW-RR 2016, 1531 Rn. 5.
[15] Vgl. *BGH* NJW 2004, 1388 (1389).
[16] Vgl. *OLG Frankfurt* (2 W 30/06) BeckRS 2006, 10083.
[17] *BGH* (VI ZR 14/11) BeckRS 2012, 08777 Rn. 12.
[18] Vgl. hierzu auch *BGH* NJW 2016, 2652 Rn. 14.
[19] *BGH* (VII ZR 112/14) BeckRS 2017, 101570 Rn. 22.

cc) Prozessunfähigkeit der nicht anwaltlich vertretenen Partei, Tod oder Beendigung der Vertretungsbefugnis des gesetzlichen Vertreters. Wird eine nicht anwaltlich vertretene Partei prozessunfähig oder stirbt ihr gesetzlicher Vertreter oder verliert dieser seine Vertretungsmacht, wird das Verfahren gemäß § 241 I ZPO unterbrochen. Ist die Partei anwaltlich vertreten, gilt dies wiederum nicht; auch hier kann der Anwalt jedoch nach § 246 I ZPO die Aussetzung beantragen. 35

Die Unterbrechung endet, wenn der gesetzliche Vertreter bzw. der neue gesetzliche Vertreter Ihnen seine Bestellung anzeigt oder Sie die Anzeige der gegnerischen Partei, dass diese das Verfahren fortsetzen wolle, dem gesetzlichen Vertreter zugestellt haben (§ 241 I, II ZPO).

dd) Insolvenz einer Partei. Im Gegensatz zu den zuvor dargestellten Unterbrechungsgründen tritt bei Insolvenz einer Partei die Unterbrechung auch dann ein, wenn die Partei anwaltlich vertreten ist.[20] 36

(1) Bezug zur Insolvenzmasse. Die Insolvenz einer Partei hat auf das Verfahren nur Auswirkung, wenn es die Insolvenzmasse (§§ 35, 36 InsO) betrifft (§ 240 S. 1 ZPO). Das ist bspw. dann nicht der Fall, wenn der Prozess höchstpersönliche Ansprüche des Schuldners betrifft. 37

(2) Eintritt der Unterbrechung. Die Unterbrechung tritt mit der Eröffnung des Insolvenzverfahrens ein, also mit Erlass des Eröffnungsbeschlusses (§ 27 InsO), soweit dieser nach Rechtshängigkeit ergangen ist.[21] Wird ein vorläufiger Insolvenzverwalter bestellt, tritt Unterbrechung nur ein, wenn die Bestellung mit einem allgemeinen Verfügungsverbot für den Schuldner verbunden wird (§§ 240 S. 2 ZPO, 21 II Nr. 2 Var. 1 InsO). 38

(3) Ende der Unterbrechung.

(a) Beendigung des Insolvenzverfahrens. Mit der Beendigung des Insolvenzverfahrens, auch durch Einstellung des Verfahrens nach §§ 207 ff. InsO, endet die Unterbrechung (§ 240 S. 1 Alt. 1 ZPO). 39

(b) Aufnahme. Während des Insolvenzverfahrens endet die Unterbrechung, wenn das Verfahren aufgenommen wird (§ 240 S. 1 Alt. 2 ZPO). Wer zur Aufnahme berechtigt ist, hängt von den Umständen des Verfahrens ab. 40

(aa) Aktivprozesse des Schuldners. Klageverfahren des Schuldners kann grundsätzlich nur der Insolvenzverwalter aufnehmen (§ 85 I 1 InsO). Tut er das nicht unverzüglich, gilt § 239 II–IV ZPO entsprechend (§ 85 I 2 InsO). Lehnt der Insolvenzverwalter die Aufnahme ab, können sowohl der Schuldner als auch der Beklagte das Verfahren aufnehmen (§ 85 II InsO). 41

(bb) Passivprozesse des Schuldners. Ist der Schuldner Beklagter des Rechtsstreits, muss danach unterschieden werden, ob Gegenstand des Verfahrens eine Insolvenzforderung ist oder nicht. 42

Geht es nicht um eine Insolvenzforderung, können sowohl der Insolvenzverwalter als auch der Kläger gemäß § 86 I InsO die Aufnahme anzeigen, wenn an dem Klagegegenstand ein Aus- oder Absonderungsrecht besteht oder die Forderung gegen die Insolvenzmasse gerichtet ist. Erkennt der Insolvenzverwalter den geltend gemachten Anspruch sofort an, kann der Kläger die Kosten des Rechtsstreits nur als Insolvenzgläubiger geltend machen (§ 86 II InsO).

---

[20] Allg. *Huber*, Auswirkungen der Insolvenzeröffnung auf Prozesse, JuS 2013, 1070.

[21] *BGH* (IX ZB 232/08) BeckRS 2009, 03658 Rn. 8 ff.

Ist Gegenstand des Verfahrens eine Insolvenzforderung, kann das Verfahren von vornherein nur vom Kläger aufgenommen werden. Da dieser seine Forderung zur Insolvenztabelle anmelden muss, kann er den Prozess nicht aufnehmen, wenn die Forderung nicht bestritten wird, denn dann steht sie rechtskräftig fest (§ 178 I, III InsO), so dass sich der Prozess erledigt hat.

Die Aufnahme kann sich nur gegen denjenigen richten, der die Forderung bestritten hat, also den Schuldner (§ 184 S. 2 InsO), den Insolvenzverwalter oder einen anderen Insolvenzgläubiger (§§ 179 I, 180 II InsO).

Inhaltlich ist die Klage nicht mehr auf Zahlung, sondern nur noch auf Feststellung zur Tabelle zu richten (§§ 179 I, 180 InsO).

Der Schuldner kann Passivprozesse nach Freigabe des Gegenstands durch den Insolvenzverwalter aufnehmen.

43 ee) **Anwaltsverlust im Anwaltsprozess.** Gemäß § 244 ZPO tritt im Anwaltsprozess (§ 78 I ZPO) Unterbrechung ein, wenn eine Partei ihren Anwalt verliert, sei es durch dessen Tod oder aus sonstigen Gründen, die ein Auftreten des Anwalts vor Gericht generell ausschließen. Die bloße Mandatsniederlegung genügt hierfür nicht.

Wird die Partei durch eine Sozietät vertreten, gilt § 244 ZPO nicht, solange eine Vertretung durch andere Mitglieder möglich ist.[22]

Die Unterbrechung endet durch Zustellung des Schriftsatzes, mit dem der neue Prozessbevollmächtigte die Aufnahme anzeigt (§ 244 I ZPO). Wird dies verzögert, gilt § 244 II ZPO.

2. Aussetzung

a) Aussetzung auf Antrag

44 Gemäß § 246 I ZPO kann die Aussetzung beantragt werden, wenn zwar die Unterbrechungsgründe der §§ 239, 241, 242 ZPO vorliegen, die Partei jedoch anwaltlich vertreten ist. Das Antragsrecht haben dabei der Prozessbevollmächtigte und bei Tod und Nacherbfolge auch die gegnerische Partei. Für den Antrag gilt kein Anwaltszwang (§§ 248 I, 78 III ZPO). Dauer der Aussetzung und Fortsetzung des Verfahrens richten sich nach §§ 239, 241–243 ZPO (§ 246 II ZPO).

b) Aussetzung von Amts wegen

45 aa) **Vorgreiflichkeit.** Sie können die Aussetzung anordnen, wenn über eine Vorfrage Ihres Verfahrens, von deren Beantwortung Ihre Entscheidung abhängt, in einem anderen Rechtsstreit oder durch eine Verwaltungsbehörde entschieden werden muss (§ 148 I ZPO). Die Entscheidung steht in Ihrem pflichtgemäßen Ermessen. Allein die Tatsache, dass in einem anderen Verfahren über einen gleich oder ähnlich gelagerten Fall nach Art eines Musterprozesses entschieden werden soll, rechtfertigt für sich genommen noch keine Aussetzung.[23] Das gilt grundsätzlich auch für Massenverfahren[24], soweit es sich nicht um eine Musterfeststellungsklage handelt (§ 148 II ZPO).

46 bb) **Verdacht einer Straftat.** Ergibt sich im Laufe des Verfahrens der Verdacht einer Straftat gegen eine Partei, gegen Zeugen, Sachverständige, sonstige Prozessbeteiligte oder gegen Dritte, der im Fall seiner Begründetheit Einfluss auf Ihre Tatsachenfest-

---

[22] Zöller/*Greger*, § 244 Rn. 4.

[23] *BGH* NJW-RR 2012, 575 Rn. 7; dort offengelassen, ob bei Massenverfahren etwas anderes gilt (Rn. 8). Allg. zum Umgang mit Massenverfahren in Finanzanlageverfahren *Stackmann*, Beck'sches Richter-Handbuch, S. 309 ff.

[24] *OLG Köln* (4 W 34/18) BeckRS 2018, 2209.

stellung haben kann, können Sie das Verfahren aussetzen. Das gilt auch, wenn die Klage auf einen Anspruch wegen einer solchen Straftat gestützt wird.

Ist seit der Aussetzung ein Jahr vergangen, müssen Sie auf Antrag einer Partei terminieren, soweit nicht gewichtige Gründe für die Aufrechterhaltung der Aussetzung sprechen (§ 149 II ZPO).

cc) Vorlage an Bundesverfassungsgericht oder Europäischen Gerichtshof. Eine Aussetzung ist geboten, wenn Sie dem Bundesverfassungsgericht oder dem Europäischen Gerichtshof eine Frage vorlegen. 47

c) Beschluss

Sie entscheiden über die Aussetzung durch Beschluss (§ 248 II ZPO). Einer mündlichen Verhandlung bedarf es grundsätzlich nicht (§ 128 IV ZPO). Das gilt für eine Aussetzung von Amts wegen jedenfalls dann, wenn beide Parteien zustimmen.[25] Gegen den Beschluss ist die sofortige Beschwerde statthaft (§ 252 ZPO). Haben Sie den Beschluss von Amts wegen erlassen, können Sie ihn jederzeit aufheben (§ 150 S. 1 ZPO). 48

> **Beschluss**
>
> Das Verfahren wird nach (§§ 148–154 ZPO) ausgesetzt bis …
>
> Das Verfahren wird nach (§§ 246, 247 ZPO) wegen … ausgesetzt.
>
> Der Antrag des Klägers/Beklagten auf Aussetzung des Verfahrens wird abgelehnt.
>
> **Gründe:**
>
> (…)

d) Wirkung

Die Aussetzung wird mit der Zustellung des Beschlusses wirksam. Die Wirkungen entsprechen grundsätzlich denen der Unterbrechung. Allerdings gilt § 249 III ZPO nicht. 49

3. Ruhen des Verfahrens

Das Ruhen des Verfahrens können Sie nur auf übereinstimmenden Antrag der Parteien anordnen (§ 251 ZPO). Stellt eine Partei einen solchen Antrag, müssen Sie diesen dem Gegner zur Stellungnahme übermitteln. Die Anordnung des Ruhens muss zweckmäßig sein. Ein Grund hierfür ist das Schweben von Vergleichsverhandlungen. Unzweckmäßig ist die Anordnung grundsätzlich in Eilverfahren. 50

Die Anordnung erfolgt durch Beschluss, den Sie begründen müssen und gegen den die sofortige Beschwerde statthaft ist. Das Verfahren wird fortgesetzt, wenn eine Partei die Terminierung beantragt.

Unter den Voraussetzungen des § 251a III ZPO müssen Sie bei Säumnis beider Parteien das Ruhen des Verfahrens anordnen.

> **Beschluss**
>
> Das Ruhen des Verfahrens wird angeordnet.
>
> **Gründe:**
>
> (…)

[25] Zöller/*Greger*, § 148 Rn. 7a.

IV. Einbeziehung Dritter in den Prozess

1. Widerklage

51 Erhebt der Beklagte eine Widerklage, gelten grundsätzlich die Regelungen zur Klage. Dennoch müssen Sie einige Besonderheiten im Verfahren beachten, die daraus resultieren, dass die Widerklage in einem bereits laufenden Prozess erhoben wird.

a) Zulässigkeit der Widerklage

52 **aa) Ordnungsgemäße Erhebung.** Die Widerklage kann durch Einreichung eines Schriftsatzes, der den Erfordernissen des § 253 II Nr. 2 ZPO entspricht, oder durch Antragstellung in der mündlichen Verhandlung erhoben werden (§ 261 II ZPO).

53 **bb) Rechtshängigkeit der Klage.** Zum Zeitpunkt der Erhebung muss die Klage rechtshängig sein; § 167 ZPO ist entsprechend anwendbar.[26] Fällt die Rechtshängigkeit später weg, hat dies auf die Widerklage keinen Einfluss. Wird die Widerklage erst nach Schluss der mündlichen Verhandlung erhoben, ist sie unzulässig; Sie dürfen sie dann nicht zustellen lassen und auch nicht über sie entscheiden.[27]

54 **cc) Kein Ausschluss.** Im Urkunden-, Wechsel- und Scheckprozess sind Widerklagen unstatthaft (§ 595 I ZPO). Erhebt der Beklagte trotzdem Widerklage, hängt Ihr weiteres Vorgehen davon ab, ob er am Urkundenprozess festhält. In diesem Fall müssen Sie die Widerklage als „im Urkundenprozess unstatthaft" abweisen (§ 597 II ZPO). Nimmt der Beklagte vom Urkundenprozess Abstand (§ 596 ZPO), können Sie die Verfahren trennen (§ 145 II ZPO analog), so dass die Widerklage als selbstständige Klage fortbesteht.

dd) Zuständigkeit.

55 **(1) Sachliche Zuständigkeit.** Die sachliche Zuständigkeit für die Widerklage hängt von deren Streitwert ab, der gemäß § 5 Hs. 2 ZPO nicht mit dem der Klage addiert wird. Das Amtsgericht bleibt daher für die Entscheidung des Rechtsstreits zuständig, wenn der Wert der Widerklage € 5.000 nicht übersteigt.

Fällt die Widerklage wegen ihres Streitwertes in die Zuständigkeit des Landgerichts, bleibt das Amtsgericht zuständig, wenn sich der Kläger rügelos auf die Widerklage einlässt (§ 39 S. 1 ZPO), was einen Hinweis auf die sachliche Unzuständigkeit und eine Belehrung über die Folgen der rügelosen Einlassung voraussetzt (§ 504 ZPO). Auf Antrag einer Partei muss sich das Amtsgericht durch Beschluss für sachlich unzuständig erklären und den gesamten Rechtsstreit mit den Folgen des § 281 II, III 1 ZPO an das Landgericht verweisen (§ 506 ZPO).[28]

Dagegen ist in einem Verfahren vor dem Landgericht das Landgericht für die Widerklage auch dann sachlich zuständig, wenn ihr Streitwert € 5.000 nicht übersteigt.[29] Ist hingegen für die Widerklage das Amtsgericht ausschließlich zuständig (§ 23 Nr. 2 GVG), muss sie nach § 145 II ZPO abgetrennt und auf Antrag nach § 281 ZPO an das Amtsgericht verwiesen werden. Ohne einen solchen Antrag ist die Widerklage als unzulässig abzuweisen, da eine rügelose Einlassung bei Bestehen eines ausschließlichen Gerichtsstandes unzulässig ist (§ 40 II 2 ZPO).

---

[26] *BAG* (6 AZR 497/14) BeckRS 2015, 72934 Rn. 23.

[27] Vgl. zur Klageerweiterung *BGH* (XI ZR 529/17) BeckRS 2017, 133092 Rn. 7; für die Widerklage noch offengelassen in NJW 2000, 2512.

[28] Ein Bsp. für einen Verweisungsbeschluss finden Sie unter § 6 Rn. 40.

[29] Zöller/*Schultzky*, § 33 Rn. 16.

(2) Örtliche Zuständigkeit. Für die örtliche Zuständigkeit gilt – neben den sonstigen Regeln der §§ 12 ff. ZPO – § 33 ZPO. Danach besteht ein besonderer Gerichtsstand der Widerklage beim Gerichtsstand der Klage, wenn die Widerklage mit der Klage oder Verteidigungsmitteln im rechtlichen Zusammenhang steht. Eine solche Konnexität zwischen Klage und Widerklage liegt vor, wenn die prozessualen Ansprüche auf ein innerlich zusammengehörendes einheitliches Lebensverhältnis zurückzuführen sind.[30] Ein Zusammenhang zwischen Widerklage und Verteidigungsmitteln besteht vor allem im Hinblick auf selbstständige Einwendungen, z. B. die Prozessaufrechnung. 56

ee) Konnexität. Nach Auffassung des BGH soll das Erfordernis der Konnexität über § 33 ZPO hinaus Zulässigkeitsvoraussetzung der Widerklage sein[31], so dass Sie den rechtlichen Zusammenhang auch dann prüfen müssten, wenn sich Ihre örtliche Zuständigkeit für die Widerklage bereits aus anderen Vorschriften ergibt. 57

Allerdings muss der Kläger dann die fehlende Konnexität ausdrücklich rügen (§ 295 I ZPO). In diesem Fall können Sie Klage und Widerklage trennen (§ 145 II ZPO), so dass die Widerklage als selbstständige Klage fortbesteht.

ff) Keine anderweitige Rechtshängigkeit des Streitgegenstands. Erhebt der Beklagte die Widerklage als negative Feststellungsklage, müssen Sie prüfen, ob sich ihr Streitgegenstand von dem der Klage unterscheidet (§ 261 III Nr. 1 ZPO), was nicht der Fall ist, wenn es um die bloße Verneinung des Klageanspruchs geht. 58

b) Zustellung

Wird die Widerklage durch Schriftsatz erhoben, müssen Sie diesen zustellen lassen (§ 270 S. 1 ZPO). Diese Zustellung dürfen Sie nicht von der Zahlung eines Gerichtskostenvorschusses abhängig machen (§ 12 II Nr. 1 GKG). 59

c) Entscheidung

aa) Teilurteil. Gemäß § 301 I 1 ZPO können Sie durch Teilurteil entscheiden, wenn nur die Klage oder nur die Widerklage entscheidungsreif ist und Sie den Erlass eines Teilurteils für angemessen erachten (§ 301 II ZPO). Wie bei jedem Teilurteil dürfen Sie keine isolierte Kostenentscheidung treffen, sondern müssen die Kostenentscheidung dem Schlussurteil vorbehalten. 60

bb) Kostenstreitwert. Im Gegensatz zum Zuständigkeitsstreitwert werden für den Kostenstreitwert die Streitwerte von Klage und Widerklage addiert (§ 45 I 1 GKG). Eine Ausnahme gilt, wenn die Ansprüche denselben Gegenstand betreffen; in diesem Fall ist nur der höhere Wert maßgebend (§ 45 I 3 GKG). Derselbe Gegenstand ist betroffen, wenn die Ansprüche wirtschaftlich identisch sind, also nicht beiden nebeneinander stattgegeben werden kann.[32] 61

d) Besonderheiten bei Drittwiderklagen[33]

aa) Widerklage gegen Kläger und Dritten. Eine Widerklage, die sich gegen den Kläger und einen bislang nicht am Prozess beteiligten Dritten richtet (sog. Drittwiderklage), ist unter den folgenden Voraussetzungen grundsätzlich zulässig: 62

---

[30] Musielak/Voit/*Heinrich*, § 33 Rn. 2.

[31] *BGH* NJW 1975, 1228; vgl. zur beachtlichen Gegenauffassung Thomas/Putzo/*Hüßtege*, § 33 Rn. 1.

[32] *BGH* NJW 2014, 1456 Rn. 4.

[33] Vgl. hierzu die Darstellung bei Thomas/Putzo/*Hüßtege*, § 33 Rn. 10 ff.; allg. zu Drittwiderklagen auch *Pfuhl*, Das prozessuale Instrument der Drittwiderklage in Bauprozessen, NJOZ 2015, 521.

- Die Widerklage darf gegenüber dem Dritten nicht lediglich hilfsweise erhoben werden.[34]
- Es müssen die Voraussetzungen der Parteierweiterung vorliegen.[35] Auf die Parteierweiterung findet § 263 ZPO entsprechende Anwendung.[36] Maßgeblich ist also, ob der Dritte in seine Einbeziehung in den Prozess einwilligt bzw. diese Einwilligung vermutet werden kann, weil der Dritte einen Sachantrag gestellt hat (§ 267 ZPO). Fehlt es an der Einwilligung, kommt es auf die Sachdienlichkeit der Widerklage an, die grundsätzlich nur dann verneint werden kann, wenn ein völlig neuer Streitstoff in den Prozess eingeführt werden soll, bei dessen Beurteilung das Ergebnis der bisherigen Prozessführung nicht verwertet werden kann.[37]
- § 33 ZPO ist in Bezug auf den Dritten nach wie vor nicht anwendbar, so dass Sie für die Widerklage nur örtlich zuständig sind, wenn für den Dritten der allgemeine oder ein besonderer Gerichtsstand bei Ihrem Gericht besteht oder er sich rügelos einlässt (§ 39 S. 1 ZPO), was im Amtsgerichtsverfahren einen Hinweis auf die Unzuständigkeit und eine Belehrung über die Folgen der rügelosen Einlassung voraussetzt (§ 504 ZPO). Darüber hinaus kann Ihre Zuständigkeit infolge einer Gerichtsstandsbestimmung gemäß § 36 I Nr. 3 ZPO begründet werden. Die als Drittwiderklage bezeichnete Klage eines bislang nicht beteiligten Dritten ist als eigenständige Klage zu behandeln und ggf. zu verbinden.[38]

63 **bb) Widerklage nur gegen Dritten.** Eine Drittwiderklage, die sich nur gegen einen bislang am Verfahren nicht beteiligten Dritten richtet (sog. isolierte Drittwiderklage), ist grundsätzlich unzulässig.[39] Der BGH hat Ausnahmen zugelassen, wenn die Gegenstände von Klage und Drittwiderklage tatsächlich und rechtlich eng miteinander verknüpft sind und keine schutzwürdigen Interessen des Drittwiderbeklagten durch seine Einbeziehung in den Prozess verletzt werden. In folgenden Konstellationen hat der BGH diese Voraussetzungen bislang bejaht:

- Mit der Drittwiderklage gegen den am Prozess nicht beteiligten Zedenten macht der Beklagte einen Anspruch geltend, mit dem er hilfsweise die Aufrechnung gegen die Klageforderung des Zessionars erklärt.[40]
- Mit der Drittwiderklage macht der Beklagte Schadensersatzansprüche aus einem Unfall gegen den am Prozess nicht beteiligten Zedenten geltend, der seine Schadensersatzansprüche gegen den Beklagten aus demselben Unfall an den Kläger abgetreten hat.[41]
- Mit der Drittwiderklage begehrt der Beklagte die Feststellung, dass dem Zedenten der Klageforderung keine Ansprüche zustehen.[42] Diese Konstellation tritt besonders häufig in Kapitalanlageverfahren auf, wenn ein Anleger seinen (vermeintlichen) Schadensersatzanspruch an einen anderen abgetreten hat.

64 Auf die isolierte Drittwiderklage gegen den Zedenten der Klageforderung ist § 33 ZPO entsprechend anwendbar.[43]

---

[34] *BGH* NJW 2001, 2094 (2095).
[35] *BGH* NJW 1981, 2642.
[36] *BGH* NJW 1976, 239 (240).
[37] *BGH* NJW 2007, 1753 Rn. 17.
[38] *OLG Stuttgart* (101 U 6/11) BeckRS 2012, 11886.
[39] *BGH* NJW 2014, 1670 Rn. 14.
[40] *BGH* NJW 2001, 2094.
[41] *BGH* NJW 2007, 1753 Rn. 11.
[42] *BGH* NJW 2008, 2852 Rn. 24.
[43] *BGH* NJW 2011, 460 Rn. 4.

cc) **Verfahren.** Halten Sie die Drittwiderklage für zulässig, müssen Sie den Schriftsatz dem Dritten zustellen lassen. Andernfalls sollten Sie den Beklagten zunächst auf Ihre Zulässigkeitsbedenken hinweisen (§ 139 III ZPO) und die (Teil-)Rücknahme anregen. Reagiert er hierauf nicht oder hält er an der Widerklage gegen den Dritten fest, lassen Sie diesem die Widerklage zustellen. Mit der Zustellung wird der Dritte Partei des Rechtsstreits.

e) Zwischenfeststellungswiderklage

Die in § 256 II ZPO ausdrücklich geregelte Zwischenfeststellungswiderklage ist 65
dem Grunde nach eine Widerklage, die einen Feststellungsantrag zum Gegenstand hat. Der Beklagte wird sie erheben, wenn er nicht nur ein Interesse an der rechtskräftigen Abweisung der Klage hat, sondern auch an der rechtskräftigen Feststellung der Vorfragen oder präjudiziellen Rechtsverhältnisse, die nicht in Rechtskraft erwachsen.

Im Gegensatz zur Feststellungsklage nach § 256 I ZPO braucht der Beklagte kein besonderes Feststellungsinteresse. Es genügt die Vorgreiflichkeit des Rechtsverhältnisses. Das Rechtsverhältnis ist vorgreiflich, wenn es maßgeblich für die Entscheidung über den Klageanspruch ist und zwischen den Parteien über den Streitgegenstand der Klage hinaus Bedeutung erlangen kann.[44]

2. Gewillkürter Parteiwechsel in erster Instanz

Der gewillkürte Parteiwechsel in erster Instanz ist nach ständiger Rechtsprechung 66
grundsätzlich wie eine Klageänderung (§§ 263 ff. ZPO) zu behandeln.[45]

a) Klägerwechsel und -beitritt

Klägerwechsel und -beitritt bedürfen der Zustimmung des bisherigen und des 67
neuen Klägers. Der Beklagte muss Gelegenheit zur Stellungnahme erhalten. Willigt er in die Änderung nicht ein und kann diese Einwilligung auch nicht fingiert werden (§ 267 ZPO), kommt es darauf an, ob der Klägerwechsel bzw. -beitritt sachdienlich ist. Der neue Kläger ist an die bisherigen Prozessergebnisse gebunden.

b) Parteierweiterung auf Beklagtenseite

Erweitert der Kläger seine Klage auf einen neuen Beklagten, muss er zunächst den 68
erhöhten Gerichtskostenvorschuss nach § 12 I GKG einzahlen. Dies gilt nur dann nicht, wenn der neue Beklagte als Gesamtschuldner mit dem bisherigen Beklagten verurteilt werden soll, denn in diesem Fall bleibt es bei einem Streitgegenstand (§ 39 I GKG).

Nach Eingang des Vorschusses müssen Sie dem neuen Beklagten den Schriftsatz mit einer Stellungnahmefrist zustellen. Haben Sie bereits terminiert, müssen Sie den neuen Beklagten laden.

Auf die Einwilligung des neuen Beklagten kommt es nicht an, wenn die Erweiterung sachdienlich ist. Andernfalls müssen Sie den Prozess gegen den neuen Beklagten nach § 145 I ZPO abtrennen.

Der neue Beklagte ist grundsätzlich an die bisherigen Prozessergebnisse gebunden, kann aber die Wiederholung von Prozesshandlungen verlangen, wenn er ansonsten in seiner Rechtsverteidigung beeinträchtigt wäre.[46]

---

[44] *BGH* NJW 2007, 82 Rn. 12.

[45] *BGH* NJW 1996, 2799; hierzu ausführlich Thomas/Putzo/*Hüßtege*, Vorbem § 50 Rn. 20 ff.

[46] *BGH* NJW 1996, 196 (197).

c) Beklagtenwechsel

69 Für den Beklagtenwechsel gilt das zuvor Gesagte im Hinblick auf den neuen Beklagten entsprechend. Allerdings ist hier kein weiterer Vorschuss einzuzahlen.

Für den alten Beklagten gilt § 269 ZPO: Erfolgt der Wechsel nach Beginn der mündlichen Verhandlung des (alten) Beklagten, muss dieser in sein Ausscheiden einwilligen. Andernfalls bleibt er Partei. Sie müssen ihm folglich ebenfalls den Schriftsatz zustellen. Widerspricht er dem Parteiwechsel nicht innerhalb einer Notfrist von zwei Wochen, gilt seine Einwilligung als erteilt (§ 269 II 4 ZPO). Allerdings müssen Sie ihn auf diese Folge hingewiesen haben.

V.

1. Neuen Beklagten als Beklagten zu 2) in das Rubrum aufnehmen.
2. Ss vom … an BeklV zu 1) mit EB zur Stellungnahme binnen 2 Wochen unter Hinweis auf § 269 II 4 ZPO.
3. WV 3 Wochen

d) Berichtigung des Passivrubrums

70 Vom Beklagtenwechsel zu unterscheiden ist die bloße Berichtigung des Passivrubrums, die in Betracht kommt, wenn weiterhin dieselbe (natürliche oder juristische) Person am Rechtsstreit beteiligt bleiben soll, aber nicht (mehr) richtig bezeichnet ist.[47] Aus dem Inhalt der Klageschrift muss sich unzweifelhaft ergeben, welche Person gemeint ist. Ist diese nur unrichtig bezeichnet, wird lediglich das Rubrum berichtigt.[48]

Beschluss

Das Passivrubrum wird dahin berichtigt, dass der Beklagte nicht Schulz, sondern Schulze heißt.

oder

Das Passivrubrum wird dahin berichtigt, dass die Beklagte nunmehr von dem Geschäftsführer X. vertreten wird.

Hat der Kläger dagegen irrtümlich einen falschen Beklagten benannt, kommt nur ein Beklagtenwechsel in Betracht. Die Abgrenzung kann im Einzelfall schwierig sein. Bei einer an sich korrekten Bezeichnung einer tatsächlich existierenden Person kommt ein objektives Verständnis, eine andere Person sei gemeint, nur in Betracht, wenn aus dem übrigen Inhalt der Erklärung unzweifelhaft deutlich wird, dass diese andere Person tatsächlich gemeint ist.[49]

3. Streitverkündung im Vorprozess[50]

a) Zustellung

71 Der Streitverkünder muss einen Schriftsatz einreichen, in dem er den Grund der Streitverkündung und die Lage des Rechtsstreits anzugeben hat (§ 73 S. 1 ZPO). Die-

[47] Hierzu ausführlich *Kempe/Antochewicz*, NJW 2013, 2797.
[48] *BGH* NJW-RR 2006, 42.
[49] *BGH* NJW-RR 2013, 394 Rn. 17.
[50] Hierzu ausführlich *Ghassemi-Tabar/Eckner*, Streitverkündung – Rechtsprechungsüberblick zu Möglichkeiten, Wirkungen und Kosten, MDR 2012, 1136.

sen Schriftsatz müssen Sie dem Dritten zustellen und dem Gegner mitteilen lassen (§ 73 S. 2 ZPO). Die Zulässigkeit der Streitverkündung ist hierfür – mit Ausnahme des § 72 II ZPO – irrelevant.[51]

b) Reaktion des Dritten

aa) Dritter tritt bei. Will der Dritte dem Rechtsstreit beitreten, muss er dies durch Einreichung eines Schriftsatzes tun (§§ 70, 74 I ZPO). Im Landgerichtsverfahren gilt Anwaltszwang. Diesen Schriftsatz müssen Sie beiden Parteien zustellen lassen. 72

Durch den Beitritt erhält der Dritte die Stellung eines Nebenintervenienten; für den Beitritt auf Seiten des Streitverkünders folgt dies aus § 74 I ZPO, für den Beitritt auf Seiten des Gegners aus § 66 ZPO.

Durch den Beitritt auf Seiten des Gegners des Streitverkünders kommt es zu einer doppelten Interventionswirkung: gegenüber dem Streitverkünder nach § 74 III ZPO, gegenüber der unterstützten Hauptpartei nach §§ 66, 68 ZPO.

Der Nebenintervenient wird zwar nicht Partei des Rechtsstreits – er kann also weiterhin Zeuge sein –, ist an diesem aber trotzdem beteiligt. Deshalb müssen Sie ihm Schriftsätze, Verfügungen und Entscheidungen zustellen bzw. mitteilen. Sie müssen den Nebenintervenienten zur mündlichen Verhandlung laden.

Seine Rechtsstellung ergibt sich aus § 67 ZPO: Er kann Angriffs- und Verteidigungsmittel geltend machen und alle Prozesshandlungen wirksam vornehmen. Dies gilt allerdings nur, soweit er sich nicht in Widerspruch zur Hauptpartei setzt. Er darf deshalb vor allem nicht über den Streitgegenstand disponieren.

Der im Termin zur mündlichen Verhandlung erschienene Nebenintervenient wendet die Säumnis der Hauptpartei ab. Ist seine Ladung unterblieben, müssen Sie die Verhandlung vertagen und dürfen deshalb bei Säumnis der Hauptpartei kein Versäumnisurteil erlassen.

Die Nebenintervention des Streitverkündeten muss sich im Urteil wiederfinden.[52]

bb) Dritter tritt nicht bei. Reagiert der Dritte auf die Streitverkündung nicht, wird der Rechtsstreit ohne Rücksicht auf ihn fortgesetzt. Sie müssen ihm deshalb weder Abschriften und Entscheidungen zukommen lassen noch ihn zur mündlichen Verhandlung laden. Im Urteil taucht die Streitverkündung nicht auf. 73

V. Streitwertermittlung und -festsetzung

Sie werden sich in verschiedenen Abschnitten des Verfahrens mit dem Streitwert und dessen Festsetzung befassen müssen. Deshalb soll ein entsprechender Überblick gegeben werden. 74

1. Maßgebliche Streitwerte

a) Zuständigkeitsstreitwert

Der Zuständigkeitsstreitwert ist maßgeblich für die Bestimmung der sachlichen Zuständigkeit, also für die Abgrenzung zwischen der erstinstanzlichen Zuständigkeit des Amtsgerichts nach § 23 Nr. 1 GVG und des Landgerichts nach § 71 I GVG. 75

---

[51] *BGH* NJW 2011, 1078 Rn. 7.
[52] Ausführlich § 11 Rn. 140 ff.

b) Kostenstreitwert

76 Der Kostenstreitwert (Gebührenstreitwert, Gegenstandswert) ist entscheidend für die Berechnung der Kosten des Rechtsstreits. Maßgeblich sind dabei die §§ 34 ff. GKG, die nicht nur für die Ermittlung der Gerichtsgebühren gelten, sondern gemäß § 23 I 1 RVG grundsätzlich auch für die Rechtsanwaltsgebühren. Sie müssen den Kostenstreitwert ermitteln, um im Falle des teilweisen Obsiegens beider Parteien die Kostenquote nach § 92 I 1 ZPO bestimmen zu können. Der Kostenstreitwert ist zudem für den Kostenbeamten Voraussetzung, um den Gerichtskostenvorschuss anfordern zu können (§ 12 I GKG), und – gemeinsam mit Ihrer Kostengrundentscheidung – Grundlage der Kostenfestsetzung durch den Kostenbeamten. Die Festsetzung dieses Kostenstreitwertes obliegt jedoch nicht dem Kostenbeamten, sondern Ihnen.

c) Rechtsmittelstreitwert

77 Der Rechtsmittelstreitwert bezeichnet den Wert der Beschwer der unterlegenen Partei. Sie müssen ihn ermitteln, wenn Sie die Zulässigkeit eines Rechtsmittels prüfen. Für die Zulässigkeit einer Berufung muss er € 600 übersteigen (§ 511 II Nr. 1 ZPO).[53] Bei einer sofortigen Beschwerde ist er nur maßgeblich, wenn diese gegen eine Kostenentscheidung gerichtet ist; er muss dann € 200 übersteigen (§ 567 II ZPO).[54]

2. Ermittlung von Zuständigkeits- und Kostenstreitwert

78 Die Ermittlung der drei Streitwerte richtet sich nach den §§ 2–9 ZPO. Dies folgt für den Kostenstreitwert aus § 48 I 1 GKG. Allerdings finden hier im Einzelnen die Besonderheiten der §§ 39 ff. GKG Anwendung. Im Grundsatz gilt, dass Sie den Streitwert – gegebenenfalls nach einer Beweisaufnahme – nach freiem Ermessen festsetzen (§ 3 ZPO). Maßgeblich ist hierbei das Interesse des Klägers. Für die unzähligen Einzelfälle muss auf die einschlägigen Kommentierungen zu § 3 ZPO verwiesen werden.

a) Darlegung durch den Kläger

79 Bei einer Zahlungsklage kann aus dem Antrag des Klägers unmittelbar auf den Streitwert geschlossen werden. In allen anderen Fällen muss der Kläger hierzu vortragen. Das folgt für den Zuständigkeitsstreitwert aus § 253 III ZPO, für den Kostenstreitwert aus § 61 GKG. Fehlt ein solcher Vortrag, müssen Sie den Kläger entsprechend auffordern.

> V.
>
> 1. Auflage an KlägerV mit EB, binnen 2 Wochen zum Streitwert vorzutragen.
> 2. WV 3 Wochen

b) Gemeinsamkeiten in den Grundkonstellationen

80 In den prozessualen Grundkonstellationen unterscheiden sich die Berechnungen von Zuständigkeits- und Kostenstreitwert nicht. Der Wert der Leistungsklage bestimmt sich durch den Wert der begehrten Leistung. Bei der Feststellungsklage ist zu unterscheiden: Der Wert der negativen Feststellungsklage entspricht dem Wert des Rechtsverhältnisses, dessen Nichtbestehen festgestellt werden soll. Der Wert der positiven Feststellungsklage beträgt 80% des Wertes des Rechtsverhältnisses, dessen Be-

[53] Einzelheiten unter § 20 Rn. 8, 10.
[54] Einzelheiten unter § 21 Rn. 82.

stehen festgestellt werden soll. Für Arrest und einstweilige Verfügung werden in der Regel 1/3 bis 1/2 des Wertes des zu sichernden Anspruchs angesetzt.

Früchte, Nutzungen, Zinsen und Kosten, wozu auch die vorgerichtlichen Anwaltskosten zählen[55], bleiben bei der Berechnung des Zuständigkeitsstreitwertes außer Betracht, wenn sie als Nebenforderungen geltend gemacht werden (§ 4 I ZPO). Entgangener Gewinn, der als gleichbleibender Hundertsatz einer bestimmten Summe (Zinsen) geltend gemacht wird, stellt ebenfalls nur eine Nebenforderung dar.[56]

c) Unterschiede in besonderen Konstellationen

Mehrere in einer Klage geltend gemachte Ansprüche (objektive Klagehäufung) werden addiert, §§ 5 Hs. 1 ZPO, 39 I GKG. **81**

Klage und Widerklage werden für den Zuständigkeitsstreitwert nicht addiert (§ 5 Hs. 2 ZPO). Dagegen findet für die Ermittlung des Kostenstreitwertes eine Addition statt, soweit Klage und Widerklage unterschiedliche Gegenstände haben (§ 45 I, III GKG).[57]

Für die Bestimmung des Zuständigkeitsstreitwertes einer Stufenklage erfolgt eine Addition der einzelnen Stufen. Regelmäßig beträgt der Wert des Auskunftsanspruchs und des Anspruchs auf Abgabe einer eidesstattlichen Versicherung 1/10 –1/4 des Leistungsanspruchs und ist umso höher anzusetzen, je geringer die Kenntnisse des Anspruchsstellers von den zur Begründung des Leistungsanspruchs maßgeblichen Tatsachen sind.[58] Für den Kostenstreitwert ist grundsätzlich allein der Wert der Leistungsklage als höchster der drei Werte maßgeblich (§ 44 GKG). Das muss nicht zwingend der Wert des Zahlungsantrags sein. Ist der Kläger ursprünglich von einem deutlich höheren Zahlungsanspruch ausgegangen, als er ihn letztlich verfolgt, kann der Wert des Auskunftsanspruchs der höhere sein. Beachten Sie auch § 36 I GKG: Haben Sie nur über die Auskunftsklage mündlich verhandelt, ist die Terminsgebühr auch nur nach diesem Streitwert angefallen. Da für Zuständigkeits- und Kostenstreitwert der Wert des Leistungsbegehrens maßgeblich ist, muss der Kläger hierzu vortragen.

Haupt- und Hilfsantrag werden für den Zuständigkeitsstreitwert nicht addiert. Maßgeblich ist allein der höhere Einzelanspruch.[59] Für den Kostenstreitwert gilt § 45 I 2 GKG. Ergeht eine Entscheidung über den Hilfsantrag, wird dessen Wert zu dem des Hauptantrags addiert. Eine Ausnahme gilt, wenn die Ansprüche denselben Gegenstand betreffen; in diesem Fall ist nur der höhere Wert maßgebend (§ 45 I 3 GKG).[60] Derselbe Gegenstand ist betroffen, wenn die Ansprüche wirtschaftlich identisch sind, also nicht beiden nebeneinander stattgegeben werden kann.[61]

Verteidigt sich der Beklagte mit der unbedingten Prozessaufrechnung (Primäraufrechnung), bleibt deren Wert sowohl für den Zuständigkeits- als auch für den Kostenstreitwert außer Betracht. Erfolgt die Prozessaufrechnung lediglich hilfsweise, ändert sich für den Zuständigkeitsstreitwert nichts. Für den Kostenstreitwert gilt das nur

[55] *BGH* (VI ZB 60/07) BeckRS 2009, 08368 Rn. 5.

[56] *BGH* NJW 2012, 2446 Rn. 14.

[57] Vgl. hierzu bereits Rn. 61.

[58] *BGH* NJW-RR 2018, 1265 Rn. 10.

[59] Zöller/*Herget*, § 3 Rn. 16 (Eventual- und Hauptantrag).

[60] Beachten Sie, dass den Beklagten die volle Kostentragungslast trifft, wenn zwar erst der Hilfsantrag des Klägers zum Erfolg geführt hat und die Klage deshalb im Übrigen abgewiesen wird, das Obsiegen des Klägers aber nicht hinter dem Kostenstreitwert zurückbleibt; vgl. *BGH* NJW 1994, 2765 (2766).

[61] *BGH* NJW 2014, 1456 Rn. 4.

dann, wenn über die Hilfsaufrechnung nicht entschieden wird oder jedenfalls keine der Rechtskraft fähige Entscheidung nach § 322 II ZPO ergeht; andernfalls erfolgt nach § 45 III GKG eine Addition des Wertes der Klageforderung und des Wertes des Gegenanspruchs, soweit eine der Rechtskraft fähige Entscheidung nach § 322 II ZPO ergeht. Hierunter fällt auch der Fall, dass die Klage abgewiesen wird, weil die Gegenforderung begründet ist, denn dann steht rechtskräftig fest, dass die Gegenforderung im Umfang der Klageforderung verbraucht ist und nicht mehr besteht.[62]

Beispiel: Gegen eine Klage auf Zahlung von € 20.000 erklärt der Beklagte hilfsweise die Aufrechnung mit einer Gegenforderung über € 10.000. Das Gericht weist die Klage ab, weil der Anspruch von vornherein nur in Höhe von € 5.000 begründet war und insoweit durch die Aufrechnung erloschen ist. Der Kostenstreitwert beträgt hier € 25.000, denn über die Aufrechnung ergeht nur in Höhe von € 5.000 eine der Rechtskraft fähige Entscheidung (Kostenquote: Kläger 4/5, Beklagter 1/5).[63]

3. Streitwertfestsetzung

a) Vorläufige Festsetzung

82 Die vorläufige Festsetzung des Kostenstreitwertes ist erforderlich, wenn der Kostenbeamte andernfalls nicht in der Lage ist, den Gerichtskostenvorschuss nach § 12 I GKG anzufordern. Das wird der Fall sein, wenn sich der Streitwert nicht ohne weiteres aus der Klage ermitteln lässt, z.B. bei Feststellungs-, Auskunfts- oder Unterlassungsanträgen. Sie müssen auf Vorlage des Kostenbeamten einen Beschluss erlassen, gegen den eine isolierte Beschwerde unstatthaft ist (§ 63 I 2 GKG).

> **Beschluss**
>
> Der Streitwert wird vorläufig auf € 6.000 festgesetzt (§ 63 I 1 GKG).

b) Endgültige Festsetzung

83 Die endgültige Streitwertfestsetzung erfolgt nach Abschluss des Verfahrens. Maßgeblich ist der Kostenstreitwert (§§ 63 II, 62 S. 1 GKG).

Auch hier ist grundsätzlich ein Beschluss zu erlassen, den Sie mit dem Urteil verbinden können. Ein gesonderter Beschluss empfiehlt sich, wenn Sie Anhaltspunkte dafür haben, dass Ihre Festsetzung zum Gegenstand von Auseinandersetzungen werden kann. Sie verhindern so, dass die Parteien irrtümlich davon ausgehen, nur aufgrund des integrierten Streitwertbeschlusses statt der Beschwerde (§§ 63 I 2, 67 GKG) Berufung gegen Ihr Urteil einlegen zu müssen. Gemäß § 5b GKG ist eine Rechtsbehelfsbelehrung erforderlich.[64]

> **Beschluss**
>
> Der Streitwert beträgt € 6.000.
>
> **Gründe:**
>
> (...)

[62] *BGH* NJW 2002, 900.

[63] Der Beklagte verliert in Bezug auf € 5.000 mit seiner Hauptverteidigung, so dass § 92 I ZPO Anwendung findet.

[64] Ausführlich zur Rechtsbehelfsbelehrung § 11 Rn. 62.

Diesen Beschluss können Sie innerhalb von sechs Monaten nach Rechtskraft der Entscheidung oder anderweitiger Erledigung von Amts wegen ändern (§ 63 III GKG).

VI. Ablehnung wegen Besorgnis der Befangenheit

Die Parteien haben gemäß § 42 I ZPO das Recht, den (bzw. die) zur Entscheidung berufenen Richter abzulehnen, wenn er von der Ausübung des Richteramts kraft Gesetzes ausgeschlossen ist (§ 41 ZPO) oder die Besorgnis der Befangenheit besteht.[65] Sie können in drei verschiedenen Konstellationen mit einem Ablehnungsverfahren befasst sein: 84

- Sie werden selbst abgelehnt.
- Sie müssen über den Ablehnungsantrag gegen einen Kollegen entscheiden.
- Sie übernehmen das Verfahren von einem für befangen erklärten Kollegen.

1. Adressat des Ablehnungsantrags

Werden Sie von einer Partei abgelehnt, müssen Sie beachten, dass Sie für die Entscheidung über den Antrag nicht zuständig sind. Es ist deshalb auch nicht Ihre Aufgabe, der gegnerischen Partei den Ablehnungsantrag zu übermitteln. 85

Nur über ein gänzlich untaugliches Befangenheitsgesuch dürfen Sie ausnahmsweise selbst entscheiden, wenn jedes Eingehen auf den Verfahrensgegenstand entbehrlich ist, weil dann die Prüfung keine Beurteilung des eigenen Verhaltens des abgelehnten Richters voraussetzt und deshalb keine Entscheidung in eigener Sache ist.[66]

a) Wartepflicht

Sobald ein Ablehnungsantrag eingegangen ist, müssen Sie die Entscheidung abwarten. Sie dürfen den Prozess grundsätzlich erst wieder leiten, wenn der Antrag rechtskräftig abgelehnt wurde. 86

aa) Unaufschiebbare Handlungen. Gemäß § 47 I ZPO müssen Sie jedoch alle Handlungen vornehmen, die keinen Aufschub dulden, weil sonst wesentliche Nachteile für eine Partei entstünden. Hierunter fallen u. a. eine Entscheidung im Eilverfahren und die Terminsaufhebung, nicht jedoch die Terminierung.[67] 87

bb) Ablehnung in der mündlichen Verhandlung. Sind Sie während der mündlichen Verhandlung abgelehnt worden, dürfen Sie diese nach § 47 II ZPO fortsetzen und beenden. Nach dem Sinn dieser Vorschrift beginnt die mündliche Verhandlung entgegen § 137 I ZPO nicht erst mit der Antragstellung, sondern mit dem Aufruf der Sache (§ 220 I ZPO).[68] 88

---

[65] Ausführlich *Conrad*, Ablehnung des Richters – Verfahren und ausgewählte Fallgruppen zur „Besorgnis der Befangenheit", MDR 2015, 1048; *Schmuck/Tümmler*, Befangenheit – Praxisfragen, NJOZ 2015, 873; *Ghassemi-Tabar/Nober*, Die Richterablehnung im Zivilprozess, NJW 2013, 3686.

[66] *BVerfG* (1 BvR 2853/11) BeckRS 2013, 49263; vgl. bspw. *OLG Hamburg* NJW-RR 2013, 1078; allg. *Windau*, Taktische Ablehnungsgesuche und das Recht auf den gesetzlichen Richter, NJW 2018, 3206.

[67] Zöller/*G. Vollkommer*, § 47 Rn. 3.

[68] *OLG Karlsruhe* MDR 2007, 795.

b) Dienstliche Äußerung

89 Sie müssen sich zu dem Ablehnungsgesuch schriftlich äußern (§ 44 III ZPO).[69] Dabei sollten Sie sich nicht rechtfertigen, sondern sachlich zu den im Antrag genannten Tatsachen Stellung nehmen, können dabei aber natürlich auch die konkreten Umstände erläutern. Sie müssen nicht gesondert darauf hinweisen, dass Sie sich nicht für befangen halten.

> **Dienstliche Äußerung**
> - Die Entscheidung beruht ausschließlich auf sachlichen Erwägungen. Ich halte an ihr fest. Im Übrigen nehme ich auf den Akteninhalt Bezug.
> - Das vom Antragsteller geschilderte Telefonat hat so stattgefunden.
> - Es trifft zu, dass ich über den Antrag auf Terminsverlegung nicht entschieden habe. Ich hatte die Akte versehentlich auf den Stapel mit den zur Entscheidung anstehenden Akten gelegt.

c) Abgabe

90 Geben Sie die Akte sodann mit Ihrer dienstlichen Äußerung an den Kollegen, der für die Entscheidung über den Antrag zuständig ist.

> V.
>
> Akte an Vors. d. ZK … / RiAG … zur Entscheidung über den Ablehnungsantrag des Klägers vom … (Bl. …).

2. Entscheidung über einen Ablehnungsantrag

a) Zuständigkeit

91 Wird Ihnen als Amtsrichter[70] eine Akte vorgelegt, in der sich ein Ablehnungsantrag gegen einen Kollegen befindet, müssen Sie zunächst prüfen, ob Sie nach § 45 II ZPO in Verbindung mit dem Geschäftsverteilungsplan für die Entscheidung zuständig sind. In der Regel werden Sie das nicht sein, wenn Sie der geschäftsplanmäßige Vertreter des abgelehnten Kollegen sind, da Sie als solcher im Falle der Begründetheit des Antrags das Verfahren übernehmen müssen.

Als Mitglied einer Zivilkammer sind Sie mit der Durchführung des Verfahrens über die Ablehnung eines Kollegen nicht befasst. Gemäß § 45 I ZPO entscheidet Ihre Kammer, ergänzt durch den geschäftsplanmäßigen Vertreter, so dass Ihr Vorsitzender die erforderlichen Verfahrenshandlungen vornimmt. Das ist anders, wenn Ihr Vorsitzender und sein Stellvertreter abgelehnt worden sind. In diesem Fall müssen Sie das Ablehnungsverfahren leiten.

b) Rechtliches Gehör

92 Zunächst müssen Sie rechtliches Gehör gewähren, indem Sie dem Antragsteller die dienstliche Äußerung und der gegnerischen Partei, die ebenfalls zu hören ist[71], darüber hinaus das Ablehnungsgesuch mit einer Stellungnahmefrist übermitteln. Gegebe-

[69] Ausführlich *Vossler*, Die „Dienstliche Erklärung" des abgelehnten Richters, MDR 2014, 10.
[70] Über die Ablehnung eines Einzelrichters am Landgericht entscheidet nicht dessen Vertreter, sondern die Kammer ohne Mitwirkung des abgelehnten Richters, *BGH* NJW 2006, 2492 Rn. 14.
[71] Vgl. *BGH* NJW 2005, 2233 (2234).

nenfalls müssen Sie den Antragsteller auf die fehlende Glaubhaftmachung der Ablehnungsgründe (§ 44 II 1 ZPO) hinweisen.

> V.
> 1. Dienstliche Äußerung an Parteien z. Stn. binnen 2 Wo.; an Bekl. mit Ss vom ...; an Kl. mit Hinweis, dass die Ablehnungsgründe bislang nicht glaubhaft gemacht wurden.
> 2. WV 3 Wochen

c) Entscheidung

aa) Rechtzeitigkeit des Antrags. Der Antrag ist nach § 43 ZPO unzulässig, wenn sich der Ablehnende vor Antragstellung bei dem abgelehnten Kollegen auf die Verhandlung eingelassen oder Anträge gestellt hat, obwohl er den Ablehnungsgrund kannte, wobei ihm die Kenntnis seines Prozessbevollmächtigten zugerechnet wird. 93

Ein Einlassen in eine Verhandlung ist jedes prozessuale, der Erledigung eines Streitpunkts dienende Handeln der Partei unter Mitwirkung des Richters, das der weiteren Sachbearbeitung und Streiterledigung dient.[72] Beachten Sie, dass die Norm unter Verhandlung nicht nur die mündliche Verhandlung versteht, sondern das gesamte Verfahren, so dass auch die Einreichung eines Schriftsatzes ausreichen kann.[73] Hat die Partei in der mündlichen Verhandlung einen Ablehnungsantrag gestellt, darf sie sich allerdings in die fortgesetzte Verhandlung einlassen, ohne ihr Ablehnungsrecht zu verlieren.[74]

bb) Besorgnis der Befangenheit. Maßstab der Entscheidung ist nach § 42 II ZPO die Frage, ob der Antragsteller einen Grund glaubhaft gemacht hat, der geeignet ist, Misstrauen gegen die Unparteilichkeit des Kollegen zu rechtfertigen. Aus der Sicht des Antragstellers müssen objektive Gründe vorliegen, die nach der Meinung einer ruhig und vernünftig denkenden Partei Anlass geben, an der Unvoreingenommenheit des Richters zu zweifeln.[75] Für Einzelheiten wird auf die umfangreiche Kasuistik in der Kommentarliteratur verwiesen. 94

cc) Form. Gemäß § 46 I ZPO entscheiden Sie durch Beschluss. 95

> **Beschluss**
>
> Das Ablehnungsgesuch gegen RiAG ... wird für begründet erklärt/als unbegrundet zurückgewiesen.
>
> **Gründe:**
>
> (...)

d) Sofortige Beschwerde

Gegen die Zurückweisung des Antrags ist die sofortige Beschwerde statthaft (46 II Hs. 2 ZPO).[76] Beim Amtsgericht muss der Beschluss deshalb eine Rechtsbehelfsbelehrung enthalten.[77] 96

---

[72] *BGH* NJW-RR 2008, 800 Rn. 4.
[73] Str., vgl. die Nachweise bei Zöller/*G. Vollkommer*, § 43 Rn. 4.
[74] *OLG Frankfurt* (8 W 52/15) BeckRS 2016, 02526 Rn. 15.
[75] *BGH* NJW 2006, 2492 Rn. 29.
[76] Hierzu ausführlich § 21.
[77] Ausführlich zur Rechtsbehelfsbelehrung § 11 Rn. 62.

3. Übernahme eines Verfahrens von einem abgelehnten Kollegen

97 Ist der Kollege, den Sie geschäftsplanmäßig vertreten, erfolgreich abgelehnt worden, setzen Sie das Verfahren fort. Dabei müssen Sie prüfen, ob Sie bestimmte Prozesshandlungen Ihres Vorgängers wiederholen müssen.

Ausdrücklich angeordnet wird dies in § 47 II 2 ZPO für solche Handlungen, die Ihr Vorgänger nach Antragstellung in der mündlichen Verhandlung vorgenommen hat.

Ansonsten gibt es keine Pflicht, Prozesshandlungen zu wiederholen. Das gilt selbst dann, wenn sie von Ihrem Vorgänger unter Verstoß gegen die Wartepflicht vorgenommen wurden.[78]

VII. Akteneinsichtsgesuch

1. Parteien

98 Die Parteien (§ 299 I ZPO), ihre Prozessbevollmächtigten und ihre Streithelfer haben einen Anspruch auf Einsicht in die Verfahrensakten, solange das Verfahren rechtshängig ist, ohne dass es hierfür eines besonderen Grundes bedarf. Einen entsprechenden Antrag, der keinem Anwaltszwang unterliegt,[79] dürfen Sie grundsätzlich nicht ablehnen und müssen deshalb der gegnerischen Partei auch kein rechtliches Gehör gewähren.

Der Anspruch erstreckt sich jedoch nicht darauf, den Ort der Akteneinsicht wählen zu dürfen. Die Entscheidung, ob die Akte die Geschäftsstelle verlassen soll, wird davon abhängen, für wie zuverlässig Sie den Empfänger halten.

V.

1. AE Kl. auf der Gst. / Akte an KlV z. AE für 3 × 24 Std.
2. WV z. F.

Eine Partei hat keinen Anspruch darauf, Einsicht in die Erklärungen des Gegners zu seinen persönlichen und wirtschaftlichen Verhältnissen zu erhalten.[80]

2. Dritte

99 Für Akteneinsichtsgesuche der unter 1. genannten Personen nach Beendigung der Rechtshängigkeit[81] und für alle anderen Personen gilt § 299 II ZPO.[82] Danach ist grundsätzlich der „Vorstand des Gerichts", also Präsident oder Direktor, für die Entscheidung über das Gesuch zuständig. Häufig ist diese Aufgabe aber auf die Richter übertragen. In diesem Fall müssen Sie die Parteien anhören. Sind nicht beide Parteien mit der Gewährung einverstanden, dürfen Sie Akteneinsicht nur gewähren, wenn der Dritte ein rechtliches Interesse an ihr hat.[83]

---

[78] *BGH* NJW-RR 2007, 775. Rn. 4.

[79] Musielak/Voit/*Huber*, § 299 Rn. 2.

[80] *BGH* NJW 2015, 1827 Rn. 18.

[81] Auch hierzu *BGH* NJW 2015, 1827 Rn. 11.

[82] Ausführlich *Longrée/Maiwurm*, Das Recht auf Einsichtnahme in die Akten fremder Verfahren, MDR 2015, 805.

[83] Hierzu ausführlich *Zuck*, Das rechtliche Interesse auf Akteneinsicht im Zivilprozess, NJW 2010, 2913.

Anonymisierte Abschriften von Urteilen und Beschlüssen können Dritten auch dann erteilt werden, wenn die Voraussetzungen von § 299 II ZPO nicht vorliegen.[84]

VIII. Einstweilige Einstellung der Zwangsvollstreckung

Mit einem Antrag, die Zwangsvollstreckung einstweilig einzustellen, können Sie in erster Linie immer dann konfrontiert werden, wenn in Ihrem Verfahren bereits ein Titel für eine Partei vorliegt, z.B. ein Versäumnisurteil, ein Vollstreckungsbescheid oder das Endurteil im Berufungsverfahren (§ 719 I ZPO). Darüber hinaus kommt er im Zusammenhang mit einem Antrag auf Wiedereinsetzung in den vorigen Stand oder einer Gehörsrüge in Betracht (§ 707 ZPO). Ist im Urteil die vorläufige Vollstreckbarkeit ohne Sicherheitsleistung und Abwendungsbefugnis angeordnet, kann der Schuldner auch beantragen, dass die Vollstreckung nur gegen Sicherheit fortgesetzt werden darf (§ 707 I 1 ZPO). 100

1. Verfahren

Die Zwangsvollstreckung darf nicht von Amts wegen, sondern nur auf Antrag einer Partei einstweilig eingestellt werden. Sie müssen dem Gegner grundsätzlich rechtliches Gehör gewähren. Ist dies aufgrund der Eilbedürftigkeit der Entscheidung nicht möglich, müssen Sie es nachholen und ggf. die Entscheidung aufheben. 101

2. Entscheidung

Sie entscheiden durch Beschluss (§§ 707 II 1, 719 II ZPO). Ob Sie die Zwangsvollstreckung einstellen, liegt in Ihrem Ermessen und dürfte von den Erfolgsaussichten des Vorgehens gegen den Titel abhängig zu machen sein. Wollen Sie einstellen, müssen Sie gleichzeitig entscheiden, ob dies ohne oder nur gegen Sicherheitsleistung erfolgen soll. Ersteres ist als Ausnahme nur zulässig, wenn der Schuldner glaubhaft macht, dass er zur Sicherheitsleistung nicht in der Lage ist und die Vollstreckung einen nicht zu ersetzenden Nachteil bringt (§ 707 I 2 ZPO). Die Zwangsvollstreckung aus einem Versäumnisurteil darf ohne Sicherheitsleistung nur eingestellt werden, wenn das Urteil in nicht gesetzlicher Weise ergangen ist oder der Schuldner glaubhaft macht, dass seine Säumnis unverschuldet war (§ 719 I 2 ZPO). 102

Beschluss

Die Zwangsvollstreckung aus dem Versäumnisurteil vom … wird ohne/gegen Sicherheitsleistung in Höhe von … einstweilig eingestellt.

Gründe:

(…)

IX. Übertragung des Rechtsstreits auf den Einzelrichter bzw. die Zivilkammer

Sind Sie Beisitzer einer Zivilkammer, ist für Sie die Frage von Bedeutung, ob Sie als Einzelrichter gemäß § 348 I 1 ZPO das Verfahren selbst leiten und entscheiden oder als Berichterstatter eine Beratung, Sitzung oder Entscheidung der Kammer vorbereiten. 103

[84] *BGH* NJW 2017, 1819 Rn. 14.

1. Originärer und obligatorischer Einzelrichter

a) Richter auf Probe

104 Sind Sie „Richter auf Probe“, können Sie nicht originärer Einzelrichter sein, wenn Sie noch nicht über einen Zeitraum von einem Jahr beim Amtsgericht oder Landgericht geschäftsverteilungsplanmäßig Rechtsprechungsaufgaben in bürgerlichen Rechtsstreitigkeiten wahrzunehmen gehabt haben (§ 348 I 2 Nr. 1 ZPO). Auch die von Ihnen übernommenen Einzelrichtersachen fallen damit (zunächst) in die Kammerzuständigkeit; die Kammer kann Ihnen die Sache aber nach § 348a I ZPO übertragen (hierzu unter 2.).[85] Ob nach Ablauf des ersten Zivilrichterjahres oder Ihrer Lebenszeiternennung innerhalb dieses Jahres die nicht unter § 348 I 2 Nr. 2 ZPO fallenden Kammersachen automatisch zu Einzelrichtersachen werden, ist streitig.[86]

b) Spezialkammer

105 Unabhängig davon sind Sie kein originärer Einzelrichter, wenn die Sache in eines der in § 348 I 2 Nr. 2 ZPO genannten Sachgebiete fällt und Ihre Kammer nach dem Geschäftsverteilungsplan hierfür spezialzuständig ist.

2. Übertragung auf den Einzelrichter

106 Soll nicht durch die Kammer entschieden werden, können Sie sich die Sache unter den Voraussetzungen des § 348a I ZPO übertragen lassen. Da der Beklagte mit der Klageerwiderung mitteilen soll, ob einer Entscheidung der Sache durch den Einzelrichter Gründe entgegenstehen (§ 277 I 2 ZPO), kann die Übertragung frühestens nach Eingang der Klageerwiderung erfolgen. Sie ist nach § 348a I Nr. 3 ZPO auch noch nach einem frühen ersten Termin oder der Güteverhandlung vor dem Haupttermin zulässig.

> **Beschluss**
>
> Der Rechtsstreit wird auf den Berichterstatter als Einzelrichter zur Entscheidung übertragen.
>
> Unterschriften der drei Kammermitglieder

3. Übertragung auf die Kammer

107 Jede Einzelrichtersache kann auf die Kammer übertragen werden: durch den originären Einzelrichter nach § 348 III ZPO, durch den obligatorischen Einzelrichter nach § 348a II ZPO. Halten Sie die Voraussetzungen für gegeben, sprechen Sie Ihren Vorsitzenden auf die Sache an.

4. Berichterstattung in Kammersachen

108 Welche Aufgaben Sie als Berichterstatter wahrnehmen müssen, wird Ihnen Ihr Vorsitzender erläutern. Spätestens zur Vorbereitung der mündlichen Verhandlung werden Sie die Sache votieren müssen. Auch hier sollten Sie mit dem Vorsitzenden besprechen, in welchem Umfang er Voten erwartet.

---

[85] *KG* (7 U 46/08) BeckRS 2009, 88940; vgl. aber *Streyl/Wietz*, Der Proberichter im ersten Jahr als (originärer) Einzelrichter, NJW 2017, 353.

[86] Vgl. Zöller/*Greger*, § 348 Rn. 6a.

X. Gütliche Beilegung des Rechtsstreits

Gemäß § 278 I ZPO sollen Sie in jeder Lage des Verfahrens auf eine gütliche Beilegung des Rechtsstreits bedacht sein. 109

1. Güteverhandlung

In aller Regel werden Sie die Möglichkeiten einer gütlichen Beilegung des Rechtsstreits mit den Parteien in Vergleichsgesprächen erörtern. Hierfür soll nach § 278 II ZPO der mündlichen Verhandlung eine Güteverhandlung vorausgehen. Die Einzelheiten werden in § 8 dargestellt. 110

2. Vergleichsbeschluss (§ 278 VI ZPO)

Auch außerhalb eines Termins können die Parteien einen gerichtlichen Vergleich schließen, dessen Inhalt und Zustandekommen Sie gemäß § 278 VI 2 ZPO durch Beschluss feststellen.[87] 111

a) Vergleichsvorschlag

Grundlage eines solchen Vergleichs ist ein von Ihnen oder den Parteien unterbreiteter schriftlicher Vergleichsvorschlag (§ 278 VI 1 ZPO). 112

aa) Vorschlag des Gerichts. Halten Sie nach dem Aktenstudium eine gütliche Einigung der Parteien für sinnvoll, ohne dass es hierfür einer Güteverhandlung bedarf, teilen Sie Ihre Überlegungen den Parteien in einer Verfügung oder einem Beschluss mit und geben Gelegenheit zur Stellungnahme. Formulieren Sie die Regelungen des Vergleichs so, dass es später bei der Vollstreckung keine Probleme gibt.[88] 113

> V.
>
> 1. An ParteiV mit EB:
>
> Das Gericht rät den Parteien zur gütlichen Beilegung des Rechtsstreits und macht hierzu folgenden Vorschlag:
>
> 1. Zum Ausgleich der streitgegenständlichen Forderung zahlt der Beklagte an den Kläger € …
> 2. Die Kosten des Rechtsstreits werden gegeneinander aufgehoben.
> 3. Die Parteien erteilen sich Generalquittung.
>
> Dabei hat sich das Gericht von folgenden Überlegungen leiten lassen:
>
> …
>
> Die Parteien erhalten Gelegenheit zur Stellungnahme binnen drei Wochen.
>
> 2. WV 4 Wochen

Erklären die Parteien ihr Einverständnis, stellen Sie Inhalt und Zustandekommen des Vergleichs durch Beschluss fest (hierzu unter b). Die Erklärungen müssen Ihnen

---

[87] Hierzu ausführlich *Müller-Teckhof*, Rechte und Pflichten des Gerichts beim Prozessvergleich nach § 278 Abs. 6 ZPO, MDR 2014, 249; vgl. auch *Dölling*, Der Vergleich mit dem PKH-berechtigten Beklagten nach neuem Recht, MDR 2013, 1009.

[88] Hierzu *Christopoulos*, Prozessvergleich – Unbestimmte Formulierungen als Risiko fehlender Vollstreckungsfähigkeit, MDR 2014, 438.

schriftlich vorliegen. Ein Widerruf ist unwirksam.[89] Erklärt eine Partei die Annahme mit Änderungen, prüfen Sie, ob Sie einen neuen Vorschlag machen oder eine Güteverhandlung anberaumen.

114 **bb) Vorschlag der Parteien.** Die Parteien müssen ihren Vorschlag in getrennten Schriftsätzen einreichen. Prüfen Sie, ob der Inhalt des Vergleichs zulässig ist.[90] Enthalten die Vergleichsvorschläge Regelungen, die über den Streitgegenstand des Verfahrens hinausgehen, steht es in Ihrem Ermessen, ob Sie den Beschluss erlassen.[91] In jedem Fall müssen Sie vor der Protokollierung diese Schriftsätze jeweils zur Stellungnahme übersenden, um sicherzustellen, dass jede Partei tatsächlich den gemeinsamen Vorschlag eingereicht hat.

115 **cc) Beurkundungspflichtiger Inhalt.** Auch wenn der schriftliche Vergleichsvorschlag Regelungen enthält, die einer notariellen Beurkundung bedürfen, können Sie nach § 278 VI ZPO vorgehen, denn die notarielle Beurkundung wird durch die Protokollierung eines gerichtlichen Vergleichs ersetzt (§ 127a ZPO); dies gilt auch für einen Feststellungsbeschluss nach § 278 VI ZPO.[92] Lediglich die Auflassung bedarf einer mündlichen Verhandlung, da § 925 I 1 BGB die gleichzeitige Anwesenheit der Parteien voraussetzt.[93]

b) Beschluss

116 Steht die Einigung der Parteien fest, erlassen Sie den Feststellungsbeschluss.

Beschluss

I. Gemäß § 278 VI ZPO wird festgestellt, dass zwischen den Parteien ein Vergleich mit dem folgenden Inhalt zustande gekommen ist:

1. Zum Ausgleich der streitgegenständlichen Forderung zahlt der Beklagte an den Kläger € …
2. Die Kosten des Rechtsstreits werden gegeneinander aufgehoben.
3. Die Parteien erteilen sich Generalquittung.

II. Der Streitwert wird auf € … festgesetzt. Der Wert des Vergleichs übersteigt den Streitwert nicht.

V.

1. Beschluss zustellen
2. Schlussbehandlung

Dieser Beschluss ist nicht anfechtbar (§ 567 I Nr. 1 ZPO), kann aber berichtigt werden (§§ 278 VI 3, 164 ZPO).

---

[89] *OLG Schleswig* NJW 2018, 638 Rn. 16; *OLG Köln* (5 U 68/15) BeckRS 2016, 05712 Rn. 5.

[90] Hierzu im Einzelnen *Müller-Teckhof*, MDR 2014, 249 (250 ff.).

[91] Vgl. *BGH* NJW 2011, 3451 Rn. 16.

[92] *BGH* NJW 2017, 1946 Rn. 25; allg. *Zempel*, Gerichtliche Möglichkeiten an Stelle notarieller Beurkundung – Möglichkeiten und Grenzen, NJW 2015, 2859.

[93] *OLG Jena* (3 W 452/14) BeckRS 2015, 01493 Rn. 7. Allg. *Adam*, Die Auflassung in gerichtlichen Vergleichen und Insolvenzplänen, NJW 2016, 3484; zu den Belehrungspflichten bei gerichtlicher Beurkundung *Müller/Teckhof*, Rechte und Pflichten des Gerichts beim Prozessvergleich nach § 278 Abs. 6 ZPO, MDR 2014, 249 (252 ff.).

3. Verweisung vor den Güterichter (§ 278 V ZPO)

Statt selbst Vergleichsverhandlungen zu führen, können Sie die Parteien auch vor einen Güterichter Ihres Gerichts verweisen.[94] Auf diese Absicht sollten Sie die Parteien hinweisen. Die Verweisung ist zwar nicht von deren Zustimmung abhängig, gegen den ausdrücklichen Willen ergibt sie aber sicher wenig Sinn. **117**

> V.
>
> 1. An ParteiV mit EB:
>
> Das Gericht beabsichtigt, die Parteien zum Zwecke des Versuchs einer gütlichen Einigung vor den Güterichter zu verweisen. Hierfür sprechen folgende Erwägungen: ... Es besteht Gelegenheit zur Stellungnahme binnen drei Wochen.
>
> 2. WV 4 Wochen

Die Verweisung erfolgt durch Beschluss.

> **Beschluss**
>
> Die Parteien werden zum Zwecke des Versuchs einer gütlichen Einigung vor den Güterichter verwiesen.
>
> V.
>
> 1. Beschluss an ParteiV
> 2. Akte an Güterichter-Geschäftsstelle

4. Außergerichtliche Konfliktbeilegung (§ 278a ZPO)

Schließlich können Sie eine außergerichtliche Konfliktbeilegung vorschlagen.[95] **118**
Sind die Parteien hiermit einverstanden, ordnen Sie das Ruhen des Verfahrens an (§ 278a II ZPO).

> **Beschluss**
>
> Gemäß § 278a II ZPO wird das Ruhen des Verfahrens angeordnet.
>
> V.
>
> 1. Beschluss an ParteiV
> 2. WV 6 Monate

Gelingt die außergerichtliche Konfliktbeilegung, müssen die Parteien den Rechtsstreit beenden, indem sie bspw. einen Vergleichsvorschlag nach § 278 VI ZPO einreichen, den Rechtsstreit in der Hauptsache für erledigt erklären oder der Kläger die Klage zurücknimmt.

---

[94] Hierzu ausführlich *Greger*, Verweisung vor den Güterichter und andere Formen konsensorientierter Prozessleitung, MDR 2014, 993; *Grobosch/Heymann*, Vertrauen als Verfahrensgegenstand – Fallgruppen der Mediation, NJW 2012, 3626.

[95] Ausführlich *Greger*, MDR 2014, 993 (996).

5. Streit über die Wirksamkeit eines Vergleichs[96]

119 Der Prozessvergleich führt grundsätzlich zur Verfahrensbeendigung. Das Verfahren ist aber dann fortzusetzen, wenn die Parteien die Wirksamkeit des Vergleichs angreifen (zB. Anfechtung, Form, Widerruf) und damit dessen verfahrensbeendigende Wirkung in Frage stellen.[97] Dies soll auch dann gelten, wenn bei einem schriftlichen Vergleich bis zur Anfechtung noch kein Vergleichsbeschluss ergangen war.[98] Auf Antrag der Partei, die den Mangel rügt, müssen Sie einen Termin zur mündlichen Verhandlung anberaumen. Halten Sie den Vergleich für wirksam, lautet der Tenor zur Hauptsache:

> Es wird festgestellt, dass der Rechtsstreit durch den Vergleich vom … beendet ist.

Andernfalls entscheiden Sie über die ursprünglich gestellten Anträge. Auf Antrag kann ein Zwischenfeststellungsurteil ergehen, mit dem die Unwirksamkeit des Vergleichs festgestellt wird (§ 256 II ZPO). Darüber hinaus besteht die Möglichkeit, auf Abänderung eines Vergleichs zu klagen, wenn dieser die Verpflichtung zu künftig wiederkehrenden Leistungen enthält (§ 323a I ZPO).

§ 4. Richterliche Hinweispflichten

120 Im Folgenden sollen lediglich die Grundzüge der richterlichen Hinweispflichten nach § 139 ZPO dargestellt werden. Für weitere Einzelheiten und vor allem Beispiele und Einzelfälle muss auf die einschlägigen Kommentierungen verwiesen werden.[99]

I. Allgemeines

1. Sinn und Zweck

121 Sie sind bei Ihrer Entscheidung an den Sachantrag des Klägers (§ 308 I ZPO) sowie den Tatsachenvortrag der Parteien gebunden und dürfen einen Beweis grundsätzlich nur erheben, wenn er von der beweispflichtigen Partei angeboten worden ist.

Dagegen obliegt die rechtliche Bewertung der vorgetragenen Tatsachen allein Ihnen. An die Rechtsauffassungen der Parteien sind Sie selbst dann nicht gebunden, wenn sich die Parteien in diesem Punkt einig sind.[100] Dasselbe gilt für die in Betracht kommenden Anspruchsgrundlagen, die kein Element des Streitgegenstands bilden.

Hieraus folgt für die Parteien bzw. ihre Rechtsanwälte die anspruchsvolle Aufgabe, jeden denkbaren rechtlichen Gesichtspunkt des Streits zu erkennen und entsprechend

[96] Ausführlich *Zeising*, Der Prozessvergleich und sein Bestand vor der Rechtsordnung, WM 2011, 774.

[97] *BGH* NJW 2014, 394 Rn. 14. Geht es dagegen (nur) um „nachträgliche Mängel“ (z.B. Wegfall der Geschäftsgrundlage oder Erfüllung), muss eine neue Klage erhoben werden, z.B. auf Feststellung der Wirksamkeit/Unwirksamkeit des Vergleichs.

[98] *OLG Schleswig* (11 U 119/15) BeckRS 2016, 113845.

[99] Ausführlich *Nober/Ghassemi-Tabar*, Die Hinweispflicht im Zivilprozess, NJW 2017, 3265.

[100] *BGH* NJW 2017, 68 Rn. 10.

ausführlich, konkret sowie vor allem rechtzeitig unter Beweisantritt vorzutragen. § 139 ZPO verpflichtet Sie, darauf hinzuwirken, dass die Parteien diesen Anforderungen gerecht werden.[101] Schon deshalb bedarf es der häufig am Ende eines Schriftsatzes geäußerten Bitte um richterliche Hinweise nicht.

2. Adressat der Hinweise

Die folgenden Ausführungen zu den richterlichen Hinweisen gelten in jedem Prozess. Die Hinweispflicht besteht grundsätzlich auch gegenüber der anwaltlich vertretenen Partei.[102] Allerdings wird die Intensität der Hinweise gegenüber einem Rechtsanwalt geringer sein als gegenüber der nicht vertretenen Partei.[103] 122

3. Zeitpunkt der Hinweise

Nach der Vorstellung des Gesetzgebers wird der Rechtsstreit im Haupttermin erledigt (§ 272 I ZPO). Um das zu erreichen, muss der entscheidungsrelevante Tatsachenstoff, den Sie entweder im frühen ersten Termin oder im schriftlichen Vorverfahren gesammelt haben, in diesem Termin vorliegen. Deshalb sollen Sie gemäß § 139 IV 1 ZPO die Hinweise so früh wie möglich erteilen. 123

Hieraus folgt, dass Sie nach jedem eingegangenen Schriftsatz den Tatsachenvortrag bewerten müssten, um unmittelbar auf fehlende oder nicht hinreichende Darlegungen hinzuweisen.[104] Diesen Anforderungen werden Sie im Alltag eines belasteten Dezernats nicht durchgängig gerecht werden können. Maßgeblich ist deshalb, dass Sie den Rechtsstreit erst entscheiden dürfen, wenn Sie alle erforderlichen Hinweise erteilt haben und die Parteien Gelegenheit zur Stellungnahme hatten.

Spätestens vor der (ersten) mündlichen Verhandlung sollten Sie also den Parteivortrag rechtlich gewürdigt haben, um in der Verhandlung die Sache mit den Parteien erörtern und Hinweise erteilen zu können. Aus § 139 V ZPO folgt, dass die Parteien auf diese Hinweise unmittelbar reagieren müssen. Sind die Parteien hierzu nicht in der Lage, müssen Sie die Verhandlung vertagen, mit Zustimmung der Parteien das schriftliche Verfahren anordnen (§ 128 II ZPO) oder gemäß § 139 V ZPO einen Schriftsatznachlass gewähren.[105] Ein Schriftsatznachlass für beide Parteien wird allerdings als unzulässig angesehen, da hiermit das schriftliche Verfahren umgangen werde.[106]

Stellen Sie nach Schluss der mündlichen Verhandlung fest, dass Sie eine Partei auf einen entscheidungserheblichen Gesichtspunkt nicht hingewiesen haben, dürfen Sie noch keine Entscheidung erlassen, sondern müssen die mündliche Verhandlung wiedereröffnen und der Partei Gelegenheit zur Stellungnahme geben (§ 156 II Nr. 1 ZPO).[107] Dasselbe gilt, wenn Sie aus einem nicht nachgelassenen Schriftsatz der betroffenen Partei erkennen können, dass diese sich offensichtlich in der mündlichen Verhandlung nicht ausreichend hat erklären können.[108]

[101] Eine gute Zusammenfassung der Anforderungen des § 139 ZPO findet sich in *BGH* NJW 2002, 3317 (3320).

[102] *BGH* NJW 2002, 3317 (3320).

[103] Zöller/*Greger*, § 139 Rn. 2.

[104] Vgl. auch *BGH* (V ZR 183/15) BeckRS 2016, 04424 Rn. 8.

[105] *BGH* (IX ZR 182/14) BeckRS 2015, 12102 Rn. 9.

[106] Vgl. *OLG Köln* NJW 1987, 1152; vgl. aber *Dötsch*, Unmöglichkeit der Gewährung eines „doppelten“ Schriftsatznachlasses?, MDR 2015, 564.

[107] Zur Wiedereröffnung der Verhandlung § 10 Rn. 177.

[108] *BGH* NJW 2011, 76 Rn. 39.

Geht ein nachgelassener Schriftsatz erst nach Ablauf der Frist ein, müssen Sie in entsprechender Anwendung von § 283 S. 2 ZPO entscheiden, ob das verspätete Vorbringen berücksichtigt werden kann.[109]

4. Umfang der Hinweise

124 Um der betroffenen Partei tatsächlich Gelegenheit zu geben, den Vortrag sachdienlich zu ergänzen, dürfen Sie Ihre Hinweise nicht allgemein und pauschal halten.[110] Vielmehr müssen Sie konkret die Tatbestandsvoraussetzung nennen, zu der Tatsachen nicht oder nicht hinreichend vorgetragen sind:

> Das Gericht hat Bedenken hinsichtlich der Schlüssigkeit der Klage. Es bleibt offen, warum die behauptete Pflichtverletzung im konkreten Fall zu dem behaupteten Schaden geführt hat.

Es genügt deshalb z.B. nicht der Hinweis an den Kläger: *„Das Gericht hat Bedenken hinsichtlich der Schlüssigkeit der Klage."*

125 Ob Ihre Hinweispflicht durch einen „Hinweis" des Gegners entfallen kann, wird in der Rechtsprechung nicht einheitlich beantwortet. Grundsätzlich darf eine Partei darauf vertrauen, dass das Gericht sie darauf hinweist, wenn es ihren bisherigen Vortrag als nicht ausreichend substantiiert erachtet, und dass sie sodann Gelegenheit zur Ergänzung ihres Vortrags erhält.[111] Gleichzeitig soll es aber genügen, wenn der Gegner auf Mängel des Parteivortrags hinweist, es sei denn, es ist für das Gericht offenkundig, dass der Prozessbevollmächtigte der Partei die Bedenken des Prozessgegners nicht zutreffend aufgenommen hat.[112] Sie sollten einer Partei deshalb stets zu erkennen geben, ob Sie die Bedenken der Gegenseite teilen, also ob diese zu einem streitentscheidenden Gesichtspunkt vorgebracht und stichhaltig sind. So verhindern Sie auch ein Ausufern des Sachvortrags, denn im Zweifel wird die Partei ohne einen klärenden Hinweis auf alle Bedenken der Gegenseite reagieren.

5. Dokumentation

126 Gemäß § 139 IV ZPO müssen Sie die Hinweise dokumentieren. Eine bestimmte Form ist dabei nicht zu beachten. Entscheidend ist, dass aus der Akte erkennbar wird, dass Sie den Hinweis erteilt haben. Sie können Hinweise deshalb auch per E-Mail erteilen und diese oder einen Vermerk über telefonisch erteilte Hinweise zur Akte nehmen. Haben Sie die Protokollierung eines erteilten Hinweises in der mündlichen Verhandlung vergessen, dürfen Sie dies im Tatbestand des Urteils nachholen, müssen dabei aber zwingend angeben, warum die Protokollierung versehentlich unterblieben ist.[113]

6. Grenzen der Hinweispflicht

127 Ihre Grenze findet die Aufklärungs- und Hinweispflicht im Gebot der Unparteilichkeit des Gerichts (§ 42 II ZPO). Kriterium für die Unparteilichkeit des Richters ist

---

[109] *BGH* NJW-RR 2014, 505 Rn. 3.
[110] *BGH* (I ZR 66/12) BeckRS 2013, 18555 Rn. 33.
[111] *BGH* (V ZR 183/15) BeckRS 2016, 04424 Rn. 8.
[112] *BGH* NJW 2012, 3035 Rn. 8.
[113] *BGH* NJW 2011, 76 Rn. 37.

die Gleichbehandlung der Parteien, so dass er sich der Ablehnung aussetzt, wenn er, ohne Stütze im Verfahrensrecht, die Äquidistanz zu den Parteien aufgibt und sich zum Berater einer Seite macht; er muss vielmehr im Rahmen der materiellen Prozessleitung das Verfügungsrecht der Parteien über das Streitverhältnis und deren alleinige Befugnis zur Beibringung des Prozessstoffes respektieren.[114] Sie dürfen Ihre Hinweise deshalb nur im Rahmen des Tatsachenvortrags und der Sachanträge der Parteien erteilen. Das Gebot der Unparteilichkeit ist verletzt, wenn Sie den Streitstoff ausdehnen, auf weitere Angriffs- und Verteidigungsmittel hinwirken oder auf die mögliche Ausübung von Gestaltungs- und Leistungsverweigerungsrechten hinweisen.[115] Insbesondere dürfen Sie den Beklagten nicht auf die mögliche Einrede der Verjährung aufmerksam machen.[116]

Darüber hinaus können Sie sich dem Vorwurf der Parteilichkeit aussetzen, wenn Sie eine Partei wiederholt auf denselben Mangel aufmerksam machen. Nur dann, wenn Sie feststellen, dass die Partei Ihren Hinweis missverstanden hat, müssen Sie ihn präzisieren.[117] Hierfür genügt es aber nicht, dass die Partei zu Ihrem Hinweis nicht Stellung nimmt, solange Ihr Hinweis eindeutig und unmissverständlich gewesen ist.[118]

Haben Sie bspw. den Kläger in der mündlichen Verhandlung auf die mangelnde Substantiierung seiner Darlegung der Schadenshöhe hingewiesen und bessert der Kläger im nachgelassenen Schriftsatz seinen Vortrag nicht hinreichend nach, dürfen Sie die mündliche Verhandlung nicht wiedereröffnen und den Hinweis wiederholen, sondern müssen die Klage abweisen.

7. Folgen der Verletzung der Hinweispflicht

Die Verletzung der Hinweispflicht stellt einen Verfahrensmangel i.S.d. §§ 513 I, 546 ZPO dar und kann deshalb dazu führen, dass Ihr Urteil in der Berufungsinstanz abgeändert oder sogar aufgehoben und der Rechtsstreit an Sie zurückverwiesen wird (§ 538 II 1 Nr. 1 ZPO). **128**

II. Gegenstand der Hinweise

Gemäß § 139 I 2 ZPO müssen Sie dahin wirken, dass die Parteien sich rechtzeitig und vollständig über alle erheblichen Tatsachen erklären, die Beweismittel bezeichnen und die sachdienlichen Anträge stellen. Außerdem müssen Sie auf Ihre Bedenken hinsichtlich der Zulässigkeitsvoraussetzungen aufmerksam machen (§ 139 III ZPO). **129**

Die Parteien haben jedoch keinen Anspruch darauf, Ihre vorläufige Rechtsauffassung zu erfahren. Vielmehr genügt es, wenn Sie die entscheidungserheblichen Gesichtspunkte erörtern.[119] Wollen Sie sich an einer einschlägigen Rechtsprechung orientieren, reicht der Hinweis auf die entsprechende Entscheidung.[120] Sie sind auch nicht verpflichtet, im Anschluss an eine Beweisaufnahme Ihre vorläufige Beweiswürdigung mitzuteilen.[121]

---

[114] *BGH* NJW-RR 2016, 887 Rn. 21.
[115] *BGH* NJW 2004, 164.
[116] *BGH* NJW 2004, 164.
[117] *BGH* NJW 2002, 3317 (3320).
[118] *BGH* NJW 2008, 2036 Rn. 21.
[119] *BGH* (X ZB 11/17) BeckRS 2018, 8809.
[120] *BGH* NJW 2008, 2036 Rn. 20.
[121] *BGH* (V ZR 42/15) BeckRS 2016, 12378 Rn. 5; siehe hierzu auch § 9 Rn. 127.

1. Zulässigkeitsbedenken

130 Der Hinweis auf Zulässigkeitsbedenken soll der betroffenen Partei Gelegenheit geben, die Bedenken auszuräumen oder die prozessualen Konsequenzen, z.B. Klagerücknahme, zu ziehen. Die Hinweispflicht gilt nicht für sog. verzichtbare Prozessrügen, also solche, die nur dann beachtlich sind, wenn sie der Beklagte geltend macht:
- Schiedsgerichtsvereinbarung (§ 1032 ZPO)[122];
- mangelnde Prozesssicherheit (§ 113 ZPO);
- mangelnde Kostenerstattung (§ 269 VI ZPO).

2. Sachanträge

131 Sachdienliche Anträge sind solche, die dem Prozessbegehren der Partei, das sich aus deren Tatsachenvortrag ergibt, dienen. Von der Hinweispflicht erfasst ist in erster Linie die Konkretisierung eines Antrags. Sie sollen jedoch auch auf die Anpassung eines Antrags an eine veränderte Prozesssituation hinwirken, z.B. bei Erledigung der Hauptsache. Schließlich dürfen Sie auch anregen, den Erlass eines Versäumnisurteils oder eine Entscheidung nach Lage der Akten zu beantragen. Dagegen dürfen Sie nicht auf eine Klageerweiterung, z.B. um einen Zinsantrag, hinwirken.

3. Sachvortrag

132 In Bezug auf den Sachvortrag müssen Sie vor allem auf die fehlende Schlüssigkeit oder unzureichende Substantiierung hinweisen. Darüber hinaus sollten Sie Widersprüche im Sachvortrag der Parteien aufklären.

4. Beweismittel

133 Wie es der Wortlaut von § 139 I 2 ZPO vorgibt, sollen Sie lediglich darauf hinwirken, dass die Parteien die Beweismittel bezeichnen. Es genügt, wenn Sie zu erkennen geben, wem Sie die jeweilige Beweislast für die streitigen Tatsachen auferlegen. Wiederum unzulässig wäre es, die Partei hinsichtlich eines konkreten Beweismittels zu beraten.

5. Verbot von Überraschungsentscheidungen

134 § 139 II ZPO dient dem Zweck, Überraschungsentscheidungen zu vermeiden, und damit zugleich der Wahrung des Anspruchs auf rechtliches Gehör (Art. 103 I GG). Wollen Sie Ihre Entscheidung auf einen Gesichtspunkt stützen, den eine Partei erkennbar übersehen oder für unerheblich gehalten hat oder den beide Parteien übereinstimmend anders beurteilen, müssen Sie zuvor einen Hinweis erteilen und Gelegenheit zur Stellungnahme geben. Dabei kommt es auf tatsächliche und rechtliche Gesichtspunkte an.[123]

Dass eine Partei einen für Sie maßgeblichen Gesichtspunkt übersehen oder für unerheblich gehalten hat, wird sich in der Regel daraus ergeben, dass sie hierzu nichts vorträgt.

Haben Sie einen rechtlichen Hinweis zu einer entscheidungserheblichen Frage erteilt, dürfen Sie diese Frage erst abweichend entscheiden, nachdem Sie die Parteien auf Ihre geänderte Auffassung aufmerksam gemacht haben.[124]

---

[122] Hierzu auch § 6 Rn. 50.
[123] Umfangreiche Beispiele bei Musielak/Voit/*Stadler*, § 139 Rn. 19.
[124] *BGH* NJW 2014, 2796 Rn. 5.

3. Kapitel
Der Ablauf des erstinstanzlichen Verfahrens

Im Folgenden wird der Ablauf eines erstinstanzlichen Verfahrens mit den für Sie wesentlichen Arbeitsschritten dargestellt.[1] Ausgangspunkt ist der Eingang einer Klage bei Gericht.[2] 1

§ 5. Erste Arbeitsschritte nach Eingang der Klage

Die Klage gelangt als Klageschrift, beim Amtsgericht ausnahmsweise auch als Protokoll der mündlichen Anbringung (§ 496 ZPO) zu Ihnen. 2

I. Eingang der Sachen bei Gericht

Um eine Umgehung des gesetzlichen Richters zu verhindern, werden alle eingehenden Zivilsachen in einer Vorschaltstelle mit Datumsstempel und Uhrzeitvermerk versehen und erhalten eine Kennziffer. Sie gelangen sodann an die Verteilerstelle, die sie nach den Regeln des Geschäftsverteilungsplans den einzelnen Kammern bzw. Abteilungen zuweist und an deren Geschäftsstellen weiterleitet. 3

Ihr Geschäftsstellenverwalter legt für jede Sache eine Akte an und vergibt nach der Reihenfolge der Kennziffern der Vorschaltstelle die Aktenzeichen.

Ein Aktenzeichen besteht aus der Bezeichnung des Spruchkörpers, einem Registerzeichen und der laufenden Nummer des Jahres. Die für Sie wichtigsten Registerzeichen sind: 4

„C“ (Allgemeine Zivilsache Amtsgericht);

„O“ (Allgemeine Zivilsache I. Instanz Landgericht);

„S“ (Berufung in Zivilsachen);

„T“ (Beschwerde in Zivilsachen);

„H“ (Anträge außerhalb anhängiger Verfahren der I. Instanz Amtsgericht, z.B. selbstständiges Beweisverfahren);

„OH“ (Anträge außerhalb anhängiger Verfahren der I. Instanz Landgericht, z.B. selbstständiges Beweisverfahren).

Eine Übersicht aller Registerzeichen finden Sie im Anhang des „Schönfelder“.

Der Geschäftsstellenverwalter einer Zivilkammer verteilt die Akten nach dem kammerinternen Geschäftsverteilungsplan. Die neu eingegangenen Sachen, für die Sie nach dem kammerinternen GVP zuständig sind, gelangen damit in Ihr Dezernat. 5

[1] Vgl. hierzu *Kontusch*, Das Zivilverfahren I. Instanz am Landgericht, JA 2015, 210.

[2] Besonderheiten, die sich aus einem vorangegangenen Mahnverfahren ergeben, werden in § 7 dargestellt, das isolierte Prozesskostenhilfeverfahren in § 15.

Beachte: Kammersachen landen grundsätzlich zunächst beim Vorsitzenden, der deshalb regelmäßig die Prüfungen und Arbeitsschritte, die in diesem Paragraphen beschrieben werden, vornehmen wird.

II. Prüfung Ihrer gerichtsinternen Zuständigkeit

6 Bevor Sie die ersten prozessleitenden Verfügungen erlassen, sollten Sie prüfen, ob Sie für die Ihnen vorgelegte Klage zuständig, also der gesetzliche Richter sind. Dabei soll an dieser Stelle nur auf gerichtsinterne Prüfungsschritte eingegangen werden. Selbstverständlich müssen Sie auch prüfen, ob Sie sachlich, örtlich, funktional und international zuständig sind. Hinsichtlich der internationalen Zuständigkeit müssen Sie die einschlägigen völkerrechtlichen (z.B. CMR, Lugano-Übereinkommen) und die mittlerweile zahlreichen europarechtlichen Regelungen (vor allem Brüssel-Ia-VO, ehemals EuGVVO) im Blick haben.

1. Zuständigkeit Ihrer Abteilung/Kammer

7 Sie sollten zunächst prüfen, ob die Zuteilung der Sache an Ihre Abteilung/Kammer nach den im GVP aufgestellten Regelungen zu Recht erfolgt ist. War dies nicht der Fall, geben Sie die Sache an die Verteilerstelle zurück und bitten um Zuteilung an die zuständige Abteilung/Kammer. Die Einzelheiten der Abgabe sind im GVP geregelt.

> V.
>
> 1. Akte hier austragen.
> 2. Akte an Verteilerstelle zur Zuteilung im Turnus für Mietsachen/ Bausachen etc.

8 Ist Ihnen die Klage zugeteilt worden, obwohl der Kläger die Verhandlung vor einer Kammer für Handelssachen (KfH) beantragt hat (§ 96 I GVG), geben Sie die Akte zur Verteilerstelle zurück. Ob die Kammer für Handelssachen tatsächlich zuständig ist, müssen nicht Sie, sondern deren Vorsitzender prüfen (§ 97 GVG).

> V.
>
> 1. Akte hier austragen.
> 2. Akte an Verteilerstelle zur Zuteilung an eine KfH.

2. Kammerinterne Zuständigkeit

9 Fällt der Rechtsstreit in die Zuständigkeit Ihrer Kammer, sollten Sie kontrollieren, ob die Sache „Ihre" Nummer trägt, also nach dem kammerinternen GVP Ihnen zugewiesen ist. Ist das nicht der Fall, bitten Sie Ihren Geschäftsstellenverwalter, die Akte auf Ihren zuständigen Kammerkollegen umzutragen.

3. Sachzusammenhang

10 Finden Sie in der Klageschrift Anhaltspunkte dafür, dass bei einer anderen Abteilung bzw. Kammer bereits ein Verfahren anhängig ist, das mit Ihrem im Zusammenhang stehen könnte, kommt eine Abgabe dorthin kraft Sachzusammenhangs in Betracht. Wird Ihnen das Aktenzeichen genannt, können Sie über Ihre Geschäftsstelle die entsprechende Akte anfordern und prüfen, ob tatsächlich Sachzusammenhang im

Sinne des GVP besteht. Ist das der Fall, bitten Sie die Abteilung bzw. Kammer um Übernahme. Dabei empfiehlt es sich, den Kontakt zu dem (dann) zuständigen Kollegen zu suchen.

> V.
>
> 1. Akte an Abt. .../ZK ... mit der Bitte um Prüfung, ob die Sache kraft Sachzusammenhangs mit (Az.) übernommen wird.
> 2. WV 2 Wochen

Wird die Übernahme abgelehnt, sollten Sie mit dem Kollegen sprechen, um die Sache zu klären. Was Sie tun müssen, sollten Sie keine Einigung finden, gibt der GVP vor. In der Regel ist die Sache dem Präsidium zur Bestimmung des zuständigen Spruchkörpers vorzulegen. Wird Ihnen von einer anderen Abteilung/Kammer die Übernahme einer Sache angetragen, sollten Sie prüfen, ob tatsächlich Sachzusammenhang besteht. Können Sie das bejahen, vermerken Sie die Übernahme in der Akte.

> **Vermerk:**
>
> Die Sache wird übernommen.
>
> V.
>
> 1. Mitteilung des Vermerks + neuen Az. an ParteiV
> 2. Mitteilung an Verteilerstelle + (abgebende) Abt./ZK ...
> 3. WV sofort

Unter den Voraussetzungen des § 147 ZPO können Sie beide Prozesse nach Anhörung der Parteien verbinden.

> **Beschluss**
>
> Die Sache (Az.) wird mit der Sache (Az.) zur gleichzeitigen Verhandlung und Entscheidung verbunden. Das Az. ... führt.

III. Die formalen Voraussetzungen der Zustellung

Ihre vorrangige Aufgabe nach Eingang einer Klageschrift ist es, deren unverzügliche Zustellung zu veranlassen (§ 271 I ZPO). Das setzt voraus, dass die Klage so, wie Sie Ihnen vorliegt, überhaupt zugestellt werden kann. Hat der Kläger im Parteiprozess (§ 79 ZPO) seine Klage mündlich zu Protokoll der Geschäftsstelle angebracht (§§ 496, 129a ZPO), wird gemäß § 498 ZPO das Protokoll zugestellt. 11

1. Gerichtskostenvorschuss

Gemäß § 12 I 1 GKG soll die Klage erst nach Zahlung der Verfahrensgebühr (KV 1210) zugestellt werden, es sei denn, Sie haben bereits Prozesskostenhilfe bewilligt.[3] Sie sollten also zunächst prüfen, ob der Zahlungseingang in der Akte vermerkt ist. Dies kann auf einem gesonderten Vorblatt erfolgt sein oder sich aus entsprechenden 12

[3] Ausführlich zum (isolierten) Prozesskostenhilfeverfahren § 15.

Hinweisen auf der Klageschrift (Gerichtskostenstempel, Gebührenmarken) ergeben. Können Sie keine Zahlung feststellen, geben Sie die Akte an die Geschäftsstelle zurück mit der Verfügung, die Vorauszahlung anzufordern. Gegebenenfalls müssen Sie hierfür den vorläufigen Streitwert festsetzen.[4] Geht der Vorschuss nicht ein, können Sie die Akte weglegen lassen. Holt der Kläger die Zahlung nach, wird Ihnen die Akte wieder vorgelegt und das Verfahren nimmt denselben Verlauf wie bei sofortiger Zahlung.

2. Notwendiger Inhalt der Klageschrift

13 Der notwendige Inhalt der Klageschrift ist in § 253 II ZPO angegeben; fehlt es an einer dieser Voraussetzungen, lassen Sie die Klageschrift mit der Bitte um Ergänzung zurücksenden:

- Die Parteien müssen hinreichend konkret bezeichnet sein. Hierzu gehört auch die Angabe einer zustellungsfähigen Anschrift des Beklagten, also einer Adresse, unter der die Zustellung nach §§ 177, 178, 180 ZPO ausgeführt werden kann. Die Angabe eines Postfachs genügt grundsätzlich nicht.[5]
- Die Klageschrift muss unterschrieben sein; im Anwaltsprozess (§ 78 ZPO) zwingend von einem Rechtsanwalt. Hierzu genügt die qualifizierte elektronische Signatur (§ 130a III ZPO)[6]; die einfache elektronische Signatur dagegen nur, wenn die Klageschrift auf einem sicheren Übertragungsweg (§ 130a IV ZPO) zu Gericht gelangt ist.[7] Ist die Klageschrift nicht unterzeichnet, kann es genügen, dass sich die Unterschrift auf der beglaubigten Abschrift befindet.[8]
- Der Kläger muss einen bestimmten Antrag stellen. Hierfür ist erforderlich (und ausreichend), dass er den erhobenen Anspruch konkret bezeichnet, dadurch den Rahmen der gerichtlichen Entscheidungsbefugnis (§ 308 ZPO) absteckt, Inhalt und Umfang der materiellen Rechtskraft der begehrten Entscheidung (§ 322 ZPO) erkennen lässt, das Risiko eines Unterliegens nicht durch vermeidbare Ungenauigkeit auf den Beklagten abwälzt und schließlich eine Zwangsvollstreckung aus dem Urteil ohne eine Fortsetzung des Streits im Vollstreckungsverfahren erwarten lässt.[9]
- Der Kläger muss eine bestimmte Angabe zu Gegenstand und Grund des erhobenen Anspruchs machen, so dass der Klageanspruch als solcher hinreichend identifizierbar ist.[10] Auf die Schlüssigkeit der Klage kommt es dabei nicht an; sie ist eine Frage der Begründetheit.

V.

1. Klageschrift zurück an Kläger/KlägerV mit der Auflage, die Klage zu unterschreiben.
2. WV 6 Monate

---

[4] Hierzu § 3 Rn. 82.

[5] *BGH* NJW 2002, 2391 (2394).

[6] Vgl. auch *BGH* NJW 2013, 2034 Rn. 7.

[7] Ausführlich Musielak/Voit/*Stadler*, § 130a Rn. 6 m.w.N.

[8] *BGH* NJW-RR 2008, 1020 Rn. 9; zur Unterzeichnung durch Vertreter des Rechtsanwalts *Conrad*, Die Unterzeichnung zivilprozessualer bestimmender Schriftsätze für Andere, MDR 2014, 877.

[9] *BGH* NJW 1999, 954; vgl. auch *Kaiser*, Typische Fehler in zivilprozessualen Anträgen, NJW 2017, 1223.

[10] *BGH* NJW-RR 2005, 216.

3. Beglaubigte Abschriften

Zugestellt wird nicht das Original der Klageschrift, das in der Akte verbleibt, sondern eine beglaubigte Abschrift. Hat der Kläger eine solche nicht eingereicht, sollten Sie ihn hierzu – ggf. telefonisch – auffordern. Die Zustellung einer einfachen Abschrift genügt nicht; dieser Fehler kann jedoch nach § 189 ZPO geheilt werden.[11] Dasselbe gilt für Abschriften der Anlagen, die mit der Klage zugestellt werden müssen (§ 253 V 1 ZPO). 14

IV. Wahl der Verfahrensart und Zustellung der Klageschrift

Aus §§ 274 II, 276 I 1 ZPO folgt, dass Sie vor Zustellung der Klage entschieden haben müssen, mit welchem vorbereitenden Verfahren Sie den Rechtsstreit behandeln wollen. 15

Auch wenn Ihnen für die im Folgenden aufgeführten Anordnungen (elektronische) Formulare zur Verfügung stehen werden, finden Sie am Ende dieses Abschnitts unter 5. Beispielsverfügungen.

1. Vorbereitung des Haupttermins

Nach der Vorstellung des Gesetzgebers soll der Rechtsstreit in einem einzigen Verhandlungstermin erledigt werden (§ 272 I ZPO, Konzentrationsmaxime). Um das zu erreichen, muss dieser sog. Haupttermin umfassend vorbereitet werden, d.h., der für die Entscheidung maßgebliche Prozessstoff muss dann vorliegen. Für die Stoffsammlung stehen Ihnen grundsätzlich zwei Verfahrensweisen zur Auswahl: der frühe erste Termin und das schriftliche Vorverfahren. 16

a) Wahl der Verfahrensart

aa) Früher erster Termin, § 275 I ZPO. Bei der Anordnung des frühen ersten Termins erfolgt die Stoffsammlung überwiegend in der mündlichen Verhandlung, die Sie deshalb möglichst kurzfristig – unter Wahrung der zweiwöchigen Einlassungsfrist (§ 274 III 1 ZPO) – anberaumen sollten. Doch auch wenn Sie kurzfristig keinen freien Sitzungstag zur Verfügung haben sollten, können Sie einen frühen ersten Termin anberaumen.[12] 17

Neben der förmlichen Anordnung des frühen ersten Termins müssen Sie also terminieren und die Parteien bzw. deren Prozessbevollmächtigte zu dem Termin laden.[13]

Außerdem müssen Sie den Beklagten auffordern, sich schriftlich zur Klage zu äußern. Sie können ihm hierfür eine konkrete Frist zur Klageerwiderung setzen (§ 275 I 1), die mindestens zwei Wochen betragen muss (§ 277 III ZPO), oder ihm aufgeben, seine Verteidigungsmittel unverzüglich einzureichen (§ 275 I 2).

Sie müssen den Beklagten gemäß § 215 I, 277 II ZPO darüber belehren, dass bei einer Versäumung des Termins gegen ihn ein Versäumnisurteil mit den Folgen des §§ 91 I, 708 Nr. 2 ZPO ergehen kann. Ohne diese Belehrung wäre ein Versäumnisurteil unzulässig (§ 335 I Nr. 2 ZPO).

Außerdem müssen Sie den Beklagten darüber belehren, dass bei einer Versäumung der Klageerwiderungsfrist eine Zurückweisung seines Vorbringens nach § 296 I ZPO

---

[11] *BGH* (VI ZR 118/15) BeckRS 2016, 15930 Rn. 9 ff.

[12] Zöller/*Greger*, § 272 Rn. 4.

[13] Zur Terminierung § 8 Rn. 1 ff.

droht; andernfalls ist eine Zurückweisung nicht möglich,[14] selbst dann nicht, wenn der Beklagte anwaltlich vertreten ist.[15] Dabei genügt es nicht, den Wortlaut des § 296 I ZPO wiederzugeben, vielmehr müssen dem Beklagten die Folgen der Versäumung deutlich und verständlich vor Augen geführt werden.[16]

Im Landgerichtsprozess müssen Sie den Beklagten über den Anwaltszwang belehren (§§ 215 II, 277 II ZPO). Dagegen müssen Sie im Amtsgerichtsprozess den Beklagten darüber belehren, dass eine Vertretung durch einen Rechtsanwalt nicht vorgeschrieben ist (§ 499 I ZPO).

18 **bb) Schriftliches Vorverfahren, § 276 ZPO.** Im schriftlichen Vorverfahren ergibt sich der maßgebliche Prozessstoff aus den Schriftsätzen der Parteien. Neben der förmlichen Anordnung des schriftlichen Vorverfahrens müssen Sie dem Beklagten zwei Fristen setzen:

- eine Notfrist von zwei Wochen zur Anzeige der Verteidigungsbereitschaft (§ 276 I 1 ZPO) und
- eine Klageerwiderungsfrist von mindestens zwei weiteren Wochen (§ 276 I 2 ZPO).

Sie müssen den Beklagten gemäß § 276 II ZPO darüber belehren, dass bei einer Versäumung der Frist für die Verteidigungsanzeige ein Versäumnisurteil gemäß § 331 III ZPO mit den Folgen der §§ 91 I, 708 Nr. 2 ZPO gegen ihn ergehen kann. Außerdem müssen Sie ihn darüber belehren, dass bei einer Versäumung der Klageerwiderungsfrist die Zurückweisung seines Vorbringens nach § 296 I ZPO droht (siehe oben unter aa).

Im Landgerichtsprozess müssen Sie den Beklagten über den Anwaltszwang belehren (§§ 276 II ZPO). Im Amtsgerichtsprozess müssen Sie den Beklagten darüber belehren, dass eine Vertretung durch einen Rechtsanwalt nicht vorgeschrieben ist (§ 499 I ZPO). Außerdem müssen Sie ihn über die Folgen eines schriftlichen Anerkenntnisses belehren (§ 499 II ZPO).

19 **cc) Vereinfachtes Verfahren, § 495a ZPO.** In Amtsgerichtsprozessen mit einem Streitwert bis € 600 können Sie die Verfahrensweise nach billigem Ermessen bestimmen.[17]

20 **dd) Auswahlkriterien.** Für welche Verfahrensweise Sie sich entscheiden, hängt nach dem eingangs Gesagten in erster Linie davon ab, welchen Eindruck Sie aus der Klageschrift mit den Anlagen – weitere Anhaltspunkte für die Beurteilung haben Sie in diesem Stadium des Verfahrens nicht – über den Umfang des Prozessstoffs und den möglichen Verlauf des Verfahrens gewinnen. Letztlich ist die Wahl der sachgerechten Verfahrensart eine Frage der Erfahrung. Erkundigen Sie sich deshalb bei Kollegen nach deren Kriterien.

21 **(1) Früher erster Termin.** Ein früher erster Termin bietet sich u.a. an,

- wenn vor dem Amtsgericht mindestens eine der Parteien den Prozess selbst betreiben wird, denn Sie müssen damit rechnen, dass Ihnen der schriftliche Vortrag dieser Partei keine zuverlässige Beurteilung der maßgeblichen Angriffs- oder Verteidigungsmittel möglich macht;
- wenn die schriftliche Darstellung eines komplexen Sachverhalts die nicht anwaltlich vertretene Partei im Amtsgerichtsverfahren überfordert;

---

[14] *BGH* NJW 1983, 822 (824); vgl. zur Präklusion allg. *Baudewin/Wegner*, Die Präklusion im Zivilprozess, NJW 2014, 1479; vgl. hierzu aber § 6 Rn. 44.

[15] *BGH* NJW 1983, 2507.

[16] *BGH* NJW 1983, 822 (824).

[17] Ausführlich zum vereinfachten Verfahren § 16.

- wenn der Prozessstoff bereits gesammelt ist, z. B. in einem vorangegangenen PKH-Verfahren;
- wenn die Parteien ersichtlich nur über Rechtsfragen streiten;
- wenn Sie gute Chancen sehen, den Rechtsstreit gütlich beizulegen.

(2) **Schriftliches Vorverfahren.** Die Anordnung des schriftlichen Vorverfahrens ist sinnvoll, 22

- wenn Sie hinreichende Anhaltspunkte dafür haben, dass der Beklagte sich nicht gegen die Klage verteidigen wird, denn dann können Sie ein Versäumnisurteil im schriftlichen Vorverfahren erlassen (§ 331 III ZPO);
- wenn Sie meinen, der Sachverhalt lässt sich schriftlich hinreichend darstellen, z. B. im Anwaltsprozess;
- oder wenn im Gegensatz dazu der Sachverhalt so kompliziert erscheint, dass Sie ihn nur durch mündliche Erörterung nicht erfassen werden.

b) Hinweise und Auflagen an die Parteien

Um frühzeitig prozessfördernde Hinweise erteilen (§ 139 IV 1 ZPO)[18] und gegebenenfalls ein Versäumnisurteil erlassen zu können (§ 331 II, III ZPO), müssen Sie die Klage auf Zulässigkeit (§ 139 III ZPO) und Schlüssigkeit prüfen. Unterschätzen Sie nicht die Wirksamkeit frühzeitiger Hinweise, mit denen Sie den Prozessstoff strukturieren und somit ausufernden Sachvortrag der Parteien von Anfang an eindämmen können. Das erleichtert Ihnen die Aktenarbeit im weiteren Prozessverlauf ungemein. 23

aa) Sachliche/örtliche/Rechtsweg-Zuständigkeit. Erschließt sich Ihnen nach dem Lesen der Klageschrift nicht, warum Sie sachlich, örtlich und/oder international zuständig sein sollen, oder halten Sie den Rechtsweg zu den ordentlichen Gerichten für nicht eröffnet, müssen Sie den Kläger auf Ihre Bedenken hinweisen und nicht nur ihm, sondern auch dem Beklagten Gelegenheit zur Stellungnahme geben.[19] 24

bb) Schlüssigkeit. Nach ständiger Rechtsprechung des BGH ist ein Sachvortrag zur Begründung des Klageanspruchs schlüssig und damit erheblich, wenn der Kläger Tatsachen vorträgt, die in Verbindung mit einem Rechtssatz geeignet und erforderlich sind, die geltend gemachten Rechte als in der Person des Klägers entstanden erscheinen zu lassen.[20] 25

Gemäß § 331 III 3 ZPO können Sie ein Versäumnisurteil im schriftlichen Vorverfahren auch dann erlassen, wenn die Klage in Bezug auf Nebenforderungen[21] unschlüssig ist und Sie den Kläger auf entsprechende Bedenken hingewiesen haben.[22]

cc) Antrag auf Erlass eines VU. Hat der Kläger in der Klageschrift keinen Antrag auf Erlass eines Versäumnisurteils im schriftlichen Vorverfahren gestellt (§ 331 III 1 ZPO), sollten Sie anregen, dass er dies umgehend nachholt. 26

[18] Ausführlich zur Hinweispflicht § 4.

[19] Halten Sie sich in einem Verfahren mit mehreren Beklagten nur im Hinblick auf einen für zuständig, wird der Kläger auf Ihren Hinweis bei dem nächsthöheren Gericht die Bestimmung des zuständigen Gerichts nach § 36 I Nr. 3 ZPO beantragen.

[20] *BGH* NJW-RR 1998, 712 (713).

[21] Hierzu § 3 Rn. 80.

[22] Hierzu auch *Petershagen*, Die Nebenforderungen im schriftlichen Vorverfahren, NJW 2018, 1782; ausführlich zum Versäumnisurteil im schriftlichen Vorverfahren § 14 Rn. 9.

c) Schriftlicher Vergleichsvorschlag

27 Haben Sie nach Prüfung der Schlüssigkeit der Klage und anhand eingereichter vorgerichtlicher Korrespondenz der Parteien die Hoffnung, die Parteien bereits jetzt zu einer gütlichen Einigung bewegen zu können, sollten Sie einen schriftlichen Vergleichsvorschlag machen (§ 278 VI 1 ZPO). Für die Einzelheiten wird auf die Darstellung in § 3 Rn. 113 verwiesen.

2. Ausführung der Zustellung

28 Neben der beglaubigten Abschrift der Klageschrift[23] muss gemäß § 329 II 2 ZPO auch eine Ausfertigung Ihrer Verfügung zugestellt werden, da sie eine Terminsbestimmung und/oder eine Fristsetzung enthält.[24]

3. Wiedervorlagefrist

29 Wann Sie sich die Akte wieder vorlegen lassen, hängt natürlich von Ihrem geplanten Vorgehen ab. Haben Sie einen frühen ersten Termin anberaumt, sollte Ihnen die Akte so rechtzeitig vorliegen, dass Sie den Termin sorgfältig vorbereiten können. Im schriftlichen Vorverfahren müssen Sie zunächst die Einhaltung der Frist für die Verteidigungsanzeige kontrollieren, um gegebenenfalls ein Versäumnisurteil zu erlassen. Nach Absprache kann die Kontrolle aber auch durch die Geschäftsstelle erfolgen, so dass Sie die Akte nur vorgelegt bekommen, wenn keine Verteidigungsanzeige innerhalb der Frist eingeht. Bei diesem Vorgehen sollten Sie die Wiedervorlage auf den Ablauf der Klageerwiderungsfrist verfügen.

4. Unterschrift

30 Schließlich müssen Sie die Verfügung mit Ihrem vollen Namenszug unterzeichnen. Unterschreiben Sie nur mit einem Kürzel (Paraphe), sind die mit der Verfügung vorgenommen Fristsetzungen unwirksam.[25]

5. Beispielsverfügungen[26]

a) Früher erster Termin

31 V.

1. Früher erster Termin wird angeordnet (§ 275 ZPO).
2. Termin z. Güteverhandlung und mündlichen Verhandlung wird anberaumt auf
   Wochentag, Datum, Uhrzeit, Sitzungssaal.
3. Kläger mit ZU laden (oder KlägerV mit EB laden) + Belehrung gem. § 215 I ZPO
4. Ladung an Beklagten mit ZU (oder BeklV mit EB)+ begl. Abschrift der Klageschrift (+ Belehrung über Anwaltszwang) + Belehrung gem. §§ 215 I, 277 II ZPO + Aufforderung, eine schriftl. Klageerwiderung einzureichen gem.
   - § 275 I 1 ZPO bis zum … oder
   - § 275 I 1 ZPO binnen … Wochen nach Zustellung der Klageschrift oder
   - § 275 I 2 ZPO unverzüglich.

[23] Vgl. zur Heilung bei Zustellung einer einfachen Abschrift *BGH* NJW 2016, 1517 Rn. 17.
[24] Siehe § 3 Rn. 8.
[25] *BGH* NJW 1980, 114 (115); vgl. auch *BGH* NJW 2009, 515 Rn. 5.
[26] Eine Beispielsverfügung zur Anordnung des vereinfachten Verfahrens nach § 495a ZPO finden Sie unter § 16 Rn. 44.

5. Das persönliche Erscheinen der Parteien wird angeordnet.
6. Das Gericht weist auf Folgendes hin: ...
7. WV zum Termin

Unterschrift

b) Schriftliches Vorverfahren

V. 32

1. Das schriftliche Vorverfahren wird angeordnet (§ 276 ZPO).
2. Begl. Abschrift d. Klage zustellen an Beklagten mit ZU + Belehrung über Anwaltszwang oder BeklagtenV mit EB + Frist für Verteidigungsanzeige: 2 Wochen + Klageerwiderungsfrist von weiteren 3 Wochen + Belehrungen gem. §§ 276 II, 277 II ZPO.
3. Mitt. von 2. an Kläger/KlägerV
4. Hinweis an Kläger/KlägerV: Es wird angeregt, die Klageanträge gem. § 331 III ZPO zu ergänzen.
5. Das Gericht weist auf Folgendes hin: ... Das Gericht rät deshalb dringend zur gütlichen Beilegung des Rechtsstreits und macht hierzu folgenden Vorschlag:
   1. *Zum Ausgleich der streitgegenständlichen Forderung zahlt der Beklagte an den Kläger € 2.000.*
   2. *Die Kosten des Rechtsstreits werden gegeneinander aufgehoben.*

   Die Parteien sollen binnen 4 Wochen mitteilen, ob ein solcher Vergleich geschlossen werden soll. Zustandekommen und Inhalt könnten gegebenenfalls gemäß § 278 VI ZPO durch Beschluss festgestellt werden.
6. WV 3 Wochen/6 Wochen

Unterschrift

§ 6. Der Fortgang des Verfahrens

Nach der Anberaumung eines frühen ersten Termins oder der Anordnung des schriftlichen Vorverfahrens haben Sie die Akte zur Zustellung der Klage und Ausführung Ihrer Verfügungen zur Geschäftsstelle gegeben. In diesem Abschnitt werden der weitere Verlauf des Verfahrens bis zur Durchführung des Haupttermins und die dabei von Ihnen zu treffenden Verfügungen oder Entscheidungen beschrieben. 33

I. Zustellungsproblem

Wird Ihnen die Akte vorgelegt, weil sich die Zustellung an den Beklagten unter der angegebenen Anschrift nicht ausführen ließ, dürfen Sie nicht von Amts wegen ermitteln, sondern müssen dem Kläger aufgeben, eine andere Anschrift mitzuteilen. Nach Absprache kann dies auch direkt durch Ihren Geschäftsstellenverwalter erfolgen. 34

V.

1. Mitt. an Kläger/KlägerV, dass eine Zustellung an den Beklagten unter der angegebenen Anschrift nicht möglich war
2. WV 1 Monat

Teilt der Kläger die neue Anschrift mit, müssen Sie zunächst prüfen, ob Sie die angeordneten Fristen neu bemessen bzw. den anberaumten frühen ersten Termin verlegen sollten. Sodann lassen Sie Klage und Verfügung erneut zustellen.

Reagiert der Kläger (auch nach nochmaliger Aufforderung) nicht, legen Sie die Akte weg.

> V.
> Schlussbehandlung

Geht später doch noch ein Schriftsatz ein, wird Ihnen die Akte wieder vorgelegt und das Verfahren nimmt seinen Lauf.

II. Schriftlicher Vergleich

35 Erklären die Parteien übereinstimmend die Annahme eines Vergleichsvorschlags, können Sie Zustandekommen und Inhalt des Vergleichs durch Beschluss feststellen (§ 278 VI 2 ZPO). Für die Einzelheiten wird auf die Darstellung in § 3 Rn. 116 verwiesen.

III. Weiterer Verlauf bei Anberaumung eines frühen ersten Termins

1. Reaktionen der Parteien

a) Anträge auf Fristverlängerung oder Terminsverlegung

36 Beantragt eine Partei Fristverlängerung oder Terminsverlegung, müssen Sie zunächst prüfen, ob die gesetzlichen Voraussetzungen vorliegen.[27]

Wollen Sie Fristverlängerung gewähren, müssen Sie prüfen, ob Sie an Ihrem Termin festhalten können oder ihn verlegen sollten. Letzteres wird sinnvoll sein, wenn der Beklagte Fristverlängerung für die Klageerwiderung beantragt und der Fristablauf mit dem Termin kollidiert.

b) Reaktionen des Klägers

37 Der Kläger hat regelmäßig keinen Anlass, auf die Terminierungsverfügung zu reagieren, es sei denn, Sie haben ihm zugleich Hinweise erteilt.

38 **aa) Reaktion auf Zuständigkeitsbedenken.** Haben Sie den Kläger auf Bedenken gegen Ihre Zuständigkeit hingewiesen, wird er in der Regel hierzu Stellung nehmen.

39 **(1) Verweisungsantrag.** Stellt der Kläger – zumindest hilfsweise – einen Verweisungsantrag, sollten Sie noch einmal prüfen, ob Sie tatsächlich nach keiner gesetzlichen oder vertraglichen Regelung für die Sache zuständig sind. Wenn das so ist, verweisen Sie die Sache gemäß § 281 ZPO durch (unanfechtbaren) Beschluss an das zuständige Gericht und heben Ihren frühen ersten Termin auf.

> **Beschluss**
> Das … erklärt sich für örtlich/sachlich unzuständig und verweist den Rechtsstreit auf Antrag des Klägers an das örtlich/sachlich zuständige AG/LG …

[27] Zur Fristverlängerung § 3 Rn. 21 ff.; zur Terminsverlegung § 8 Rn. 14.

Gründe:

Das AG/LG ist für die Klage örtlich/sachlich nicht zuständig, denn ... Sachlich/Örtlich zuständig ist deshalb vielmehr das AG/LG ...

V.

1. Der Termin vom ... wird aufgehoben.
2. Beschlussausfertigung + Mitt. von 1) an ParteiV
3. Akte hier austragen
4. u.m.A. an AG/LG ... gemäß Verweisungsbeschluss vom ... (Blattzahl einfügen)

(2) Sonderfall: Eingang der Akte nach Abgabe durch anderes Gericht. Ist die Klage durch Verweisung eines anderen Gerichts nach § 281 ZPO zu Ihnen gelangt, sind Sie hinsichtlich der örtlichen und/oder sachlichen Zuständigkeit grundsätzlich an diesen Beschluss gebunden (§ 281 II 4 ZPO). 40

Dies gilt nicht, wenn Sie nicht zuständig sind und die Abgabe objektiv willkürlich erscheint.[28] In diesem Fall können Sie den Rechtsstreit Ihrerseits nach Anhörung der Parteien durch Beschluss nach § 281 ZPO an ein tatsächlich zuständiges (drittes) Gericht weiterverweisen. Kommt kein weiteres Gericht als das abgebende in Betracht, müssen Sie sich ebenfalls für unzuständig erklären und die Sache zur Bestimmung des zuständigen Gerichts vorlegen (§ 36 I Nr. 6 ZPO). Hierfür zuständig ist das für Sie und das abgebende Gericht im Rechtszug zunächst höhere gemeinschaftliche Gericht; wäre das der BGH, ist das Oberlandesgericht zuständig, in dessen Bezirk sich das abgebende Gericht befindet (§ 36 II ZPO).

Beschluss

Das Amtsgericht/Landgericht ... erklärt sich für örtlich unzuständig.

Gründe:

Die Verweisung durch das Amtsgericht/Landgericht ... ist objektiv willkürlich, denn ... Das Gericht ist auch örtlich zuständig, weil ... Dagegen ist eine hiesige Zuständigkeit nicht gegeben.

V.

Akte an OLG ... mit der Bitte um Gerichtsstandsbestimmung gemäß § 36 I Nr. 6 ZPO.

(3) Kein Verweisungsantrag. Legt der Kläger die Voraussetzungen Ihrer Zuständigkeit nicht dar oder argumentiert er gegen Ihre Auffassung, ohne wenigstens hilfsweise einen Verweisungsantrag zu stellen, können Sie keinen Verweisungsbeschluss erlassen. Das Verfahren nimmt dann den normalen Verlauf. Sie führen also den Termin durch und weisen die (unzulässige) Klage ggf. durch Urteil ab, es sei denn, der Beklagte lässt sich rügelos ein (§ 39), was im Amtsgerichtsverfahren eine Belehrung über die damit verbundenen Folgen erfordert (§ 504). 41

bb) Ergänzung der Anträge und des Sachvortrags. Erweitert der Kläger seine Klage, müssen Sie zunächst prüfen, ob er den weiteren Vorschuss eingezahlt hat und diesen gegebenenfalls anfordern (§ 12 I 2 GKG). Nach Eingang des Vorschusses müssen Sie 42

[28] Zu den Kriterien objektiver Willkür Zöller/*Greger*, § 281 Rn. 17; vgl. auch *Fischer*, Aktuelle Entwicklungen und Entscheidungen zur Willkür von Verweisungen im Rahmen des § 281 ZPO, MDR 2013, 573.

den Schriftsatz zustellen (§ 270 I 1 ZPO). Geht der Schriftsatz erst kurz vor dem Termin ein, können Sie ihn auch in der Verhandlung dem Beklagten bzw. seinem Prozessbevollmächtigten überreichen (§ 177 ZPO).

Soweit der Kläger lediglich seinen Tatsachenvortrag ergänzt, genügt formlose Übersendung des Schriftsatzes (§ 270 I 1 ZPO).

c) Reaktionen des Beklagten

43 Wenn Sie dem Beklagten eine Klageerwiderungsfrist gesetzt haben, wird Ihnen die Akte spätestens nach Ablauf dieser Frist vorgelegt.

44 **aa) Klageerwiderung geht nicht ein.** Ist bis zum Termin keine Klageerwiderung eingegangen, läuft der Beklagte Gefahr, dass Sie im Termin nachgeholten Vortrag nach § 296 I ZPO zurückweisen. Dies ist allerdings nur dann möglich, wenn die Parteien damit rechnen mussten, dass Sie den Rechtsstreit bereits im frühen ersten Termin erledigen würden,[29] also z. B. bei einfach gelagerten Sachverhalten.

45 **bb) Anerkenntnis.** Erkennt der Beklagte den klägerischen Anspruch an, kommt der Erlass eines Anerkenntnisurteils in Betracht. Sie brauchen hierfür keinen ausdrücklichen Antrag des Klägers.[30] Die Klage muss jedoch zulässig und das Anerkenntnis wirksam sein. Das Anerkenntnis ist unwirksam, wenn es im Landgerichtsprozess nicht von einem Rechtsanwalt erklärt wird.

Prüfen Sie, ob es sich um ein sofortiges Anerkenntnis handelt, so dass die Kosten des Rechtsstreits dem Kläger aufzuerlegen sind (§ 93 ZPO).[31]

Sie können das Anerkenntnisurteil schriftlich erlassen (§ 307 S. 2 ZPO). Sie brauchen auch keinen Verkündungstermin, denn die Verkündung erfolgt durch Zustellung des Urteils (§ 310 III 1 ZPO). Deshalb können Sie den frühen ersten Termin aufheben.

V.
1. Der Termin vom ... wird aufgehoben.
2. Urteil zustellen + Mitt. von 1); an Kläger/KlägerV mit Ss vom ...
3. Schlussbehandlung

Unterschrift

46 **cc) Klageerwiderung geht ein.** Geht die Klageerwiderung ein, müssen Sie zunächst prüfen, ob sich aus dem Beklagtenvortrag Änderungen Ihrer Zuständigkeit ergeben. (Zum Antrag auf Verweisung an die KfH sogleich unter dd).

Sodann müssen Sie prüfen, ob Sie dem Kläger eine Replikfrist nach § 277 IV ZPO setzen sollten. Das wird neben den inhaltlichen Erwägungen vor allem davon abhängen, ob noch so viel Zeit bis zum Termin bleibt, dass Sie die Replik zuvor lesen können. Die Replikfrist muss mindestens zwei Wochen betragen (§ 277 IV, III ZPO).

V.
1. Ss vom ... an Kl./KlV zustellen z. Stn. binnen 3 Wochen
2. WV z. T.

---

[29] *BGH* NJW 1987, 500 (501).

[30] Zöller/*G. Vollkommer*, § 307 Rn. 5.

[31] Nach Auffassung des *BGH* kommt ein sofortiges Anerkenntnis auch dann noch in Betracht, wenn der Beklagte bereits seine Verteidigungsbereitschaft angezeigt hat, es sei denn, er hat bereits einen Klageabweisungsantrag gestellt, NJW 2006, 2490 Rn. 15 ff.

dd) Antrag auf Verweisung an KfH. Beantragt der Beklagte im Landgerichtsverfahren die Verweisung der Klage an die KfH, sollten Sie dem Kläger Gelegenheit geben, zu dem Antrag Stellung zu nehmen, auch wenn es nicht auf dessen Zustimmung ankommt (§ 98 IV GVG). 47

> V.
>
> 1. Klageerwiderung an Kl./KlV (mit ZU/EB) z. Stn. (zum Verweisungsantrag) binnen 2 Wochen
> 2. WV 3 Wochen

(1) Prüfung der Verweisungsvoraussetzungen. Der Beklagte muss den Antrag innerhalb der Klageerwiderungsfrist stellen (§ 101 I 2 GVG). Eine Fristversäumung muss er genügend entschuldigen und den Entschuldigungsgrund auf Ihr Verlangen glaubhaft machen (§§ 101 I 3 GVG, 296 III ZPO). 48

Im Gegensatz zur Abgabe des Rechtsstreits auf Antrag des Klägers (§ 96 I GVG) müssen Sie vor einer Verweisung nach § 98 I 1 GVG prüfen, ob es sich um eine Handelssache i.S.v. § 95 GVG handelt. In vielen Fällen ergibt sich dies aus § 95 I Nr. 1 GVG. Da der Anspruch aus einem beiderseitigen Handelsgeschäft hergeleitet sein muss, müssen beide Parteien Kaufleute sein (§§ 343 I, 345 HGB), wobei zu beachten ist, dass der Beklagte in jedem Fall im Handelsregister eingetragen sein muss (§ 98 I 2 GVG). Auch hier sollten Sie in Zweifelsfällen die Sache mit einem KfH-Vorsitzenden besprechen.

(2) Entscheidung. Liegen die Voraussetzungen des § 95 GVG vor, verweisen Sie die Sache durch Beschluss an die KfH. 49

> **Beschluss**
>
> Die Sache wird auf Antrag des Beklagten an die Kammer für Handelssachen verwiesen.
>
> **Gründe:**
>
> Es handelt sich um eine Handelssache gemäß § 95 I Nr. 1 GVG. Die Klägerin verlangt Kaufpreiszahlung aus einem beiderseitigen Handelsgeschäft, denn die Parteien sind Kaufleute. Die Klägerin ist eine GmbH, der Beklagte ist im Handelsregister eingetragen.
>
> V.
>
> 1. Beschluss an ParteiV; an KlV mit Ss vom … (Klageerwiderung)
> 2. Akte an Verteilerstelle zur Zuteilung an eine KfH

Liegen die Voraussetzungen nicht vor, weisen Sie den Antrag zurück. Der Beschluss ist unanfechtbar.[32]

> **Beschluss**
>
> Der Antrag des Beklagten auf Verweisung der Sache an die Kammer für Handelssachen wird zurückgewiesen.

[32] Zöller/*Lückemann*, § 102 GVG Rn. 2; vgl. auch *Bernau*, Rechtsschutz gegen Verweisungen im Verhältnis von Zivilkammer und Kammer für Handelssachen, NJW 2014, 2234.

Gründe:

Es handelt sich nicht um eine Handelssache gemäß § 95 I Nr. 1 GVG. Der Beklagte behauptet zwar, Kaufmann zu sein, ist jedoch nicht im Handelsregister eingetragen (§ 98 I 2 GVG).

V.

1. Beschluss an ParteiV
2. Ss vom ... (Klageerwiderung) an KlV mit EB z. Stn. binnen 3 Wochen
3. WV 4 Wochen

50 ee) **Schiedseinrede.** Erhebt der Beklagte die Schiedseinrede nach § 1032 I ZPO, was er bis zum Beginn der mündlichen Verhandlung unter konkreter Bezeichnung des Schiedsvertrages getan haben muss,[33] müssen Sie die Sache terminieren. Kommen Sie nach Anhörung des Klägers zu dem Ergebnis, dass der Schiedsvertrag nicht nichtig, unwirksam oder undurchführbar ist (§ 1032 I Hs. 2 ZPO), müssen Sie die Klage als unzulässig abweisen.[34] Eine Verweisung an das Schiedsgericht ist nicht zulässig.

2. Durchführung des Termins

51 Das Vorverfahren „früher erster Termin" endet mit der Durchführung dieses Termins.[35]

IV. Weiterer Verlauf bei Anordnung des schriftlichen Vorverfahrens

1. Reaktionen der Parteien

a) Fristverlängerungsantrag

52 Hinsichtlich der Behandlung möglicher Fristverlängerungsanträge soll auf die Darstellung unter Rn. 36 verwiesen werden.

b) Reaktionen des Klägers

53 Für die möglichen Reaktionen des Klägers gilt das unter Rn. 37 ff. Gesagte entsprechend.

Für den Fall, dass der Kläger trotz Ihres Hinweises auf die Unzuständigkeit keinen Verweisungsantrag stellt, können Sie bei der Terminierung anordnen, dass nur über die Zulässigkeit verhandelt werden soll (§ 280 I ZPO) und somit einen Termin auch anberaumen, wenn die Sache noch nicht ausgeschrieben ist.

Holt der Kläger den Antrag auf Erlass eines Versäumnisurteils im schriftlichen Vorverfahren nach, sollten Sie diesen Schriftsatz zustellen lassen, auch wenn vertreten wird, dass eine formlose Übersendung genügt.[36]

c) Reaktionen des Beklagten

54 aa) **Verteidigungsanzeige.** Zunächst läuft die Frist des § 276 I 1 ZPO ab, wonach der Beklagte binnen zwei Wochen seine Verteidigungsbereitschaft anzuzeigen hat.

---

[33] *BGH* NJW-RR 2011, 1188 (1190).

[34] Vgl. hierzu Thomas/Putzo/*Seiler*, § 1032 Rn. 3.

[35] Ausführlich zum Ablauf der mündlichen Verhandlung § 8 Rn. 23 ff.

[36] Vgl. die Darstellung bei Zöller/*Herget*, § 331 Rn. 5.

(1) **Verteidigungsanzeige geht nicht ein.** Geht innerhalb dieser Frist, die als Notfrist nicht verlängert werden kann, keine wirksame Verteidigungsanzeige ein, können Sie gemäß § 331 III ZPO ein *„Versäumnisurteil im schriftlichen Vorverfahren"* erlassen, wenn der Kläger dies beantragt hat. Beachten Sie aber, dass eine Verteidigungsanzeige, die nach Ablauf der Frist eingeht, beachtlich ist, sofern Sie das Versäumnisurteil noch nicht unterschrieben und auf die Geschäftsstelle gebracht haben (§ 331 III 1 Hs. 2).[37] 55

(2) **Anerkenntnis.** Für das Anerkenntnis des Beklagten gilt das unter Rn. 45 Gesagte. Das Urteil wird als *„Anerkenntnisurteil im schriftlichen Vorverfahren"* bezeichnet. 56

(3) **Verteidigungsanzeige geht ein.** Hat der Beklagte seine Verteidigungsbereitschaft form- und fristgerecht angezeigt, wird Ihnen die Akte wahrscheinlich erst nach Eingang der Klageerwiderung bzw. Ablauf der entsprechenden Frist vorgelegt. Andernfalls müssen Sie nicht mehr tun, als eine Wiedervorlage auf den Ablauf der Klageerwiderungsfrist zu verfügen. 57

bb) Klageerwiderung. Spätestens nach Ablauf der Klageerwiderungsfrist wird Ihnen die Akte vorgelegt. 58

Ist keine Klageerwiderung eingegangen und hat der Beklagte auch keinen Antrag auf Fristverlängerung gestellt, sollten Sie die Sache terminieren.[38] Der Beklagte kann zwar weiterhin eine Klageerwiderung einreichen, trägt aber jetzt das Risiko der Zurückweisung seines Vortrags (§ 296 I ZPO).

Geht die Klageerwiderung fristgerecht ein, müssen Sie zunächst prüfen, ob sich aus dem Beklagtenvortrag Änderungen für Ihre Zuständigkeit ergeben. Regelmäßig wird es erforderlich sein, dem Kläger nach § 277 IV ZPO eine Frist zur Stellungnahme (Replik) – ggf. mit rechtlichen Hinweisen – zu setzen. Diese Frist muss mindestens zwei Wochen betragen (§ 277 IV, III ZPO). Ob Sie bereits jetzt terminieren oder erst den Eingang der Replik abwarten, ist eine Frage des Einzelfalls und der Erfahrung. Spätestens nach Eingang der Replik sollten Sie aber einen Verhandlungstermin anberaumen, um die Akte nicht schon in diesem Verfahrensstadium übermäßig anwachsen zu lassen.

2. Sitzungs- und Verkündungstermin

Im Mittelpunkt des Zivilverfahrens steht der Verhandlungstermin. Hier wird nach einer gütlichen Lösung des Rechtsstreits gesucht, die Sach- und Rechtslage erörtert, Sie erteilen gegebenenfalls Hinweise, es werden die Anträge gestellt, es wird Beweis erhoben und das weitere Vorgehen beschlossen. Güteverhandlung, mündliche Verhandlung und Beweisaufnahme werden deshalb ausführlich im 4. Kapitel dargestellt. 59

Das Verfahren endet für Sie mit der Verkündung des Urteils. Einzelheiten zur Abfassung des Urteils finden Sie im 5. Kapitel, zur Verkündung des Urteils im 4. Kapitel unter § 10.

§ 7. Prozessverlauf nach Mahnverfahren

Nicht selten hat der Kläger bereits ein Mahnverfahren gegen den Beklagten betrieben. Sie können mit diesem Rechtsstreit zum einen nach Widerspruch des Beklagten gegen den Mahnbescheid, zum anderen nach Einspruch gegen einen Vollstreckungs- 60

---

[37] Ausführlich zum Versäumnisurteil im schriftlichen Vorverfahren § 14 Rn. 9.

[38] Zur Terminierung § 8 Rn. 1 ff.

bescheid befasst sein. Die sich daraus ergebenden Besonderheiten für das Verfahren werden im Folgenden dargestellt.

I. Widerspruch gegen einen Mahnbescheid

1. Der Weg der Akte

61 Die Sache ist vom Mahngericht an Ihr Gericht abgegeben worden, weil es im Mahnbescheid als zuständiges Gericht bezeichnet worden ist bzw. die Parteien übereinstimmend die Abgabe an Ihr Gericht beantragt haben (§ 696 I 1 ZPO). Ihre Geschäftsstelle hat den Kläger aufgefordert, den Anspruch binnen zwei Wochen „in einer der Klageschrift entsprechenden Form" zu begründen (§ 697 I 1 ZPO). Nach Ablauf dieser Frist ist Ihnen die Akte vorgelegt worden.

2. Verfahrensablauf

62 Der Ablauf des Verfahrens wird maßgeblich davon geprägt, ob die von der Geschäftsstelle angeforderte Anspruchsbegründung eingeht.

a) Anspruchsbegründung geht nicht ein

63 Der Kläger ist bei der Einreichung der Anspruchsbegründung an keine Frist gebunden.[39] Ist keine Anspruchsbegründung eingegangen, brauchen Sie deshalb von Amts wegen nichts zu veranlassen. Erst auf Antrag des Beklagten müssen Sie einen Verhandlungstermin anberaumen und gleichzeitig dem Kläger erneut eine Begründungsfrist setzen (§ 697 III 2 ZPO). Liegt auch im Termin noch keine Anspruchsbegründung vor, weisen Sie die Klage auch bei Säumnis des Klägers durch Prozessurteil ab.[40]

b) Anspruchsbegründung geht ein

64 Ist die Anspruchsbegründung eingegangen, verfahren Sie gemäß § 697 II 1 ZPO grundsätzlich wie nach Eingang einer Klageschrift (§ 5).

Die Abgabe der Sache durch das Mahngericht bindet Sie nicht (§ 696 V ZPO). Sollten Sie sich für unzuständig halten, können Sie die Sache gemäß § 281 ZPO verweisen.[41]

Für die Anberaumung eines frühen ersten Termins gelten keine Besonderheiten. Bei der Anordnung des schriftlichen Vorverfahrens können Sie nach § 697 II 2 ZPO die Frist zur Anzeige der Verteidigungsbereitschaft mit der Klageerwiderungsfrist verbinden, so dass die Klageerwiderungsfrist bereits mit der Zustellung der Anspruchsbegründung beginnt. Dabei müssen Sie den Antragsgegner darüber belehren, dass sein Widerspruch gegen den Mahnbescheid nicht als Verteidigungsanzeige gilt.

3. Die Entscheidung

65 Da der Mahnbescheid selbst noch kein Titel ist, entspricht der Urteilstenor dem des Klageverfahrens.[42]

---

[39] Hierzu auch *Hogenschurz*, Fristverlängerung zur Anspruchsbegründung nach Widerspruch gegen den Mahnbescheid?, MDR 2014, 1055.

[40] *OLG München* NJW-RR 1989, 1405; offengelassen von *OLG Stuttgart* NJOZ 2013, 1546.

[41] Ein Beispiel für einen Verweisungsbeschluss finden Sie unter § 6 Rn. 40.

[42] Ausführlich zur Tenorierung § 11 Rn. 9 ff.

4. Besonderheiten

a) Rücknahme des Antrags auf Durchführung des streitigen Verfahrens

Gemäß § 696 IV 1 ZPO kann der Kläger den Antrag auf Durchführung des streitigen Verfahrens bis zum Beginn der mündlichen Verhandlung des Antragsgegners (Antragstellung, § 137 I ZPO) zurücknehmen. Dabei besteht kein Anwaltszwang (§§ 697 V 2, 78 III ZPO). Erfolgt die Rücknahme vor der mündlichen Verhandlung, müssen Sie den Beklagten hiervon unterrichten. Er kann sodann seinerseits die Durchführung des streitigen Verfahrens beantragen.[43] In diesem Fall nimmt das Verfahren seinen gewöhnlichen Lauf. Andernfalls gerät die Sache in Stillstand, da mit der Rücknahme zwar die Rechtshängigkeit entfällt (§ 696 IV 3 ZPO), nicht aber die Anhängigkeit des Rechtsstreits – im Gegensatz zur Klagerücknahme (§ 269 III 1 ZPO). Das bedeutet, dass Sie keinen Kostenbeschluss erlassen dürfen.[44] Verfügen Sie deshalb nur „weglegen". 66

b) Rücknahme des Widerspruchs

Gemäß § 697 V 1 ZPO kann der Beklagte seinen Widerspruch bis zum Beginn der mündlichen Verhandlung zur Hauptsache zurücknehmen (Antragstellung, § 137 I ZPO), es sei denn, es ist bereits ein Versäumnisurteil gegen den Beklagten ergangen. Es besteht wiederum kein Anwaltszwang (S. 2). Die Rücknahme ist auch unzulässig, wenn der Kläger die Klage nach Abgabe erweitert hat.[45] Erfolgt die Rücknahme vor der mündlichen Verhandlung, müssen Sie den Kläger hiervon unterrichten. Er kann den Erlass eines Vollstreckungsbescheids beantragen. Hierfür ist nach § 699 I 3 ZPO nicht mehr das Mahngericht, sondern das Prozessgericht zuständig. Sollte Ihnen die Akte mit diesem Antrag vorgelegt werden, müssen Sie sie dem Rechtspfleger zuschreiben, der den Vollstreckungsbescheid erlässt (§ 20 Nr. 1 RPflG). 67

II. Einspruch gegen einen Vollstreckungsbescheid

1. Der Weg der Akte

Die Sache ist vom Mahngericht an Ihr Gericht abgegeben worden, weil es im Mahnbescheid als zuständiges Gericht bezeichnet worden ist bzw. die Parteien übereinstimmend die Abgabe an Ihr Gericht beantragt haben (§ 700 III ZPO). Ihre Geschäftsstelle fordert den Kläger zunächst automatisch zur Anspruchsbegründung auf (§§ 697 I, 700 III 2 ZPO). Nach Ablauf der Begründungsfrist legt Ihnen die Geschäftsstelle die Akte vor.[46] 68

2. Unzulässigkeit des Einspruchs

Da der Vollstreckungsbescheid einem Versäumnisurteil gleichsteht (§ 700 I ZPO), müssen Sie zunächst nach § 341 ZPO prüfen, ob der Einspruch zulässig ist. 69

[43] *BGH* NJW-RR 2006, 201 (202).

[44] *BGH* NJW-RR 2006, 201 (202).

[45] Zöller/*Seibel*, § 697 Rn. 11.

[46] Mit dem Einspruch wird häufig der Antrag auf einstweilige Einstellung der Zwangsvollstreckung verbunden, hierzu ausführlich § 3 Rn. 100 ff.

a) Hinweis

70 Ist der Einspruch unzulässig, weil z.B. die zweiwöchige Einspruchsfrist (§ 339 I ZPO) bei Einlegung des Einspruchs abgelaufen war und der Beklagte auch keinen Wiedereinsetzungsantrag gestellt hat oder weil der Einspruch im Landgerichtsverfahren nicht durch einen Rechtsanwalt eingelegt wurde, weisen Sie den Beklagten darauf hin, dass Sie beabsichtigen, den Einspruch zu verwerfen.

V.

1. An Bekl./BeklV mit EB; an Kl./KlV formlos:

   Das Gericht beabsichtigt, den gegen den Vollstreckungsbescheid des AG ... vom ... (Az.: ...) eingelegten Einspruch durch Urteil als unzulässig zu verwerfen (§§ 341 II, 700 I ZPO). Der Einspruch ist nicht innerhalb der Zweiwochenfrist der §§ 339 I, 700 I ZPO eingelegt worden. Der Vollstreckungsbescheid wurde dem Beklagten bereits am ... zugestellt, der Einspruch ging jedoch erst am ... bei Gericht ein.

   Der Beklagte erhält Gelegenheit zur Stellungnahme binnen 2 Wochen.
2. WV 3 Wochen

b) Entscheidung

71 Kann Sie der Beklagte innerhalb der Stellungnahmefrist nicht von der Zulässigkeit des Einspruchs überzeugen und auch keinen begründeten Wiedereinsetzungsantrag stellen, verwerfen Sie den Einspruch durch Urteil, das ohne mündliche Verhandlung ergehen kann, als unzulässig (§§ 341 I, II, 700 I ZPO).

Tenor:

1. Der Einspruch des Beklagten gegen den Vollstreckungsbescheid des AG ... vom ... (Az.: ...) wird als unzulässig verworfen.
2. Der Beklagte trägt auch die weiteren Kosten des Rechtsstreits.
3. Das Urteil ist vorläufig vollstreckbar.

Tatbestand:

Das AG ... hat am ... gegen den Beklagten einen Vollstreckungsbescheid erlassen, der dem Beklagten am ... zugestellt worden ist. Mit Schriftsatz vom ... hat der Beklagte hiergegen Einspruch eingelegt.

Entscheidungsgründe:

Der Einspruch ist als unzulässig zu verwerfen. Er ist nicht innerhalb der Zweiwochenfrist der §§ 339 I, 700 I ZPO eingelegt worden. Der Vollstreckungsbescheid wurde dem Beklagten bereits am ... zugestellt, der Einspruch ging jedoch erst am ... bei Gericht ein. Die Nebenentscheidungen folgen aus § 97 I ZPO analog, § 708 Nr. 3 ZPO.

V.

1. Urteil zustellen
2. Schlussbehandlung

3. Zulässigkeit des Einspruchs

a) Anspruchsbegründung liegt nicht vor

72 Ist keine Anspruchsbegründung eingegangen, müssen Sie – im Gegensatz zum Mahnverfahren – von Amts wegen einen Verhandlungstermin anberaumen und gleichzeitig dem Kläger erneut eine Begründungsfrist setzen (§§ 700 V, 697 III 2

ZPO). Liegt die Anspruchsbegründung auch im Termin nicht vor, heben Sie den Vollstreckungsbescheid auf und weisen die Klage durch Prozessurteil ab.

b) Anspruchsbegründung liegt vor

Liegt eine Anspruchsbegründung vor, ist gemäß § 700 IV 1 ZPO grundsätzlich wie nach Eingang einer Klage weiter zu verfahren. Für das schriftliche Verfahren gilt die Besonderheit, dass der Beklagte seine Verteidigungsbereitschaft nicht noch einmal anzeigen muss. Ihm darf deshalb auch keine entsprechende Frist gesetzt werden; ein (Zweites) Versäumnisurteil im schriftlichen Vorverfahren scheidet damit aus (§ 700 IV 2 ZPO). 73

4. Säumnis des Beklagten im Einspruchstermin

Ist der Beklagte im Einspruchstermin säumig, können Sie nach §§ 345, 700 I ZPO ein Zweites Versäumnisurteil erlassen, wenn die folgenden Voraussetzungen vorliegen[47]: 74
- Zulässigkeit des Erlasses des Vollstreckungsbescheids;
- Zulässigkeit des Einspruchs;
- Schlüssigkeit der Klage (§ 700 VI ZPO).

1. Der Einspruch des Beklagten gegen den Vollstreckungsbescheid des AG … vom … (Az.) wird verworfen.
2. Der Beklagte trägt die weiteren Kosten des Rechtsstreits.
3. Das Urteil ist vorläufig vollstreckbar. (§§ 708 Nr. 2, 700 I ZPO)

5. Die Entscheidung

Im Urteilstenor müssen Sie beachten, dass der Kläger mit dem Vollstreckungsbescheid bereits einen Titel hat. Sie entscheiden deshalb nur darüber, ob bzw. in welchem Umfang er diesen Titel behalten darf. Die Formulierung des Tenors zur Hauptsache ergibt sich aus §§ 343, 700 I ZPO. 75

Der Vollstreckungsbescheid des AG … vom … (Az.) wird aufrechterhalten.

Der Vollstreckungsbescheid des AG … vom … (Az.) wird aufgehoben und die Klage abgewiesen.

Der Vollstreckungsbescheid des AG … vom … (Az.) wird in Höhe von € … zuzüglich Zinsen in Höhe von … Prozentpunkten über dem Basiszinssatz seit dem … aufrechterhalten. Im Übrigen wird er aufgehoben und die Klage abgewiesen.

Bei der Kostenentscheidung ist § 344 ZPO zu beachten. Die vorläufige Vollstreckbarkeit richtet sich nach §§ 708 Nr. 11, 709 ZPO. Für die Aufrechterhaltung eines Vollstreckungsbescheids, der unter § 709 ZPO fällt, ist § 709 S. 3 ZPO zu beachten.

[47] *BGH* NJW 1999, 2599.

4. Kapitel
Güteverhandlung, mündliche Verhandlung, Beweisaufnahme, Verkündungstermin

§ 8. Güteverhandlung und mündliche Verhandlung

I. Die Anberaumung des Termins

1. Gestaltung des Sitzungstages

Üblicherweise werden Sie (mindestens) einen festen Sitzungstag in der Woche haben, an dem Ihnen ein Sitzungssaal zur Verfügung steht. 1

Sie sollten so viele Sachen wie möglich auf einen Sitzungstag legen, um in Ihrem Aktenbestand zumindest ein Gleichgewicht zwischen Eingängen und Erledigungen zu halten. Planen Sie dabei nicht nur die erforderliche Vorbereitungszeit für jede einzelne Sache ein, sondern bedenken Sie auch Verkündungsfristen für mögliche Urteile in diesen Sachen. Versuchen Sie abzuschätzen, wie lange eine Verhandlung dauern wird, um zu vermeiden, dass die Beteiligten der folgenden Verhandlung unnötig warten müssen. Planen Sie im Zweifel lieber etwas mehr Zeit ein, um aussichtsreiche Vergleichsgespräche, die häufig zu Beratungspausen der Parteien führen, nicht abbrechen zu müssen. Unterschätzen Sie nicht, wie anstrengend ein Sitzungstag sein kann – planen Sie Pausen ein.

Sie sollten über Ihre Sitzungstage einen Kalender führen, um Doppelterminierungen zu vermeiden und die rechtzeitige Vorlage der Sitzungsakten kontrollieren zu können.

2. Ladung

Sie müssen die Beteiligten förmlich zur mündlichen Verhandlung laden, es sei denn, Sie beraumen in einer mündlichen Verhandlung einen Fortsetzungstermin an; dann gilt die Ladung vor dem Protokoll (§ 218 ZPO). 2

a) Güteverhandlung, mündliche Verhandlung, Beweistermin

Bevor Sie in einer Sache das erste Mal verhandeln, müssen Sie entscheiden, ob Sie vorab eine Güteverhandlung durchführen.[1] Nach § 278 II 1 ZPO soll dies nur dann unterbleiben, wenn bereits ein Einigungsversuch vor einer außergerichtlichen Gütestelle stattgefunden hat[2] oder die Güteverhandlung erkennbar aussichtslos erscheint. Die Erfolgsaussichten einer Güteverhandlung lassen sich im Vorfeld nur anhand der Schriftsätze und Anlagen, vor allem vorgerichtlicher Korrespondenz zwischen den Parteien beurteilen. Im Zweifel sollten Sie versuchen, auf eine gütliche Einigung hin- 3

---

[1] Zur Zulässigkeit eines reinen Erörterungstermins *Greger*, Erörterungstermin im Zivilprozess – Warum nicht?, NJW 2014, 2554.

[2] Hierzu *Deckenbrock/Jordans*, Die obligatorische Streitschlichtung nach § 15a EGZPO, MDR 2013, 945.

zuwirken, was Sie aber selbstverständlich auch tun dürfen, wenn Sie keinen Gütetermin anberaumt haben.

Da sich an die (erfolglose) Güteverhandlung grundsätzlich die mündliche Verhandlung anschließen soll (§ 279 I ZPO), laden Sie zur „Güteverhandlung und mündlichen Verhandlung", es sei denn, Sie wollen den Termin auf die Güteverhandlung beschränken.

Soll eine Beweisaufnahme stattfinden, laden Sie zum „Beweistermin".

b) Termin

4 Versuchen Sie, auf solche Beteiligte Rücksicht zu nehmen, die eine längere Anreise zum Termin auf sich nehmen müssen; sie werden Ihnen in der Regel dankbar sein, wenn der Termin nicht am frühen Vormittag oder späten Nachmittag stattfindet. Eine Abstimmung des Termins mit den Rechtsanwälten schützt Sie in der Regel vor Verlegungsanträgen. Sie kann per Telefon erfolgen, effektiver ist aber die Abstimmung per E-Mail.

Laden Sie immer auf „Ihren" Sitzungssaal. Sollte der am Sitzungstag nicht frei sein, wird die Geschäftsstelle Ihnen den neuen Saal mitteilen und die Parteien durch Hinweis auf der Terminrolle auf den neuen Saal aufmerksam machen.

Beachten Sie die Ladungsfristen des § 217 ZPO: In Parteiprozessen sollen zwischen Zugang der Ladung und dem Termin drei Tage liegen; in Anwaltsprozessen soll diese Frist eine Woche betragen.

Bei der Anberaumung eines frühen ersten Termins gilt für den Beklagten statt der Ladungsfrist die zweiwöchige Einlassungsfrist des § 274 III ZPO.

Sollen die Parteien vor dem Termin noch zu Ihren Hinweisen oder Auflagen oder einem gegnerischen Schriftsatz Stellung nehmen, müssen Sie neben diesen Fristen auch die des § 132 ZPO berücksichtigen. Danach soll ein Schriftsatz, der ein neues Vorbringen enthält, mindestens eine Woche, ein Schriftsatz, der Erwiderungen auf neues Vorbringen enthält, mindestens drei Tage vor dem Termin zugestellt werden können.

Berücksichtigen Sie im Hinblick auf die zu beachtenden Fristen die Bearbeitungszeiten auf der Geschäftsstelle und die Postlaufzeiten.

c) Beteiligte

5 Sie müssen alle Personen zu der Sitzung laden, deren Teilnahme Sie für erforderlich halten.

6 **aa) Parteivertreter.** Sind die Parteien anwaltlich vertreten, müssen Sie nur die Parteivertreter zum Termin laden.

7 **bb) Parteien.** Eine Partei müssen Sie zu der Verhandlung laden, wenn sie nicht anwaltlich vertreten ist. Im Landgerichtsprozess ist dies nur bei Anberaumung eines frühen ersten Termins denkbar. Sie müssen dann die Partei auf den Anwaltszwang hinweisen (§ 215 II ZPO).

Anwaltlich vertretene Parteien sollen zur Güteverhandlung geladen werden (§ 278 III 1 ZPO), was schon deshalb zu empfehlen ist, weil Anwälte häufig nur Widerrufsvergleiche schließen können, bzw. wenn dies zur Aufklärung des Sachverhalts geboten erscheint (§ 141 I 1 ZPO). Machen Sie von dieser Möglichkeit Gebrauch, denn häufig sind die Parteien für vernünftige Argumente oder Lösungsvorschläge zugänglich, jedenfalls dann, wenn sie zuvor Gelegenheit hatten, ihre eigene Sichtweise darzulegen, was auch nicht selten dazu führt, dass sich der Sachverhalt anders darstellt, als schriftsätzlich vorgetragen. Sie müssen aber in jedem Fall prüfen, ob der Partei der Aufwand, der mit der Teilnahme verbunden ist, zugemutet werden kann (§§ 141 I 2,

278 III 2 ZPO). Weisen Sie die Parteien mit der Ladung darauf hin, dass im Falle des Nichterscheinens ein Ordnungsgeld droht (§§ 141 III 3, 278 III 2 ZPO).

Ist die Partei eine Gesellschaft, sollten Sie deren Vertreter (Vorstand, Geschäftsführer) nur dann laden, wenn zu erwarten ist, dass er tatsächlich etwas zum Sachverhalt sagen kann. Andernfalls empfiehlt sich die Ladung eines „instruierten Vertreters" (§ 141 III 2 ZPO).

cc) **Nebenintervenient.** Einen Dritten, der dem Rechtsstreit beigetreten ist, müssen Sie 8
zur mündlichen Verhandlung laden.

dd) **Zeugen, Sachverständige.** Wollen Sie Zeugen vernehmen oder einen Sachverstän- 9
digen anhören, müssen Sie auch diese förmlich laden.[3]

ee) **Dolmetscher.** Haben Sie aus der Akte oder Telefonaten mit den Prozessbeteiligten 10
Hinweise, dass eine Partei oder ein Zeuge nicht hinreichend Deutsch spricht oder versteht, müssen Sie – nach Eingang eines entsprechenden Vorschusses – einen Dolmetscher laden (§ 185 I 1 GVG).[4] Ist Ihnen ein geeigneter Dolmetscher für die betroffene Sprache bekannt, können Sie diesen in der Verfügung angeben. Ansonsten genügt es, wenn Sie die benötigte Sprache angeben; Ihr Geschäftsstellenverwalter kümmert sich dann um die Ladung.

d) Weitere vorbereitende Anordnungen

Mit der Ladung können Sie den Parteien Hinweise oder Auflagen erteilen. Darüber 11
hinaus sollten Sie prüfen, ob weitere vorbereitende Anordnungen nach § 273 II Nr. 2, 5 ZPO angezeigt sind.

e) Wiedervorlagefrist

Die Wiedervorlagefrist sollten Sie so wählen, dass Ihnen ausreichend Zeit für die 12
Vorbereitung der Sitzung bleibt. Verfügen Sie „WV zum Termin", legt Ihnen der Geschäftsstellenverwalter die Akte stets zu derselben Frist vor dem Sitzungstag vor, z.B. eine Woche. Sprechen Sie die Einzelheiten mit ihm ab.

f) Beispielsverfügung

Sollte Ihnen kein Formular für die Terminierung zur Verfügung stehen, könnte die 13
Verfügung wie folgt aussehen:

V.

1. Termin zur Güteverhandlung und mündlichen Verhandlung wird anberaumt auf
   Wochentag, Datum, Uhrzeit, Sitzungssaal.
2. ParteiV laden mit EB + Mitt. von 3. – 5.
3. Das persönliche Erscheinen wird angeordnet für den Kläger und einen instruierten Vertreter der Beklagten.
4. Dolmetscher für Italienisch laden.
5. Vorbereitend folgenden Zeugen laden: …
6. Ss vom … an Gegner
7. WV z.T.

[3] Hierzu ausführlich § 9 Rn. 119 ff.
[4] Vgl. *BGH* NJW-RR 2018, 506 Rn. 13.

3. Verfügungen vor dem Termin

a) Terminsaufhebung und -verlegung

14 Die Verlegung eines Termins auf Antrag einer Partei richtet sich nach § 227 ZPO. Der Antragsteller muss erhebliche Gründe für die Verlegung vortragen und ggf. glaubhaft machen (§ 227 II ZPO)[5], es sei denn, der Termin fällt in die Sommerferien (1.7. – 31.8.) und die Verlegung wird binnen einer Woche nach Zugang der Ladung beantragt (§ 227 III ZPO).[6] Der Antrag kann auch mündlich gestellt werden. Eine Anhörung des Gegners ist nicht zwingend erforderlich.

Eine Aufhebung von Amts wegen kommt in Betracht, wenn Sie feststellen, dass Sie den Termin nicht durchführen können.

Ist es Ihnen nicht möglich, sofort einen neuen Termin zu finden, genügt es, wenn Sie zunächst nur den Termin aufheben und sich die Akte zur Neuterminierung wieder vorlegen lassen.

V.

1. Der Termin vom … wird wegen Verhinderung des KlägerV verlegt auf
   Wochentag, Datum, Uhrzeit, Saal.
2. Alle umladen
3. Ss vom … an Gegner
4. WV z.T.

V.

1. Der Termin vom … wird wegen Verhinderung des KlägerV aufgehoben. Neuer Termin wird von Amts wegen anberaumt.
2. Mitt. von 1) an ParteiV; vorab telefonisch
3. WV 3 Wochen (T!)

b) Entbindung vom persönlichen Erscheinen

15 Beantragt eine Partei die Entbindung von der Pflicht zum persönlichen Erscheinen, müssen Sie prüfen, ob sie hierfür erhebliche Gründe vorbringt. Lässt sich der Termin auch ohne die Partei sachgerecht durchführen, was vor allem dann der Fall sein wird, wenn die Partei einen instruierten Vertreter benennt, halten Sie am Termin fest und entbinden die Partei. Kommt es Ihnen dagegen auf unmittelbare persönliche Wahrnehmungen oder innere Tatsachen der Partei an, sollten Sie den Termin verlegen.

V.

1. Der Beklagte wird von der Pflicht zum persönlichen Erscheinen entbunden.
2. Mitt. von 1) an ParteiV; an KlägerV mit Ss vom …
3. WV z.F.

---

[5] Hierzu allg. *Schneider*, Terminsverlegung, NJW 2006, 886; *Fischer*, Zivilprozess – Terminsverlegung bzw. Entschuldigung wegen Krankheit, MDR 2011, 467.

[6] Hierzu *Soehring*, Anspruch auf Terminsverlegung: Das Schattendasein von § 227 Abs. 3 ZPO, NJW 2001, 3319.

II. Vorbereitung des Termins

1. Hospitation

Vor Ihrem ersten eigenen Termin kann es nützlich sein, wenn Sie sich den Verhandlungsstil eines erfahrenen Kollegen ansehen, indem Sie – nach Absprache – dessen Verhandlung besuchen. 16

Umgekehrt wird es nicht schaden, wenn Sie andere Kollegen bitten, sich in Ihre Verhandlung zu setzen, um in Erfahrung zu bringen, was Sie besser oder einfach nur anders machen könnten. Allerdings dürfte sich dies für die ersten eigenen Verhandlungen noch nicht anbieten, weil es wahrscheinlich nur Ihre Nervosität steigern würde.

2. Kleidung

Sollten Sie sich bis zu Ihrem ersten Termin noch keine Richterrobe (mit Samtbesatz) angeschafft haben, fragen Sie bei den Kollegen, wer Ihnen eine leiht. Frauen müssen wenigstens ein weißes Halstuch tragen, Männer eine weiße Krawatte bzw. einen Querbinder; üblich sind aber auch eine weiße Bluse bzw. ein weißes Hemd. Davon abgesehen, steht Ihnen die Wahl der Kleidung natürlich frei. Bedenken Sie aber, dass Sie das Gericht repräsentieren und viele Parteien bestimmte Erwartungen an das Auftreten eines Richters haben.[7] 17

3. Inhaltliche Vorbereitung

Stellen Sie sicher, dass Ihnen die Akte rechtzeitig vorgelegt wird. Überprüfen Sie, ob sich darin die Zustellungsnachweise befinden; fordern Sie ggf. die Empfangsbekenntnisse bzw. Zustellungsurkunden an. Nur so können Sie im Termin die ordnungsgemäße Ladung feststellen und bei Nichterscheinen ein Versäumnisurteil erlassen. 18

Mit welchem Aufwand Sie sich auf die Sitzung vorbereiten, hängt von vielen Faktoren ab und ist vor allem eine Sache der Erfahrung. Selbstverständlich sollten Sie den wesentlichen Akteninhalt kennen und wissen, wo die Streitpunkte zwischen den Parteien liegen, um diese dann im Termin zu erörtern. Anders wird eine Güteverhandlung kaum Erfolgsaussichten haben.

Sie sollten sich auf jeden Fall die Namen der Anwälte notieren, die voraussichtlich erscheinen werden (regelmäßig sind das die Sachbearbeiter), die Blattzahlen, auf denen Sie die Anträge finden, in Stichpunkten die Hinweise, die Sie geben wollen, und Überlegungen zu einem vernünftigen Vergleich:

305 O 201/18			
	Meyer	./.	Schulze
	RA Müller		RA'in Lehmann
Anträge:	Bl. 2 (Klageschrift v. 12.8.2018)		Klageabweisung
€ 24.000 + Zinsen aus Werkvertrag, § 631			
kein Beweisangebot für Abnahme			
Höhe des Werklohns nicht qualif. bestr.			
Zinsbeginn unklar			

[7] Vgl. hierzu auch *Gross*, Visitenkarten der Justiz, NJW 2014, 3140.

> **Vgl:**
> Beklagter zahlt 1/3 mit entspr. Quote

4. Protokollierung

19 Gemäß § 159 ZPO ist über jede Verhandlung und Beweisaufnahme ein Protokoll aufzunehmen. Gerade in den ersten Sitzungen stellt die ordnungsgemäße Protokollierung des Sitzungsverlaufs eine gewisse Herausforderung dar, vor allem dann, wenn Ihnen kein Protokollführer zur Verfügung steht. Für den notwendigen Inhalt des Protokolls sollten Sie vorab einmal die §§ 159–163 ZPO gelesen haben. Diktieren Sie im Zweifel lieber zu viel als zu wenig. Sie finden in der weiteren Darstellung Formulierungsvorschläge für die Protokollierung.

Vor Beginn der ersten Sitzung sollten Sie sich mit dem Diktiergerät vertraut gemacht haben. Denken Sie an die Geschäftsstellenmitarbeiter, die das Diktat abtippen müssen: Sprechen Sie langsam und deutlich, schwierige Namen oder ungewöhnliche Begriffe können Sie auch buchstabieren, wenn sie sich nicht schon aus der Akte ergeben. Diktieren Sie, wann im Protokoll ein Absatz gemacht werden soll. Ob Sie Satzzeichen diktieren, ist Geschmackssache. Spätestens bei der Durchsicht des Protokolls sollten Sie aber auch auf die Einhaltung der Grundregeln von Rechtschreibung und Grammatik achten, immerhin müssen Sie das Protokoll am Ende unterschreiben.

5. Vorbereitung am Terminstag

20 Achten Sie darauf, dass Sie Zugang zum Sitzungssaal haben und vor dem Saal eine Terminrolle aushängt. Bitten Sie gegebenenfalls Ihren Geschäftsstellenverwalter, den Aushang nachzuholen. Wurde die Verhandlung in einen anderen Sitzungssaal verlegt, muss sich auf der Terminrolle ein deutlicher Hinweis auf den neuen Saal finden.

Sie können das Protokolldiktat bereits vorbereiten:

> Guten Tag! Schuster, Zivilkammer 5. Heute ist der 29.1.2019. Ich diktiere ein Sitzungsprotokoll in der Sache 305 O 201/18, Meyer gegen Schulze. Das ist eine Einzelrichtersache.

In die Sitzung mitnehmen sollten Sie Schreibutensilien und einen Kalender. Auch ein Taschenrechner kann nützlich sein. Ob Sie Gesetze und Kommentare mitnehmen, ist Geschmackssache. Gegebenenfalls können Sie kurz unterbrechen, um etwas nachlesen zu gehen.

III. Umgang mit den Beteiligten

1. Allgemeine Tipps

21
- Bemühen Sie sich, pünktlich im Sitzungssaal zu erscheinen, um die Beteiligten nicht warten zu lassen.
- Schaffen Sie von Beginn an eine angenehme Verhandlungsatmosphäre. Es ist nicht anrüchig, sich mit den Parteien und Anwälten zu unterhalten und z.B. einen auswärtigen Anwalt zu fragen, ob er eine gute Anreise hatte.
- Auch im Verlauf der Verhandlung sollten Sie um eine ruhige und sachliche Atmosphäre bemüht sein. Versuchen Sie, einen souveränen Eindruck zu machen,

ohne arrogant zu wirken. Begegnen Sie allen Beteiligten, auch den schwierigen, mit Respekt.

- Lassen Sie sich die Verhandlungsführung (§ 136 I ZPO) nicht aus den Händen nehmen! Bitten Sie höflich, aber bestimmt darum, nicht unterbrochen zu werden. Machen Sie gleichzeitig deutlich, dass jeder ausreichend Gelegenheit bekommen wird, seinen Standpunkt darzulegen. Daran müssen Sie sich dann selbstverständlich auch halten.
- Versuchen Sie vor allem, sich auf die Beteiligten einzustellen, indem Sie sich in deren Lage versetzen. Für einen Rechtsanwalt ist es per se unangenehm, vor dem Mandanten mitgeteilt zu bekommen, dass sein bisheriges Vorbringen ohne Erfolgsaussichten oder unzureichend ist. Vermeiden Sie deshalb Formulierungen, mit denen Sie ihn vorführen würden.
- Parteien wollen häufig erst einmal – oder vielleicht auch nur – ihrem Ärger Luft verschaffen und sind anschließend durchaus vernünftig und bereit, den Streit beizulegen. Auch im Anwaltsprozess dürfen die Parteien persönlich zu Wort kommen (§ 137 IV ZPO). Selbstverständlich muss aber auch das „Schimpfen" Grenzen haben. Rufen Sie den Beteiligten gegebenenfalls in Erinnerung, dass sie sich in einer öffentlichen Verhandlung vor einem Gericht befinden. Sie dürfen dem Störer dann auch das Wort entziehen (§ 136 II 1 ZPO). Wenn auch das nicht hilft, unterbrechen Sie die Sitzung für ein paar Minuten (hierzu auch unter 2.).
- Versuchen Sie, auf die Argumente der Parteien einzugehen und damit zu zeigen, dass Sie um eine ausgewogene Entscheidung bemüht sind. Passen Sie aber auch auf, dass die Erörterungen nicht ausufern. Häufig werden die Parteien von den rechtlichen Ausführungen überfordert. Die meisten wollen nur wissen, wie es denn nun ist, nicht so sehr, warum.
- Sie müssen keineswegs auf jeden neuen Gesichtspunkt unmittelbar reagieren. Haben Sie auch keine Scheu, eine komplizierte Sitzung zu unterbrechen, um einen erfahrenen Kollegen um Rat zu fragen. Haben Sie Anhaltspunkte dafür, dass eine Sitzung kompliziert werden könnte, bitten Sie einen solchen Kollegen, in „Bereitschaft" zu bleiben.
- Für gewöhnlich können Sie in einer mündlichen Verhandlung im Zivilverfahren wesentlich deutlicher werden als im Strafverfahren. Achten Sie aber trotzdem darauf, nicht durch eine unbedachte Wortwahl den Eindruck der Parteilichkeit zu erwecken. Sie riskieren andernfalls einen Befangenheitsantrag. Halten Sie deshalb Distanz zu beiden Parteien.
- Lassen Sie sich nicht verunsichern, wenn die Beteiligten der nächsten Sitzung bereits im Saal sitzen. Bitten Sie um Verständnis, falls sich der Beginn verzögert.

2. „Sitzungspolizei"

Sollte einer der Anwesenden trotz Ermahnung die Sitzung stören, können Sie gemäß § 178 GVG ein Ordnungsgeld verhängen. Dies ist allerdings nicht gegenüber einem Rechtsanwalt zulässig. Verhält sich dieser ungebührlich, können Sie die Sitzung unterbrechen. Wenn das nicht zur Beruhigung beiträgt, sollten Sie die Sitzung beenden und einen neuen Termin anberaumen. Gegebenenfalls sollten Sie der örtlichen Rechtsanwaltskammer Mitteilung von dem ungebührlichen Verhalten machen.[8] 22

[8] Vgl. hierzu auch *Kurpat*, Herausforderungen an den Zivilrichter in der mündlichen Verhandlung, DRiZ 2017, 170 (174).

IV. Ablauf des Termins

1. Beginn

a) Anwesenheit

23 Bitten Sie die Prozessbeteiligten in den Sitzungssaal und fragen Sie nach den Namen. Protokollieren Sie die Anwesenheit:

> Bei Aufruf der Sache erscheint für den Kläger Rechtsanwalt Müller mit dem Kläger, für den Beklagten Rechtsanwältin Lehmann.

24 **aa) Säumnis einer Partei bzw. eines Prozessbevollmächtigten.** Erscheint im Anwaltsprozess ein Prozessbevollmächtigter bzw. im Parteiprozess die nicht vertretene Partei nicht, kommt der Erlass eines Versäumnisurteils in Betracht.[9] Die Vertretung durch einen Rechtsreferendar ist nur vor den Amtsgerichten möglich (§ 157 ZPO).

Im Landgerichtsprozess müssen Parteien nur persönlich erscheinen, wenn Sie dies angeordnet haben. Kommt eine Partei dieser Anordnung nicht nach, liegt kein Fall der Säumnis vor. Sie können jedoch ein Ordnungsgeld festsetzen, wenn Sie die Partei mit der Ladung hierauf hingewiesen haben (§ 141 III ZPO).[10] Diese Entscheidung sollten Sie nicht während der Sitzung, sondern erst später in Ihrem Büro treffen. Sie setzt voraus, dass durch das unentschuldigte Fernbleiben die Sachaufklärung erschwert und dadurch der Rechtsstreit verzögert wird, was dann nicht der Fall ist, wenn ein Vergleich nicht möglich ist und die Erledigung des Rechtsstreits jedenfalls einen weiteren Termin zur mündlichen Verhandlung erfordert.[11] Ein Verschulden ihres Prozessbevollmächtigten muss sich die Partei grundsätzlich nicht zurechnen lassen.[12] Auch gegen eine juristische Person kann ein Ordnungsgeld verhängt werden, nicht jedoch gegen deren gesetzlichen Vertreter.[13]

Erscheinen beide Parteien zur Güteverhandlung nicht, müssen Sie das Ruhen des Verfahrens anordnen (§ 278 IV ZPO).

> Es wird festgestellt, dass beide Parteien trotz ordnungsgemäßer Ladung zur Güteverhandlung nicht erschienen sind.
>
> b. u. v. (beschlossen und verkündet)
>
> Das Ruhen des Verfahrens wird angeordnet.

25 **bb) Nichterscheinen des Dolmetschers.** Erscheint der von Ihnen geladene Dolmetscher nicht, sollten Sie zunächst über die Geschäftsstelle versuchen, ihn oder einen anderen Dolmetscher zu erreichen. Gelingt Ihnen das nicht, müssen Sie die Verhandlung vertagen. Ein Ordnungsgeld kann gegen den nicht erschienen Dolmetscher nicht verhängt werden.[14]

---

[9] Ausführlich zum Säumnisverfahren § 14.

[10] Ausf. *Zapf*, Die Festsetzung von Ordnungsgeld bei Ausbleiben der Partei, MDR 2017, 554.

[11] *OLG Düsseldorf* (10 W 260/16) BeckRS 2016, 19674 Rn. 2.

[12] Vgl. aber *OLG Celle* NJW 2018, 241 Rn. 6.

[13] *BGH* NJW-RR 2017, 1446 Rn. 8.

[14] *OLG Frankfurt* (6 WF 73/08) BeckRS 2008, 20045.

cc) Nichterscheinen eines Zeugen. Die Folgen des Nichterscheinens von Zeugen werden in § 9 Rn. 132 dargestellt. 26

b) Dolmetscherbeeidigung

Grundsätzlich sind Dolmetscher zu beeidigen (§ 189 GVG), und zwar vor Beginn der Tätigkeit.[15] Ist der Dolmetscher allgemein beeidigt, genügt die Berufung auf den geleisteten Eid (Abs. 2). Andernfalls bitten Sie alle Anwesenden, aufzustehen. Bitten Sie den Dolmetscher, die rechte Hand zu heben. Fragen Sie ihn: *„Sie schwören, dass Sie treu und gewissenhaft übertragen werden?"* Der Dolmetscher soll hierauf antworten: *„Ich schwöre es."* Ist er aus Glaubens- oder Gewissensgründen nicht bereit, einen Eid zu leisten, hat er eine Bekräftigung abzugeben (§ 189 I 2 GVG): *„Ich bekräftige, treu und gewissenhaft zu übertragen"*. 27

> Weiterhin erschienen ist Frau Maldini, Dolmetscherin für Italienisch. Sie wird vor dem Protokoll beeidigt. / Sie bezieht sich auf ihren allgemein geleisteten Eid. / Sie bekräftigt, treu und gewissenhaft zu übertragen.

c) Übergabe von Schriftstücken

Legt eine Seite noch einen Schriftsatz vor, nehmen Sie diesen entgegen und achten darauf, dass der Gegner die Abschriften erhält. Beantragt der Gegner Schriftsatznachlass, nehmen Sie diesen Antrag erst einmal auf. Ob Sie tatsächlich eine Schriftsatzfrist gewähren müssen, können Sie später entscheiden. 28

> Der Klägervertreter überreicht dem Gericht den Schriftsatz vom 28.1.2019. Der Beklagtenvertreterin werden die entsprechenden Abschriften überreicht. Sie beantragt Schriftsatznachlass.

2. Güteverhandlung

Beginnen Sie mit der Güteverhandlung. Kaum eine Partei wird sich einem Vergleichsgespräch von vornherein verschließen. Trotzdem sollten Sie sich erkundigen, ob überhaupt Interesse daran besteht, den Rechtsstreit gütlich beizulegen. 29

a) Einführung in den Sach- und Streitstand

Führen Sie in den Sach- und Streitstand ein (§ 278 II 2 ZPO). Wie umfangreich Sie das tun, ist Geschmackssache. Sie sollten bedenken, dass Anwälte die Akte kennen. Letztlich ist es wichtig, die streitigen Punkte zu erörtern. Erteilen Sie dabei Ihre Hinweise. Das hilft auch Ihrem möglichen Nachfolger bei der Weiterbearbeitung der Sache. 30

> Mit den Parteien wird im Rahmen der Güteverhandlung die Sach- und Rechtslage erörtert. Dabei weist das Gericht auf folgendes hin: Die Klägerin hat bislang keinen Beweis für die Abnahme der reparierten Maschine durch den Beklagten angeboten. Außerdem ist der Zinsbeginn unklar. Das Bestreiten der Höhe des vereinbarten Werklohns durch den Beklagten ist nicht hinreichend konkret.

---

[15] Zöller/*Lückemann*, § 189 GVG Rn. 1.

Statt die Hinweise zu diktieren, können Sie diese den Parteien auch mit dem Protokoll in schriftlicher Form zukommen lassen. Insbesondere bei umfangreichen Hinweisen oder Erörterungen spart man dadurch Zeit.

> Mit den Parteien wird im Rahmen der Güteverhandlung die Sach- und Rechtslage erörtert. Das Gericht erteilt dabei Hinweise, die es den Parteien mit dem Protokoll schriftlich zukommen lassen wird.

Erklären sich die Parteivertreter zu den Hinweisen, müssen Sie auch dies zu Protokoll nehmen, jedenfalls soweit es sich um Tatsachenvortrag handelt.

> Der Beklagtenvertreter behauptet, … Der Klägervertreter erwidert, …

Übrigens: Sie müssen nicht zu jedem neuen Vortrag oder zu Rechtsausführungen sofort Stellung nehmen. Es genügt, wenn Sie die Parteivertreter darauf hinweisen, dass Sie diesen Aspekt bei der Entscheidung selbstverständlich berücksichtigen werden.

b) Anhörung

31 Häufig ist es zur Aufklärung des Sachverhalts sinnvoll, eine Partei oder beide Parteien persönlich anzuhören. Das Ergebnis der Anhörung kann auch für die Tatsachenfeststellung verwertet werden.[16] Obwohl nicht zwingend, schadet ein kurzer Hinweis vorab auf die prozessuale Wahrheitspflicht nicht. Schreiben Sie die Erklärungen der Partei mit und fassen Sie diese anschließend für das Protokoll zusammen. Bitten Sie die Partei, das Diktat aufmerksam zu verfolgen und sofort einzuhaken, wenn Sie etwas unrichtig wiedergeben.

> Der Kläger soll gemäß § 141 I 1 ZPO persönlich angehört werden. Der Kläger erklärt …

c) Vergleichsgespräche

32 Zeigen Sie den Beteiligten, warum Sie eine gütliche Beilegung als sinnvoll erachten. Erklären Sie den Parteien die Vorteile eines Vergleichs, vor allem die endgültige Beendigung des – oft auch psychisch belastenden – Verfahrens und die damit verbundene Befriedung des Verhältnisses der Parteien. Weisen Sie auf die allgemeinen (z.B. Instanzenrisiko) und konkreten (z.B. Beweislast, Aufwand, Kosten) Prozessrisiken hin. Machen Sie sich bewusst, dass Sie die Parteien nicht zum Vergleich zwingen können. Sie sollten auch offensiv mit dem nicht auszurottenden Vorurteil umgehen, dass die Partei, die den Vergleich ablehnt, den Prozess verliert.

Unterbreiten Sie einen ausgewogenen Vorschlag. Unterschätzen Sie dabei nicht die Konfliktträchtigkeit der Kostenregelung; hieran scheitert so mancher Vergleich. Grundsätzlich sind die Kosten eines Vergleichs gegeneinander aufzuheben; die Parteien können aber selbstverständlich auch andere Regelungen treffen (§ 98 ZPO). Ist eine Partei rechtsschutzversichert, müssen Sie darauf achten, dass die Kostenregelung dem Verhältnis von Obsiegen und Unterliegen entspricht, da die Versicherung nach

[16] *BGH* NJW-RR 2018, 249 Rn. 12; hierzu auch § 9 Rn. 152.

den üblichen Versicherungsbedingungen andernfalls die Regulierung verweigern kann. Würgen Sie „Verhandlungen" zwischen den Parteien nicht sofort ab, lassen Sie die Gespräche aber auch nicht in ein kleinteiliges Feilschen ausarten.

> Mit den Parteien werden Möglichkeiten einer gütlichen Beilegung des Rechtsstreits erörtert. Das Gericht weist noch einmal auf die bestehenden Prozessrisiken und die mit einer Beweisaufnahme verbundenen Kosten hin und schlägt vor, dass der Beklagte 1/3 der Klagforderung zahlt und entsprechend 1/3 der Kosten des Rechtsstreits trägt.

Sind die Parteien anwesend, empfiehlt es sich, ihnen Zeit zu geben, sich mit ihren Anwälten zu beraten.

> Die Sitzung wird für Vergleichsgespräche unterbrochen.

→ *Der Vergleich kommt zustande:* 33

> Nach Wiedereintritt in die mündliche Verhandlung schließen die Parteien zur Erledigung des Rechtsstreits den folgenden Vergleich:
> 1. Der Beklagte zahlt zum Ausgleich der streitgegenständlichen Forderung an den Kläger € 8.000.
> 2. Von den Kosten des Rechtsstreits tragen der Kläger 2/3, der Beklagte 1/3.

Denken Sie daran, dass Sie den protokollierten Vergleich vorspielen, von den Parteien bzw. Prozessbevollmächtigten genehmigen lassen und beides im Protokoll vermerken müssen (§§ 162 I 1, 3, 160 III Nr. 1 ZPO).[17] Hiermit ist die Sitzung beendet.

> Der Vergleich wurde laut diktiert, vom Tonträger vorgespielt und von den Prozessbevollmächtigten genehmigt. Ende des Protokolls. Vielen Dank!

→ *Exkurs: „Abzahlungsvergleich"* 34

> 1. Zum Ausgleich der streitgegenständlichen Forderung zahlt der Beklagte an den Kläger € 20.000 in Raten à € 1.000, zahlbar zum 3. eines jeden Monats auf das Konto des Klägervertreters, beginnend mit dem 1.3.2019. Gerät der Beklagte mit einer Zahlung mehr als 14 Tage in Verzug, wird die gesamte restliche Forderung sofort fällig.[18]
> 2. Der Beklagte trägt die Kosten des Rechtsstreits.
>
> oder:
>
> 1. Zum Ausgleich der streitgegenständlichen Forderung zahlt der Beklagte an den Kläger € 20.000. Hat der Beklagte bis zum 31.12.2019 € 10.000 gezahlt, erlässt der Kläger die restliche Forderung. Der Beklagte nimmt diesen Erlass bereits jetzt an.
> 2. Der Beklagte trägt die Kosten des Rechtsstreits.

[17] *BGH* NJW 2014, 394 Rn. 12.
[18] Sog. Verfallklausel.

35 → *Der Vergleich scheitert:*

> Nach Wiedereintritt in die mündliche Verhandlung teilen die Parteivertreter übereinstimmend mit, dass eine gütliche Beilegung des Rechtsstreits derzeit nicht möglich ist.

36 → *Der Vergleich kommt nur unter Widerrufsvorbehalt zustande:*
Häufig wird sich eine Partei eine Überlegungsfrist ausbitten. Auch in diesem Fall ist die Güteverhandlung vorläufig gescheitert, da die Parteien den Streit noch nicht endgültig beigelegt haben.

> Nach Wiedereintritt in die mündliche Verhandlung schließen die Parteien den folgenden Vergleich:
>
> 1. Der Beklagte zahlt zum Ausgleich der streitgegenständlichen Forderung an den Kläger € 8.000.
> 2. Von den Kosten des Rechtsstreits tragen der Kläger 2/3, der Beklagte 1/3.
> 3. Der Beklagte behält sich den Widerruf dieses Vergleichs durch schriftliche Anzeige an das Gericht bis zum ... vor.
>
> Der Vergleich wurde laut diktiert, vom Tonträger vorgespielt und von den Parteien genehmigt.

Stimmt eine Partei bereits dem Vergleich zu, während die andere nicht einmal unter Widerrufsvorbehalt zuzustimmen vermag, ist es nicht zulässig, auf eine spätere schriftsätzliche Zustimmung hin einen Beschluss nach § 278 VI ZPO zu erlassen.[19] In dieser Konstellation sollten Sie lediglich Ihren Vorschlag protokollieren und beiden Parteien eine Annahmefrist setzen.

3. Mündliche Verhandlung

37 Gemäß § 279 I 1 ZPO soll sich die mündliche Verhandlung unmittelbar an die gescheiterte Güteverhandlung anschließen.

> Es wird festgestellt, dass die Güteverhandlung vorerst gescheitert ist. Die mündliche Verhandlung schließt sich unmittelbar an.

a) Sachanträge

38 Nach § 137 I ZPO beginnt die mündliche Verhandlung damit, dass die Prozessbevollmächtigten die Anträge stellen. Dabei reicht die Bezugnahme auf die Schriftsätze, in denen sie enthalten sind (§ 297 II ZPO). Hierauf müssen Sie sich besonders konzentrieren, denn vergessen Sie, die Anträge aufzunehmen, können Sie die Sache nicht entscheiden. Sie müssen dann entweder *neu verhandeln* oder um *Zustimmung zum schriftlichen Verfahren* (§ 128 II ZPO) bitten. In jedem Fall verzögert das die Erledigung des Rechtsstreits. Sie müssen die Anträge nicht wörtlich ins Protokoll nehmen. Auch hier genügt die Bezugnahme auf den jeweiligen Schriftsatz, in dem der Antrag angekündigt wurde (§ 297 II ZPO).

[19] *BGH* NJW 2015, 2965 Rn. 17.

> Der Klägervertreter stellt den Antrag aus der Klageschrift vom 12.8.2018, Blatt 2 der Akte. Die Beklagtenvertreterin beantragt, die Klage abzuweisen.

In einem Fortsetzungstermin sollten Sie die Anträge noch einmal stellen lassen, auch wenn das nicht zwingend erforderlich ist.[20]

Änderungen der Anträge, Rücknahmen, Anerkenntnisse, Erledigungserklärungen etc. müssen Sie ebenfalls aufnehmen und von den Parteien genehmigen lassen (§ 162 I ZPO). 39

> - Der Klägervertreter stellt den Antrag aus der Klageschrift vom 12.8.2018, Blatt 2 der Akte, mit der Maßgabe, dass Zinsen erst ab Rechtshängigkeit begehrt werden.
> - Der Klägervertreter erklärt: Ich nehme die Klage zurück. (Beachte: Die Einwilligung des Beklagten ist erst erforderlich, wenn dieser bereits einen Antrag gestellt hat, § 269 I ZPO: Die Beklagtenvertreterin erklärt: Ich willige in die Klagerücknahme ein.)
> - Die Beklagtenvertreterin erklärt: Ich erkenne den Klageanspruch an.
> - Die Parteien erklären übereinstimmend die Hauptsache für erledigt.
>
> v. u. g. (vorgespielt und genehmigt)

b) Beendigung des Verfahrens ohne streitiges Urteil

aa) Klagerücknahme. Im Fall der Klagerücknahme wird der Beklagtenvertreter beantragen, dem Kläger die Kosten des Rechtsstreits aufzuerlegen. Sie können den entsprechenden Beschluss sofort erlassen.[21] 40

> b.u.v.
>
> Der Kläger hat die Kosten des Rechtsstreits zu tragen (§ 269 III 2 ZPO).
>
> Ende des Protokolls. Vielen Dank!

bb) Anerkenntnis. Erkennt der Beklagte den mit der Klage geltend gemachten Anspruch an, müssen Sie den Rechtsstreit durch ein Anerkenntnisurteil beenden. Das werden Sie in den meisten Fällen sofort tun können. Die Verkündung des Urteils erfolgt im Namen des Volkes (§ 311 I ZPO) durch Verlesung des Tenors (§ 311 II 1 ZPO). Entscheiden Sie selbst, ob Sie die Anwesenden hierzu aufstehen lassen. 41

> Im Namen des Volkes ergeht folgendes Anerkenntnisurteil:
>
> 1. Der Beklagte wird verurteilt, an den Kläger € 5.000 zu zahlen.
> 2. Der Beklagte hat die Kosten des Rechtsstreits zu tragen.
> 3. Das Urteil ist vorläufig vollstreckbar.
>
> Ende des Protokolls. Vielen Dank!

Sie sind aber nicht verpflichtet, das Anerkenntnisurteil an Ort und Stelle zu erlassen. Vor allem dann, wenn Sie sich nicht sicher sind, ob es sich um ein sofortiges Anerkenntnis des Beklagten handelt, so dass dem Kläger gemäß § 93 ZPO die Kosten des

---

[20] Vgl. *OLG Hamm* (9 U 3/17) BeckRS 2017, 132880 Rn. 10.

[21] Ausführlich zur Klagerücknahme § 13.

Rechtsstreits aufzuerlegen wären, sollten Sie die mündliche Verhandlung schließen und das Urteil in einem Verkündungstermin oder am Schluss der Sitzung verkünden.

42 **cc) Übereinstimmende Erledigungserklärungen.** Haben die Parteien den Rechtsstreit in der Hauptsache übereinstimmend für erledigt erklärt, müssen Sie durch Beschluss nach § 91a ZPO entscheiden, wem die Kosten des Rechtsstreits aufzuerlegen sind. Das sollten Sie im Zweifel nicht sofort, sondern nach gründlicher Prüfung an Ihrem Schreibtisch tun.[22]

c) Hinweise

43 Haben Sie keine Güteverhandlung durchgeführt, müssen Sie an dieser Stelle den Sach- und Streitstand erörtern und Hinweise erteilen (§ 139 I ZPO). Andernfalls wird es regelmäßig genügen, wenn Sie auf die im Rahmen der Güteverhandlung erteilten Hinweise Bezug nehmen. Auch an dieser Stelle müssen Sie mit einem Antrag auf Schriftsatznachlass rechnen.

> Das Gericht nimmt zur Vermeidung unnötiger Wiederholungen auf die im Rahmen der Güteverhandlung erteilten Hinweise Bezug. Die Beklagtenvertreterin beantragt Schriftsatznachlass zu diesen Hinweisen.

d) Anträge auf Protokollierung (§ 160 IV ZPO)

44 Nach § 160 IV 1 ZPO können die Beteiligten beantragen, dass bestimmte Vorgänge oder Äußerungen in das Protokoll aufgenommen werden.[23] Seien Sie an dieser Stelle nicht zu streng, achten Sie aber auch darauf, das Protokoll nicht zu überfrachten. Gemäß § 160 II ZPO sollen in das Protokoll nur die wesentlichen Vorgänge der Verhandlung aufgenommen werden. Wollen Sie einem Protokollierungsantrag nicht folgen, weil es auf die Feststellung des Vorgangs oder der Äußerung nicht ankommt (§ 160 IV 2 ZPO), müssen Sie ihn durch Beschluss ablehnen und diesen in das Protokoll aufnehmen (§ 160 IV 3 ZPO).

> Der Klägervertreter beantragt, in das Protokoll aufzunehmen, dass der Beklagtenvertreter die Klage als „untauglichen Versuch der Gebührenschneiderei" bezeichnet habe.
>
> b.u.v.
>
> Von der Aufnahme weiterer Vorgänge und Äußerungen wird abgesehen, da es auf deren Feststellung nicht ankommt.[24]

4. Beweisaufnahme

45 Die Durchführung der Beweisaufnahme wird in § 9 ausführlich dargestellt.

5. Schluss der mündlichen Verhandlung

46 Gemäß § 136 IV ZPO müssen Sie die Verhandlung schließen, wenn die Sache vollständig erörtert ist. Wie Sie dabei verfahren, hängt von Verlauf und Ergebnis der Verhandlung ab.

---

[22] Ausführlich zum Beschluss nach § 91a ZPO § 12 Rn. 161.

[23] Ausführlich *Dötsch*, Antrag auf Aufnahme in das Protokoll (§ 160 Abs. 4 ZPO), MDR 2014, 1122.

[24] Vgl. *Dötsch*, MDR 2014, 1122 (1124).

a) Entscheidung des Rechtsstreits

Ist die Sache am Schluss der mündlichen Verhandlung entscheidungsreif, wird das Verfahren durch Urteil abgeschlossen (§ 300 I ZPO). 47

aa) „Stuhlurteil". Sind Sie sich über den Inhalt Ihrer Entscheidung sicher, ohne weitere Überlegungszeit zu benötigen, können Sie das Urteil sofort verkünden. Dies erfolgt im Namen des Volkes (§ 311 I ZPO) durch Verlesung des Tenors (§ 311 II 1 ZPO), der also schriftlich vorliegen muss, wozu eine Aufnahme in das Protokoll nicht genügt.[25] Entscheiden Sie selbst, ob Sie die Anwesenden hierzu aufstehen lassen. Die Verkündung und den Tenor müssen Sie in das Protokoll aufnehmen (§ 160 III Nr. 6, 7 ZPO). 48

> Im Namen des Volkes ergeht folgendes Urteil:
> 1. Die Klage wird abgewiesen.
> 2. Der Kläger hat die Kosten des Rechtsstreits zu tragen.
> 3. Das Urteil ist gegen Sicherheitsleistung in Höhe von 110% des jeweils zu vollstreckenden Betrags vorläufig vollstreckbar.

Sie haben dann drei Wochen Zeit, um das Urteil abzufassen; sollten Sie das nicht schaffen, müssen Sie nach Ablauf dieser Frist zumindest Rubrum und Tenor unterschrieben auf die Geschäftsstelle bringen (§ 315 II ZPO). Tatbestand und Entscheidungsgründe müssen Sie dann „alsbald" unterschrieben nachliefern (S. 3). Gelingt Ihnen das nicht innerhalb von fünf Monaten nach Urteilsverkündung, wird Ihr Urteil wahrscheinlich in der Berufungsinstanz nach § 538 II Nr. 1 ZPO aufgehoben und an Sie zurückverwiesen, weil es dann als „nicht mit Gründen versehen" i.S.d. § 547 Nr. 6 ZPO gilt.[26]

bb) Entscheidung am Schluss der Sitzung. Haben Sie nicht die Ruhe für eine Urteilsverkündung, weil bereits die nächste Sitzung ansteht, können Sie die Verkündung auf den Schluss des Sitzungstages verschieben. Am Schluss Ihres Sitzungstages diktieren Sie an dieser Stelle weiter und verkünden das Urteil wie ein „Stuhlurteil". 49

> b.u.v.
> Eine Entscheidung ergeht am Schluss der Sitzung.
> Nach Wiederaufruf der Sache erscheint für die Parteien niemand.
> Im Namen des Volkes ergeht das folgende Urteil: …

cc) Anberaumung eines Verkündungstermins. Im Regelfall wird es sinnvoll sein, den Rechtsstreit nicht an Ort und Stelle zu entscheiden, sondern die Entscheidung in Ruhe am Schreibtisch zu treffen. Um das Urteil später verkünden zu können, müssen Sie am Schluss der mündlichen Verhandlung einen Verkündungstermin anberaumen. Hierzu müssen Sie Ort und Zeit des Termins bestimmen. Sie können die Verkündung im Sitzungssaal vornehmen, z.B. zu Beginn oder am Ende eines Sitzungstages, oder auf Ihrer Geschäftsstelle. Der Verkündungstermin soll grundsätzlich spätestens nach Ablauf von drei Wochen stattfinden (§ 310 I 2 ZPO). Sie können aber auch auf einen späteren Zeitpunkt terminieren, wenn sicher ist, dass Sie das Urteil nicht innerhalb der drei Wochen abfassen können. 50

[25] Vgl. aber *OLG Hamm* (5 U 95/13) BeckRS 2015, 15080 Rn. 56.
[26] Vgl. *GmSOBG* NJW 1993, 2603 (2604); Zöller/*Heßler*, § 538 Rn. 10.

> b.u.v.
>
> Termin zur Verkündung einer Entscheidung wird anberaumt auf Freitag, 22.2.2019, 12 Uhr, auf der Geschäftsstelle der ZK 5.

Mit der Verkündung dieses Beschlusses sind die Parteien bzw. Prozessbevollmächtigten für diesen Termin geladen (§ 218 ZPO). Sie sollten aber die Parteien darauf hinweisen, dass sie zu diesem Termin nicht zu erscheinen brauchen (§ 312 I ZPO).

b) Prozessleitende Anordnungen

51 Ist die Sache noch nicht (unmittelbar) entscheidungsreif, müssen Sie Anordnungen treffen, die den Prozess fördern.

52 **aa) Schriftsatzfristen im frühen ersten Termin.** Haben Sie im frühen ersten Termin verhandelt, ohne dem Beklagten zuvor eine Klageerwiderungsfrist bzw. dem Kläger eine Replikfrist zu setzen, müssen Sie das jetzt nachholen, soweit es für die Stoffsammlung erforderlich ist (§ 275 III, IV ZPO). Außerdem müssen Sie entscheiden, wie das Verfahren fortgesetzt werden soll.

> b.u.v.
>
> 1. Dem Beklagten wird aufgegeben, binnen 3 Wochen auf die Klage zu erwidern. / Dem Kläger wird aufgegeben, binnen 3 Wochen zur Klageerwiderung Stellung zu nehmen.
> 2. Haupttermin wird anberaumt auf … / Weitere prozessleitende Anordnungen ergehen von Amts wegen.

53 **bb) Gewährung von Schriftsatznachlass.** Grundsätzlich haben sich die Parteien in der mündlichen Verhandlung zu Ihren Hinweisen und dem gegnerischen Vortrag zu erklären. Nach Schluss der mündlichen Verhandlung können sie Angriffs- und Verteidigungsmittel nur noch vorbringen, wenn Sie ihnen unter den Voraussetzungen von §§ 139 V, 283 S. 1 ZPO eine angemessene Frist zur schriftlichen Stellungnahme gewährt haben (§ 296a ZPO).[27] Die Parteien müssen den Schriftsatznachlass grundsätzlich beantragen. Ein Schriftsatznachlass nur zum Zwecke der Beweiswürdigung ist grundsätzlich nicht vorgesehen, in Ausnahmefällen aber durchaus angezeigt.[28]

54 Die Bewilligung nach § 283 ZPO hängt davon ab, ob der gegnerische Vortrag neu ist, einen entscheidungserheblichen Punkt betrifft und nicht rechtzeitig vor der mündlichen Verhandlung durch Schriftsatz mitgeteilt wurde (§ 282 II ZPO). Darüber hinaus muss der Antragsteller nachvollziehbar erläutern, warum er nicht in der Lage ist, auf diesen neuen Vortrag unmittelbar zu erwidern.

55 Die Bewilligung nach § 139 V ZPO setzt ebenfalls voraus, dass Sie den Hinweis erstmals erteilen und der Antragsteller plausibel macht, warum er hierzu nicht sofort Stellung nehmen kann.

56 Liegen die Voraussetzungen der §§ 139 V, 283 ZPO nicht vor, müssen Sie den Antrag mit kurzer Begründung förmlich zurückweisen. Schon atmosphärisch empfiehlt es sich nicht, das sofort zu tun, Sie sollten den Antrag erst im Urteil ablehnen.

---

[27] Zur Angemessenheit der Frist *BGH* (VI ZR 287/17) BeckRS 2018, 13409 Rn. 8.

[28] Hierzu ausführlich *Schäfer*, Schriftsatznachlass zum Zwecke der Beweiswürdigung?, NJW 2013, 654.

57 Die Bewilligung des Schriftsatznachlasses erlaubt dem Antragsteller nur, zu dem neuen Vortrag des Gegners bzw. Ihren Hinweisen Stellung zu nehmen, nicht jedoch, neue Angriffs- und Verteidigungsmittel vorzubringen, die damit nicht im Zusammenhang stehen.[29] Deshalb sollten Sie in der Bewilligung deutlich machen, worauf sich der Schriftsatznachlass bezieht. Gleichzeitig müssen Sie einen Verkündungstermin anberaumen (§§ 139 V, 283 S. 1 Hs. 2 ZPO). Trägt die Partei im nachgelassenen Schriftsatz neue entscheidungserhebliche Tatsachen vor, müssen Sie die mündliche Verhandlung wiedereröffnen und dem Gegner rechtliches Gehör gewähren.[30] Unzulässig wäre es, der Gegenseite bereits im Termin eine Erwiderungsfrist einzuräumen, weil damit die Voraussetzungen des § 128 II ZPO umgangen würden.

b.u.v.

1. Dem Beklagten wird nachgelassen, bis zum 22.2.2019 zum neuen Vorbringen im Schriftsatz des Klägers vom 28.1.2019 / zu den heute erteilten Hinweisen des Gerichts vorzutragen.
2. Termin zur Verkündung einer Entscheidung wird anberaumt auf Freitag, 15.3.2019, 12 Uhr auf der Geschäftsstelle der ZK 5.

58 Haben Sie beiden Parteien erstmals Hinweise erteilt oder haben beide Parteien kurz vor dem Termin Schriftsätze eingereicht, ist es unzulässig, auch beiden Schriftsatznachlass zu gewähren.[31] Mit Zustimmung der Parteien können Sie das schriftliche Verfahren anordnen (hierzu unter cc), ansonsten müssen Sie vertagen (hierzu unter dd). In beiden Varianten können die Parteien auch neue Angriffs- und Verteidigungsmittel vorbringen.

59 Können Sie bereits absehen, dass Sie demnächst die Abteilung bzw. die Kammer verlassen, müssen Sie bei der Gewährung des Schriftsatznachlasses folgendes beachten: Gemäß § 309 ZPO darf das Urteil nur von demjenigen Richter gefällt werden, der an der letzten mündlichen Verhandlung teilgenommen hat. Durch die Einräumung einer Schriftsatzfrist wird für die betroffene Partei der Schluss der mündlichen Verhandlung hinsichtlich des zulässigen Vorbringens bis zum Ablauf der Frist verlängert.[32] Scheiden Sie vorher aus der Abteilung oder der Kammer aus, dürfen Sie die Sache nicht „mitnehmen"; vielmehr muss Ihr Nachfolger die mündliche Verhandlung wiedereröffnen (§ 156 II Nr. 3 ZPO).[33] Haben Sie dagegen das schriftliche Verfahren angeordnet, ist zu unterscheiden: Sind Sie zu dem Termin, der dem Schluss der mündlichen Verhandlung entspricht, noch Vorsitzender der Abteilung bzw. Kammermitglied, dürfen Sie die Sache „mitnehmen", andernfalls muss Ihr Nachfolger die Sache entscheiden bzw. gegebenenfalls wiedereröffnen.

60 cc) **Anordnung des schriftlichen Verfahrens.** Besonders in den Fällen, in denen Sie beiden Parteien Schriftsatzfristen gewähren müssen, bietet es sich an, im schriftlichen Verfahren zu entscheiden. Eine erneute mündliche Verhandlung ist dann entbehrlich. Allerdings brauchen Sie hierfür die Zustimmung beider Parteien (§ 128 II ZPO). Stimmen beide Parteien zu, können Sie durch Beschluss das schriftliche Verfahren an-

[29] *OLG Stuttgart* (20 U 5/12) BeckRS 2013, 12075.
[30] Zur Wiedereröffnung der mündlichen Verhandlung § 10 Rn. 177 ff.
[31] *OLG Köln* NJW 1987, 1152; vgl. aber *Dötsch*, Unmöglichkeit der Gewährung eines „doppelten" Schriftsatznachlasses?, MDR 2015, 564.
[32] Vgl. zu § 283 ZPO *BGH* NJW-RR 2015, 893 Rn. 12.
[33] *BGH* NJW-RR 2012, 508 Rn. 9.

ordnen. Dabei müssen Sie zwei Termine bestimmen: einen Termin, der dem Schluss der mündlichen Verhandlung entspricht, und einen Verkündungstermin. Bis zum Ablauf des ersten Termins können die Parteien weiter vortragen, auch neue Angriffs- und Verteidigungsmittel. Beachten Sie, dass der Verkündungstermin innerhalb von drei Monaten ab Eingang der letzten Zustimmung stattfinden muss (§ 128 II 3 ZPO), wobei Sie nach Ablauf dieser Frist erneut die Zustimmung der Parteien einholen dürfen.[34] Bestimmen Sie die Wiedervorlagefrist auf den Ablauf der ersten Frist.

> b.u.v.
>
> 1. Mit Zustimmung der Parteien wird gemäß § 128 II ZPO das schriftliche Verfahren angeordnet.
> 2. Der Termin, der dem Schluss der mündlichen Verhandlung entspricht, ist der …
> 3. Termin zur Verkündung einer Entscheidung wird anberaumt auf …

61 **dd) Anberaumung eines weiteren Termins.** Bedarf die Entscheidung der Sache weiterer Erörterung oder einer Beweisaufnahme, können Sie einen neuen Verhandlungstermin anberaumen. Nach § 136 III Hs. 2 ZPO sollen Sie das sofort tun. Die Parteien sind damit zu diesem Termin geladen (§ 218 ZPO).

> b.u.v.
>
> Termin zur Fortsetzung der mündlichen Verhandlung und Beweisaufnahme wird anberaumt auf Mittwoch, 13.3.2019, 10 Uhr, Saal B 013.

62 **ee) Weitere prozessleitende Anordnungen.** Sind Sie sich sicher, dass die Sache nicht entscheidungsreif ist, wissen aber noch nicht genau, wie Sie weiter vorgehen wollen oder wann Ihr nächster freier Termin ist, können Sie die entsprechenden Anordnungen später treffen. Das sollten Sie aber nur in Ausnahmefällen tun.

> b.u.v.
>
> Weitere prozessleitende Anordnungen ergehen von Amts wegen.

6. Abschluss des Protokolls

63 Damit ist die Sitzung beendet. Dass derjenige, der Ihr Diktat abtippt, das auch weiß:

> Ende des Protokolls. Vielen Dank!

Die meisten Schreibkräfte bevorzugen, dass eine Kassette nicht zurückgespult wird, damit sie sehen können, wie umfangreich das Diktat ist. Beschriften Sie sicherheitshalber die Kassette mit Aktenzeichen und Datum und legen Sie die Kassette in die Akte. Bringen Sie die Akte auf die Geschäftsstelle. Haben Sie das digitale Diktiergerät benutzt, übertragen Sie das Diktat auf den Server und vermerken in der Akte, wo sich das Diktat befindet.

[34] Vgl. *BGH* (XI ZR 470/15) BeckRS 2017, 120225 Rn. 10.

§ 9. Beweisaufnahme

I. Grundsätzliches

1. Ziel der Beweisaufnahme: Gewinnung der richterlichen Überzeugung

Die Beweisaufnahme dient der Gewinnung Ihrer richterlichen Überzeugung von den entscheidungserheblichen Tatsachen. Um über die Berechtigung eines klageweise geltend gemachten Anspruchs entscheiden zu können, müssen Sie zunächst den zur Entscheidung gestellten Sachverhalt feststellen. Wegen des zivilprozessualen Beibringungsgrundsatzes tun Sie dies nicht von Amts wegen, sondern überlassen den Parteien die Beibringung des Prozessstoffs. 64

Unstreitigen Sachvortrag müssen Sie stets zugrunde legen. Werden entscheidungserhebliche und schlüssig vorgetragene Tatsachenbehauptungen einer Partei erheblich bestritten, müssen Sie sich Klarheit darüber verschaffen, welche der sich widersprechenden Sachverhaltsdarstellungen Sie Ihrer Entscheidung zugrunde legen können. Mit anderen Worten: Sie müssen aus einem mehrschichtigen einen einschichtigen und damit subsumtionsfähigen Sachverhalt machen. Dem dient die Beweisaufnahme, an deren Ende sich Ihre richterliche Überzeugung von der Wahrheit oder Unwahrheit einer behaupteten Tatsache gebildet haben sollte. Beachten Sie, dass nach der Rechtsprechung des BGH ein Beweis nicht erst dann erbracht ist, wenn eine absolute, über jeden denkbaren Zweifel erhabene Gewissheit besteht. Sie müssen sich vielmehr mit einer „persönlichen Gewissheit" begnügen, welche den Zweifeln Schweigen gebietet, ohne sie vollständig auszuschließen.[35] 65

Um auf Ihre richterliche Überzeugung einzuwirken, stehen den Parteien die Beweismittel der ZPO zur Verfügung. Dies sind in der Reihenfolge ihrer Nennung im Gesetz: Beweis durch Augenschein (§§ 371 ff. ZPO), Zeugenbeweis (§§ 373 ff. ZPO), Beweis durch Sachverständige (§§ 402 ff. ZPO), Beweis durch Urkunden (§§ 415 ff. ZPO) und Beweis durch Parteivernehmung (§§ 445 ff. ZPO).[36] 66

Alle Beweismittel unterliegen dem Grundsatz der freien richterlichen Beweiswürdigung. Das bedeutet, dass der gesamte Inhalt der mündlichen Verhandlung und nicht nur das Ergebnis einer Beweisaufnahme von Ihnen gemäß § 286 I 1 ZPO zu würdigen ist. Sie müssen also alles berücksichtigen, was im Zusammenhang mit der mündlichen Verhandlung zu Tage gefördert wurde. Dazu gehört bspw. das Ergebnis einer Anhörung der Parteien gemäß § 141 I ZPO.[37] Wenn Sie eigenes Allgemein- oder Spezialwissen verwerten wollen, müssen Sie die Parteien zuvor darüber aufklären. 67

Ihre Beweiswürdigung muss mit den Denkgesetzen in Einklang stehen.[38] Ein Verstoß gegen die Denkgesetze liegt z.B. vor, wenn beim Indizienbeweis die tatsächlichen Feststellungen aus den Indizien gefolgert werden, ohne dass diese ihrerseits bewiesen sind, oder wenn mehrere Geschehensabläufe denkbar sind, das Gericht jedoch einen Ablauf als geschehen annimmt, ohne andere mögliche Abläufe auszuschließen. 68

[35] BGHZ 53, 245 (255 f.) = NJW 1970, 946 (948); *BGH* NJW 1993, 935 (937).
[36] Zu den einzelnen Beweismitteln eingehend unten Rn. 102 ff.
[37] Vgl. *BGH* (XI ZR 215/13) BeckRS 2014, 19929 Rn. 19.
[38] Dazu *van den Hövel*, S. 102.

Grenzen findet die richterliche Überzeugungsbildung in den Regeln über die Erhebung der einzelnen Beweise[39] und in den Beweisverwertungsverboten[40].

2. Gegenstand der Beweiserhebung

69 Gegenstand der Beweiserhebung sind alle entscheidungserheblichen und beweisbedürftigen Tatsachenbehauptungen. Tatsachen sind alle äußeren und inneren Vorgänge, die der Nachprüfung durch Dritte zugänglich sind. Als Beweisgegenstand kommt alles in Betracht, was den Tatbestand einer im konkreten Fall von Ihnen anzuwendenden Rechtsnorm ausfüllt, also vergangene oder gegenwärtige Ereignisse oder Zustände, darüber hinaus auch rein innere Vorgänge wie Vorsatz, Kenntnis oder Absicht. Beachten Sie allerdings, dass die Beweisaufnahme hier nur solche Umstände umfasst, aus denen sich auf die inneren Vorgänge schließen lässt. Machen Sie sich in diesem Zusammenhang den Unterschied zwischen unmittelbarem und mittelbarem Beweis klar. Der unmittelbare Beweis ist auf das Vorliegen einer bestimmten Tatsache gerichtet. Beim mittelbaren Beweis sollen demgegenüber nur Indizien bewiesen werden, aus denen nach allgemeinen Verfahrensgrundsätzen der Schluss auf das Vorliegen bzw. Nichtvorliegen eines Tatbestandsmerkmals gezogen werden soll. Die Erhebung dieses Indizienbeweises setzt Ihre Überzeugung davon voraus, dass die vorgetragenen Indizien in einer Gesamtschau den hinreichend sicheren Schluss auf das Vorliegen einer Tatsache zulassen.[41] Der Indizienbeweis ist keine Ausnahme vom Grundsatz des Vollbeweises. Auch der Indizienbeweis ist nämlich erst erbracht, wenn die Indizien die volle richterliche Überzeugung von der Richtigkeit der zu beweisenden Haupttatsache begründen.

3. Beweisarten

70 Es gibt verschiedene Arten des Beweises. Sie müssen sich daher stets darüber im Klaren sein, in welchem Verfahrensstadium Sie sich befinden und welche Art des Beweises dort in Betracht kommt.

a) Strengbeweis

71 Strengbeweis bedeutet, dass der Beweis in förmlicher Weise durch die in der ZPO geregelten Beweismittel (Augenschein, Zeugenbeweis, Beweis durch Sachverständige, Beweis durch Urkunden, Beweis durch Parteivernehmung) zu erheben ist. Diese Beweismittel sind stets anzuwenden, wenn es um die Vorbereitung einer Entscheidung in der Hauptsache geht.

b) Freibeweis

72 Das Freibeweisverfahren ist wesentlich flexibler und gestattet die Gewinnung der richterlichen Überzeugung nach freiem Ermessen des Gerichts. Sie können bspw. Zeugen von Amts wegen etwa auch telefonisch vernehmen oder eidesstattliche Versicherungen sowie sonstige Auskünfte von Personen oder Institutionen einholen. Eines Beweisbeschlusses bedarf es nicht.

Der Freibeweis ist anwendbar bei der Klärung der allgemeinen und besonderen Prozessvoraussetzungen sowie der Feststellung der Voraussetzungen für die Gewährung von Prozesskostenhilfe (§§ 114, 118 II 1 ZPO). Auch im Verfahren nach billi-

---

[39] Dazu Rn. 102 ff.

[40] Dazu Rn. 98.

[41] *BGH* NJW 1993, 935 (937); Musielak/Voit/*Foerste*, § 284 Rn. 7.

gem Ermessen vor dem Amtsgericht gemäß § 495a ZPO ist der Freibeweis anwendbar.[42] Auch das von Ihnen ggf. für anwendbar gehaltene ausländische Recht müssen Sie im Freibeweisverfahren ermitteln (§ 293 S. 2 ZPO). In welcher Weise Sie sich die notwendigen Kenntnisse verschaffen, steht in Ihrem pflichtgemäßen Ermessen. Sie müssen aber alle Ihnen zugänglichen Erkenntnisquellen ausschöpfen und auch die ausländische Rechtsprechung berücksichtigen.[43] Je komplexer und fremder das anzuwendende Recht ist, desto höher sind die Anforderungen an die Ermittlungspflicht.[44] Praxistipp: In schwierigen Fällen sollten Sie von Amts wegen ein Gutachten des Max-Planck Instituts für ausländisches und internationales Privatrecht in Hamburg einholen.

c) Glaubhaftmachung

Die Glaubhaftmachung im Sinne des § 294 ZPO ist die Ausnahme vom Grundsatz der vollen richterlichen Überzeugung von der Wahrheit einer streitigen Behauptung. An die Stelle des Vollbeweises tritt in den gesetzlich zugelassenen Fällen die Feststellung einer überwiegenden Wahrscheinlichkeit. 73

Die für Sie in der Praxis wichtigsten Fälle sind die Glaubhaftmachung von Tatsachen, die die Wiedereinsetzung in den vorigen Stand begründen (§ 236 II 1 ZPO), und die Glaubhaftmachung von Anspruch und Grund bei Arrest und einstweiliger Verfügung (§§ 920 II, 936 ZPO). Weitere Beispiele, die Ihnen in Ihrer täglichen Arbeit begegnen werden, sind das selbstständige Beweisverfahren (§ 487 Nr. 4 ZPO), der Ablehnungsgrund bei Ablehnung eines Richters oder Sachverständigen wegen Besorgnis der Befangenheit (§§ 44 II 1, 406 ZPO) und die Glaubhaftmachung des Wertes des Beschwerdegegenstands bei der Berufung (§ 511 II Nr. 1, III ZPO).

Das in der Praxis wichtigste Mittel der Glaubhaftmachung ist die eidesstattliche Versicherung durch Parteien oder Dritte. Daneben ist noch die anwaltliche Versicherung über Vorgänge, die der Anwalt im Rahmen seiner Berufsausübung wahrgenommen hat, von Bedeutung. Dies wird Ihnen vor allem bei Wiedereinsetzungsanträgen begegnen (vgl. § 236 II ZPO). Insbesondere im Verfahren über den Erlass einer einstweiligen Verfügung müssen Sie beachten, dass die angebotenen Beweismittel präsent sein müssen (§ 294 II ZPO). Die Parteien müssen dafür sorgen, dass ein bestimmter Zeuge zum Termin sistiert wird. Es ist nicht Ihre Aufgabe, die Ladung des Zeugen zu veranlassen.

4. Darlegungs- und Beweislast

a) Begriffe

Seien Sie sich in jedem Verfahrensstadium bewusst, welche Partei die Darlegungs- und Beweislast trägt. Dies ist wichtig, damit Sie die richtigen Hinweise auf ggf. nachzubessernden Beweisantritt gemäß §§ 139, 273 ZPO erteilen, keine unnötigen Beweise erheben und Beweisbeschlüsse richtig fassen, insbesondere beachten, wer den Haupt- und wer (nur) den Gegenbeweis zu führen hat. 74

aa) Darlegungslast. Die Darlegungslast betrifft die Frage, welche Partei welche Tatsachen vortragen muss, um prozessuale Nachteile zu vermeiden, d.h., einen eigenen Anspruch zu begründen oder einen Anspruch des Gegners zu Fall zu bringen. Ein Sachvortrag ist zur Begründung eines Anspruchs nach der Rechtsprechung des BGH 75

[42] Musielak/Voit/*Wittschier*, § 495a Rn. 6.

[43] *BGH* NZG 2017, 546 Rn. 7; *BGH* NJW 2014, 1244 Rn. 15.

[44] *BGH* NJW-RR 2017, 902 Rn. 14.

bereits dann schlüssig und erheblich, wenn die Partei Tatsachen vorträgt, die in Verbindung mit einem Rechtssatz geeignet und erforderlich sind, das geltend gemachte Recht als in der Person der Partei entstanden erscheinen zu lassen, wobei unerheblich ist, wie wahrscheinlich diese Darstellung ist. Die Angabe näherer Einzelheiten ist nicht erforderlich, soweit diese für die Rechtsfolgen nicht von Bedeutung sind. Das Gericht muss nur in die Lage versetzt werden, auf Grund des tatsächlichen Vorbringens der Partei zu entscheiden, ob die gesetzlichen Voraussetzungen für das Bestehen des geltend gemachten Rechts vorliegen. Sind diese Anforderungen erfüllt, ist es Sache des Tatrichters, in die Beweisaufnahme einzutreten und dabei gegebenenfalls die benannten Zeugen oder die zu vernehmende Partei nach weiteren Einzelheiten zu befragen.[45] Kommt dagegen der Kläger seiner Vortragspflicht nicht nach, fehlt es bereits an einem schlüssigen Tatsachenvortrag. Das gilt auch dann, wenn sich eine Partei über eine Tatsache, die sie kennen muss, nicht erklärt.[46] Das bedeutet für Sie, dass Sie nicht in die Beweisaufnahme eintreten dürfen, sondern zunächst einen Hinweis gemäß § 139 ZPO erteilen müssen.[47] Erfolgt auf den Hinweis kein weiterer Tatsachenvortrag, müssen Sie die Klage ohne Beweisaufnahme abweisen. Allerdings ist der Grad der Wahrscheinlichkeit des geschilderten Sachverhalts für den Umfang der Darlegungslast regelmäßig unerheblich, d.h., Sie können nicht deshalb von einer Beweiserhebung absehen, weil Sie den Sachvortrag einer Partei angesichts der Urkundenlage für eher unwahrscheinlich halten.[48] Es findet sich im Prozessrecht auch keine Grundlage, Parteivortrag nur deshalb unberücksichtigt zu lassen, weil er im Widerspruch zu vorangegangenem, ausdrücklich aufgegebenem Vortrag steht.[49] Im Gegenteil ist eine Partei nicht daran gehindert, ihr Vorbringen im Laufe des Rechtsstreits zu ändern, insbesondere zu präzisieren, zu ergänzen oder zu berichtigen. Eine Vortragsänderung kann dann allerdings ebenso wie Ihre Ansicht über die Wahrscheinlichkeit des geschilderten Lebenssachverhalts bei der Beweiswürdigung Bedeutung erlangen.[50]

76 **bb) Beweislast.** Die Beweislast ist das eine Partei treffende Risiko des Prozessverlusts wegen Nichterweislichkeit ihrer Tatsachenbehauptungen.[51] Terminologisch ist zu unterscheiden zwischen subjektiver und objektiver Beweislast, praktisch werden beide stets parallel laufen.

Die subjektive Beweislast betrifft die Frage, welcher Partei die Beibringung von Beweismitteln obliegt; sie wird daher auch Beweisführungslast genannt.

Beispiel: Die Parteien (Bankkunde und Bank) streiten darum, ob die Beklagte (Bank) den Kläger (Kunde) bei einer Anlageberatung ordnungsgemäß beraten hat. Der Kläger bietet als Beweismittel für den Inhalt des Beratungsgesprächs nur Parteivernehmung nach § 447 ZPO an. Die Beklagte lehnt dies ab und benennt als Gegenzeugen ihren Angestellten.

Hier dürfen Sie den Kläger nicht nach § 447 ZPO als Partei vernehmen, da der Gegner nicht zugestimmt hat. Eine Parteivernehmung nach § 448 ZPO kommt nicht in Betracht, da dem Kläger noch eine weitere Beweismöglichkeit zur Verfügung

---

[45] *BGH* NJW 2015, 409 Rn. 14; *BGH* NJW-RR 2015, 910 Rn. 21.

[46] Hierzu *Dötsch*, Die Erklärung mit Nichtwissen als „Substantiierungsfalle", MDR 2014, 1363.

[47] Zur richterlichen Hinweispflicht siehe § 4.

[48] *BGH* NJW 2015, 409 Rn. 14; *BGH* NJW-RR 2017, 22 Rn. 27.

[49] *BGH* (VI ZR 599/16) BeckRS 2018, 22054 Rn. 12; weiterführend *Gremmer*, Wechselhafter und widersprüchlicher Vortrag einer Partei, MDR 2010, 245.

[50] *BGH* GRUR 2016, 705 Rn. 41; *BGH* NJW-RR 2015, 910 Rn. 21.

[51] Definition bei Zöller/*Greger*, Vor § 284 Rn. 18.

stünde, nämlich die Benennung des Bankmitarbeiters als Zeugen.[52] Hierauf müssen Sie gemäß § 139 ZPO hinweisen. Benennt der Kläger gleichwohl den Bankmitarbeiter nicht als Zeugen, etwa weil er glaubt, dieser werde sowieso zu Gunsten der Beklagten aussagen, dürfen Sie diesen Zeugen nicht hören. Der Beweisantritt durch die Beklagte ist insoweit unerheblich, da der Kläger beweisführungsbelastet ist und es ohne Hauptbeweis keinen Gegenbeweis gibt.

Die objektive Beweislast oder Feststellungslast entscheidet darüber, welche Partei das Risiko trägt, dass ein bestimmter Beweis nicht erbracht werden kann. Kommen Sie bspw. in dem obigen Beispiel nach Anhörung des Klägers gemäß § 141 ZPO und – wenn der Kläger diesen als Zeugen benennt – Vernehmung des Bankmitarbeiters zu dem Ergebnis, dass Sie nicht wissen, wem Sie hinsichtlich der unterschiedlichen Darstellung des Gesprächsablaufs glauben sollen, besteht ein sog. „non liquet“ und Sie müssen die Klage abweisen, da der Kläger für die Pflichtverletzung der Beklagten die objektive Beweislast bzw. Feststellungslast trägt.

b) Verteilung der Darlegungs- und Beweislast

aa) Grundsatz. Für die Verteilung der Darlegungs- und Beweislast gilt die Grundregel, dass jede Partei sie für das Vorliegen der tatsächlichen Voraussetzungen der ihr günstigen Norm trägt. Das bedeutet konkret, dass der Kläger die Voraussetzungen der Anspruchsgrundlage und der Beklagte die Tatsachen darlegen und beweisen muss, die rechtshindernde und rechtsvernichtende Einwendungen sowie rechtshemmende Einreden begründen. Die hiergegen mit der Replik vorgebrachten Tatsachen muss wiederum der Kläger darlegen und beweisen. 77

Darlegungs- und Beweislast verlaufen fast immer parallel. Ausnahmen bestehen etwa, soweit eine Partei eine negative Tatsache beweisen muss, z.B. den fehlenden Rechtsgrund im Sinne von § 812 I 1 Alt. 1 BGB. Beachten Sie insoweit, dass es zwar bei der grundsätzlichen Beweislastverteilung bleibt, wonach der Kläger den fehlenden Rechtsgrund als Tatbestandsvoraussetzung des § 812 BGB beweisen muss, dass aber ausnahmsweise der Gegner Umstände darlegen muss, die gegen einen fehlenden Rechtsgrund sprechen (z.B. könnte er vortragen, dass und unter welchen Umständen ein Vertrag zwischen den Parteien geschlossen wurde). Ist derartiger Vortrag erfolgt, muss die beweisbelastete Partei sich mit diesem Vortrag substantiiert auseinandersetzen und gegebenenfalls dessen Unrichtigkeit beweisen. 78

Auch für den Beweis innerer Tatsachen (z.B. Vorsatz, Arglist etc.) gilt, dass trotz der Schwierigkeit des Nachweises keine Beweislastumkehr eingreift. Allerdings muss man auch hier dem Anspruchsteller mit einer sekundären Darlegungslast des Gegners helfen.[53] 79

Auf die Stellung der Parteien kommt es für die Beweislastverteilung nicht an. Haben Sie es etwa mit einer negativen Feststellungsklage zu tun, bei der z.B. der vermeintliche Inhaber einer Forderung zum Beklagten wird, bleibt es dabei, dass er – trotz seiner Beklagtenrolle – die anspruchsbegründenden Tatsachen beweisen muss. 80

bb) Gesetzliche Beweislastregeln. Die allgemeinen Grundsätze werden durchbrochen, soweit gesetzliche Beweislastregeln eingreifen. 81

Zum einen enthält das materielle Recht ausdrückliche Regelungen der Beweislast. Gemäß § 363 BGB etwa trifft den Gläubiger die Beweislast für die Mangelhaftigkeit

[52] Die Rechtsprechungsgrundsätze zum „Vier-Augen-Gespräch“ greifen grundsätzlich dann nicht, wenn die Parteien jeweils keinen Zeugen haben, vgl. *BGH* (III ZR 296/15) BeckRS 2017, 121446 Rn. 21.

[53] *BGH* NJW 2011, 1280 Rn. 15; zur sekundären Darlegungslast siehe unten Rn. 86.

einer Leistung, wenn er diese als Erfüllung angenommen hat. Eine gesetzliche Beweislastumkehr enthält § 477 BGB für den Verbrauchsgüterkauf. Die dort zu Gunsten des Käufers geregelte Beweislastumkehr greift ein, wenn ihm der Nachweis gelingt, dass sich innerhalb von sechs Monaten nach Gefahrübergang eine Mangelerscheinung gezeigt hat. Dagegen muss der Käufer nicht nachweisen, auf welche Ursache dieser Zustand zurückzuführen ist und dass diese Ursache in den Verantwortungsbereich des Verkäufers fällt.[54] Gemäß § 630h II BGB hat der behandelnde Arzt das Vorliegen einer Einwilligung in einen medizinischen Eingriff zu beweisen.

82 Daneben gibt es – viel häufiger anzutreffende – gesetzliche Vermutungen, die eine ähnliche Wirkung haben wie ausdrückliche Beweislastregelungen. Es gibt Tatsachenvermutungen (z.B. die des Eigenbesitzes, § 938 BGB) und Rechtsvermutungen (z.B. die Eigentumsvermutung des § 1006 BGB). Vermutungen sind grundsätzlich widerlegbar, soweit nicht das Gesetz etwas anderes vorschreibt (§ 292 ZPO). Die durch eine gesetzliche Vermutung begünstigte Partei wird aber nicht vollständig von der Beweislast befreit. Es obliegt ihr nach wie vor, die der Vermutung zugrunde liegenden Tatsachen zu beweisen (bei § 1006 BGB also den Besitz). Eine für Ihre Tätigkeit in diesem Zusammenhang besonders bedeutsame Regelung ist § 280 I 2 BGB, die eine gesetzliche Vermutung des Vertretenmüssens regelt. Ähnliche Vermutungsregelungen finden sich für den Behandlungsvertrag in § 630h BGB, insbesondere in Abs. 5, wonach bei Vorliegen eines groben ärztlichen Behandlungsfehlers, der grundsätzlich geeignet ist, eine Verletzung des Lebens, des Körpers oder der Gesundheit der tatsächlich eingetretenen Art herbeizuführen, vermutet wird, dass dieser Fehler für die Verletzung des Lebens, des Körpers oder der Gesundheit ursächlich war.

83 In einigen Fällen ergibt sich darüber hinaus aus der Formulierung des materiellen Gesetzesrechts ein Regel-/Ausnahmeverhältnis. Beweisbelastet ist dann die Partei, die sich auf die Ausnahme beruft. Die Regel-/Ausnahmeverhältnisse werden meist durch Formulierungen wie „es sei denn" (§§ 153, 178, 406, 407, 651n, 817 S. 2 BGB), „sofern nicht" (§§ 179 I, 370 BGB), „jedoch nicht" (§ 179 II BGB) und „ausgeschlossen" (§§ 815, 861 II, 1004 II BGB) eingeleitet.

Sollten Sie sich unsicher darüber sein, wie die Beweislast im konkret von Ihnen zu entscheidenden Fall verteilt ist, hilft häufig ein Blick in die einschlägigen Kommentierungen des BGB (oder anderer Gesetze) weiter. Dort ist meist am Ende der Vorschrift die Verteilung der Darlegungs- und Beweislast kommentiert.

84 cc) **Richterrechtliche Beweislastregeln.** Die gesetzlichen Beweislastregeln werden von der Rechtsprechung aus Praktikabilitäts- und Billigkeitsgesichtspunkten entsprechend angewandt, wenn die Ursache für ein Geschehen im Gefahrenbereich oder der Einflusssphäre einer Partei liegt. Als wichtige Beispiele sind hier die Ausdehnung der Vermutung des § 280 I 2 BGB auf die objektive Pflichtverletzung im Rahmen vertraglicher Schadensersatzansprüche sowie die (deliktische) Produzentenhaftung zu nennen. Ein weiterer wichtiger Bereich ist der Nachweis der Kausalität von vertraglichen oder vorvertraglichen Beratungs- oder Aufklärungspflichtverletzungen für einen entstandenen Schaden. Hier wird von der Rechtsprechung grundsätzlich vermutet, dass sich der Gläubiger bei ordnungsgemäßer Aufklärung entsprechend dieser verhalten hätte. Allerdings tendiert die Rechtsprechung in letzter Zeit dazu, diese Fälle als echte Beweislastumkehr anzusehen.[55] Das bedeutet, dass ein Beratungspflichtiger im Fall

---

[54] BGHZ 212, 224 = NJW 2017, 1093 Rn. 36 im Anschluss an *EuGH* NJW 2015, 2237 Rn. 53 ff.

[55] Dazu sogleich Rn. 85.

einer Pflichtverletzung nur dann einer Haftung entgehen kann, wenn er nachweist, dass der Schaden auch bei ordnungsgemäßer Beratung entstanden wäre.[56] Der im Rahmen einer Berufs- oder Organisationspflicht grob pflichtwidrig Handelnde muss die Nichtursächlichkeit des festgestellten Fehlers beweisen, wenn dieser allgemein geeignet ist, einen Schaden nach Art des eingetretenen herbeizuführen.[57]

dd) Beweislastumkehr. Die von der Rechtsprechung gewährten Beweiserleichterungen können bis hin zur vollständigen Umkehr der Beweislast führen. Seien Sie aber sehr vorsichtig mit der Annahme einer Beweislastumkehr. Hiermit muss aus Gründen der Rechtssicherheit restriktiv umgegangen werden. Eine echte Beweislastumkehr darf nicht lediglich aufgrund Billigkeit angenommen werden, sie setzt vielmehr einen durch Rechtsfortbildung geschaffenen allgemeingültigen und abstrakten Rechtssatz voraus.[58] 85

Es können allerdings zwei Fallgruppen genannt werden, die sicher zu einer Beweislastumkehr führen. Die erste Fallgruppe sind Beweisvereitelungen.[59] Von einer Beweisvereitelung spricht man, wenn einer Partei die Führung eines ihr obliegenden Beweises vom Gegner schuldhaft unmöglich gemacht oder erschwert wird, indem dieser Beweismittel vernichtet, vorenthält oder ihre Benutzung erschwert.[60] Keine Beweisvereitelung liegt vor, wenn es der beweisbelasteten Partei möglich gewesen wäre, den Beweis im Rahmen eines selbstständigen Beweisverfahrens zu sichern.[61] Ist von einer Beweisvereitelung auszugehen, ist dies im Rahmen der Beweiswürdigung zum Nachteil des Gegners der beweispflichtigen Partei zu berücksichtigen. Nur ein vorwerfbares, missbilligenswertes Verhalten kann den Vorwurf der Beweisvereitelung tragen. Der subjektive Tatbestand der Beweisvereitelung verlangt einen doppelten Schuldvorwurf. Das Verschulden muss sich sowohl auf die Zerstörung oder Entziehung des Beweisobjekts als auch auf die Beseitigung seiner Beweisfunktion beziehen, also darauf gerichtet sein, die Beweislage des Prozessgegners nachteilig zu beeinflussen.[62]

Die zweite Fallgruppe entstammt dem Bank- und Kapitalmarktrecht. Wie bereits in Rn. 84 erwähnt kommt einem Kapitalanleger nach der Rechtsprechung des BGH im Fall einer Aufklärungs- oder Beratungspflichtverletzung eine Vermutung aufklärungs- und beratungsrichtigen Verhaltens zu, bei der es sich nach – allerdings auch innerhalb des BGH nicht unumstrittener[63] – Ansicht des für das Bankrecht zuständigen XI. Zivilsenats des BGH um eine echte Umkehr der Beweislast handelt.[64] Zur Widerlegung der Kausalitätsvermutung muss der Berater den Beweis führen, dass der Anleger die Anlage auch bei ordnungsgemäßer Beratung erworben hätte.[65] Dazu muss der Berater die (Haupt-)Tatsache behaupten, dass der Anleger die Anlage auch bei Kenntnis des aufklärungsbedürftigen Umstandes erworben hätte. Bestätigt sich diese Behauptung in der Beweisaufnahme, steht die fehlende Kausalität der Pflicht-

---

[56] *BGH* NJW 2009, 2298 Rn. 22.
[57] *BGH* NJW 2017, 2108 Rn. 24; *BGH* NJW 2018, 301 Rn. 24.
[58] Zöller/*Greger*, Vor § 284 Rn. 22.
[59] *BGH* NJW 2004, 222.
[60] BGHZ 211, 171 = NVwZ 2017, 251 Rn. 32; *BGH* NJW 1998, 79 (81); weiterführend *Laumen*, Voraussetzungen und Rechtsfolgen der Beweisvereitelung, MDR 2009, 177.
[61] *BGH* GRUR 2016, 88 Rn. 44.
[62] Instruktiv zur Beweisvereitelung *BGH* (I ZR 226/13) BeckRS 2015, 19113 Rn. 27 ff.
[63] Vgl. *Grüneberg*, Die Bankenhaftung bei Kapitalanlagen, 2017, Rn. 792 m.w.N.
[64] *BGH* NJW 2012, 2427 Rn. 33.
[65] *BGH* NJW 2009, 2298 Rn. 22.

verletzung für den Schaden fest. Soweit der Beweisführer die Parteivernehmung des Gegners nach § 445 I ZPO beantragt, müssen Sie dem nach der Rechtsprechung des BGH nachkommen. Eine bloße Anhörung nach § 141 I ZPO genügt jedenfalls dann nicht, wenn der Gegner die in sein Wissen gestellte Behauptung nicht bestätigt oder Sie von der Wahrheit der Behauptung nicht überzeugt sind.[66]

c) Beweiserleichterungen

86 **aa) Modifizierungen der Darlegungslast.** Wie oben dargestellt, sollten Sie mit einer Umkehr der Beweislast sehr vorsichtig umgehen. Gleichwohl werden Sie es in den von Ihnen zu bearbeitenden Fällen häufiger erleben, dass eine Partei Umstände beweisen muss, die zur Sphäre des Prozessgegners gehören, in die sie regelmäßig keinen Einblick haben wird. Der beweisbelasteten Partei entstehen daher erhebliche Beweisschwierigkeiten, zumal Beweisermittlungsanträge und Ausforschungsbeweise unzulässig sind.[67] Als Lösung empfiehlt es sich hier, dem Prozessgegner im Rahmen einer aus § 138 II ZPO abzuleitenden sekundären Darlegungslast[68] zuzumuten, nähere Angaben aus den Verhältnissen seines Wahrnehmungsbereichs zu machen.[69] Die Rechtsprechung nimmt in vielen Fällen eine sekundäre Darlegungslast an und stellt an den danach geforderten Vortrag hohe Anforderungen, z. B. hat ein Vermieter, der wegen Eigenbedarfs gekündigt, die Wohnung dann aber nicht selbst genutzt hat, stimmig vorzutragen, warum der vorgebrachte Eigenbedarf nachträglich entfallen sein soll.[70] Ein Kapitalanlageberater, der von einem Anleger wegen fehlerhafter Anlageberatung in Anspruch genommen wird und der die fehlende Übergabe eines Anlageprospekts rügt, muss im Rahmen der sekundären Darlegungslast vortragen, wann und unter welchen Umständen der Prospekt übergeben wurde.[71] Der Anleger muss dann wiederum die Unrichtigkeit dieses Vortrags beweisen. Allerdings unterliegt auch die sekundäre Darlegungslast den Gesichtspunkten der Möglichkeit und der Zumutbarkeit. Bei Urheberrechtsverletzungen im Internet etwa ist es einem Anschlussinhaber nach der Rechtsprechung möglich und zumutbar, vorzutragen, welche Personen die Gelegenheit hatten, die fragliche Verletzungshandlung ohne Wissen und Zutun des Anschlussinhabers zu begehen.[72] Nicht zumutbar ist es dem Anschlussinhaber dagegen, die Internetnutzung seines Ehegatten zu dokumentieren oder dessen Computer auf das Vorhandensein von Filesharing-Software zu untersuchen.[73]

87 **bb) Anscheinsbeweis.** Die wohl wichtigste Beweiserleichterung, die Sie in Ihrer richterlichen Tätigkeit zur Anwendung bringen werden, ist der Beweis des ersten Anscheins (Anscheinsbeweis, prima-facie-Beweis).[74]

Die Beweiserleichterungen des Anscheinsbeweises greifen bei typischen Geschehensabläufen ein, also in Fällen, in denen ein bestimmter Tatbestand feststeht, der nach der Lebenserfahrung aus einem unstreitigen oder bewiesenen Sachverhalt auf

---

[66] *BGH* NJW 2014, 2348 Rn. 22.
[67] Zöller/*Greger*, Vor § 284 Rn. 8c f.
[68] Eingehend dazu *Dölling*, Die Voraussetzungen der Beweiserhebung im Zivilprozess, NJW 2013, 3121 (3126 f.).
[69] *BGH* NJW 1999, 579 (580).
[70] *BGH* NJW 2017, 2819 Rn. 19.
[71] *BGH* NJW-RR 2017, 1520 Rn. 22.
[72] *BGH* NJW 2018, 68 Rn. 13.
[73] *BGH* NJW 2017, 1961 Rn. 26.
[74] Eingehend und sehr instruktiv hierzu *van den Hövel*, S. 83 ff.

eine bestimmte Folge oder umgekehrt aus einem feststehenden Erfolg auf eine bestimmte Ursache schließen lässt.[75]

Typische Anwendungsbeispiele für den Anscheinsbeweis sind bspw. Straßenverkehrsunfall-Fälle. Nach ständiger Rechtsprechung des BGH spricht bei Unfällen durch Auffahren in der Regel der erste Anschein für das Verschulden des auffahrenden Verkehrsteilnehmers.[76] Da dieser gemäß § 3 I StVO verpflichtet ist, seine Fahrweise so einzurichten, dass er notfalls rechtzeitig anhalten kann, wenn ein Hindernis auf seiner Fahrbahn auftaucht, lässt die Erfahrung bei einem Aufprallen auf ein solches Hindernis zunächst den Schluss zu, dass die Ursache dafür in einer schuldhaften Verletzung dieser Verpflichtung zu sehen ist.[77] Das gilt auch bei Auffahrunfällen auf Autobahnen, jedoch dann nicht, wenn das vorausfahrende Fahrzeug vor dem Unfall einen Spurwechsel vorgenommen hat.[78]

Ein Anscheinsbeweis führt nicht zur Umkehr der Darlegungs- und Beweislast, 88
wohl aber zu einer Erleichterung der Beweisführung. Die beweisbelastete Partei muss lediglich die Umstände darlegen und gegebenenfalls beweisen, die zur Annahme eines typischen Geschehensablaufs führen.[79] Der Gegner kann sich auf die Erschütterung des Anscheinsbeweises beschränken. Dazu muss er Tatsachen behaupten und gegebenenfalls beweisen, aus denen die ernsthafte Möglichkeit eines anderen (atypischen) Geschehensablaufs folgt. Gelingt ihm dies, bleibt es bei der vollen Beweislast des Anspruchstellers.

Sie müssen den Anscheinsbeweis von Amts wegen berücksichtigen, da dieser Grundsatz der Bewertung des Tatsächlichen und damit der Beweiswürdigung dient. Sie können entweder aus eigener Sachkunde über das Bestehen von Erfahrungssätzen entscheiden oder sich – wenn Sie dies für erforderlich halten – eines Sachverständigengutachtens bedienen. Seien Sie vorsichtig mit der Annahme eines typischen Geschehensablaufs. Bloße Wahrscheinlichkeiten genügen hierfür nicht, der Vorgang muss vielmehr nach einem durch Regelmäßigkeit, Üblichkeit und Häufigkeit geprägten Muster ablaufen.[80]

Die Anwendung eines Erfahrungssatzes erfordert, dass dessen Voraussetzungen vorliegen (etwa weil sie unstreitig oder bewiesen sind). Die Vermutungsfolge ergibt sich also erst dann, wenn der Vermutungstatbestand feststeht. So muss bei einem Verkehrsunfall der Aufprall des Hintermanns feststehen, um daraus auf sein Verschulden schließen zu können.

cc) Schätzung nach § 287 ZPO. Eine für Ihre Arbeit sehr wichtige Vorschrift ist § 287 89
ZPO, die nicht nur eine Beweiserleichterung für die Parteien darstellt, sondern Ihnen bei der Schadensermittlung Ermessen einräumt. Sie sind sogar verpflichtet, diese Vorschrift zur Anwendung zu bringen, bevor Sie etwa hinsichtlich der Höhe eines Schadens von einem non liquet ausgehen. Nur wenn Sie trotz eingehender Auseinandersetzung mit allen für die Schätzung in Betracht kommenden Anhaltspunkten keine Überzeugung von der Höhe des Schadens gewinnen konnten, dürfen Sie feststellen, dass der Beweis nicht geführt werden konnte.

---

[75] *BGH* NJW 2001, 1140 (1141).

[76] Weiterführend hierzu *Dörr*, Der Anscheinsbeweis im Verkehrsunfallprozess, MDR 2010, 1163.

[77] *BGH* NJW-RR 1989, 670 (671); NJW 1982, 1595 (1596).

[78] *BGH* NJW 2017, 1177 Rn. 11.

[79] Zöller/*Greger*, Vor § 284 Rn. 29.

[80] Zöller/*Greger*, Vor § 284 Rn. 29.

90 § 287 ZPO begründet keine Umkehr der Beweislast, wohl aber stellt die Norm eine Ausnahme vom Grundsatz des Strengbeweises dar, weil Sie eine Schätzung ohne förmliche Beweisaufnahme durchführen müssen. Vor allem aber handelt es sich um eine Ausnahme vom Grundsatz des Vollbeweises, denn Sie müssen zu keiner vollen richterlichen Überzeugung gelangen, ausreichend ist vielmehr eine höhere Wahrscheinlichkeit. Versuchen Sie unbedingt, so genau wie möglich zu schätzen. Ihre Schätzung darf nicht „völlig in der Luft hängen".[81] Bei der Schadensermittlung oder der Ermittlung der Höhe einer Forderung sind deshalb alle brauchbaren Tatsachen für die Schätzung heranzuziehen. Für vorgerichtliche Sachverständigenkosten hat der BGH etwa gebilligt, dass das JVEG als Orientierungshilfe herangezogen wird.[82] Auch das Ergebnis einer Internetrecherche kann reichen.[83] Wenn eine Partei Unterlagen beibringt, die eine rechnerisch einwandfreie Ermittlung ermöglichen, müssen Sie auch die Schätzung entsprechend präzise vornehmen. Die Grundlagen Ihrer Schätzung müssen Sie im Urteil mitteilen.

91 § 287 I ZPO betrifft Schadensersatzansprüche, wobei sich die Beweiserleichterung auf den Schaden und die haftungsausfüllende Kausalität bezieht. Die haftungsbegründende Kausalität muss dagegen nach den allgemeinen Regeln vom Anspruchsteller bewiesen werden.[84] Ein wichtiger Fall im Rahmen von § 287 I ZPO ist die Schätzung entgangenen Gewinns.

92 § 287 II ZPO erklärt Absatz 1 mit Ausnahme der Vernehmung des Beweisführers auch in anderen vermögensrechtlichen Streitigkeiten für anwendbar, wenn über die Höhe einer Forderung gestritten wird und die vollständige Aufklärung unverhältnismäßig schwierig ist.[85] In Betracht kommt diese Vorschrift vor allem für Minderungsansprüche.

II. Die Entscheidung über die Beweiserhebung

1. Entscheidungserheblichkeit und Beweisbedürftigkeit

93 Sie dürfen – auch bei ordnungsgemäßem Beweisantritt – eine Beweiserhebung nur anordnen, wenn die Tatsachenbehauptung, für die der Beweis angeboten wird, entscheidungserheblich und beweisbedürftig ist.

a) Entscheidungserheblichkeit

94 Eine Tatsachenbehauptung ist nur insoweit entscheidungserheblich, als ein schlüssiger Vortrag der darlegungsbelasteten Partei vorliegt. An der Entscheidungserheblichkeit fehlt es auch, wenn der Tatsachenvortrag zu unsubstantiiert ist, weil z.B. die unter Beweis gestellten Behauptungen nicht hinreichend genau bezeichnet sind. Allerdings können Sie im Fall eines unschlüssigen oder unsubstantiierten Vortrags der beweisbelasteten Partei nicht einfach eine Beweiserhebung ablehnen, Sie müssen vielmehr gemäß § 139 ZPO auf die fehlende Schlüssigkeit bzw. fehlende Substantiierung hinweisen.[86]

---

[81] *BGH* NJW 2015, 946 Rn. 46.
[82] *BGH* NJW 2016, 3092 Rn. 18.
[83] *OLG Köln* NJOZ 2016, 1410 Rn. 8.
[84] *BGH* NJW 2015, 3519 Rn. 18.
[85] *BGH* NJW 2015, 946 Rn. 45.
[86] Zur richterlichen Hinweispflicht § 4.

b) Beweisbedürftigkeit

Die Tatsachen, über die Sie Beweis erheben, müssen beweisbedürftig sein. Daran fehlt es bei allgemein- oder gerichtskundigen (§ 291 ZPO) sowie unstreitigen Tatsachen. Ob eine Tatsache von Ihnen als streitig oder unstreitig behandelt werden kann, hängt davon ab, ob der Gegner sie hinreichend substantiiert bestritten hat. Welche Anforderungen an das Bestreiten zu stellen sind, richtet sich nach dem Vortrag der darlegungs- und beweisbelasteten Partei. Handelt es sich hierbei lediglich um pauschale Behauptungen anstelle konkreten Tatsachenvortrags, darf der Gegner einfach bestreiten. Handelt es sich um einen Vorgang außerhalb der Wahrnehmung des Gegners, darf dieser sogar mit Nichtwissen bestreiten (§ 138 IV ZPO). Ist der Klagevortrag dagegen hinreichend substantiiert oder geht es um Tatsachen aus der Sphäre des Gegners, muss dieser den Vortrag des Klägers seinerseits qualifiziert bestreiten. Liegt ein unzulässiges Bestreiten mit Nichtwissen oder ein unsubstantiiertes Bestreiten vor, müssen Sie dies wie ein Nichtbestreiten im Sinne des § 138 III ZPO behandeln. Eine Beweisaufnahme ist dann nicht erforderlich. Stellen Sie in einem solchen Fall das Bestreiten mit Nichtwissen oder das unsubstantiierte Bestreiten im Tatbestand dar und erläutern Sie in den Entscheidungsgründen, warum dies nach Ihrer Auffassung nicht ausreichend war. 95

An einer Beweisbedürftigkeit fehlt es auch, wenn ein Fall der Präklusion gemäß § 296 I ZPO vorliegt, d.h., wenn ein Angriffs- oder Verteidigungsmittel wegen Verspätung und nicht ausreichender Entschuldigung sowie dadurch verursachter Verzögerung des Verfahrens zurückzuweisen ist. Wollen Sie ein Angriffs- oder Verteidigungsmittel zurückweisen, müssen Sie dies sowohl im Tatbestand als auch in den Entscheidungsgründen darstellen.[87] In den Tatbestand müssen alle in diesem Zusammenhang bedeutsamen Daten aufgenommen werden. Die Fristsetzung durch das Gericht etwa gehört in die Prozessgeschichte: 96

Tatbestand

Das Gericht hat dem Beklagten mit Verfügung vom 1.3.2018 eine Frist zur Klageerwiderung bis zum 1.4.2018 unter Belehrung über die Folgen der Fristversäumung[88] gesetzt. Der Beklagte hat den Vortrag des Klägers zur Mangelhaftigkeit der Kaufsache erst in der mündlichen Verhandlung vom 1.6.2018 bestritten.

In den Entscheidungsgründen müssen Sie dann darlegen, warum Sie Präklusion annehmen und keine Beweisaufnahme durchführen:

Entscheidungsgründe

Die Behauptung des Beklagten, die Kaufsache entspreche dem Stand der Technik und sei daher nicht mangelhaft, ist gemäß § 296 I ZPO zurückzuweisen. Der Beklagte hat dieses Verteidigungsmittel erstmals in der mündlichen Verhandlung vom 1.6.2018 geltend gemacht, obwohl ihm mit Verfügung vom 1.3.2018 eine Frist zur Klageerwiderung bis zum 1.4.2018 unter Belehrung über die Folgen der Fristversäumung gesetzt wurde (§ 276 I 2 ZPO). Den Vortrag des Klägers zur Mangelhaftigkeit der Kaufsache hat er erst in der mündlichen Verhandlung vom 1.6.2018 unter Beweisantritt bestritten. Durch die Berücksichtigung des Vorbringens würde eine Verzögerung des Rechtsstreits eintreten, weil das

[87] Siehe dazu näher § 11 Rn. 49, 61.
[88] Dazu oben § 5 Rn. 17 ff.

Verfahren wegen der Zulassung des verspäteten Vorbringens länger dauern würde als bei Zurückweisung.[89] Der Beklagte hat auch keine Entschuldigung für sein verspätetes Vorbringen vorgebracht.

Schließlich fehlt es an einer Beweisbedürftigkeit und eine Beweiserhebung ist analog § 244 III 2 StPO entbehrlich, wenn eine streitige Tatsachenbehauptung als wahr unterstellt werden kann, ohne dass dies zum Nachteil der Gegenpartei gewertet werden kann. Seien Sie mit der Wahrunterstellung aber vorsichtig, denn sie ist fehlerträchtig. Voraussetzung einer zulässigen Wahrunterstellung ist, dass die Behauptung so übernommen wird, wie die Partei sie aufgestellt hat.[90] Nach der Rechtsprechung des BGH darf zusammenhängender Vortrag einer Partei nur im Ganzen, nicht nur bezogen auf einzelne Teile, als wahr unterstellt werden und hinsichtlich des nicht als wahr unterstellten Teil des Sachvortrags muss Beweisangeboten weiter nachgegangen werden;[91] außerdem können abwägungsrelevante Umstände nicht pro forma, sondern nur mit dem Gewicht als wahr unterstellt werden, das ihm die vortragende Partei beigemessen hat.[92]

c) Umgang mit Hauptbeweis und Gegenbeweis

97 Es wird Ihnen nicht selten begegnen, dass die Parteien für sich widersprechende Behauptungen Beweis und Gegenbeweis anbieten, möglicherweise wird sogar derselbe Zeuge hierfür benannt. Sie müssen in diesem Fall entscheiden, welche Partei den Haupt- und welche den Gegenbeweis zu führen hat. Ob es sich um einen Haupt- oder Gegenbeweis handelt, kann für Sie z.B. schon dann entscheidend sein, wenn Sie den Auslagenvorschuss für einen Zeugen anzufordern haben. Berufen sich beide Parteien mit jeweils anderem Inhalt auf das Zeugnis derselben Person, muss die Partei den Vorschuss zahlen, die mit diesem Zeugen den Hauptbeweis zu führen hat. Ob dies der Kläger oder der Beklagte ist, hängt somit entscheidend von der Frage der Beweislastverteilung ab.

Der Hauptbeweis dient der beweisbelasteten Partei, das Gericht von der Wahrheit der Tatsachen zu überzeugen, die den Tatbestand der entscheidungserheblichen Rechtsnorm ausfüllen.

Den Gegenbeweis führt immer die nicht beweisbelastete Partei. Sie versucht damit, die Unwahrheit des klägerischen Vortrags zu einer bestimmten anspruchsbegründenden Tatsache aufzuzeigen. Damit soll der Hauptbeweis erschüttert werden. Beachten Sie, dass der (Voll-) Beweis des Gegenteils für die nicht beweisbelastete Partei nicht erforderlich ist. Es gilt damit der Grundsatz: kein Gegenbeweis ohne Hauptbeweis!

Beschluss

Es soll Beweis erhoben werden über die Behauptung des Klägers, in der streitgegenständlichen Mietwohnung seien bereits bei Übergabe am 1.3.2018 Schimmelflecken im Badezimmer vorhanden gewesen, durch Vernehmung des Zeugen Bernd Meyer, sowie gegenbeweis-

[89] Hierbei handelt es sich um den sog. absoluten Verzögerungsbegriff, den der BGH in st. Rspr. vertritt, vgl. nur BGHZ 86, 31 = NJW 1983, 575 (576); *BGH* NJW-RR 2005, 1296 (1297); weitere Nachweise bei Zöller/*Greger*, § 296 Rn. 22.

[90] *BGH* (IX ZR 266/14) BeckRS 2015, 17442 Rn. 8.

[91] *BGH* NJW-RR 2017, 72 Rn. 12 ff.; *BGH* NJW-RR 2018, 647 Rn. 10.

[92] *BGH* NJW 2017, 1474 Rn. 26.

lich über die Behauptung des Beklagten, zu diesem Zeitpunkt seien noch keine Schimmelflecken vorhanden gewesen, durch Vernehmung des Zeugen Lutz Otto.

d) Beweisverwertungsverbote

Eigentlich eine Selbstverständlichkeit, trotzdem soll es hier kurz erwähnt werden: Sie dürfen einen Beweis nicht verwerten (und deshalb auch schon nicht erheben), wenn hierfür ein Beweisverwertungsverbot besteht. 98

Grundsätzlich unzulässig ist die Verwertung von Beweismitteln, die auf unzulässige Weise erlangt worden sind, wenn durch die Beweisgewinnung in ein verfassungsrechtlich geschütztes Individualrechtsgut eingegriffen wurde und die Verwertung nicht – ausnahmsweise – aufgrund einer Güterabwägung gerechtfertigt ist.[93] Danach sind insbesondere[94] unzulässig die Verwertung einer unter Verletzung der Privatsphäre hergestellten Tonbandaufnahme[95] oder das Mithören von Telefongesprächen durch Dritte ohne Bekanntgabe dieses Umstands an den Gesprächspartner[96]. Dagegen ist die Verwertung sog. Dashcam-Aufnahmen in Verkehrsunfallprozessen trotz datenschutzrechtlicher Unzulässigkeit der permanenten anlasslosen Aufzeichnung des Verkehrsgeschehens zulässig, weil das Interesse der auf Schadensersatz klagenden Partei gegenüber dem Recht des Unfallgegners auf informationelle Selbstbestimmung überwiegt.[97]

2. Hinreichender Beweisantritt

Eine Beweisaufnahme können Sie grundsätzlich nur dann durchführen, wenn die beweisbelastete Partei einen ordnungsgemäßen, hinreichend bestimmten und nicht präkludierten Beweisantrag gestellt hat. 99

a) Form des Beweisantritts

Der Beweisantritt erfolgt – im Anwaltsprozess – durch vorbereitenden Schriftsatz (§ 130 Nr. 5 ZPO) oder in der mündlichen Verhandlung. Beweisanträge, die in einem selbstständigen Beweisverfahren[98] unerledigt geblieben sind, fallen unmittelbar im Verfahren vor dem Prozessgericht an und sind von diesem im vorgefundenen Stand zu erledigen.[99] Das gilt auch für einen unerledigt gebliebenen Antrag auf mündliche Anhörung des Sachverständigen.[100] 100

b) Inhalt des Beweisantritts

Achten Sie darauf, dass der Beweisantritt nicht nur das Beweismittel nennen muss, sondern auch das Beweisthema, d.h. eine spezifizierte Bezeichnung der zu beweisenden Tatsachen. Einem sog. Ausforschungsbeweis oder Behauptungen „ins Blaue hinein" dürfen Sie nicht nachgehen. Allerdings kann eine Beweisaufnahme zu einer erheblichen Tatsache unter dem Gesichtspunkt eines unzulässigen Ausforschungsbeweises nur abgelehnt werden, wenn die unter Beweis gestellte Tatsache so 101

---

[93] *BGH* NJW 2003, 1123 (1124).
[94] Zu weiteren Einzelfällen vgl. Zöller/*Greger*, § 286 Rn. 15a ff.
[95] BVerfGE 34, 238 (247) = NJW 1973, 891 (892 f.); *BGH* NJW 1988, 1016 (1017).
[96] *BGH* NJW 2003, 1727 (1728).
[97] *BGH* NJW 2018, 2883 Rn. 27 ff.
[98] Dazu ausführlich unten § 17.
[99] *BGH* NJW 2018, 1171 Rn. 14.
[100] *BGH* NJW 2018, 1171 Rn. 15.

ungenau bezeichnet ist, dass ihre Erheblichkeit nicht beurteilt werden kann, oder wenn sie zwar in das Gewand einer bestimmt aufgestellten Behauptung gekleidet ist, diese aber auf das Geratewohl gemacht (und damit gleichsam „ins Blaue" aufgestellt), also aus der Luft gegriffen ist und sich deshalb als Rechtsmissbrauch darstellt.[101] Bei der Annahme einer solchermaßen rechtsmissbräuchlichen Ausforschung sollten Sie Zurückhaltung üben; in der Regel wird dies nur bei Fehlen jeglicher tatsächlicher Anhaltspunkte für die aufgestellte Behauptung angenommen.[102] Der Beweisführer muss sich daher etwa nicht dazu äußern, welche Anhaltspunkte er für die Richtigkeit der in das Wissen eines Zeugen gestellten Behauptung hat. Anders sieht der BGH das nur, wenn der Zeuge zu inneren Vorgängen bei einer anderen Person benannt wird.[103]

Für die einzelnen Beweismittel gilt Folgendes:

102 **aa) Zeugenbeweis.** Beim Zeugenbeweis hat der Beweisantritt durch Benennung des Zeugen mit ladungsfähiger Anschrift sowie durch die Bezeichnung der zu beweisenden Tatsachen zu erfolgen, § 373 ZPO. Als Zeugen kommen auch der Nebenintervenient und der Streitgenosse (soweit an diesem Teil des Verfahrens nicht beteiligt), niemals dagegen die Partei (dazu gehören auch Geschäftsführer und vertretungsberechtigte Gesellschafter einer Personen- oder Kapitalgesellschaft) in Betracht. Der Beweisantritt „Zeugnis N.N." ist nur dann ausreichend, wenn die Partei darlegt, warum es ihr (noch) nicht möglich war, Namen und Anschrift des Zeugen zu benennen. Fehlt es an einem solchen Vortrag, handelt es sich um einen Beweisantritt „ins Blaue hinein". Erfolgt dagegen eine Entschuldigung oder wird ein Name des Zeugen, nicht aber eine Anschrift, angegeben, oder ist eine Ladung unter der angegebenen Anschrift nicht zustellbar, oder ergeben sich aus dem Sachvortrag der Partei Hinweise auf die Identität des Zeugen[104], müssen Sie der beweisbelasteten Partei entweder vorterminlich gemäß § 273 II Nr. 1 ZPO oder im Beweisbeschluss gemäß § 356 ZPO unter Fristsetzung aufgeben, Namen und ladungsfähige Anschrift des Zeugen mitzuteilen.[105]

Beschluss

Es soll Beweis erhoben werden über die Behauptung des Klägers, in der streitgegenständlichen Mietwohnung seien bereits bei Übergabe am 1.3.2018 Schimmelflecken im Badezimmer vorhanden gewesen, durch Vernehmung des Zeugen Bernd Meyer.

V.

1. Termin zur mündlichen Verhandlung und Beweisaufnahme wird anberaumt auf Mittwoch, 27.5.2019, 10 Uhr, Saal B 013.
2. Partei-V. laden mit Beschl.-Ausf. gegen EB
3. Dem Kläger wird aufgegeben, bis zum 5.5.2019 die ladungsfähige Anschrift des von ihm im Ss. v. 20.3.2019 benannten Zeugen Bernd Meyer mitzuteilen.
4. WV 6.5.2019 (ladungsfähige Anschrift des Zeugen?)

[101] *BGH* NJW-RR 1996, 1212 (1213); eingehend dazu *Dölling*, Die Voraussetzungen der Beweiserhebung im Zivilprozess, NJW 2013, 3121.

[102] *BGH* NJW 1992, 1967 (1968); *BGH* NJW 1992, 3106.

[103] *BGH* NJW-RR 2015, 829 Rn. 14.

[104] *OLG Koblenz* NJW-RR 2015, 1275 Rn. 9 f.

[105] *Jäckel*, Das Beweisrecht der ZPO, 2. Aufl. 2014, Rn. 210; zum besonderen Problem von im Ausland lebenden Zeugen siehe *Dötsch*, Auslandszeugen im Zivilprozess, MDR 2011, 269.

bb) Urkundenbeweis. Der Beweisantritt beim Urkundenbeweis unterscheidet sich danach, wer die Urkunde in Besitz hat. 103

Bei einer Urkunde, die sich im Besitz des Beweisführers befindet, erfolgt der Beweisantritt gemäß § 420 ZPO durch Vorlegung der Urkunde im Original; die zumeist in den Anlagen enthaltenen Fotokopien sind kein Beweisantritt, sondern nur substantiierter Parteivortrag.

Befindet sich die Urkunde nach dem Vorbringen der beweisführenden Partei beim Prozessgegner, erfolgt der Beweisantritt durch den Antrag gemäß § 421 ZPO, dem Gegner die Vorlegung der Urkunde aufzugeben. Ihr Beschluss lautet in diesem Fall wie folgt: 104

> Dem Beklagten wird aufgegeben, binnen drei Wochen die … (genaue Bezeichnung der Urkunde) dem Gericht vorzulegen.

Befindet sich die Urkunde bei einem Dritten, so hat nach § 428 ZPO der Beweisantritt mit dem Antrag zu erfolgen, dem Beweisführer zur Herbeischaffung der Urkunde eine Frist zu bestimmen oder eine Anordnung nach § 142 ZPO zu erlassen. Der Dritte müsste für einen erfolgreichen Antrag nach § 429 ZPO zur Vorlegung der Urkunde verpflichtet sein, was er nur dann ist, wenn er es als Prozessgegner wäre. Der bei begründetem Antrag zu fassende Beschluss gemäß § 431 I ZPO lautet: 105

> **Beschluss**
>
> Dem Kläger wird zur Vorlage des sich in den Händen des … befindlichen Kaufvertrags vom … eine Frist von 4 Wochen gesetzt.
>
> V.
>
> 1. Beschl.-Ausf. an Partei-V. (EB)
> 2. WV 5 Wochen

Befindet sich die Urkunde nach der Behauptung des Beweisführers in den Händen einer Behörde, so hat er gemäß § 432 I ZPO auf Mitteilung (= Übersendung) der Urkunde an das Gericht anzutragen. Sehr häufig wird es Ihnen begegnen, dass eine Partei die urkundenbeweisliche Beiziehung einer Strafakte beantragt. Dies stellt streng genommen nur dann einen genügenden Beweisantritt dar, wenn die entscheidenden Stellen oder Blätter der Akte bezeichnet sind. Es ist nicht Ihre Aufgabe, die Strafakten im Wege der Amtsermittlung auf passende Aussagen zu durchsuchen. 106

cc) Sachverständigenbeweis. Beim Sachverständigenbeweis erfolgt der Beweisantritt gemäß § 403 ZPO „durch die Bezeichnung der zu begutachtenden Punkte". Es ist daher im Grunde überflüssig, dass die Parteien den Beweis durch die übliche Formel „Beweis: Einholung eines Sachverständigengutachtens" auch förmlich antreten, da Sie mangels ausreichender Sachkunde ohnehin auch ohne ausdrücklichen Antrag von Amts wegen ein Sachverständigengutachten einholen können (§ 144 I ZPO). Allerdings schadet der förmliche Beweisantritt durch die Parteien natürlich nicht. Sie können wegen eigenen Fachwissens nur dann von der Einholung eines Sachverständigengutachtens absehen, wenn Sie die Parteien zuvor auf diesen Umstand hingewiesen haben.[106] 107

[106] *BGH* NJW 2018, 2730 Rn. 16.

108 Ein in einem gerichtlichen Straf- oder Bußgeldverfahren bereits eingeholtes schriftliches Sachverständigengutachten, das den Anforderungen der ZPO genügt, kann im Zivilrechtsstreit (erneut) verwertet werden und eine ansonsten erforderliche neue Begutachtung ersetzen, § 411a ZPO. Sie sollten das Gutachten beiziehen und den Parteien – soweit diese es nicht bereits kennen – zuleiten mit dem Hinweis, dass Sie eine Verwertung nach § 411a ZPO beabsichtigen. Das Recht der Parteien zur Anhörung des Sachverständigen bleibt unberührt.

109 **dd) Inaugenscheinnahme.** Bei der Inaugenscheinnahme erfolgt der Beweisantritt durch die Bezeichnung des Gegenstands des Augenscheins und die Angabe der zu beweisenden Tatsache, § 371 ZPO. Insoweit gelten die Ausführungen zum Sachverständigenbeweis entsprechend.

110 **ee) Parteivernehmung.** Bei Anträgen auf Vernehmung einer Partei müssen Sie zunächst darauf achten, ob es der Partei nur um eine Parteianhörung gemäß § 141 ZPO oder wirklich um das Beweismittel der förmlichen Parteivernehmung geht. Bei der Parteianhörung handelt es sich um kein echtes Beweismittel, weshalb hierfür auch kein förmlicher Beweisantritt erforderlich ist. Geht es der Partei tatsächlich um das echte Beweismittel der Parteivernehmung, müssen Sie zwischen dem Antrag auf Vernehmung des Gegners und dem Antrag auf Vernehmung der beweispflichtigen Partei unterscheiden. Bei der Parteivernehmung des Gegners gemäß § 445 I ZPO erfolgt der Beweisantritt durch den Antrag der beweisführenden Partei, den Gegner als Partei über die zu beweisenden Tatsachen zu vernehmen. Bei der Vernehmung der beweispflichtigen Partei selbst ist zunächst ebenfalls ein Beweisantritt dieser Partei erforderlich. Beachten Sie aber, dass die Vernehmung nur mit dem Einverständnis des Gegners erfolgen kann, § 447 ZPO. Hieran wird es häufig fehlen. Selbst wenn ein Einverständnis des Gegners vorliegt, sind Sie nicht zur Durchführung der Parteivernehmung verpflichtet, denn die Beweiserhebung steht in Ihrem pflichtgemäßen Ermessen.[107] Allerdings sollten Sie sich zumeist dem übereinstimmenden Wunsch der Parteien nicht verschließen. Beachten Sie aber, dass die Parteivernehmung nur ein subsidiäres Beweismittel ist, d.h., dass sie nur zulässig ist, wenn der beweispflichtigen Partei kein anderes Beweismittel zur Verfügung steht oder eine bereits durchgeführte Beweisaufnahme noch nicht zu Ihrer vollen Überzeugung von der Wahrheit einer zu beweisenden Tatsache geführt hat.[108] In solchen Fällen kommt schließlich auch die Parteivernehmung von Amts wegen gemäß § 448 ZPO in Betracht.[109]

111 Neben der Parteivernehmung auf Antrag der beweisführenden Partei gibt es auch die Parteivernehmung von Amts wegen gemäß § 448 ZPO. Für diese kommt es nicht auf die Beweislast an, weshalb auch kein Beweisantritt erforderlich ist. Sie kommt jedoch nur in Betracht, wenn für die zu beweisende Tatsache eine gewisse Anfangswahrscheinlichkeit spricht, ohne dass bereits ein Vollbeweis erbracht wäre (sog. „Anbeweis“).[110] Daneben kommt aus Gründen der prozessualen Waffengleichheit eine Parteivernehmung von Amts wegen in Betracht, z.B. wenn bei einem entscheidungserheblichen Vier-Augen-Gespräch der Gegner einen Zeugen benennen kann, der be-

[107] Musielak/Voit/*Huber*, § 447 Rn. 2.

[108] Weiterführend *Greger*, Die Partei als Erkenntnis- und Beweismittel im Zivilprozess, MDR 2014, 313; *Ahrens*, Parteiaussage und Parteivernehmung bei Beweisnot?, MDR 2015, 185; *Eschelbach/Geipel*, Parteianhörung – Die Verwertung im Rahmen der Beweiswürdigung, MDR 2012, 198.

[109] Dazu siehe sogleich Rn. 111.

[110] *BGH* (III ZR 296/15) BeckRS 2017, 121446 Rn. 14 m.w.N.

weispflichtigen Partei dagegen kein anderes Beweismittel als die Parteivernehmung zur Verfügung steht. Dieser aus Art. 6 I EMRK abgeleitete Grundsatz führt in der vorgenannten Konstellation dazu, dass die Parteivernehmung nicht von einer überwiegenden Wahrscheinlichkeit abhängig gemacht werden darf.[111] Ziehen Sie eine Parteivernehmung von Amts wegen in Betracht, sollten Sie regelmäßig beide Seiten vernehmen.

c) Zurücknahme von Beweisanträgen

Grundsätzlich kann ein Beweisantrag bis zur Durchführung der Beweisaufnahme ohne Zustimmung des Gegners wieder zurückgenommen werden (Verzicht auf das Beweismittel). Eine konkludente Rücknahme können Sie aber nur bei eindeutigen Anhaltspunkten annehmen.[112] Etwas anderes gilt etwa beim Zeugenbeweis, wenn der Zeuge bereits zur Vernehmung im Termin erschienen ist. Dann kann der Gegner verlangen, dass der Zeuge gehört wird, § 399 ZPO. 112

3. Ablehnung der Beweiserhebung

a) Ablehnungsgründe

Grundsätzlich sind Sie verpflichtet, entscheidungserhebliche Beweisantritte zu beachten und den Beweis zu erheben. Das unberechtigte Übergehen eines erheblichen und zulässigen Beweisantritts stellt eine Verletzung rechtlichen Gehörs[113] und zugleich einen Verfahrensfehler dar, der Berufung (§ 538 II Nr. 1 ZPO) und Revision rechtfertigen kann. Eine vorweggenommene Beweiswürdigung ist unzulässig.[114] 113

Davon abgesehen, bestehen folgende Ablehnungsgründe, die Sie im Einzelfall sorgfältig prüfen müssen[115]:

- fehlende Entscheidungserheblichkeit;
- fehlende Beweisbedürftigkeit;
- Ungeeignetheit des Beweismittels;
- Unzulässigkeit der Beweiserhebung;
- Unerreichbarkeit des Beweismittels auf unabsehbare Zeit[116];
- Bewiesensein der Behauptung aufgrund anderer Beweismittel (zulässig bleibt aber der Gegenbeweis);
- wenn Sie eine Tatsachenbehauptung als wahr unterstellen können[117];
- eigene Sachkunde des Gerichts bei angetretenem Sachverständigenbeweis;
- Präklusion des Beweisantritts;
- gerichtliches Ermessen im Rahmen von § 287 ZPO ermöglicht die Ablehnung eines angebotenen Beweises.

---

[111] *BVerfG* NJW 2001, 2531 (2532); *BGH* NJW-RR 2006, 61 (63).

[112] *BGH* NJW 2018, 1171 Rn. 17.

[113] BVerfGE 60, 247 (249); BVerfGE 60, 250 (252); *BVerfG* NJW 1991, 285 (286).

[114] *BGH* NJW-RR 2017, 22 Rn. 28.

[115] Zu den Einzelheiten vgl. Zöller/*Greger*, Vor § 284 Rn. 9 ff.

[116] Seien Sie aber vorsichtig mit der vorschnellen Annahme der Unerreichbarkeit eines Zeugen: Nach der Rechtsprechung des BGH ist die Ablehnung eines Beweisantrags wegen Unerreichbarkeit des Zeugen nur dann gerechtfertigt, wenn das Gericht unter Beachtung seiner Aufklärungspflicht alle der Bedeutung des Beweismittels entsprechende Bemühungen vergeblich entfaltet hat und keine Aussicht besteht, das Beweismittel in absehbarer Zeit zu beschaffen, vgl. *BGH* NJW-RR 2015, 1151 Rn. 12.

[117] Zur Wahrunterstellung siehe näher oben Rn. 96.

b) Verfahren

114 Wollen Sie einen von der beweispflichtigen Partei angebotenen Beweis nicht erheben, müssen Sie ein besonderes Verfahren, etwa den Erlass eines Ablehnungsbeschlusses, nicht beachten. Anders als die StPO enthält die ZPO keine ausdrückliche Regelung der Voraussetzungen und des Verfahrens für die Ablehnung von Beweisanträgen. Die Ablehnung liegt schon darin, dass Sie einen bestimmten Beweis nicht erheben. Sie müssen sich auch nicht in den Urteilsgründen zu jedem einzelnen Beweisantritt äußern, dem Sie nicht nachgegangen sind. Meist wird sich dies aus dem Kontext der Entscheidungsgründe ergeben (z.B. bei mangelnder Entscheidungserheblichkeit). Gehen Sie aber bspw. von der Unzulässigkeit eines Beweismittels aus, sollten Sie dies im Urteil begründen, um der Partei zu zeigen, dass Sie ihren Beweisantritt nicht übersehen haben. Dadurch können Sie unnötige Verfahrensrügen vermeiden.

Bitte beachten Sie: Die Vernehmung präsenter Zeugen darf nach § 296 ZPO nicht allein wegen „fortgeschrittener Zeit" abgelehnt werden.[118]

4. Beweisbeschluss und formlose Beweisanordnung

a) Beweisbeschluss

115 **aa) Notwendigkeit eines Beweisbeschlusses.** Wenn Sie zu dem Ergebnis gelangt sind, dass die Behauptung einer Partei erheblich und beweisbedürftig ist und die Partei in zulässiger Weise Beweis angetreten hat, müssen Sie über die entsprechende Tatsache Beweis erheben. Nicht immer ist dazu ein Beweisbeschluss erforderlich. Das ist nur dann der Fall, wenn eine Parteivernehmung durchgeführt werden soll, § 450 ZPO, wenn eine Urkundenvorlage nach § 425 ZPO angeordnet wird, wenn eine Beweisaufnahme vor einem Verhandlungstermin erfolgen soll, § 358a ZPO, oder wenn die Beweisaufnahme ein besonderes Verfahren erfordert, §§ 358, 284 ZPO. Ein besonderes Verfahren wäre z.B. eine Beweisaufnahme durch ein anderes Gericht im Wege der Rechtshilfe, § 362 ZPO, oder eine schriftliche Begutachtung durch einen Sachverständigen, § 411 ZPO.[119] In allen anderen Fällen reicht eine formlose Beweisanordnung. Insbesondere für den in der Praxis überwiegenden Zeugenbeweis genügt demnach eine formlose prozessleitende Verfügung, denn die Notwendigkeit, dass hierfür ein neuer Termin bestimmt werden muss, begründet kein „besonderes Verfahren" im Sinne von § 358 ZPO.[120] Da Letzteres streitig ist, empfiehlt es sich, zur Sicherheit einen Beweisbeschluss zu erlassen, wenn Sie einen Zeugen in einem gesonderten Beweisaufnahmetermin vernehmen wollen.

116 **bb) Inhalt eines Beweisbeschlusses.** Der Inhalt eines Beweisbeschlusses ergibt sich aus § 359 ZPO. Er könnte wie folgt aussehen:

> **Beschluss**
>
> Es soll Beweis erhoben werden über die Behauptung des Klägers, der Mitarbeiter der Beklagten Rainer Schulze habe den streitgegenständlichen Schiffsfonds im Beratungsgespräch vom 27.11.2018 als eine 100% sichere Anlage bezeichnet, durch Vernehmung der Zeugen:
>
> a) Annemarie Meyer, zu laden über den Kläger,
>
> b) Rainer Schulze, zu laden über die Beklagte.

[118] *OLG Koblenz* (5U 781/15) BeckRS 2016, 11766 Rn. 18.

[119] Weitere Beispiele bei Musielak/Voit/*Stadler*, § 358 Rn. 2.

[120] Streitig; wie hier: Zöller/*Greger*, § 358 Rn. 2 m.w.N.; Musielak/Voit/*Stadler*, § 358 Rn. 2.

cc) Vorterminlicher Beweisbeschluss. § 358a ZPO eröffnet Ihnen die Möglichkeit, zum Zwecke der Verfahrensbeschleunigung einen Beweisbeschluss mit dem Inhalt des § 359 ZPO auch schon vor der ersten mündlichen Verhandlung zu erlassen. Gleichwohl sollten Sie von dieser Norm nur beschränkt Gebrauch machen. Häufig wird sich nämlich die Beweisbedürftigkeit erst in oder nach einer mündlichen Verhandlung, insbesondere nach Anhörung der Parteien, ergeben. Zudem können Sie nur die in § 358a S. 2 ZPO aufgeführten Beweiserhebungen durchführen. Eine Zeugenvernehmung ist danach etwa nur vor dem beauftragten oder ersuchten Richter möglich. Schließlich ist zu berücksichtigen, dass bereits die Kosten der Beweisaufnahme entstehen, ohne dass eine Güteverhandlung durchgeführt wurde, die möglicherweise zu einem Vergleich führt. 117

b) Formlose Beweisanordnung

Ist ein Beweisbeschluss nach §§ 358, 359 ZPO nicht erforderlich, können Sie die Beweiserhebung durch formlose Verfügung anordnen. Das kommt etwa in Betracht, wenn Sie im Rahmen der Terminsvorbereitung erkennen, dass es auf die Aussage eines Zeugen zu einem bestimmten Beweisthema ankommt. Sie sollten den Zeugen dann vorbereitend gemäß § 273 ZPO laden. 118

V.

1. Termin zur mündlichen Verhandlung wird bestimmt auf Mittwoch, 5.8.2019, 10.00 Uhr, Saal 227.
2. Der von dem Kläger benannte Zeuge Hans Schneider soll zu dem Termin hinzugeladen werden. Voraussichtliches Beweisthema: Hergang des Sturzes des Klägers am 28.1.2019 in der Gaststätte „Zur goldenen Gans“.[121]

5. Ladung zum Beweisaufnahmetermin

Kommen Sie zu dem Ergebnis, dass eine Beweisaufnahme erforderlich ist, werden Sie einen Termin zur Beweisaufnahme anberaumen. In den meisten Fällen wird dies ein Termin zur Einvernahme von Zeugen sein. Um zu verhindern, dass die Zeugen unnötig lange auf dem Gerichtsflur warten müssen, empfiehlt sich eine zeitlich gestaffelte Ladung. Denken Sie bei der Zeugenladung auch daran, die beweisbelastete Partei einen Vorschuss für die Auslagen der Zeugen (insbesondere Fahrtkosten und Entschädigung für einen Dienstausfall) zahlen zu lassen. Gemäß § 379 ZPO steht Ihnen insoweit zwar Ermessen zu, die Anforderung eines Vorschusses ist aber unbedingt sinnvoll, da andernfalls die Staatskasse das Risiko trägt, dass diese Kosten von der unterlegenen Partei nicht erlangt werden können. Wählen Sie die Höhe des Vorschusses so, dass er die voraussichtlichen Auslagen des Zeugen abdeckt.[122] Alternativ zum Vorschuss können Sie die beweisführende Partei auffordern, eine Auslagenverzichtserklärung des oder der Zeugen vorzulegen. Beachten Sie, dass die Vorschusspflicht nicht besteht, wenn einer Partei Prozesskostenhilfe bewilligt wurde (§ 122 II ZPO). Auch hat der BGH in jüngerer Zeit entschieden, dass eine Frist von nur zwei Wochen 119

[121] Da es sich nicht um einen förmlichen Beweisbeschluss handelt, reicht die Angabe des ungefähren Beweisthemas, die Wiedergabe der konkreten Behauptung des Klägers ist nicht erforderlich.

[122] Ein berufstätiger Zeuge erhält für seinen Verdienstausfall pro Stunde versäumter Arbeitszeit bis zu € 21, der im Haushalt tätige Zeuge € 14 je Stunde (§§ 21–22 JVEG). Die Fahrtkosten schwanken je nach Wohnort und voraussichtlichem Reisemittel des Zeugen.

zur Einzahlung eines Auslagenvorschusses i.H.v. € 1.500 (allerdings für einen Sachverständigen) unverhältnismäßig kurz und damit unwirksam ist, so dass keine Präklusion gemäß § 296 II ZPO gegeben ist.[123]

120 Ihre Ladungsverfügung könnte wie folgt aussehen:

> V.
>
> 1. Termin zur mündlichen Verhandlung und Beweisaufnahme wird anberaumt auf Mittwoch, 5.8.2019, 10.00 Uhr, Saal 227.
> 2. Zu diesem Termin wird das persönliche Erscheinen der Parteien angeordnet.
> 3. Laden:
>   a) Partei-V. mit EB
>   b) Zeugen mit ZU:
>   – Annemarie Meyer, zu laden über den Kläger: 10.00 Uhr
>   – Rainer Schulze, zu laden über die Beklagte: 10.30 Uhr
> 4. Dem Kläger wird aufgegeben, einen Auslagenvorschuss von € 300 (€ 150 für jeden Zeugen) binnen drei Wochen bei der Gerichtskasse einzuzahlen oder Auslagenverzichtserklärungen der Zeugen beizubringen. Die Zeugen werden sofort geladen, jedoch wieder abgeladen, wenn nicht binnen drei Wochen der Vorschuss oder Auslagenverzichtserklärungen eingehen.
> 5. WV z.T.

121 Alternativ zur sofortigen Ladung der Zeugen können Sie wie folgt verfügen:

> 4. Die Ladung des Zeugen wird davon abhängig gemacht, dass der Kläger binnen drei Wochen einen Auslagenvorschuss von € 300 (€ 150 für jeden Zeugen) bei der Gerichtskasse einzahlt oder eine Auslagenverzichtserklärung der Zeugen vorlegt.
> 5. WV 4 Wochen (Vorschuss da?)

122 Wenn die Ladung den Zeugen nicht zugestellt werden kann, müssen Sie zunächst der beweisbelasteten Partei Gelegenheit geben, eine ladungsfähige Anschrift zu ermitteln und dem Gericht mitzuteilen. Anders als im Strafprozess dürfen Sie hier nicht von Amts wegen tätig werden. Wollen Sie die beweisführende Partei für den Fall, dass sie eine ladungsfähige Anschrift nicht benennen kann, mit dem Beweismittel ausschließen, müssen Sie im Beschlusswege nach § 356 ZPO vorgehen. Danach ist das Gericht berechtigt, von einer Beweiserhebung abzusehen, wenn es zur Behebung des Hindernisses fruchtlos eine Frist gesetzt hat und nach seiner freien Überzeugung die später mögliche Berücksichtigung des Beweismittels das Verfahren verzögern würde. Der Beschluss muss förmlich zugestellt werden, um die Frist wirksam in Gang zu setzen.

> **Beschluss**
>
> Dem Kläger wird aufgegeben, binnen zwei Wochen eine ladungsfähige Anschrift des Zeugen Rainer Schulze mitzuteilen.
>
> V.
>
> 1. Beschl.-Ausf. an KlV gegen EB
> 2. WV 3 Wochen (ladungsfähige Anschrift?)

[123] *BGH* (VIII ZR 97/15) BeckRS 2016, 10411 Rn. 11 ff.

III. Durchführung der Beweisaufnahme

1. Allgemeines zur Beweisaufnahme

An die Anordnung der Beweiserhebung schließt sich das Beweisaufnahmeverfahren an. Dies können Sie nicht nach Belieben frei gestalten, Sie sind vielmehr an die Vorgaben der §§ 355–484 ZPO gebunden. 123

a) Grundsatz der Unmittelbarkeit und Grundsatz der Parteiöffentlichkeit

Sie müssen bei allen Maßnahmen, die Sie im Rahmen der Beweisaufnahme treffen, stets im Hinterkopf haben, dass die Grundsätze der Unmittelbarkeit der Beweisaufnahme (§ 355 ZPO) und der Parteiöffentlichkeit (§ 357 ZPO) gelten. 124

Der Grundsatz der Unmittelbarkeit der Beweisaufnahme bedeutet, dass das Gericht einen unmittelbaren Eindruck von den Beweismitteln erlangen soll, z.B. hinsichtlich der Glaubwürdigkeit eines Zeugen. Gerade wenn Sie ein Dezernat neu übernehmen, kann es passieren, dass Sie eine unerledigte Akte vorfinden, in der Ihr Vorgänger bereits Zeugen vernommen hat. Kommt es auf deren Glaubwürdigkeit an, müssen Sie sich und den anderen Verfahrensbeteiligten die Mühe machen und diese Zeugen noch einmal hören. Nur Sie und nicht Ihr Vorgänger ist schließlich zur Entscheidung berufen. Allerdings unterliegt der Unmittelbarkeitsgrundsatz der Disposition der Parteien[124], d.h. eine Verfahrensrüge gemäß § 295 I ZPO kommt nach einem zumindest stillschweigenden Einverständnis beider Parteien nicht in Betracht.[125] 125

Verhandlung und Beweisaufnahme sind grundsätzlich allgemein-öffentlich. Der Grundsatz der Parteiöffentlichkeit gemäß § 357 ZPO bedeutet, dass den Parteien auch bei fehlender allgemeiner Öffentlichkeit, z.B. in den Fällen der §§ 170–172 GVG, bei der Beweisaufnahme vor dem beauftragten oder ersuchten Richter etc. ein Recht auf Anwesenheit zusteht. Grund hierfür ist die Ermöglichung des Fragerechts der Parteien (§ 397 ZPO). Natürlich gibt es auch Durchbrechungen des Grundsatzes der Parteiöffentlichkeit.[126] Erscheint eine Partei oder erscheinen beide Parteien in dem Termin zur Beweisaufnahme nicht, ist diese gemäß § 367 ZPO gleichwohl durchzuführen. Im Zuge sitzungspolizeilicher Entfernung gemäß § 177 GVG können Sie eine Partei von der Beweisaufnahme ausschließen. Schließlich kann es sich etwa im Fall von Lärmbeeinträchtigungen aufgrund der Grundsätze des fairen Verfahrens und der Waffengleichheit anbieten, den mutmaßlichen Verursacher nicht vorab über Messungen eines gerichtlichen Sachverständigen zu informieren. Allerdings ist in einem solchen Fall anschließend rechtliches Gehör zu gewähren.[127] 126

b) Ablauf des Beweisaufnahmetermins und anschließende Erörterung

Für alle Beweismittel gemeinsam gilt, dass das Ergebnis der Beweisaufnahme durch anschließende Verhandlung mit den Parteien nach §§ 279 III, 285 ZPO zum Bestandteil der mündlichen Verhandlung zu machen ist. Sie können wie folgt protokollieren: 127

---

[124] Musielak/Voit/*Stadler*, § 355 Rn. 12.

[125] *BGH* (VIII ZR 87/15) BeckRS 2016, 6679 Rn. 13 betreffend die Verwertung des Protokolls über den in einem anderen Verfahren eingenommenen Augenschein.

[126] Siehe zu weiteren Beispielen Musielak/Voit/*Stadler*, § 357 Rn. 4.

[127] *OLG Hamm* (24 U 31/14) BeckRS 2015, 1014 Rn. 4.

Die Parteien verhandeln streitig zum Ergebnis der Beweisaufnahme unter Wiederholung ihrer bereits eingangs gestellten Anträge.

oder:

Das Beweisergebnis wurde mit den Parteien erörtert. Sie erhielten Gelegenheit hierüber unter Darlegung des Streitverhältnisses zu verhandeln.[128]

Beachten Sie, dass das Unterbleiben dieser sog. Schlusserörterung einen erheblichen Verfahrensfehler und eine Verletzung rechtlichen Gehörs (Art. 103 I GG) darstellt.[129] Nutzen Sie die Möglichkeiten, die Ihnen die Abschlusserörterung bietet, und versuchen Sie noch einmal, auf eine gütliche Einigung (oder eine Klagerücknahme oder ein Anerkenntnis) hinzuwirken. Häufig haben diese Bemühungen gute Chancen, wenn Sie – soweit unmittelbar im Anschluss an die Beweisaufnahme möglich – den Parteien Ihre Einschätzung des Ergebnisses mitteilen. Die Parteien werden zumeist dankbar sein, wenn sie eine eindeutige Einschätzung von Ihnen erhalten, auch wenn es vielleicht nicht das gewünschte Ergebnis ist. Allerdings hat der BGH in einer neueren Grundsatzentscheidung darauf hingewiesen, dass aus § 279 III ZPO keine Pflicht des Gerichts folgt, eine vorläufige Beweiswürdigung vorzunehmen, um den Parteien damit Gelegenheit zu geben, weitere Beweismittel anzubieten.[130] Etwas anderes gilt nur, wenn diese Mitteilung zur Vermeidung einer nach Art. 103 I GG unzulässigen Überraschungsentscheidung erforderlich ist.[131] Im Anschluss an eine komplexe Beweisaufnahme oder die umfangreiche Erörterung eines Sachverständigengutachtens sollten Sie den Parteien zudem die Gelegenheit zu einer schriftlichen Stellungnahme gewähren. Dies wird aus Art. 103 I GG und einer Analogie zu § 283 ZPO hergeleitet.[132]

2. Die einzelnen Beweismittel

a) Beweis durch Augenschein, insbesondere Ortstermin

128 Augenschein ist jede unmittelbare sinnliche Wahrnehmung, die Sie als Richter zu Beweiszwecken haben. Der wichtigste Fall dürfte die Inaugenscheinnahme von Örtlichkeiten, z.B. zur Aufklärung von Nachbarstreitigkeiten, Unfallhergängen und Baumängeln, im Rahmen eines Ortstermins sein. Häufiger Fall einer Inaugenscheinnahme im Gerichtssaal ist die Überprüfung einer Urkunde auf ihre Unterschrift.

Der Ortstermin unterscheidet sich von einer „normalen" Beweisaufnahme letztlich nur dadurch, dass er nicht im Sitzungssaal durchgeführt wird. Denken Sie daran, Ihr Diktiergerät mitzunehmen. Die Robe brauchen Sie nicht. Versuchen Sie, das, was Sie sehen, möglichst genau im Protokoll zu beschreiben.

[128] *Greger*, Zwischen Beweisaufnahme und Beweiswürdigung – (k)ein prozessuales Niemandsland, MDR 2016, 1057 (1060).

[129] *BGH* NJW 1990, 121 (122); allerdings muss in einer auf einen Verstoß gegen § 285 I ZPO gestützten Rechtsmittelbegründung vorgetragen werden, was die Partei im Rahmen einer Erörterung der Beweisaufnahme vorgetragen hätte und dass nicht auszuschließen ist, dass dieser Vortrag zu einer anderen Beweiswürdigung geführt hätte, vgl. *BGH* NJW 2016, 2890 Rn. 11.

[130] *BGH* NJW 2016, 3100 Rn. 33; eingehend hierzu *Greger*, Zwischen Beweisaufnahme und Beweiswürdigung – (k)ein prozessuales Niemandsland, MDR 2016, 1057 ff.

[131] *BGH* NJW 2016, 3100 Rn. 32.

[132] Musielak/Voit/*Stadler*, § 283 Rn. 2; *Jäckel*, Aktuelle Entwicklungen im zivilprozessualen Beweisrecht, MDR 2018, 1037 (1039).

b) Zeugenbeweis

aa) Der Umgang mit den Zeugen. Eigentlich eine Selbstverständlichkeit, aber doch eine Erwähnung wert: Behandeln Sie die Zeugen mit Respekt. Beachten Sie, dass viele Zeugen das erste Mal in ihrem Leben vor Gericht erscheinen und durch die ungewohnte Situation der mündlichen Verhandlung eingeschüchtert oder verunsichert sind. Helfen Sie den Zeugen. Das beginnt bereits beim Aufruf des Zeugen. Begrüßen Sie ihn freundlich. Sie können bspw. einen von weit angereisten Zeugen fragen, ob er eine gute Anreise hatte. Zeigen Sie dem Zeugen seinen Sitzplatz und erläutern Sie ihm kurz, was jetzt geschehen wird. Vergessen Sie nicht, dass es zwar eine staatsbürgerliche Pflicht, aber kein Vergnügen ist, als Zeuge vor Gericht auszusagen. Dass Zeugen verärgert sind, wenn Sie von weit her anreisen, dann lange auf dem kalten Gerichtsflur warten müssen, um schließlich von mürrischen Juristen unfreundlich vernommen zu werden, kann man verstehen. Sagen Sie daher wartenden Zeugen nach Möglichkeit, wie lange es noch dauern wird, damit diese die Wartezeit bspw. in der Gerichtskantine bei einem Kaffee überbrücken können. Sie sollten nach Möglichkeit die Wartezeit durch eine gestaffelte Ladung der Zeugen vermeiden.[133] **129**

bb) Die Vernehmung des Zeugen.

(1) Beweisbeschluss. Beginnen Sie die Vernehmung eines Zeugen mit der Bezugnahme auf den Beweisbeschluss oder dem Erlass eines solchen. **130**

> b.u.v.
>
> Es soll Beweis erhoben werden gemäß Beweisbeschluss vom …
>
> b.u.v.
>
> Es soll Beweis erhoben werden über die Behauptung des Beklagten, der Kläger habe …, durch Vernehmung des Zeugen Schneider.

(2) Dolmetscher. Haben Sie einen Dolmetscher geladen, müssen Sie dessen Anwesenheit zu Beginn der Sitzung ins Protokoll aufnehmen. Für das weitere Vorgehen wird auf die Darstellung im Rahmen zur mündlichen Verhandlung verwiesen.[134] **131**

(3) Aufruf des Zeugen. Bitten Sie den Zeugen in den Saal. Begrüßen Sie ihn und bedanken sich, dass er sich die Zeit nimmt, bei der Entscheidung des Rechtsstreits zu helfen. (Das kann er sich zwar nicht aussuchen, der Dank wird ihn trotzdem freuen.) Sollte er gewartet haben, bitten Sie ihn um Entschuldigung und Verständnis. **132**

Erscheint ein Zeuge trotz ordnungsgemäßer Ladung nicht, müssen Sie einen neuen Termin anberaumen. Dabei empfiehlt es sich, den Zeugen mit Zustellungsurkunde zu laden. Kann der Zeuge spätestens in diesem Termin sein Ausbleiben nicht genügend entschuldigen, erlegen Sie ihm durch Beschluss die Kosten des Termins und ein Ordnungsgeld auf (§§ 380, 381 ZPO). Stellt sich später, z.B. wegen Erledigung der Hauptsache oder eines Vergleichs, heraus, dass es der Vernehmung des Zeugen nicht mehr bedarf, sollten Sie den Ordnungsgeldbeschluss wieder aufheben.[135]

Erklären Sie dem Zeugen das weitere Procedere, vor allem, dass Sie alles, was er sagt, später diktieren werden und er sofort einhaken soll, wenn etwas nicht richtig aufgenommen wird, da andernfalls alles noch einmal vorgespielt werden müsste.

---

[133] Dazu Rn. 119.

[134] § 8 Rn. 10, 25, 27.

[135] *OLG Hamm* NJW-RR 2013, 384; a.A. unter Hinweis auf den repressiven Charakter und die Präventivwirkung des Ordnungsmittels *OLG Celle* (8 W 15/16) BeckRS 2016, 4631 Rn. 11; kritisch dazu *Büßer*, MDR 2016, 695.

133 (4) **Hinweis auf Wahrheitspflicht und allgemeine Belehrung.** Am Anfang der Vernehmung steht die Belehrung des Zeugen über seine Rechte und Pflichten. Hierzu gehört gemäß § 395 ZPO in erster Linie die Belehrung des Zeugen über seine Wahrheitspflicht und über die Folgen einer Falschaussage. Erklären Sie, dass das Gesetz eine solche Belehrung vorsieht, diese also kein Zeichen von Misstrauen ist. Erklären Sie, dass die Unwahrheit auch der sagt, der etwas weglässt oder hinzufügt. Ermuntern Sie den Zeugen, es einfach zu sagen, wenn er sich nicht erinnert. Belehren Sie über die Folgen einer Falschaussage, insbesondere die angedrohte Freiheitsstrafe für einen Meineid.

134 Wollen Sie mehrere Zeugen hören, können Sie diese alle in den Saal bitten und gemeinsam belehren. Nach unserer Erfahrung empfiehlt es sich aber, die Zeugen einzeln zu belehren, da sich andernfalls der einzelne Zeuge nicht angesprochen fühlen könnte.

> Es erscheint der Zeuge Herr Schneider.
>
> Der Zeuge wird auf seine Wahrheitspflicht hingewiesen und über die Folgen einer Falschaussage belehrt.

135 (5) **Angaben zur Person.** Bitten Sie den Zeugen nun um Angaben zur Person.

> Zur Person erklärt der Zeuge: Ich heiße Paul Schneider, bin 56 Jahre alt, wohne in Hamburg, bin von Beruf Maler und mit den Parteien nicht verwandt und verschwägert.

136 (6) **Belehrung über ein Zeugnisverweigerungsrecht.** Stellt sich bei der Vernehmung des Zeugen zur Person heraus, dass der Zeuge ein Zeugnisverweigerungsrecht aus persönlichen Gründen nach § 383 I Nr. 1–3 ZPO hat, müssen Sie ihn hierüber belehren (§ 383 II ZPO) und fragen, ob er aussagen will.

> Zur Person erklärt der Zeuge: Ich heiße Paul Schneider, bin 56 Jahre alt, wohne in Hamburg, bin von Beruf Maler. Ich bin der Bruder des Beklagten.
>
> Der Zeuge wird über sein Zeugnisverweigerungsrecht belehrt. Er erklärt: Ich möchte aussagen.

137 (7) **Aussage zur Sache.** Zur Sache soll der Zeuge zunächst im Zusammenhang aussagen, soweit das möglich ist (§ 396 I ZPO). Machen Sie sich Notizen. Insbesondere bei umfangreichen Schilderungen empfiehlt es sich, abschnittsweise zu diktieren. Selbstverständlich werden Sie die Aussage nicht im Wortlaut wiedergeben können. Versuchen Sie aber, nicht zu „technisch" zu werden.

> Zur Sache erklärt der Zeuge: (…).

138 In aller Regel werden nach den zusammenhängenden Ausführungen des Zeugen Fragen offenbleiben oder Widersprüche aufzuklären sein. Zunächst ist es Ihre Aufgabe, den Zeugen zu befragen. Dulden Sie keine Störung Ihrer Vernehmung, dies könnte nicht nur Ihren, sondern auch den Gedankengang des Zeugen beeinträchtigen. Achten Sie darauf, dass der Zeuge die Fragen sprachlich und intellektuell versteht, das

gilt insbesondere für die Vernehmung von Kindern. Vermeiden Sie Suggestivfragen. Behandeln Sie den Zeugen freundlich und mit Respekt. So lässt sich die Wahrheit am besten herausfinden. Dabei reicht es nicht aus, den Zeugen nur zum Kerngeschehen des Beweisthemas zu vernehmen. Vielmehr müssen Sie zur Feststellung der Plausibilität einer Aussage das Randgeschehen mit einbeziehen, um eine unrichtige, auswendig gelernte von einer wahrheitsgemäßen Aussage unterscheiden zu können.

Eine besondere Herausforderung – gerade am Anfang Ihrer Berufstätigkeit – besteht darin, die Aussage des Zeugen noch während seiner Vernehmung zu protokollieren, d.h. zu diktieren. Versuchen Sie, die Angaben des Zeugen möglichst wörtlich und in direkter Rede („Ich-Form") zu protokollieren. Das Protokoll soll authentisch sein und den Verlauf der Vernehmung – mit allen Schwierigkeiten und Hindernissen – dokumentieren. Das gilt insbesondere, wenn der Zeuge sich korrigiert, da auch die Korrektur der Bewertung durch das Gericht unterliegt. Vermeiden Sie es nach Möglichkeit, noch während der Vernehmung zu prüfen, was eine bestimmte Aussage des Zeugen für das Beweisergebnis bedeutet. Das wird Ihnen wegen der vielfältigen Anforderungen (Durchführung der Vernehmung, Protokollierung) ohnehin kaum gelingen und stört nur eine stringente Vernehmung.

Nachdem Sie den Zeugen aus Ihrer Sicht erschöpfend zur Sache befragt haben, **139**
müssen sie den Rechtsanwälten und Parteien Gelegenheit zur Befragung des Zeugen geben (§ 397 II ZPO). Üblicherweise beginnt dabei die Partei, die den Zeugen benannt hat.

Es kann vorkommen, dass ein Rechtsanwalt einen Zeugen scharf angeht oder eine Frage wiederholt stellt. Hier ist von Ihnen viel Fingerspitzengefühl gefragt. Einerseits haben Sie dem Zeugen gegenüber durchaus eine Schutzpflicht, und möglicherweise drängt bereits der nächste Verhandlungstermin. Andererseits sollten Sie auch Verständnis für die Rolle des fragenden Anwalts haben. Häufig ist die mündliche Verhandlung und insbesondere die Befragung eines Zeugen die einzige Gelegenheit für einen Anwalt im Zivilprozess, seinen Mandanten von seinen Fähigkeiten zu überzeugen. Beachten Sie, dass der Anwalt nicht nur die prozessualen Rechte seines Mandanten wahrnimmt, sondern es zudem für das Klima einer Verhandlung sehr abträglich ist, wenn sie ihm ins Wort fallen. Seien Sie daher innerhalb der gebotenen Grenzen großzügig.[136]

> Auf Nachfrage des Gerichts/Klägervertreters/Beklagtenvertreters ergänzt der Zeuge: (...).

Halten Sie eine Frage für unzulässig, weil sie bspw. nicht zum Beweisthema gehört, müssen Sie sie zurückweisen. Der Fragesteller kann sodann hierüber eine förmliche Entscheidung beantragen (§ 397 III ZPO).

> Das Gericht hält die Frage, warum der Zeuge die streitgegenständliche Beteiligung für sicher gehalten habe, für unzulässig.
>
> Der Klägervertreter beantragt hierzu eine Entscheidung des Gerichts.
>
> b.u.v.
>
> Die Frage des Klägervertreters an den Zeugen ..., warum der Zeuge die streitgegenständliche Beteiligung für sicher gehalten habe, wird nicht zugelassen.

[136] Zum Umgang mit Konfliktsituationen § 8 Rn. 21.

140 (8) **Beeidigung.** Hat keiner mehr eine Frage, fragen Sie, ob auf die Beeidigung des Zeugen verzichtet wird. Regelmäßig wird das der Fall sein.

> Weitere Fragen werden an den Zeugen nicht gerichtet. Auf die Beeidigung des Zeugen wird verzichtet.

Beantragt eine Seite die Beeidigung, nehmen Sie diesen Antrag auf.

> Der Klägervertreter beantragt, den Zeugen zu beeidigen.

Entscheiden Sie über den Antrag nach Maßgabe des § 391 ZPO.

> b.u.v.
> Der Antrag des Klägervertreters auf Beeidigung des Zeugen wird abgelehnt, weil das Gericht die Beeidigung mit Rücksicht auf die Bedeutung der Aussage (oder zur Herbeiführung einer wahrheitsgemäßen Aussage) nicht für geboten erachtet.

oder:

> Der Zeuge soll beeidigt werden.

Weisen Sie den Zeugen noch einmal auf die Bedeutung des Eides und die Folgen eines Meineids hin und erklären Sie ihm, dass er den Eid mit religiöser oder ohne religiöse Beteuerungsformel leisten kann. Bitten Sie alle Anwesenden, aufzustehen. Bitten Sie den Zeugen, die rechte Hand zu heben, fragen Sie ihn: „Sie schwören (bei Gott dem Allmächtigen und Allwissenden), dass Sie nach bestem Wissen die reine Wahrheit gesagt und nichts verschwiegen haben?" Der Zeuge soll hierauf antworten: „Ich schwöre es (so wahr mir Gott helfe)." Die Vorschriften über die Beeidigung finden Sie im Übrigen in den §§ 478 ff. ZPO, die Eidesnorm in § 392 ZPO.

Nehmen Sie den Eid zu Protokoll.

> Der Zeuge wird vor dem Protokoll beeidigt.

141 (9) **Ende der Vernehmung.** Fragen Sie den Zeugen, ob Sie alles richtig aufgenommen haben. Bedanken Sie sich nochmals für sein Kommen. Erklären Sie ihm, wo er seine Zeugenentschädigung abholen kann, falls er keinen schriftlichen Antrag stellen will. Zeichnen Sie ggf. sein Formular ab. Nehmen Sie zur Sicherheit ins Protokoll, wie lange der Zeuge zur Verfügung stand, damit es bei der Abrechnung gar nicht erst zu Schwierigkeiten kommt.

> Die Aussage wurde laut diktiert und vom Zeugen genehmigt. Auf abermaliges Vorspielen wird verzichtet. Der Zeuge wird um 10.00 Uhr mit Dank entlassen.

c) Beweis durch Sachverständige

Der Sachverständige vermittelt Ihnen das zur Beurteilung des Sachverhalts erforderliche Spezialwissen, z.B. im gesamten technischen Bereich.[137] Dagegen darf der Sachverständige keine Tatsachen von selbst ermitteln. Bei der Ermittlung von Tatsachen handelt es sich um eine Aufgabe, die nur Ihnen als Richter vorbehalten ist. Gemäß § 404a ZPO leiten Sie die Tätigkeit des Sachverständigen an, d.h., Sie bestimmen bei streitigem Sachverhalt, welche Tatsachen der Sachverständige seiner Begutachtung zugrunde legen soll (sog. Befundtatsachen), und geben ihm die von ihm zu beantwortenden Beweisfragen vor. Diese darf er nicht ohne Rücksprache mit Ihnen eigenmächtig abändern. 142

Gemäß § 411a ZPO können Sie – soweit vorhanden – ein gerichtlich eingeholtes Sachverständigengutachten aus einem anderen Verfahren heranziehen und verwerten, ohne ein neues Gutachten in Auftrag geben zu müssen. Dies setzt eine Verwertungsanordnung des Gerichts voraus, zu deren Erlass oder Ausführung den Parteien Gelegenheit zur Stellungnahme zu geben ist.[138]

aa) Schriftliches Gutachten. Sie werden in aller Regel zunächst ein schriftliches Sachverständigengutachten einholen. 143

Beschluss

1. Es soll Beweis erhoben werden über die Behauptung des Klägers, der Motor des Pkw VW Golf … (genaue Angabe des Fahrzeugs) laufe unrund, durch Einholung eines zunächst schriftlichen Gutachtens durch einen von der Handelskammer Hamburg zu benennenden Sachverständigen.
2. Dem Sachverständigen wird aufgegeben, seine voraussichtlichen Kosten zu schätzen und dem Gericht Mitteilung zu machen, wenn diese den in Ziff. 3 genannten Betrag überschreiten.
3. Die Beauftragung des Sachverständigen wird davon abhängig gemacht, dass der Kläger binnen 3 Wochen einen Vorschuss von € 2.000 zur Gerichtskasse einzahlt.

V.

1. U.m.A. der Handelskammer Hamburg unter Bezugnahme auf den vorstehenden Beweisbeschluss und der Bitte um Benennung eines geeigneten Sachverständigen.
2. WV 3 Wochen

Die wichtigste Maßnahme, die Sie im Zuge der Beweisaufnahme zu treffen haben, ist die Auswahl des Sachverständigen. Diese Aufgabe obliegt allein Ihnen (vgl. § 404 ZPO), allerdings dürfte es sinnvoll sein, auf Anregungen der Parteien einzugehen. Wenn Sie beabsichtigen, einen bestimmten Sachverständigen zu beauftragen, sollten Sie den Parteien dies mitteilen und Gelegenheit zur Stellungnahme geben. § 404 II ZPO sieht diese Möglichkeit nunmehr ausdrücklich vor. Dadurch können Befangenheitsanträge und andere Verfahrensverzögerungen vermieden werden, denn es kann durchaus sein, dass eine Partei mit einem bestimmten Sachverständigen schon einmal schlechte Erfahrungen gemacht hat. Die Nichtberücksichtigung der Einwendungen müssen Sie jedoch nicht näher begründen. 144

Sie werden sicherlich in der Regel – zumal als Berufsanfänger – nicht wissen, welchen Sachverständigen Sie am besten für welche Beweisfrage beauftragen sollen.

[137] Siehe näher *Schobel*, Die Einbindung fachlicher Expertise in den Zivilprozess, MDR 2014, 1003.

[138] *BGH* NJW 2018, 1171 Rn. 19; *BGH* NJW-RR 2016, 833 Rn. 15.

Hier hilft es, erfahrene Kollegen zu fragen. Häufig verfügen diese über Listen mit einschlägigen Sachverständigen in Ihrem Gerichtsbezirk und haben vielleicht sogar schon eigene Erfahrungen mit diesen Sachverständigen gemacht. Kommen Sie auf diesem Weg nicht weiter, sollten Sie sich an die örtliche Industrie- und Handelskammer oder an die Handwerkskammern wenden. Diese verfügen in der Regel über ausführliche Listen mit Sachverständigen, die sich grundsätzlich bereit erklärt haben, zu bestimmten Fragestellungen zu gutachten. Erst nach Ausschöpfung aller bekannten Erkenntnisquellen können Sie unter den Voraussetzungen des § 356 ZPO von einer Beweiserhebung absehen, wenn Sie keinen geeigneten Sachverständigen gefunden haben.[139]

V.

1. Schreiben an Partei-V. gegen EB: Das Gericht beabsichtigt, den von der Handelskammer Hamburg vorgeschlagenen Dipl.-Ing. Dr. Ernst Schmidt als Sachverständigen zu ernennen. Die Parteien erhalten Gelegenheit zur Stellungnahme zur Person des Sachverständigen binnen 2 Wochen.
2. WV 3 Wochen (Ernennung des SV)

145 Haben Sie sich für einen Sachverständigen entschieden bzw. haben die Parteien in der von Ihnen gesetzten Frist keine Einwendungen gegen die Person des Sachverständigen vorgebracht, können Sie diesen ernennen und die Akte an ihn versenden.

Beschluss

Herr Dipl.-Ing. Dr. Ernst Schmidt wird zum Sachverständigen ernannt. Dem Sachverständigen wird aufgegeben, das im Beweisbeschluss vom … genannte Fahrzeug zu untersuchen und den Parteien spätestens 2 Wochen vor dem Termin der Untersuchung hiervon Mitteilung zu machen. Dem Sachverständigen wird eine Frist von 2 Monaten gesetzt, das Gutachten zu erstatten.

V.

1. U.m.A. dem Sachverständigen mit der Bitte um Erstattung des Sachverständigengutachtens gemäß Beschluss vom … (Bl. … d.A.) und dem Hinweis, dass hier ein Kostenvorschuss von € 2.000 eingezahlt wurde. Es wird um umgehende Mitteilung gebeten, wenn sich im Zuge der Begutachtung herausstellt, dass dieser Betrag nicht ausreichend ist.
2. Retent-Frist: 10 Wochen

146 Der Sachverständige hat gemäß § 407a I und II ZPO unverzüglich zu prüfen, ob der Auftrag in sein Fachgebiet fällt und fristgerecht erfüllt werden kann und ob Befangenheitsgründe gegen ihn vorliegen könnten.

Der Sachverständige hat das Gutachten innerhalb der ihm gesetzten Frist unterschrieben der Geschäftsstelle zu übermitteln, § 411 I ZPO. Unter den Voraussetzungen des § 411 II ZPO sollen Sie gegen den Sachverständigen, der sich unentschuldigt nicht an die von Ihnen gesetzte Frist hält, ein Ordnungsgeld festsetzen, das Sie jedoch zunächst unter Setzung einer Nachfrist androhen müssen.[140] Das kann hin bis zur Entziehung des Gutachtenauftrags gehen.[141]

[139] *BGH* NJW 2017, 2354 Rn. 13.
[140] Dazu *OLG München* (28 W 19/17) BeckRS 2017, 105267 Rn. 19 ff.
[141] *OLG Stuttgart* (10 W 17/17) BeckRS 2017, 109894 Rn. 10.

Beschluss

Gegen den Sachverständigen Dr. Ernst Schmidt wird ein Ordnungsgeld in Höhe von € 200 festgesetzt. Unter gleichzeitiger Androhung eines weiteren Ordnungsgeldes in gesetzlich zulässiger Höhe wird ihm zur Erstattung des Gutachtens nochmals eine Frist von 3 Wochen gesetzt.

Gründe: (...)

V.

1. Beschl.-Ausf. an Partei-V. und SV
2. Rechtspfleger-Vorlage zur Einleitung der Vollstreckung
3. WV 4 Wochen (Gutachten?)

In den Prozess wird das Gutachten dadurch eingeführt, dass es zum Gegenstand der mündlichen Verhandlung gemacht wird, §§ 137 III, 285 II ZPO. Sinnvollerweise sollten Sie den Parteien vor der Verhandlung das Gutachten mit Gelegenheit zur Stellungnahme übersenden. Haben Sie den Parteien eine Frist zur Stellungnahme zum Gutachten gemäß § 411 IV 2 ZPO gesetzt, so können Sie nach Fristablauf eingehenden Parteivortrag, der sich nicht auf die im Gutachten behandelte Beweisfrage bezieht, nicht nach § 296 I ZPO als verspätet zurückweisen.[142] **147**

V.

1. Gutachten-Ausf. an Partei-V. mit Gelegenheit zur Stellungnahme binnen 2 Wochen
2. WV 3 Wochen (Termin?)

bb) Anhörung des Sachverständigen. Häufig wird von den Parteien beantragt, den Sachverständigen mündlich zu seinem Gutachten anzuhören. Hierauf haben die Parteien aufgrund des Grundsatzes rechtlichen Gehörs einen Anspruch.[143] Das gilt auch für einen im vorangegangenen selbstständigen Beweisverfahren tätigen Sachverständigen.[144] Sie können aber auch von sich aus das Erscheinen des Sachverständigen im Termin anordnen, damit er sein Gutachten erläutert, § 411 III ZPO. Dies sollten Sie insbesondere dann tun, wenn das Gutachten in einem Punkt unklar oder zweifelhaft ist und Sie keine schriftliche Erläuterung oder Ergänzung des Gutachtens (§ 411 III 2 ZPO) anordnen wollen. Im daraufhin anzuberaumenden Beweisaufnahmetermin können Sie wie folgt protokollieren: **148**

b.u.v.

Der Sachverständige soll zu seinem Gutachten vom ... angehört werden.

Bitten Sie den Sachverständigen um Angaben zu seiner Person.

Es erscheint der Sachverständige Dr. Schmidt, der zur Person erklärt: Ich heiße Dr. Ernst Schmidt, bin 63 Jahre alt, wohne in Hamburg, von Beruf bin ich KfZ-Sachverständiger. Ich bin mit den Parteien nicht verwandt oder verschwägert.

[142] *BGH* NJW-RR 2017, 1018 Rn. 10.

[143] *BGH* NJW-RR 2017, 762 Rn. 3; *BGH* NJW-RR 2017, 1144 Rn. 6.

[144] *BGH* (V ZR 214/14) BeckRS 2015, 15122.

149 Beginnen Sie mit der Anhörung zur Sache. Bedenken Sie dabei, dass alle Beteiligten das schriftliche Gutachten kennen. Konzentrieren Sie sich also auf die unklaren oder streitigen Punkte. Gerade bei technisch anspruchsvollen Sachverhalten kann es schwierig sein, die richtigen Worte für das Diktat zu finden. Bitten Sie den Sachverständigen dabei ggf. um Hilfe.

> Der Sachverständige erläutert sein Gutachten und macht hierzu die folgenden Ausführungen: (...).
>
> Weitere Fragen werden an den Sachverständigen nicht gerichtet. Der Sachverständige genehmigt das Protokoll. Auf abermaliges Vorspielen wird allseits verzichtet. Der Sachverständige wird um 10.30 Uhr mit Dank entlassen.

150 Soll der Sachverständige beeidigt werden, kann er sich auf seinen allgemein geleisteten Eid beziehen (§ 410 II ZPO).

> Der Sachverständige soll beeidigt werden. Er erklärt: Ich bin allgemein beeidigt und beziehe mich auf meinen geleisteten Eid.

Andernfalls bitten Sie alle Anwesenden, aufzustehen. Bitten Sie den Sachverständigen, die rechte Hand zu heben. Fragen Sie ihn: „Sie schwören, dass Sie ihr Gutachten unparteiisch und nach bestem Wissen und Gewissen erstatten haben?" Der Sachverständige soll hierauf antworten: „Ich schwöre es." Nehmen Sie die Beeidigung ins Protokoll auf.

> Der Sachverständige wird vor dem Protokoll beeidigt. Er wird zu seinem Gutachten vom ... befragt.

Stehen sich der Inhalt des schriftlichen Gutachtens und der mündlichen Erläuterungen des Sachverständigen konträr gegenüber, müssen die Widersprüche geklärt werden, wobei der Umstand, dass sich sämtliche Widersprüche in der mündlichen Anhörung ergeben haben, Anlass bietet, ein weiteres Sachverständigengutachten nach § 412 ZPO einzuholen.[145]

d) Beweis durch Urkunden

151 Der Urkundenbeweis wird durch Verlesen der Urkunde geführt.

e) Beweis durch Parteivernehmung

152 Verwechseln Sie die Parteivernehmung nach den §§ 445 ff. ZPO nicht mit der informatorischen Parteianhörung nach § 141 ZPO. Während die Anhörung die Funktion hat, den Sachvortrag der Parteien aufzuklären und damit letztlich Ausdruck der Hinweispflichten des § 139 ZPO ist, handelt es sich bei der Parteivernehmung um ein echtes Beweismittel.[146] Allerdings dürfen Sie grundsätzlich Ihre Überzeugung auch auf die Angaben stützen, die eine Partei im Rahmen der Anhörung gemacht hat. Der BGH betont in jüngster Zeit sogar, dass die Parteianhörung nach § 141 ZPO alleine

---

[145] *OLG Koblenz* (5 U 897/17) BeckRS 2018, 10127 Rn. 14 ff.

[146] Zum richtigen Beweisantritt siehe Rn. 110.

geeignet sein kann, die Überzeugung des Gerichts zu begründen.[147] Beantragt allerdings der Gegner eine förmliche Parteivernehmung, dürfen Sie dies nicht mit Hinweis auf die Anhörung ablehnen.[148]

aa) Allgemeines. Die Parteivernehmung ist gemäß § 445 II ZPO nur zur Führung des Hauptbeweises zulässig. Sie ist auch dann nur subsidiär möglich, wenn andere Beweismittel nicht vorgebracht wurden oder Sie nicht überzeugt haben. 153

Die Parteivernehmung erfolgt gemäß § 445 ZPO entweder auf Antrag des Gegners oder gemäß § 447 ZPO auf eigenen Antrag der beweisführenden Partei. Letzteres setzt allerdings die Zustimmung des Gegners voraus. Diese Zustimmung wird in der Praxis so gut wie nie erteilt.

Schließlich gibt es noch die Möglichkeit einer Parteivernehmung von Amts wegen gemäß § 448 ZPO. Diese kommt jedoch nur aus Gründen der prozessualen Waffengleichheit oder dann in Betracht, wenn für die zu erweisende Tatsache eine gewisse Anfangswahrscheinlichkeit spricht, ohne dass bereits ein Vollbeweis erbracht wäre.[149]

bb) Durchführung der Parteivernehmung. Die Parteivernehmung setzt zunächst einen förmlichen Beweisbeschluss voraus, § 450 ZPO. Sie können also nur durch einen solchen Beschluss von der formlosen Anhörung der Partei gemäß § 141 III ZPO zum Zwecke der Sachverhaltsaufklärung zur förmlichen Beweiserhebung durch Parteivernehmung übergehen. 154

Die Durchführung der Parteivernehmung entspricht weitgehend der Zeugenvernehmung, allerdings mit dem Unterschied, dass die Partei weder Aussagen machen muss (§ 453 II ZPO) noch überhaupt zum Verhandlungstermin zu erscheinen braucht (§ 454 ZPO). Aus diesem Grund ist die zu vernehmende Partei auch zunächst danach zu fragen, ob sie sich vernehmen lassen will. Macht sie von den o.g. Befugnissen Gebrauch, ist dies von Ihnen frei zu würdigen (§§ 453 II, 446 ZPO). 155

Stellt sich die Partei ihrer Vernehmung, müssen Sie sie zunächst wie einen Zeugen über ihre Pflicht zur wahrheitsgemäßen Aussage belehren (§§ 451, 395 I ZPO). Die Erklärung der Partei auf die Frage nach ihrer Aussagebereitschaft ist zu protokollieren und von ihr zu genehmigen, §§ 160 III Nr. 3, 161 I 1 ZPO. 156

> Nach Belehrung über sein Recht zur Aussageverweigerung und über die Folgen einer falschen Aussage erklärt der Kläger: Ich will aussagen.
>
> v.u.g.

Die Parteivernehmung beginnt sodann – wie die Zeugenvernehmung – mit der Vernehmung zur Person, an die sich die Vernehmung zur Sache anschließt.

> Zur Person: Helmut Müller, 56 Jahre alt, belehrt, zur Aussage bereit.
>
> Zur Sache: (…).

Wie der Zeuge soll auch die Partei zunächst im Zusammenhang schildern, was ihr zu dem Beweisthema bekannt ist. An die Protokollierung dieser Erinnerung schließt sich das Fragerecht des Gerichts, der Gegenpartei und des eigenen Rechts- 157

---

[147] *BGH* NJW-RR 2018, 249 Rn. 12.
[148] Vgl. *BGH* (XI ZR 215/13) BeckRS 2014, 19929.
[149] Näher dazu oben Rn. 110 ff.

anwalts an. Die protokollierte Aussage ist von der vernommenen Partei zu genehmigen. Wie der Zeuge kann auch die Partei auf ihre Aussage beeidigt werden, §§ 452 II, 392 S. 2 ZPO.

IV. Der Umgang mit dem Beweisergebnis

1. Ergiebigkeit

158 Sie können das Ergebnis einer Beweisaufnahme im Urteil nur verwerten, wenn dieses für die Entscheidung des Rechtsstreits ergiebig ist. Möglicherweise vermochte bspw. ein Zeuge überhaupt nichts zur Sache zu sagen. Dann mag seine sonstige Aussage noch so glaubhaft sein, seine Bekundung ist bereits deshalb wertlos, weil sie keinen Beweisstoff darstellt. Sie ist nicht ergiebig. Ergiebig ist eine Zeugenaussage deshalb nur dann, wenn der Zeuge die Beweisbehauptung bestätigt.

2. Beweiswürdigung

a) Grundsätzliches zur Beweiswürdigung

159 Die „freie Beweiswürdigung" ist in § 286 ZPO geregelt. Aus dem Grundsatz freier Beweiswürdigung folgt, dass Sie grundsätzlich frei darüber entscheiden können, ob Ihrer Meinung nach ein Beweis erbracht ist oder nicht, wie Sie den Beweiswert einzelner und das Verhältnis mehrerer Beweismittel zueinander einordnen und wie Sie das gesamte Ergebnis der Beweisaufnahme vor dem Hintergrund Ihrer Lebenserfahrung einschätzen.[150] Allerdings gilt der Grundsatz freier Beweiswürdigung nicht uneingeschränkt: Grenzen der freien Beweiswürdigung finden sich in den Denk- und Naturgesetzen sowie allgemeinen Erfahrungssätzen, z.T. müssen Sie gesetzliche Beweisregeln beachten (§ 286 II ZPO), z.B. beim Urkundenbeweis, §§ 415–418 ZPO.[151]

Aus der Vorschrift des § 286 ZPO folgt für Sie eine Vorgehensweise in zwei Schritten: Zunächst müssen Sie sich Ihre richterliche Überzeugung bilden (erster Schritt, § 286 I 1 ZPO)[152], sodann müssen Sie die Gründe, die für die Gewinnung Ihrer Überzeugung leitend waren, im Urteil niederlegen (zweiter Schritt, § 286 I 2 ZPO)[153].

b) Maßstab der Überzeugungsbildung

160 Wie einleitend bereits ausgeführt[154], kann von Ihnen im Rahmen der Überzeugungsbildung nur eine subjektive Überzeugung gefordert werden, eine objektive Wahrheit gibt es nicht. Allerdings wird Ihnen abverlangt, dass Sie eine Behauptung mit hinreichender Wahrscheinlichkeit für wahr halten müssen, um sie Ihrer Entscheidung zugrunde legen zu können. Der BGH formuliert dies so: „Angesichts der Unzulänglichkeit der menschlichen Erkenntnismöglichkeiten ist eine jeden Zweifel ausschließende Gewissheit kaum je erreichbar; sie kann daher auch nicht gefordert werden. Es kommt daher auf die persönliche Überzeugung des entscheidenden Richters an, die den Zweifeln Schweigen gebietet, ohne sie vollständig auszuschließen. Es ist daher rechtsfehlerhaft, einen Beweis deswegen nicht als erbracht anzusehen, weil

---

[150] Musielak/Voit/*Foerste*, § 286 Rn. 9; ausführlich *Bender/Nack/Treuer*, Tatsachenfeststellung vor Gericht, 4. Auflage 2014.

[151] Musielak/Voit/*Foerste*, § 286 Rn. 10a, 14.

[152] Dazu sogleich unter b).

[153] Dazu unter 3.

[154] Siehe Rn. 64.

keine absolute, über jeden denkbaren Zweifel erhabene Gewissheit gewonnen werden konnte. (…) Zu würdigen sind auch die prozessualen und vorprozessualen Handlungen, Erklärungen und Unterlassungen der Parteien und ihrer Vertreter, die für die richterliche Überzeugung von Bedeutung sein können."[155]

3. Darstellung der Beweiswürdigung im Urteil

a) Allgemeines

Im Rahmen der Beweiswürdigung müssen Sie den Denkvorgang, der Sie zu Ihrer Entscheidung gebracht hat, schriftlich nachzeichnen. Sie müssen die wesentlichen Gesichtspunkte, die für Ihre Überzeugung maßgeblich waren, nachvollziehbar im Urteil darstellen.[156] Dabei gilt es, Vollständigkeit und Kürze miteinander zu vereinbaren. Beachten Sie, dass die Beweiswürdigung nicht die Mitteilung der Beweisaufnahme ist. Sie sollten gleichwohl der Würdigung kurz z. B. die Kernaussage eines Zeugen voranstellen, um diese sodann würdigen zu können. Es ist zu begründen, welchen Beweismitteln das Gericht folgt und welchen nicht. Beachten Sie, dass es einen gravierenden Verfahrensfehler darstellt, einzelne Beweise endgültig zu würdigen, bevor Sie nicht alle erforderlichen Beweise abschließend erhoben haben, indem Sie z. B. einen für eine erhebliche Behauptung benannten Zeugen noch nicht gehört haben. 161

Die Beweiswürdigung ist kein losgelöster Teil der Entscheidungsgründe. Sie ist vielmehr eng gekoppelt mit den Tatbestandsmerkmalen der anspruchsbegründenden Vorschriften bzw. der Einwendungen. Eine Beweiswürdigung hat daher stets am konkreten Tatbestandsmerkmal anzusetzen. Betrifft bspw. die Aussage eines Zeugen mehrere Tatbestandsmerkmale, so ist seine Aussage genauso häufig zu würdigen, wie sie Tatbestandsmerkmale betrifft. Allerdings können Sie natürlich im Rahmen der späteren Würdigungen auf Ihre vorstehenden Ausführungen verweisen.

Innerhalb des einzelnen Tatbestandsmerkmals hängt der Aufbau der Beweiswürdigung maßgeblich von der Verteilung der Beweislast ab. Kann bspw. die beweisbelastete Partei bereits den ihr obliegenden Hauptbeweis nicht führen, brauchen Sie keine weiteren Ausführungen zum Gegenbeweis zu machen. Es ist somit vor jeder Beweiswürdigung zu fragen, wer die Beweislast trägt. Das können und dürfen Sie nicht offenlassen.[157]

Beachten Sie auch, dass nur positiv ergiebige Beweismittel näher gewürdigt werden müssen. Bei einem Zeugen etwa, der eine Behauptung, für die er als Zeuge benannt war, nicht bestätigt (das Beweismittel also unergiebig ist), kann es letztlich dahinstehen, ob er glaubwürdig ist oder nicht.

Lassen Sie bei der Formulierung Ihres Beweisergebnisses keine Unsicherheit erkennen („es dürfte so gewesen sein, dass"; „einiges spricht dafür, dass …"; „möglicherweise"; „vielleicht"); dies ist allenfalls bei gescheiterter Beweisführung gestattet. Fachausdrücke wie „non liquet" oder der Vernehmungspsychologie sollten Sie vermeiden. Zeugen sollten sie nicht der Lüge bezichtigen; es ist besser zu formulieren:

> Das Gericht hat Zweifel, ob diese Aussage tatsächlich in allen Einzelheiten zutrifft. Es zeigen sich insbesondere Widersprüche …

[155] BGHZ 53, 245 (255); *BGH* NJW 1993, 935 (937).

[156] Weiterführend hierzu *Hohlweck*, Die Beweiswürdigung im Zivilurteil, JuS 2001, 584; *Jäckel*, Das Beweisrecht der ZPO, 2. Auflage 2014, Rn. 839 ff.; *Wendler/Hoffmann*, Technik und Taktik der Befragung im Gerichtsverfahren, 2. Auflage 2015.

[157] Hierzu ausführlich Rn. 74 ff.

Am Ende der Darstellung Ihrer Beweiswürdigung sollten Sie – insbesondere wenn mehrere Beweismittel eine Rolle spielen – stets eine abschließende Gesamtwürdigung vornehmen. Dabei sind die einzelnen Beweismittel auf Übereinstimmung mit oder Widersprüchen zu anderen Beweismitteln zu untersuchen. Sie müssen sich fragen, ob objektive Kriterien vorliegen, die dazu führen, dass Sie von der Wahrhaftigkeit einer Behauptung überzeugt sind. Sie müssen sich weiter fragen, ob die gesamte Aktenlage (insbesondere der Vortrag der Parteien) zu dem gefundenen Ergebnis passt. Im Zweifel müssen Sie gegen die beweisbelastete Partei entscheiden.

b) Aufbauvarianten

162 Sie sollten die zu beurteilenden Beweismittel in eine sinnvolle Ordnung bringen, wobei es hier keine festen Regeln gibt. Entscheidend ist, dass Sie Ihr Beweisergebnis überzeugend darstellen. Im Folgenden sollen hierzu einige Aufbauvorschläge gemacht werden.[158]

→ *Allgemeiner Aufbau der Beweiswürdigung:*

1. Ergebnis nennen.
2. Eventuell Maßstab der Überzeugungsbildung nach § 286 I ZPO nennen. Formulierung: „Das steht zur Überzeugung des Gerichts als Ergebnis der Beweisaufnahme fest."
3. Knappe Wiedergabe des Inhalts der Beweisaufnahme (Zeugenaussagen, Ausführungen eines Sachverständigen etc.).
4. Würdigung des Inhalts der Beweisaufnahme (z.B. Zeugenaussagen anhand der unter Rn. 164 ff. dargestellten Prüfungspunkte zur Überzeugungsbildung).

→ *Bei bewiesener Behauptung:*

1. Ergebnis nennen. Formulierung: „Nach der Beweisaufnahme steht fest, dass zwischen den Parteien ein Anlageberatungsvertrag zustande gekommen ist."
2. Eventuell Maßstab nennen (§ 286 I ZPO).
3. Positiv ergiebige Beweismittel mit Argumenten für die Überzeugungsbildung nennen. Formulierung: „Der Zeuge X hat bekundet, dass … Das Gericht folgt dieser Aussage, weil … Für die Richtigkeit dieser Aussage spricht zudem der Umstand, dass der Zeuge dies auch bereits bei einer früheren Vernehmung ausgesagt hat." Hierbei jeweils mit dem stärksten Beweismittel beginnen.
4. Negativ ergiebige Beweismittel mit Argumenten gegen die Überzeugungskraft. Formulierung: „Dieses Beweisergebnis wird auch nicht erschüttert durch die Aussage des Zeugen Y. Zwar hat dieser bekundet, dass … Diese Aussage war aber nicht geeignet, Zweifel an der Aussage des Zeugen X zu wecken, denn …" Auch hier jeweils mit dem stärksten Beweismittel beginnen.
5. Unergiebige Beweismittel kurz nennen. Formulierung: „Der Zeuge Z konnte zu dem Vorgang keine Angaben machen."

→ *Bei nicht bewiesener Behauptung (non liquet):*

1. Ergebnis nennen. Formulierung: „Der Kläger hat nicht zur Überzeugung des Gerichts nachgewiesen, dass …"
2. Eventuell Maßstab nennen (§ 286 I ZPO).

[158] Vgl. auch *Schober*, S. 264 ff.

3. Unergiebige Beweismittel ohne Würdigung erwähnen. Formulierung „Der Zeuge Z konnte zu dem Vorgang keine Angaben machen."
4. Positiv ergiebige Beweismittel mit Argumenten gegen die Überzeugungskraft darstellen. Formulierung: „Der Zeuge X hat zwar bekundet, dass ... Das Gericht ist dennoch nicht davon überzeugt, dass dies auch tatsächlich geschehen ist. Das Gericht hat zwar keine unmittelbaren Anzeichen, die gegen die Glaubwürdigkeit des Zeugen oder gegen die Glaubhaftigkeit seiner Aussage sprechen. Es hat jedoch auch keine Anhaltspunkte, die für die objektive Richtigkeit der Schilderung sprechen ..."
5. Negativ ergiebige Beweismittel mit Argumenten für die Überzeugungskraft. Formulierung: „Dieses Beweisergebnis wird zudem gestützt durch die Aussage des Zeugen Y. Dieser hat überzeugend das Gegenteil bekundet ..."

→ *Bei Beweis des Gegenteils:*

Sie bauen auf wie beim non liquet, weil dies einfacher zu begründen ist. Anders nur, wenn die Beweislastverteilung schwierig und die Überzeugung vom Gegenteil einfacher zu begründen ist.

c) Beweiswürdigung bei einzelnen Beweismitteln und in besonderen Konstellationen

aa) Zeugenbeweis. Bei der Würdigung der Aussage eines Zeugen reicht es nicht aus, 163
im Anschluss an die Wiedergabe der Aussage im Urteil auszuführen, dass kein Grund ersichtlich ist, dem Zeugen nicht zu glauben (sog. „Nullhypothese"). Erforderlich ist vielmehr, dass Sie anhand anderer Ihnen zur Verfügung stehender Beweismittel oder Indizien positiv darlegen, was für die Richtigkeit der Aussage des Zeugen spricht.[159] Es wäre also falsch zu formulieren: „Wie der Zeuge glaubhaft/überzeugend bekundet hat ..."; das wäre eine inhaltsleere Angabe. Sie müssen vielmehr immer anhand der beiden Kriterien Glaubhaftigkeit der Aussage und Glaubwürdigkeit der Person sowie anderer Beweismittel und Indizien positiv belegen, was für die Richtigkeit der Zeugenaussage spricht und warum das Gericht dem folgt! Hierzu können Sie sich an folgenden Prüfungsreihenfolgen orientieren:[160]

Checkliste Glaubwürdigkeitsprüfung: 164
- Welchen Eindruck hat der Zeuge bei seiner Vernehmung gemacht (bspw. Gestik, Mimik, Verweigerungshaltung, Gegenfragen)?
- Hat der Zeuge ein eigenes Interesse am Ausgang des Rechtsstreits?
- Besteht die Zeugenstellung nur formal, bspw. nach Abtretung der streitgegenständlichen Forderung?
- Ist der Zeuge bereits wegen falscher Aussagen strafrechtlich verfolgt worden?

Checkliste Glaubhaftigkeitsprüfung: 165
- Hat der Zeuge tatsächlich eigene Wahrnehmungen wiedergegeben oder lediglich Schlussfolgerungen bzw. hat er seine Kenntnis nur vom „Hörensagen"?
- War dem Zeugen die behauptete Wahrnehmung objektiv und subjektiv möglich?
- Ist seine Darstellung plausibel und widerspruchsfrei?

[159] Weiterführend *Kirchhoff*, Zur Würdigung von Zeugenaussagen, MDR 2010, 791; *Hohlweck*, Die Beweiswürdigung: Beurteilung von Zeugenaussagen, JuS 2002, 1105 und 1207.
[160] Hierzu ausführlich *Schober*, S. 256 ff.

> – Liegen sonstige Realitätskennzeichen vor (bspw. Detailreichtum, gefühlsmäßiger Nachklang, Einräumung eigener Erinnerungslücken) oder gibt es Lügensignale (bspw. Kargheit oder Abstraktheit der Aussage, Verweigerung oder Stereotypie bei Zusatzfragen)?

166 Die zentrale Frage für Sie bei der Beweiswürdigung ist die, ob die Auskunftsperson Geschehnisse mit realem Erlebnishintergrund berichtet, also subjektiv die Wahrheit sagt. Realitätskennzeichen (Glaubhaftigkeitskriterien) sind ein Indiz für die subjektive Wahrheit. Dafür spricht z.B. eine detailreiche, bunte, konkrete, authentische Schilderung des Kerngeschehens. Sie können wie folgt formulieren:

> Das Gericht folgt der Aussage des Zeugen X, weil dieser detailreich und lebendig ausgesagt hat. Für die Richtigkeit seiner Aussage spricht zudem, dass diese gut nachvollziehbar ist und mit den Aussagen der weiteren Zeugen übereinstimmt. (…)

Nicht ausreichend ist dagegen zu formulieren: „Der Zeuge hat einen glaubhaften Eindruck hinterlassen." Eine solche Aussage im Urteil ist – etwa für das Berufungsgericht – nicht objektiv nachprüfbar.

Weitere Umstände, die für die Richtigkeit einer Zeugenaussage sprechen, sind die Schilderung eigener Gefühle, das Herstellen von Querverbindungen durch den Zeugen, die Gleichgewichtigkeit von für die Parteien günstigen und ungünstigen Umständen, die Widerspruchsfreiheit und logische Konsistenz der Aussage, das Zugeben von Erinnerungslücken und eigener Unsicherheit sowie durchaus auch spontane Verbesserungen während des Diktats der Aussage.

Die Würdigung eines erfolgreichen Beweises in einem einfachen Fall könnte demnach wie folgt aussehen:

> Der Zeuge Meyer hat ausgesagt, dass er gesehen habe, wie der Beklagte am 1.4.2018 mit einer Eisenstange auf das Fahrzeug des Klägers eingeschlagen hat. Das Gericht hält diese Aussage für glaubhaft und den Zeugen für glaubwürdig.
>
> Der Zeuge hat authentisch und detailreich berichtet. Dies lässt darauf schließen, dass er das Geschilderte selbst erlebt hat. Ein Interesse des nicht im Lager einer der Parteien stehenden Zeugen am Ausgang des Rechtsstreits ist nicht erkennbar, einseitige Belastungstendenzen waren der Aussage des Zeugen nicht zu entnehmen.

Ein Beispiel für die Würdigung eines nicht erfolgreichen Zeugenbeweises könnte wie folgt aussehen:

> Zwar hat der Zeuge Meyer, Mitarbeiter der beklagten Bank, ausgesagt, dass er den Kläger über das Bonitätsrisiko des Emittenten des streitgegenständlichen Zertifikats aufgeklärt habe. Diese Aussage erscheint dem Gericht jedoch nicht glaubhaft, weil … Sie wird zudem widerlegt durch die Aussage der Zeugin Schneider. …

Beachten Sie, dass Sie an die Würdigung eines nicht von Ihnen selbst vernommenen Zeugen, dessen Aussage Sie aus einer beigezogenen Akte kennen, besonders hohe Anforderungen stellen müssen.[161]

[161] Dazu *BGH* NJW-RR 2016, 957 Rn. 15 ff.

bb) Sachverständigenbeweis. Die Würdigung von Sachverständigengutachten kann im Einzelfall für Sie als Richter schwierig sein. Natürlich sollte der Sachverständige die spezifische Sachkunde besitzen und ist Ihnen insoweit überlegen. Gleichwohl sind Sie gehalten, eine kritische Distanz zum Sachverständigen und seinem Gutachten zu wahren. Sie müssen das Gutachten sorgfältig und kritisch würdigen. Es wäre ein Fehler, es blind zu übernehmen und sich den Feststellungen des Sachverständigen einfach anzuschließen. Das bedeutet aber umgekehrt nicht, dass Sie in Ihrer praktischen Arbeit nicht häufig einem Sachverständigengutachten folgen werden, weil es überzeugend ist. Vergessen Sie aber nie, dass es Ihre Aufgabe ist, das Gutachten zu überprüfen, auf inhaltliche Stringenz zu achten und ggf. Klarstellungen und/oder Vervollständigungen zu veranlassen. Insbesondere müssen Sie sich mit Widersprüchen zwischen den Äußerungen des gerichtlichen Sachverständigen und einem von den Parteien vorgelegten Privatgutachten auseinandersetzen. Sie dürfen nicht ohne nachvollziehbare Begründung einem der beiden Gutachten den Vorrang geben.[162] Das gilt auch dann, wenn das Gutachten bereits im Rahmen eines selbstständigen Beweisverfahrens eingeholt wurde.[163] 167

Im Urteil ist von Ihnen darzulegen, warum Sie das Gutachten für vollständig und überzeugend halten.

> Das Gericht folgt den überzeugenden Ausführungen des Sachverständigen, weil …

Kriterien hierfür sind neben der Sachkunde des Sachverständigen (i.d.R. bei öffentl. bestellten SV), dass dieser von zutreffenden Anknüpfungstatsachen ausgegangen ist, dass der Streitstoff vollständig behandelt wurde und dass das Gutachten gedanklich nachvollziehbar und in sich stimmig begründet und außerdem mit den Denkgesetzen vereinbar ist.

Der Umfang Ihrer Würdigung hängt ganz maßgeblich auch von der Auseinandersetzung der Parteien mit dem Gutachten ab. Eine intensive Auseinandersetzung ist i.d.R. erforderlich bei entgegenstehendem Privatgutachten.

Sie können wie folgt formulieren:

> Das Gericht ist aufgrund des Sachverständigengutachtens des Sachverständigen Dr. Schmidt der Überzeugung, dass ein Sachmangel des streitgegenständlichen Kraftfahrzeugs vorliegt. Der Sachverständige hat schlüssig und präzise erläutert, dass der Motor aufgrund werkseitig zu verantwortender fehlerhafter Einspritzung unruhig läuft. Das Gericht sieht keinen Anlass, an der Kompetenz des Sachverständigen und der Richtigkeit seiner Ausführungen zu zweifeln. …

oder:

> Den Angriffen des Klägers gegen die Überzeugungskraft dieses Gutachtens vermag die Kammer nicht zu folgen. Das betrifft zum einen die gerügte fachliche Eignung des Sachverständigen …

[162] *BGH* NJW 2015, 411 Rn. 15.
[163] *BGH* NJW 2017, 3661 Rn. 12.

168 cc) **Urkundenbeweis.** Der Urkundenbeweis ist der wohl zuverlässigste Beweis. Die §§ 415 ff. ZPO stellen dabei besondere Beweisregeln im Sinne des § 286 II ZPO dar, die den Grundsatz der freien Beweiswürdigung gemäß § 286 I ZPO einschränken. Voraussetzung für die Beweiskraft einer Urkunde nach §§ 415 ff. ZPO ist deren Echtheit, die nach den §§ 437 ff. ZPO zu beurteilen ist.

Hinsichtlich der Beweiskraft unterscheidet das Gesetz zwischen öffentlichen Urkunden (§§ 415, 417, 418 ZPO) und Privaturkunden (§ 416 ZPO).

Öffentliche Urkunden werden von einer Behörde oder einer Person öffentlichen Glaubens (z.B. einem Notar) ausgestellt. Sie erbringen gemäß § 415 I ZPO vollen Beweis für die Abgabe der beurkundeten Erklärung, nicht dagegen für die Richtigkeit ihres Inhalts,[164] und besitzen gemäß § 437 I ZPO bis zum Beweis des Gegenteils die Vermutung für Ihre Echtheit. Das gilt gemäß § 371b ZPO auch für gescannte und mit einer qualifizierten elektronischen Signatur versehene öffentliche Urkunden. Die Vermutung der Richtigkeit und Vollständigkeit eines notariell beurkundeten Vertrags wird nicht durch die Vorlage eines inhaltlich abweichenden Vertragsentwurfs widerlegt.[165]

Privaturkunden sind alle nichtöffentlichen Urkunden. Sie erbringen vollen Beweis darüber, dass die beurkundete Erklärung vom Aussteller abgegeben wurde (§ 416 ZPO). Die Richtigkeit dieser Erklärung müssen Sie aber im Rahmen freier Beweiswürdigung gemäß § 286 I ZPO beurteilen. Dabei wird allerdings vermutet, dass der schriftliche Vertragstext die Abreden der Parteien vollständig und richtig wiedergibt; wer sich auf eine Nebenabrede beruft, muss diese beweisen.[166] Voraussetzungen für die formelle Beweiskraft des § 416 ZPO sind die Echtheit der Urkunde und die Unterschrift des Ausstellers. Der Beweisführer muss die Echtheit nach §§ 439, 440 ZPO beweisen, es sei denn, die Gegenpartei erkennt – was nicht selten passiert – die Echtheit der Urkunde nach § 439 ZPO an. Die Unterschrift unter der Privaturkunde muss sich eindeutig auf den gesamten Text der Urkunde beziehen und darf keinen Zweifel über die Identität des Ausstellers lassen.

169 dd) **Inaugenscheinnahme.** Bei der Inaugenscheinnahme wird das Ergebnis selten streitig sein. Es reicht ein kurzer Hinweis, dass das Gericht die bestrittene Tatsache aufgrund der Inaugenscheinnahme für erwiesen hält.

170 ee) **Anscheinsbeweis.** Beim Anscheinsbeweis müssen Sie zunächst die Anknüpfungstatsachen für die konkrete Lebenserfahrung erörtern, müssen dann die Lebenserfahrung begründen und schließlich auf etwaige atypische Umstände des konkreten Falls eingehen. Es empfiehlt sich folgender Aufbau:

1. Ergebnis nennen.
2. Maßgeblichen Erfahrungssatz nennen.
3. Tatsachensubsumtion.
4. Mangel eines möglichen atypischen Geschehensablaufs.

Formulierungsbeispiele:

Nach der Lebenserfahrung kann davon ausgegangen werden, dass dem Unfall ein pflichtwidriges Verhalten des Beklagten zu 1) zugrunde liegt. Hierfür spricht der Beweis des ers-

[164] Zöller/*Geimer*, § 415 Rn. 5.
[165] *BGH* NJW 2017, 175 Rn. 6.
[166] Thomas/Putzo/*Reichold*, § 416 Rn. 3.

ten Anscheins. Es entspricht allgemeiner Erfahrung, dass bei einem Auffahrunfall mangelnde Aufmerksamkeit des Hintermanns zu der Kollision geführt hat.

Besondere Umstände des Einzelfalls, die einen von dieser Lebenserfahrung abweichenden atypischen Kausalverlauf begründen könnten, wurden vom Beklagten nicht vorgetragen und sind auch sonst nicht ersichtlich.

oder:

Es wird vermutet, dass das Vergessen des Tupfers in der Operationswunde durch den Beklagten zu 1) für die Gesundheitsverletzung des Klägers ursächlich war. Hierüber musste kein Beweis erhoben werden, denn zu Gunsten des Klägers streitet gemäß § 630h V BGB ein Beweis des ersten Anscheins.[167] Beim Vergessen von Operationsmaterial im Körper des Patienten handelt es sich um einen groben ärztlichen Behandlungsfehler, der grundsätzlich geeignet ist, eine Verletzung des Lebens, des Körpers oder der Gesundheit, wie sie hier eingetreten ist, herbeizuführen. Dieses Geschehen rechtfertigt aufgrund der Lebenserfahrung die Annahme, dass der Fehler für die Gesundheitsverletzung des Klägers verantwortlich war. Aufgrund des geschilderten Anscheinsbeweises oblag es den Beklagten, Umstände darzulegen und ggf. zu beweisen, aus denen sich die ernsthafte Möglichkeit eines atypischen Kausalverlaufs ergibt. Dies ist nicht gelungen …

ff) Schätzung nach § 287 ZPO. Bei der Beweiswürdigung durch Schätzung nach § 287 ZPO müssen ebenfalls die Anknüpfungstatsachen, die Grundlage der Schätzung sind, berücksichtigt werden: 171

Die Höhe des dem Kläger entgangenen Gewinns schätzt das Gericht gemäß § 287 I ZPO auf € 4.000. Hierbei geht es davon aus, dass der Kläger in den letzten drei Jahren einen monatlichen Gewinn von durchschnittlich € 4.000 erzielt hatte.

§ 10. Verkündungstermin, Wiedereröffnung

I. Korrektur und Berichtigung des Protokolls

Sobald das Protokoll geschrieben ist, wird es Ihnen zur Genehmigung vorgelegt. 172
Achten Sie vor allem darauf, dass Vergleiche, Anträge und Erklärungen sowie Aussagen richtig wiedergegeben sind. Sie sollten Rechtschreib- und Tippfehler korrigieren. Unterschreiben Sie das Protokoll (§ 163 I 1 ZPO) und fügen Sie ggf. die schriftlichen Hinweise bei. Verfügen Sie eine Frist zur Wiedervorlage zum Verkündungstermin. Achten Sie darauf, dass Ihnen für die Entscheidung ausreichend Zeit bleibt. Notieren Sie sich diesen Termin und behalten Sie ihn im Auge.

V.

1. Prot. ab an ParteiV
2. WV 4 Wochen/z.T.

[167] Zur Beweislastverteilung im Arzthaftungsprozess siehe § 630h BGB; hierzu allg. *Schärtl*, Die Beweislastverteilung im Arzthaftungsprozess, NJW 2014, 3601.

173 Von Amts wegen und auf Antrag der Parteien kann das Protokoll nach Anhörung jederzeit berichtigt werden (§ 164 I, II ZPO).[168] Haben Sie den Tenor eines Urteils diktiert, ist die Ergänzung um einen übergangenen Anspruch allerdings nur unter den Voraussetzungen des § 321 ZPO zulässig.[169] Wollen Sie den Inhalt einer Zeugenvernehmung oder einer Sachverständigenanhörung berichtigen, ist der Zeuge bzw. der Sachverständige zuvor anzuhören.

II. Verkündungstermin

174 Rechtzeitig vor dem Verkündungstermin sollten Sie mit dem Abfassen des Urteils beginnen.[170] Gelegentlich werden Sie dabei feststellen, dass die Sache entgegen Ihrer Annahme noch gar nicht oder nicht mehr entscheidungsreif ist. In diesem Fall müssen Sie die mündliche Verhandlung wiedereröffnen (hierzu unter III.). Das Verfahren geht dann weiter. Um es durch Urteil beenden zu können, brauchen Sie einen neuen Verkündungstermin, den Sie nur am Schluss einer erneuten mündlichen Verhandlung oder im schriftlichen Verfahren anberaumen können.

1. Urteilsverkündung

175 Wollen Sie ein Urteil verkünden, begeben Sie sich zum anberaumten Termin in den Sitzungssaal oder auf die Geschäftsstelle.[171] Achten Sie darauf, dass die Öffentlichkeit Zugang hat und eine Terminrolle aufgehängt ist. Falls ausnahmsweise jemand erschienen ist, verlesen Sie den Tenor der Entscheidung (§ 311 II 1 ZPO). Andernfalls genügt die Bezugnahme auf den Tenor (§ 311 II 2 ZPO). Anschließend müssen Sie ein Verkündungsprotokoll erstellen bzw. das vom Geschäftsstellenverwalter vorbereitete Formular ausfüllen.

> Guten Tag! Schuster, Zivilkammer 5. Heute ist der … Ich diktiere ein Verkündungsprotokoll in der Sache 305 O 201/18, Meyer gegen Schulze. Bei Aufruf der Sache erscheint niemand. Das anliegende Urteil wird verkündet.

2. Verlegung des Verkündungstermins

176 Sollten Sie einen Verkündungstermin verlegen müssen, erlassen Sie einen kurzen Beschluss. Eine solche Verlegung wird sich nicht immer vermeiden lassen. Sie sollten damit aber sehr vorsichtig umgehen, denn die Gefahr ist groß, in einen „Verlegungskreislauf“ zu geraten, weil Sie die für den Verlegungstermin ursprünglich vorgesehene Verkündung nicht zusätzlich schaffen und deshalb ebenfalls verlegen müssen.

> **Beschluss**
>
> Der Verkündungstermin vom … wird im Hinblick auf die Geschäftslage der Kammer verlegt auf …

---

[168] Hierzu *Stackmann*, Der (Un-)Sinn von Berichtigungsanträgen, NJW 2009, 1537.
[169] *BGH* NJW 2014, 1304 Rn. 18; zur Urteilsergänzung § 11 Rn. 154.
[170] Ausführlich zum Abfassen des Urteils § 11 Rn. 5 ff.
[171] Zur Verkündung im Richterzimmer *BGH* NJW-RR 2018, 127 Rn. 10.

III. Wiedereröffnung der mündlichen Verhandlung

1. Wiedereröffnungsgründe

Die Wiedereröffnung der mündlichen Verhandlung kommt vor allem dann in Betracht, wenn Sie feststellen, dass die Sache doch noch nicht entscheidungsreif ist, weil Sie vielleicht bislang einen Aspekt übersehen haben oder eine Partei in einem nachgelassenen Schriftsatz erheblichen Vortrag eingeführt hat, zu dem die Gegenseite Stellung nehmen muss. Auch bei Eingang eines nicht nachgelassenen Schriftsatzes, der neue Angriffs- oder Verteidigungsmittel enthält, müssen Sie die Wiedereröffnung prüfen (§ 296a S. 2 ZPO).[172] Außerdem müssen Sie wiedereröffnen, wenn Sie Ihre Hinweispflicht oder den Anspruch der Parteien auf rechtliches Gehör verletzt haben (§ 156 II Nr. 1 ZPO). Ein weiterer Grund ist gegeben, wenn Sie Ihre den Parteien gegenüber bereits geäußerte Rechtsauffassung geändert haben.[173] 177

Dagegen gibt eine Klageänderung nach Schluss der mündlichen Verhandlung keinen Grund zur Wiedereröffnung, selbst wenn sie in einem nachgelassenen Schriftsatz erfolgt.[174]

2. Zeitpunkt und Form

Die Wiedereröffnung muss nicht im Verkündungstermin erfolgen. Zur Verfahrensbeschleunigung sollten Sie wiedereröffnen, sobald Sie sicher sind, dass die Sache nicht entscheidungsreif ist. Ein ausdrücklicher Beschluss ist nicht erforderlich. Es genügt, wenn Sie die angezeigte prozessleitende Anordnung treffen, z.B. Terminierung, Stellungnahmefrist, Beweisbeschluss. 178

> V.
>
> 1. VT aufheben; Mitt. hiervon an ParteiV
> 2. Ss vom ... an KlägerV mit EB z. Stn. binnen 3 Wochen
> 3. WV 4 Wochen

3. Schriftliches Verfahren, § 128 II ZPO

Besonders in den Fällen, in denen Sie die Sache für entscheidungsreif halten, aber trotzdem wiedereröffnen müssen, weil Sie z.B. Ihre Rechtsauffassung geändert haben oder in der mündlichen Verhandlung versehentlich die Anträge nicht gestellt wurden, bietet es sich an, im schriftlichen Verfahren zu entscheiden. 179

> **Beschluss**
>
> Die mündliche Verhandlung wird wiedereröffnet (§ 156 I ZPO).
>
> **Gründe:**
>
> Nach erneuter Prüfung der Sach- und Rechtslage gibt das Gericht seine Auffassung, wonach ..., auf. Die Klage ist deshalb unschlüssig und abweisungsreif. Das Gericht regt an, im schriftlichen Verfahren zu entscheiden, und bittet die Parteien um Zustimmung binnen drei Wochen.

[172] Vgl. auch *BGH* NJW-RR 2014, 505 Rn. 3.
[173] *BGH* NJW 2014, 2796 Rn. 5.
[174] *BGH* (IX ZR 529/17) BeckRS 2017, 133092 Rn. 6.

V.

1. VT aufheben
2. Beschlussausfertigung + Mitt. v. 1. an ParteiV
3. WV 4 Wochen

Stimmen beide Parteien zu, können Sie durch Beschluss das schriftliche Verfahren anordnen. Für die Einzelheiten wird auf die Darstellung unter § 8 Rn. 60 verwiesen.

5. Kapitel
Urteil, Erledigung, Klagerücknahme

§ 11. Das Urteil

Dieses Buch unterstellt, dass Sie wissen, wie ein zivilrechtliches Urteil geschrieben wird. Die folgenden Ausführungen verstehen sich daher nicht als Anleitung zum Schreiben eines Zivilurteils. Sie sollen vielmehr vorhandenes Wissen auffrischen und die Gelegenheit zum Nachschlagen im Zweifelsfall geben. 1

I. Gesetzlicher Rahmen

Form und Inhalt des Urteils sind in § 313 ZPO geregelt. Gemäß § 313 II ZPO sollen im Tatbestand „die erhobenen Ansprüche und die dazu vorgebrachten Angriffs- und Verteidigungsmittel unter Hervorhebung der gestellten Anträge nur ihrem wesentlichen Inhalt nach knapp dargestellt werden". Gemäß § 313 III ZPO sollen die Entscheidungsgründe „eine kurze Zusammenfassung der Erwägungen" enthalten, „auf denen die Entscheidung in tatsächlicher und rechtlicher Hinsicht beruht". Dies zeigt, dass das Gesetz in erster Linie auf knappe Urteile abzielt. Gleichwohl haben die Entscheidungsgründe die Funktion, die tatsächliche und rechtliche Begründung für die getroffene Entscheidung zu liefern. Dabei müssen alle wesentlichen Tatsachenbehauptungen verarbeitet und die den Richterspruch tragenden rechtlichen Erwägungen dargestellt werden. Dies dient sowohl dem rechtlichen Gehör der Parteien (Art. 103 I GG) als auch der richterlichen Selbstkontrolle. Zu den tragenden rechtlichen Erwägungen gehören der Rechtssatz (die Anspruchsgrundlage), auf den die Entscheidung gestützt wird, und der Sachverhalt (unstreitiger sowie der durch Beweisaufnahme festgestellte Sachverhalt), der unter den Rechtssatz subsumiert wird. Hier gilt als allgemeine Regel: Je knapper Sie den Sachverhalt im Tatbestand dargestellt haben, desto ausführlicher müssen Sie ihn in den Entscheidungsgründen wiedergeben. 2

II. Urteilsarten

Bei der Erstellung Ihrer Urteile werden Sie zunächst mit der richtigen Benennung des Urteils konfrontiert. Eine Falschbezeichnung hat zwar keine Konsequenzen, da insoweit der Inhalt und nicht die Überschrift des Urteils maßgeblich ist.[1] Ferner stellt eine fehlende Urteilsbezeichnung grundsätzlich keinen Grund für eine Wiedereinsetzung dar.[2] Sie ist aber der erste Orientierungspunkt der Parteien im Hinblick auf mögliche Rechtsmittel. Die Benennung eines Urteils mit Hilfe einer Überschrift ist daher auch für die in § 313b I 2 ZPO nicht genannten Urteile gängige Praxis. 3

[1] *BGH* (VIII ZB 14/74) BeckRS 1974, 30397775.
[2] *OLG Oldenburg* MDR 1991, 159.

1. Bezeichnung des Urteils

4 Sie werden Ihre Urteile meist schlicht mit „Urteil" überschreiben. Diese Benennung ist unabhängig davon, ob Sie ein Prozess- oder ein Sachurteil erlassen. Auch die Einteilung der Urteile in Leistungs-, Gestaltungs- und Feststellungsurteile ist für die Benennung des Urteils ohne Belang.

Einige Urteilsarten erfordern allerdings eine andere Bezeichnung. Diese besonderen Urteilsbezeichnungen können Sie grundsätzlich direkt dem Gesetz entnehmen, da die Wahl der Urteilsart in der Regel mit der Bezeichnung Ihres Urteils korrespondiert (z.B. Versäumnisurteil, Teilurteil etc.). Hiervon gibt es zwei Ausnahmen:

Eine Ausnahme bildet das Endurteil nach § 300 ZPO, das in den meisten Bundesländern nur als „*Urteil*" bezeichnet wird. Eine weitere Ausnahme ist das Zwischenurteil über den Grund nach § 304 ZPO, das die Bezeichnung „*Grundurteil*" trägt.

Wenn Sie zu der Überzeugung gelangen, dass ein Rechtsstreit vollumfänglich zur Entscheidung reif ist, müssen Sie nach § 300 ZPO ein Endurteil erlassen und demzufolge die Bezeichnung „*Urteil*" wählen. Sofern Sie eine Akte bearbeiten, in der mehrere Prozesse miteinander verbunden wurden, kommt ein Endurteil nach § 300 II ZPO auch in Betracht, wenn nur einer der Prozesse entscheidungsreif ist. Sind Sie dagegen der Auffassung, dass von einem oder mehreren Streitgegenständen nur ein eigenständiger Teil zur Entscheidung reif ist, so ergeht nach § 301 ZPO ein *Teilurteil*, das auch als solches bezeichnet wird. Über den noch offenen Teil wird in einem späteren *Schlussurteil* entschieden.

Ist zwar nicht der gesamte Rechtsstreit, aber ein Zwischenstreit zur Entscheidung reif, können Sie nach § 303 ZPO ein *Zwischenurteil* erlassen.

Die ZPO ermöglicht Ihnen auch das Abfassen eines *Vorbehaltsurteils*. Das Vorbehaltsurteil kann Ihnen im Rahmen des Urkundenprozesses begegnen.[3] Nach § 599 I ZPO schließt das Vorverfahren des Urkundenprozesses mit einem Vorbehaltsurteil ab, wenn der Beklagte dem geltend gemachten Anspruch widerspricht, um so die Überprüfung im Nachverfahren zu ermöglichen. Beim Vorbehaltsurteil handelt es sich nach h.M. um ein auflösend bedingtes Endurteil.[4] Das im Nachverfahren ergehende Urteil wird als *Schlussurteil* bezeichnet. Daneben kommt ein Vorbehaltsurteil nach § 302 ZPO auch dann in Betracht, wenn in einem Rechtsstreit die Aufrechnung mit einer Gegenforderung erklärt wurde und Sie zunächst nur über die Forderung entscheiden möchten.

Das *Verzichtsurteil* nach § 306 ZPO und das *Anerkenntnisurteil* nach § 307 ZPO werden in der Bezeichnung kenntlich gemacht. In Ihrer beruflichen Praxis wird Ihnen zudem des Öfteren das *Versäumnisurteil* gemäß §§ 330, 331 ZPO begegnen, das auch als solches überschrieben wird.[5] Nach § 313b I 2 ZPO ist die richtige Bezeichnung dieser Urteile, anders als bei den anderen besonderen Urteilsarten, sogar ein Formerfordernis.[6] Da diese Urteile nach § 313b I 1 ZPO grundsätzlich nicht mit Tatbestand und Entscheidungsgründen versehen werden müssen, ist die richtige Bezeichnung nicht nur Ausdruck der Einordnung des Urteils, sondern begründet die abgekürzte Darstellung.

Sofern Sie in einem Rechtsstreit zuvor ein Urteil erlassen haben, das den Rechtsstreit noch nicht endgültig beendete, namentlich ein Grund-, Teil- oder Zwischenurteil, müssen Sie das abschließende Urteil mit *Schlussurteil* überschreiben.

---

[3] Siehe dazu § 18.
[4] Zöller/*Feskorn*, Vor § 300 Rn. 12.
[5] Näher zum Versäumnisurteil § 14 Rn. 1 ff.
[6] Musielak/Voit/*Musielak*, § 313b Rn. 4.

2. Kombinationen

Bei der Bezeichnung Ihrer Urteile sind auch Kombinationen der oben genannten Urteilsarten denkbar. 5

In der Praxis werden Ihnen insbesondere Kombinationen eines Teilurteils mit anderen Urteilsarten begegnen:

In Betracht kommt insbesondere das *Teilversäumnis-* bzw. *Versäumnis-Teil- und Schlussurteil*. Dieses ergeht, wenn die Verurteilung nur teilweise auf der Säumnis beruht, etwa in dem Fall, in dem der Beklagte zwar säumig, die Klage aber nur zu einem Teil schlüssig ist, § 331 ZPO. Es kann auch gegen den Kläger ergehen, wenn dieser säumig ist, § 330 ZPO. Es kann ferner ergehen, wenn sich der jeweilige Antrag des Klägers oder Beklagten auf Erlass des Versäumnisurteils nur auf einen Teil des Streitgegenstands erstreckt.

Ein ähnlicher Fall liegt vor, wenn die Klageforderung vom Beklagten teilweise anerkannt wird. In diesem Fall ergeht ein *Teilanerkenntnisurteil* bzw. *Anerkenntnis-Teilurteil*.

Im umgekehrten Fall, in dem der Kläger auf einen Teil der Klageforderung verzichtet, kann ein *Teilverzichtsurteil* ergehen.

In allen Fällen ergeht die Entscheidung über den restlichen Anspruch in einem *Schlussurteil*.

Im Rahmen einer Aufrechnungssituation ist es ferner denkbar, dass ein *Vorbehalts- und (End)urteil* ergeht, wenn die Gegenforderung niedriger ist als die Hauptforderung. Auch hiernach ergeht ein *Schlussurteil*.

III. Abfassung des Urteils

1. Aufbau des Urteils

Die einzelnen Elemente des Urteils können Sie den §§ 311 I, 313, 315 I und III ZPO entnehmen: 6

- Rubrum, §§ 311 I, 313 I Nr. 1–3 ZPO
- Tenor, § 313 I Nr. 4 ZPO
- Tatbestand, § 313 I Nr. 5 ZPO
- Entscheidungsgründe, § 313 I Nr. 6 ZPO
- Rechtsbehelfsbelehrung, § 232 ZPO
- Unterschrift(en), § 315 I ZPO

2. Rubrum

Als Richter müssen Sie das Rubrum Ihres Urteils nicht selbst schreiben. Das erledigt die Geschäftsstelle für Sie, die sich dabei des im PC bereits angelegten Datenblatts bedient. Trotzdem müssen Sie die Elemente des Rubrums kennen, um die Arbeit der Geschäftsstelle insoweit kontrollieren zu können. 7

Das Urteil wird mit „Im Namen des Volkes!" überschrieben. Es folgt die Bezeichnung des Urteils, die Sie der Geschäftsstelle vorgeben müssen, da sich die richtige Bezeichnung häufig erst nach genauerer Lektüre des Urteils erschließt.[7] Sodann werden die Parteien samt ihrer Parteistellung („Kläger", „Beklagter", „Nebenintervenient")

[7] Zur Bezeichnung des Urteils Rn. 4, 5.

sowie ggf. die gesetzlichen Vertreter und die Prozessbevollmächtigten mit richtiger Anschrift genannt, § 313 I Nr. 1 ZPO. Hieran schließt sich ein Einleitungssatz an, in dem das Gericht und die Richter sowie das Datum des Schlusses der mündlichen Verhandlung genannt werden, § 313 I Nr. 2, 3 ZPO. Dieser Überleitungssatz zum Tenor wird regional sehr unterschiedlich formuliert. Fragen Sie Kollegen, wie es an Ihrem Gericht üblich ist. Nach einem neueren Urteil des BGH schadet die unterbliebene Namensangabe der Richter dann nicht, wenn kein Zweifel daran besteht, dass die Richter, die das Urteil unterschrieben haben, auch an diesem mitgewirkt haben.[8] Das Datum des Schlusses der mündlichen Verhandlung ist der Tag, an dem nach dem Verhandlungsprotokoll die mündliche Verhandlung geschlossen und die Sache „zum Spruch“ genommen wurde. Hat die mündliche Verhandlung an mehreren Tagen stattgefunden, geben Sie gleichwohl nur das Datum des letzten Verhandlungstags an.

In dem Rechtsstreit

(…) gegen (…)

erkennt das Landgericht Hamburg, Zivilkammer 50, durch den Richter am Landgericht Dr. Meyerbeer als Einzelrichter auf die mündliche Verhandlung vom 23.6.2018 für Recht:

(…)

8 Beim Urteil nach Lage der Akten heißt es statt „auf die mündliche Verhandlung vom“ „nach Lage der Akten vom …“.

Bei einem schriftlichen Verfahren gemäß § 128 II ZPO ist auf den Endtermin, bis zu dem Schriftsätze bei Gericht eingereicht werden durften, abzustellen, der dem Tag der letzten mündlichen Verhandlung in seiner Wirkung gleichkommt.

In dem Rechtsstreit

(…) gegen (…)

erkennt das Landgericht Hamburg, Zivilkammer 50, durch den Richter am Landgericht Dr. Meyerbeer als Einzelrichter im schriftlichen Verfahren, in dem Schriftsätze bis zum 23.6.2018 eingereicht werden konnten, für Recht:

(…)

3. Tenorierung

9 Die folgende Darstellung soll Ihnen lediglich einige Grundzüge zur Tenorierung in Erinnerung rufen und Formulierungsvorschläge für die wichtigsten, d.h. praktisch häufigsten Fälle machen. Vollständigkeit ist nicht das Ziel und kann im Rahmen dieser Übersicht auch nicht erreicht werden, da es in der Praxis zu viele Varianten möglicher Tenorierungen gibt.[9]

Die Tenorierung umfasst stets die Hauptsacheforderung und die Nebenentscheidungen über die Kosten und die vorläufige Vollstreckbarkeit. Ein etwaiger Zinsan-

---

[8] *BGH* NJW 2016, 2042 Rn. 14.

[9] Siehe hierzu weiterführend *van den Hövel*, Die Tenorierung im Zivilurteil, 7. Aufl. 2017; *Wallisch/Spinner*, Die Tenorierung zivil- und arbeitsgerichtlicher Entscheidungen – Eine Übung für Rechtsreferendare, JuS 2000, 64; 2000, 377; 2006, 799; 2006, 883; Musielak/Voit/*Musielak*, § 313 Rn. 6 ff.; Zöller/*Feskorn*, § 313 Rn. 8 ff.

spruch ist Teil der Hauptsacheforderung und muss von Ihnen daher auch zusammen mit dieser tenoriert werden.

a) Hauptsache

Die erste große Unterscheidung, die Ihnen bei der Tenorierung begegnet, ist die 10
zwischen klagestattgebenden und klageabweisenden Urteilen. Beim stattgebenden Urteil variiert der Tenor je nach der Konstellation der Klage und dem Antrag des Klägers. Nachdem Sie den stattgebenden Tenor formuliert haben, wobei Sie vor allem auf die Vollstreckungsfähigkeit der Haupt- und Nebenforderungen achten müssen, sollten Sie ihn stets noch einmal mit dem klägerischen Antrag abgleichen und prüfen, ob Sie nichts vergessen haben:

1. Der Beklagte wird verurteilt, an den Kläger € 5.000 nebst Zinsen hierauf in Höhe von 5 Prozentpunkten über dem jeweiligen Basiszins seit dem 1.4.2018 zu zahlen.

Der Tenor eines klageabweisenden Urteils ist stets derselbe: 11

1. Die Klage wird abgewiesen.

Dies gilt auch für den Fall, dass die Klage nur zu einem Teil abgewiesen wird. Selbst wenn nur ein geringer Teil einer Nebenforderung nicht begründet sein sollte, müssen Sie stets die Teilabweisung der Klage in den Tenor Ihrer Hauptsacheentscheidung aufnehmen:

1. Der Beklagte wird verurteilt, an den Kläger € 5.000 nebst Zinsen hierauf in Höhe von 5 Prozentpunkten über dem jeweiligen Basiszins seit dem 1.10.2018 zu zahlen. Im Übrigen wird die Klage abgewiesen.

b) Kosten

Die Tenorierung der Kostenentscheidung ist, von einigen Ausnahmen abgesehen, 12
unabhängig von der besonderen Konstellation der Klage. Es gilt, soweit kein Fall der Kostentrennung vorliegt[10], der Grundsatz der Kosteneinheit, d.h., Sie müssen innerhalb eines Rechtsstreits stets eine einheitliche Kostenentscheidung treffen. Aus diesem Grund sind in Ihren kosteneinheitlichen Urteilen nur vier unterschiedliche Tenorierungen denkbar:

2. Die Kosten des Rechtsstreits trägt der Beklagte.

oder:

2. Die Kosten des Rechtsstreits trägt der Kläger.

oder:

2. Die Kosten des Rechtsstreits tragen der Kläger zu 25% (oder ¼) und der Beklagte zu 75% (oder ¾).

[10] Eine Kostentrennung ist z.B. erforderlich bei einer Entscheidung über Versäumniskosten (§ 344 ZPO), Kosten der Wiedereinsetzung (§ 238 IV ZPO), Mehrkosten bei Verweisung (§ 281 III 2 ZPO), Kosten erfolgloser Angriffs- und Verteidigungsmittel (§ 96 ZPO).

oder:
2. Die Kosten des Rechtsstreits werden gegeneinander aufgehoben.

13 **aa) Kosten bei vollständigem Obsiegen und Unterliegen.** Nach § 91 ZPO hat bei vollem Unterliegen die unterliegende Partei die Kosten vollständig zu tragen.

14 **bb) Kosten bei teilweisem Obsiegen und Unterliegen.** Eine Kostenteilung (Quotelung) nach § 92 I ZPO muss von Ihnen in aller Regel vorgenommen werden, wenn jede Partei teils obsiegt, teils unterliegt.

15 Etwas anders gilt, wenn Sie der Überzeugung sind, dass die Ausnahme des § 92 II ZPO Anwendung findet. Danach kann das Gericht einer Partei die gesamten Prozesskosten auferlegen, wenn die Zuvielforderung der anderen Partei verhältnismäßig geringfügig war und keine oder nur geringfügig höhere Kosten veranlasst hat (Nr. 1) oder der Betrag der Forderung der anderen Partei von der Festsetzung durch richterliches Ermessen, von der Ermittlung durch Sachverständige oder von einer gegenseitigen Berechnung abhängig war (Nr. 2). Als Faustregel für die Nr. 1 dieser Vorschrift hat sich in der Praxis eingebürgert, dass eine Zuvielforderung von nicht mehr als 10% des Streitwertes als geringfügig gilt. Keine höheren Kosten liegen regelmäßig vor, wenn kein Gebührensprung verursacht wurde, nur geringfügig höhere Kosten liegen vor, wenn nicht mehr als ein Gebührensprung oder lediglich Mehrkosten durch eine Beweisaufnahme verursacht wurden. Ob ein Gebührensprung vorliegt, können Sie der Gebührentabelle entnehmen, die in Anlage 2 des Gerichtskostengesetzes (GKG) abgedruckt ist. Bei Zweifeln sollten Sie quoteln.[11]

16 Bei jeweils hälftigem Obsiegen und Unterliegen können Sie die Kosten nach § 92 I 2 ZPO auch gegeneinander aufheben. Bei der Kostenaufhebung tragen die Parteien – insoweit wie bei der Teilung – die Gerichtskosten jeweils zur Hälfte. Hinsichtlich der Anwaltskosten gilt jedoch, dass jede Partei die Kosten ihres Anwalts selbst trägt. Eine Kostenaufhebung anstelle einer Kostenteilung hat daher insbesondere Sinn, wenn eine Partei höhere außergerichtliche Kosten hatte, etwa weil bei einem Prozess vor dem Amtsgericht nur sie anwaltlich vertreten war.[12]

17 **cc) Kostenentscheidung bei Änderung des Streitwertes (sog. Mehrkostenprinzip).** Besondere Schwierigkeiten kann die Kostenentscheidung aufwerfen, wenn es während einer Instanz zu einer Änderung des Streitwertes kommt, sei es durch Teilerledigungen, teilweise Klagerücknahmen oder Klageänderungen.

Beispiel: Der Kläger verklagt den Beklagten auf Zahlung von € 20.000. Vor der mündlichen Verhandlung nimmt er die Klage mit der Folge der Kostentragungspflicht nach § 269 III 2 ZPO in Höhe von € 10.000 zurück. Der Beklagte wird hinsichtlich der restlichen € 10.000 antragsgemäß verurteilt.

18 Grund hierfür ist, dass die Gerichts- und Anwaltsgebühren nicht linear zum Streitwert steigen, sondern sich degressiv entwickeln, also mit steigenden Streitwerten verhältnismäßig geringer wachsen. Eine Klage über € 20.000 ist deshalb nicht doppelt so teuer wie eine Klage über € 10.000. Dieser Grundsatz muss sich in der Kostenentscheidung wiederfinden. Der Kläger hat deshalb (nur) den Teil der Kosten zu tragen, der auf seiner ursprünglichen Zuvielforderung beruht (sog. Mehrkostenme-

[11] Zöller/*Herget*, § 92 Rn. 10.

[12] Näher dazu *Gemmer*, Das Verhältnis von Kostenaufhebung und Teilung im Amtsgerichtsprozess, NJW 2012, 3479.

thode).[13] Diese Mehrkosten werden ermittelt, indem die tatsächlich entstandenen Kosten des Rechtsstreits (tatsächliche Gesamtkosten) den Kosten gegenübergestellt werden, die entstanden wären, wenn der Kläger von Anfang an nur den zuletzt beantragten Betrag eingeklagt hätte (fiktive Gesamtkosten). Das Verhältnis der Differenz dieser Kosten zu den tatsächlichen Gesamtkosten ergibt den Kostenanteil des Klägers. Im obigen Beispielsfall muss der Kläger deshalb nur 17,7% der Kosten tragen.[14]

Der gerundete Tenor lautet daher:

1. Der Beklagte wird verurteilt, an den Kläger € 10.000 zu zahlen.
2. Der Kläger trägt 18%, der Beklagte trägt 82% der Kosten des Rechtsstreits.

(...)

c) Vorläufige Vollstreckbarkeit

Die vorläufige Vollstreckbarkeit müssen Sie grundsätzlich für jedes Urteil von 19
Amts wegen anordnen. Ob das Urteil mit oder ohne Sicherheitsleistung vorläufig vollstreckbar ist, hängt von mehreren Faktoren ab.

aa) Entscheidung über die Sicherheitsleistung. Der gesetzliche Regelfall ist die Voll- 20
streckung gegen Sicherheitsleistung nach § 709 ZPO.

Beispiel: Der Kläger verklagt den Beklagten auf Zahlung von € 10.000. Die Klage hat Erfolg.

3. Das Urteil ist gegen Sicherheitsleistung in Höhe von 110% des jeweils zu vollstreckenden Betrags vorläufig vollstreckbar.

§ 709 ZPO setzt aber voraus, dass kein Fall aus dem Katalog des § 708 ZPO vor- 21
liegt.

§ 708 ZPO knüpft die Frage, ob das Urteil ohne Sicherheitsleistung vorläufig vollstreckbar ist, zu einem erheblichen Teil an den Urteilstyp und an das Verfahren, nach dem das Urteil zustande kommt. Diese Frage wird deshalb je nach der besonderen

[13] Vgl. *OLG Naumburg* (1 U 110/13) BeckRS 2014, 19291; *OLG Köln* (19 U 104/13) BeckRS 2014, 10869; *OLG Schleswig* (1 W 37/07) BeckRS 2008, 02363 Rn. 7; zur Anwendung bei übereinstimmender Teilerledigung *OLG Hamm* (20 W 27/13) BeckRS 2014, 00355.

[14] Die Kostenrechnung sieht wie folgt aus: Sie müssen zunächst die Gesamtkosten des Rechtsstreits errechnen. Dabei sind folgende Kosten aus einem Streitwert von € 20.000 entstanden: Gerichtsgebühren 3 × € 345 = € 1.035 sowie Verfahrensgebühren für zwei Rechtsanwälte nach Nr. 3100 VV-RVG: 2,6 × € 742 = € 1.929,20, zuzüglich 2 × € 20 Auslagenpauschale (Nr. 7002 VV-RVG), zuzüglich 19% Mehrwertsteuer = € 2.343,35, insgesamt also € 3.378,35. Hinzu kommen die Kosten aus dem Streitwert von € 10.000: Dabei handelt es sich um Gebühren für zwei Rechtsanwälte nach Nr. 3104 VV-RVG: 2,4 × € 558 = € 1.339,20, zuzüglich 19% Mehrwertsteuer = € 1.593,65. Damit liegen Gesamtkosten in Höhe von € 4.972 vor. Nunmehr ist der Kostenanteil des Klägers hieran zu berechnen. Folgende Kosten wären nicht entstanden, wenn von vornherein nur € 10.000 eingeklagt worden wären: Gerichtsgebühren wären nur in Höhe von 3 × € 241 = € 723 anstatt in Höhe von € 1.035 entstanden (Mehrkosten also: € 312). Die Verfahrensgebühren nach Nr. 3100 VV-RVG für die Rechtsanwälte wären nur in Höhe von 2,6 × € 558 = € 1.450,80, zuzüglich 19% Mehrwertsteuer = € 1.726,45 und nicht in Höhe von € 2.295,75 entstanden (Mehrkosten also: € 569,30). Die Gesamtmehrkosten von € 881,30 (€ 312 + € 569,30) in Relation gesetzt zu den Gesamtkosten des Verfahrens von € 4.972, ergibt daher eine Quote von 17,7% zu Lasten des Klägers.

Konstellation des Urteils für Sie relevant und soll im Rahmen der jeweiligen Konstellation erörtert werden.

Daneben enthält der Katalog des § 708 ZPO aber auch Regelungen, die an den Streitgegenstand oder an den Streitwert anknüpfen. Für Sie kann insbesondere § 708 Nr. 11 ZPO Bedeutung erlangen.

Sofern Sie am Amtsgericht eingesetzt sind, wird Ihnen die Vorschrift des § 708 Nr. 11 ZPO regelmäßig begegnen. Aber auch am Landgericht kann § 708 Nr. 11 ZPO in verschiedenen Konstellationen bedeutsam sein.

22 **Beispiel:** Der Kläger verklagt den Beklagten auf Zahlung von € 1.250. Die Klage hat Erfolg.

> 3. Das Urteil ist vorläufig vollstreckbar. Der Beklagte kann die Vollstreckung durch Sicherheitsleistung in Höhe von 110% des aufgrund des Urteils vollstreckbaren Betrags abwenden, wenn nicht der Kläger vor der Vollstreckung Sicherheit in Höhe von 110% des jeweils zu vollstreckenden Betrags leistet.

§ 708 Nr. 11 ZPO findet in seiner ersten Variante immer dann Anwendung, wenn in vermögensrechtlichen Streitigkeiten die Verurteilung in der Hauptsache ohne Zinsen, Kosten und eventuelle Nebenforderungen (vgl. § 4 ZPO) € 1.250 nicht übersteigt.

Diese Variante kann Ihnen durchaus auch bei höheren Streitwerten begegnen, wenn Sie der Klage nur teilweise stattgeben. Sofern der Betrag der Teilverurteilung € 1.250 nicht übersteigt, müssen Sie im Rahmen der vorläufigen Vollstreckbarkeit dieselbe Tenorierung vornehmen. Insofern können Sie die erste Variante des § 708 Nr. 11 ZPO auch als Richter am Landgericht nicht vollständig außer Acht lassen, auch wenn sie dort eher selten auftreten wird.

23 **Beispiel:** Der Kläger verklagt den Beklagten auf Zahlung von € 2.500. Die Klage wird abgewiesen.

> 3. Das Urteil ist (wegen der Kosten) vorläufig vollstreckbar. Der Kläger kann die Vollstreckung durch Sicherheitsleistung in Höhe von 110% des aufgrund des Urteils vollstreckbaren Betrags abwenden, wenn nicht der Beklagte vor der Vollstreckung Sicherheit in Höhe von 110% des jeweils zu vollstreckenden Betrags leistet.

Die zweite Variante des § 708 Nr. 11 ZPO müssen Sie beachten, wenn nur die Entscheidung über die Kosten vollstreckbar ist.[15] Dies gilt in erster Linie, wenn Sie die Klage abweisen. In einer vermögensrechtlichen Streitigkeit greift § 708 Nr. 11 ZPO in der zweiten Variante ein, wenn die vollstreckbaren Kosten € 1.500 nicht überschreiten. Daneben kann die Variante insbesondere bei Feststellungsurteilen relevant werden. Sie tritt zudem bei Gestaltungsurteilen ohne Vollstreckungswirkung in der Hauptsache und Leistungsurteilen, die nach § 894 ZPO vollstreckt werden, auf. Wahrscheinlich wird Ihnen dies in Ihrer richterlichen Tätigkeit eher selten begegnen.

Im häufigsten Fall einer Anwendung des § 708 Nr. 11 Var. 2 ZPO, der klageabweisenden Entscheidung, hat der Beklagte nur einen Erstattungsanspruch in Höhe der eigenen Anwaltskosten. Dies führt dazu, dass im Regelfall der anfallenden erstinstanzlichen Gebühren § 708 Nr. 11 Var. 2 ZPO nur bei einem Streitwert unterhalb von

[15] Dazu *Dölling*, Die Vollstreckbarerklärung der Kostenentscheidung im Zivilurteil, NJW 2014, 2468.

€ 9.000 relevant sein kann.[16] Andererseits bedeutet dies, dass Sie ab einem Streitwert von € 9.000 die Prüfung des § 708 Nr. 11 ZPO grundsätzlich unterlassen können, sofern nicht der Beklagte nur einen Teil seiner Kosten erstattet verlangen kann.

bb) Abwendungsbefugnis. Ferner müssen Sie beachten, dass in den Fällen des § 708 Nr. 4–11 ZPO dem Schuldner nach § 711 ZPO zwar grundsätzlich eine Abwendungsbefugnis zukommt, die allerdings nach § 713 ZPO ausgeschlossen sein kann. Die Ausnahmevorschrift des § 713 ZPO ist in amtsgerichtlichen Verfahren – mit Ausnahme der Fälle des § 708 Nr. 1–3 ZPO – immer zu berücksichtigen, wenn die Berufung unzweifelhaft unzulässig ist. In landgerichtlichen Verfahren kommt sie dagegen selten zur Anwendung, da landgerichtliche Urteile stets berufungsfähig sind.[17] Falls § 713 ZPO anwendbar ist, müssten Sie in Abweichung zur obigen Tenorierung wie folgt tenorieren: 24

3. Das Urteil ist (wegen der Kosten) vorläufig vollstreckbar.

Beispiel: Der Kläger verklagt den Beklagten auf Zahlung von € 2.000. 25

Variante 1: Die Klage hat in Höhe von € 700 Erfolg.

Die Entscheidung über die vorläufige Vollstreckbarkeit müssen Sie für jede Partei gesondert treffen. Im obigen Fall müssen Sie das Urteil für beide Parteien ohne Sicherheitsleistung für vorläufig vollstreckbar erklären, da die Verurteilung des Beklagten in der Hauptsache € 1.250 nicht übersteigt und der Beklagte keinen Kostenerstattungsanspruch vollstrecken kann, der mehr als € 1.500 beträgt.

3. Das Urteil ist vorläufig vollstreckbar. Der Kläger und der Beklagte können die Vollstreckung durch Sicherheitsleistung in Höhe von 110% des aufgrund des Urteils vollstreckbaren Betrags abwenden, wenn nicht der jeweils andere vor der Vollstreckung Sicherheit in Höhe von 110% des jeweils zu vollstreckenden Betrags leistet.

Variante 2: Die Klage hat in Höhe von € 1.600 Erfolg. 26

In Anwendung des § 708 Nr. 11 ZPO ist es im Fall des teilweisen Erfolgs auch denkbar, dass bei einem niedrigen Streitwert die vorläufige Vollstreckbarkeit für den Kläger nach § 709 S. 1 ZPO nur gegen Sicherheitsleistung angeordnet werden kann, wohingegen der Beklagte seinen Kostenersatzanspruch auch ohne Sicherheitsleistung vollstrecken kann.

Das Urteil ist vorläufig vollstreckbar, für den Kläger jedoch nur gegen Sicherheitsleistung in Höhe von 110% des jeweils zu vollstreckenden Betrags. Der Kläger kann die Vollstreckung durch Sicherheitsleistung in Höhe von 110% des aufgrund des Urteils vollstreckbaren Betrags abwenden, wenn nicht der Beklagte vor der Vollstreckung Sicherheit in Höhe von 110% des jeweils zu vollstreckenden Betrags leistet.

---

[16] Bei einem Streitwert ab € 9.000 beträgt eine Rechtsanwaltsgebühr € 507. Multipliziert mit der Verfahrens- und Terminsgebühr ergibt sich demnach ein Wert von € 1.267,50. Diesem wird eine Gebührenpauschale von € 20 hinzugerechnet. Auf den Betrag von € 1.287,50 wird sodann die Umsatzsteuer von 19% erhoben, so dass sich ein Gesamtbetrag von € 1.532,13 ergibt.

[17] Vgl. Rn. 27.

27 **Variante 3:** Die Klage hat in Höhe von € 500 Erfolg.

Beachten Sie bei der Anwendung des § 713 ZPO die Möglichkeit der Anschlussberufung, die ohne Beschwer zulässig ist.[18] Ist demnach die Berufung auch nur für eine Partei zulässig (in der obigen Variante für den Kläger), kann § 713 ZPO auch nicht für die andere Partei zur Anwendung gebracht werden, da stets die Anschlussberufung zulässig ist. Es bleibt daher beim Tenor wie in der ersten Variante.

d) Besondere Konstellationen

28 Die allgemeinen Erwägungen zur Tenorierung finden zwar auf alle besonderen Konstellationen ebenfalls Anwendung. Dennoch müssen Sie im Falle eines stattgebenden Urteils in einigen Fällen im Tenor zusätzliche Besonderheiten beachten, die im Folgenden dargestellt werden.

aa) Prozessurteil.

29 **Beispiel:** Der Kläger verklagt den Beklagten auf Zahlung von € 21.000. Die Klage ist unzulässig.

Das Prozessurteil erfordert weder in der Hauptsache noch in den Nebenentscheidungen eine gesonderte Tenorierung. Da es sich um ein abweisendes Urteil handelt, gilt der für alle abweisenden Urteile gleiche Tenor. Sie müssen im Tenor demnach nicht darauf hinweisen, dass die Klage unzulässig ist. Dies ergibt sich aus den Entscheidungsgründen, die insoweit zur Klarstellung herangezogen werden können. Im Hinblick auf die Nebenentscheidungen ergeben sich keine Abweichungen von den allgemeinen Erwägungen:

1. Die Klage wird abgewiesen.
2. Die Kosten des Rechtsstreits trägt der Kläger.
3. Das Urteil ist (wegen der Kosten) gegen Sicherheitsleistung in Höhe von 110% des jeweils zu vollstreckenden Betrags vorläufig vollstreckbar.

bb) Leistungsurteil.

(1) Zahlung.

30 **Beispiel:** Der Kläger verklagt den Beklagten auf Zahlung von € 21.000 zuzüglich Zinsen in Höhe von 5 Prozentpunkten über dem Basiszinssatz seit Rechtshängigkeit. Die Klage ist dem Beklagten am 1.10.2018 zugestellt worden.

In diesem Fall müssen Sie das Datum der Rechtshängigkeit ausdrücklich nennen. Die Angabe „seit Rechtshängigkeit" genügt nicht, da diese im Vollstreckungsverfahren ohne die Urteilsbegründung nicht festgestellt werden kann. Für die Zinsentscheidung ist analog § 187 I BGB der auf die Zustellung der Klageschrift folgende Tag maßgeblich.[19]

1. Der Beklagte wird verurteilt, an den Kläger € 21.000 nebst Zinsen hieraus in Höhe von 5 Prozentpunkten über dem Basiszinssatz seit dem 2.10.2018 zu zahlen.
2. Die Kosten des Rechtsstreits trägt der Beklagte.

---

[18] Vgl. Zöller/*Heßler*, § 524 Rn. 31 m.w.N.; zur Anschlussberufung § 20 Rn. 66.
[19] *BGH* NJW-RR 1990, 518 (519).

3. Das Urteil ist gegen Sicherheitsleistung in Höhe von 110% des jeweils zu vollstreckenden Betrags vorläufig vollstreckbar.

Bei der Leistungsklage kann es zudem vorkommen, dass der Kläger eine geringere Zinsforderung beantragt, als ihm tatsächlich zusteht. Grundsätzlich gilt für diesen Fall der *ne-ultra-petita*-Grundsatz des § 308 I 1 ZPO. Im Beispielsfall würden Sie daher im Tenor auch dann nicht mehr Zinsen zusprechen, wenn die Parteien Kaufleute wären und daher eigentlich § 288 II BGB Anwendung finden würde. Von diesem Grundsatz dürfen Sie nur im Rahmen der einstweiligen Verfügung nach § 938 I ZPO, bei unzulässigen Allgemeinen Geschäftsbedingungen nach § 9 UKlaG und bei der Räumung von Wohnraum nach § 308a I 1 ZPO eine Ausnahme machen. 31

Für die Kostenentscheidung und die vorläufige Vollstreckbarkeit bestehen keine Besonderheiten. Für den Teilerfolg der Klage gelten die obigen Ausführungen.

(2) **Wiederkehrende Leistung.**

Beispiel: Der Kläger verklagt den Beklagten auf Zahlung von € 1.000 zum jeweiligen Monatsanfang ab dem 1.10.2018. 32

Bei der Klage auf wiederkehrende Leistung nach § 258 ZPO müssen Sie besonders darauf achten, dass der Tenor hinreichend bestimmt ist. Hier müssen Sie vor allem klarstellen, in welchen Abständen die Zahlungen zu erfolgen haben und wann die jeweilige Fälligkeit eintritt.

In Ihre Kostenberechnung für die Tenorierung der vorläufigen Vollstreckbarkeit müssen Sie bei einer Klage auf wiederkehrende Leistungen § 42 GKG einstellen. Sofern ein Fall des § 42 GKG vorliegt, ist dieser für die Berechnung des Gebührenstreitwertes vorrangig gegenüber § 9 ZPO, der aber über § 48 I 1 GKG in allen übrigen Fällen Anwendung findet.

1. Der Beklagte wird verurteilt, an den Kläger ab dem 1.10.2018 jeweils zum dritten Werktag eines Monats € 1.000 zu zahlen.
2. Die Kosten des Rechtsstreits trägt der Beklagte.
3. Das Urteil ist gegen Sicherheitsleistung in Höhe von 110% des jeweils zu vollstreckenden Betrags vorläufig vollstreckbar.

(3) **Verurteilung zur Leistung Zug um Zug.**

Beispiel: Der Kläger verklagt den Beklagten auf Zahlung von € 20.000. 33

Sofern der Beklagte im Prozess ein begründetes Zurückbehaltungsrecht geltend macht, kommt nur eine Verurteilung Zug um Zug in Betracht. Dasselbe gilt, wenn bereits der Kläger mit seinem Klageantrag (nur) eine Verurteilung Zug um Zug beantragt. Für diesen Fall steht der *ne-ultra-petita*-Grundsatz einer unbedingten Verurteilung entgegen.

Variante 1: Der Antrag des Klägers ist auf Zahlung Zug um Zug gegen Herausgabe eines bestimmten Gegenstands gerichtet.

Für Ihre Tenorierung ist entscheidend, dass die Gegenleistung, die Zug um Zug zu erfolgen hat, ebenso präzise tenoriert wird wie die Leistung. Hierzu gehört auch die Tenorierung der Frage, ob es sich bei der Gegenleistung um eine Hol-, Bring- oder Schickschuld handelt.

34 **Variante 2:** Der Beklagte macht berechtigterweise ein Zurückbehaltungsrecht geltend.

Vergessen Sie in dieser Variante nicht, die Klage im Übrigen abzuweisen. Sie müssen allerdings keine Kostenquote bilden, da die Gegenleistung nach h.M. keine Auswirkung auf den Streitwert hat.[20]

> 1. Der Beklagte wird verurteilt, an den Kläger € 20.000 zu zahlen, Zug um Zug gegen Herausgabe des PKW VW Golf mit der FIN … am Wohnsitz des Klägers. Im Übrigen wird die Klage abgewiesen.
> 2. Die Kosten des Rechtsstreits trägt der Beklagte.
>
> (…)

(4) **Unterlassung.**

35 **Beispiel:** Der Kläger beantragt, den Beklagten zu verurteilen, eine näher bestimmte Behauptung zu unterlassen.

Auch im Rahmen eines Unterlassungsanspruchs kann insbesondere die Bestimmtheit des Tenors problematisch sein. Sie müssen daher die begehrte Unterlassungsforderung wortgenau wiedergeben, um dem Kläger nicht mehr zuzusprechen, als er beantragt hat.

> 1. Der Beklagte wird verurteilt, die Behauptung, … *(hier muss der genaue Wortlaut der Behauptung wiedergegeben werden)*, zu unterlassen.

(5) **Herausgabe.**

36 **Beispiel:** Der Kläger klagt auf Herausgabe eines bestimmten Gegenstands.

Bei Herausgabeklagen ist entscheidend, dass die Sache, die herauszugeben ist, möglichst präzise beschrieben wird.

Je mehr Angaben Sie tenorieren, desto leichter wird es für den Gerichtsvollzieher, die herauszugebende Sache ausfindig zu machen. Dabei sollten Sie beachten, dass die Präzisierung nur die Sache selbst betrifft. Der Gerichtsvollzieher kann die Umstände, die den Herausgabeanspruch herbeiführten, nicht nachvollziehen, so dass hieraus keine Konkretisierung erwächst.

> 1. Der Beklagte wird verurteilt, an den Kläger den PKW VW Golf mit der FIN … herauszugeben.

37 (6) **Auskunft.** Bei der reinen Auskunftsklage spiegelt sich die Reichweite der Auskunft in der entsprechenden Anspruchsgrundlage. Demzufolge sollten Sie die Reichweite der Auskunft in der Kommentierung nachschlagen, um nicht gegen den *ne-ultra-petita*-Grundsatz zu verstoßen.

> 1. Der Beklagte wird verurteilt, dem Kläger Auskunft zu erteilen über … *(hier müssen Sie das genaue Auskunftsbegehren präzisieren)* durch … *(hier müssen Sie Art und Inhalt der Auskunftserteilung präzisieren: „wodurch“)*.

[20] Zöller/*Herget*, § 3 Rn. 3, 16, Stichwort Zug-um-Zug-Leistungen.

In einem zweiten Schritt wird der Kläger regelmäßig verlangen, dass die entsprechende Auskunft belegt wird. Dies erfordert eine gesonderte Tenorierung, die Sie als Ziff. 2 in den Tenor einfügen können.[21]

(7) **Bürgschaft.**

Beispiel: Der Kläger verklagt den Beklagten auf Zahlung von € 5.000 aus einer Bürgschaft. 38

Wenn der Beklagte aus einer Bürgschaft in Anspruch genommen wird, müssen Sie diese besondere Art der Zahlungsverpflichtung im Urteil zum Ausdruck bringen.[22]

> 1. Der Beklagte wird als Bürge des Hauptschuldners Frank Meyer verurteilt, an den Kläger € 5.000 zu zahlen.

(8) **Besondere subjektive Konstellationen.** Auch in subjektiver Hinsicht können sich Besonderheiten in der Tenorierung ergeben. Insbesondere ist die Verurteilung mehrerer Beklagter als Gesamtschuldner kenntlich zu machen. Auch die Verurteilung in die Kosten hat in diesem Fall gesamtschuldnerisch zu erfolgen, § 100 IV ZPO: 39

> 1. Die Beklagten werden als Gesamtschuldner verurteilt, an den Kläger € 10.000 nebst Zinsen in Höhe von 5 Prozentpunkten über dem Basiszinssatz hieraus seit dem 1.10.2018 zu zahlen.
> 2. Die Beklagten tragen die Kosten des Rechtsstreits als Gesamtschuldner.
>
> (...)

Im Falle der offenen Prozessstandschaft erfolgt die Leistung nicht an den Kläger, der nur als Prozessstandschafter auftritt, sondern an einen anderen Gläubiger. Im Tenor muss daher zum Ausdruck gebracht werden, an wen die Leistung zu erfolgen hat. Auch hier sollten Sie die Bezeichnung des Gläubigers so genau wie möglich tenorieren. 40

> 1. Der Beklagte wird verurteilt, an ... *(genaue Bezeichnung des Gläubigers)* € 10.000 zu zahlen.

cc) Gestaltungsurteil. Der häufigste Anwendungsfall des materiellen Gestaltungsurteils ist die Ehescheidung. 41

> 1. Die am ... vor dem Standesbeamten der Stadt ... zwischen den Parteien geschlossene Ehe wird geschieden.

Hinsichtlich der Kosten ergeben sich keine Besonderheiten. Prozessuale Gestaltungsurteile (wichtige Fälle: Vollstreckungsgegenklage, § 767 ZPO, Drittwiderspruchsklage, § 771 ZPO) sind auch in der Hauptsache für vorläufig vollstreckbar zu erklären, ebenso die Urteile auf Abgabe einer Willenserklärung, § 894 ZPO.

---

[21] Siehe hierzu die Ausführungen zur Stufenklage Rn. 121, 122.
[22] Zöller/*Feskorn*, § 313 Rn. 8.

dd) Feststellungsurteil.

42 **Beispiel:** Der Kläger und der Beklagte unterzeichnen an einem bestimmten Datum einen Vertrag. Nach einiger Zeit entstehen den Parteien Zweifel an der Wirksamkeit des Vertrags.

Bei der Tenorierung des Feststellungsurteils sollte Ihr Hauptaugenmerk auf der hinreichenden Bestimmtheit des Tenors liegen. Das streitige Rechtsverhältnis muss eindeutig bezeichnet werden. Beachten Sie ferner, dass Sie den Tenor stets mit den Worten „Es wird festgestellt, dass …" einleiten. Sie tenorieren wie folgt:

43 Im Fall der positiven Feststellungsklage:

> 1. Es wird festgestellt, dass die von den Parteien am … *(Datum einfügen)* unterzeichnete Vereinbarung … *(genaue Bezeichnung der Vereinbarung)* einen wirksamen Vertrag über … *(inhaltliche Beschreibung der Verpflichtung)* darstellt.

44 Im Fall der negativen Feststellungsklage:

> 1. Es wird festgestellt, dass die zwischen den Parteien am … unterzeichnete Vereinbarung … *(genaue Bezeichnung)* keinen wirksamen Vertrag über … *(inhaltliche Präzisierung)* begründet.

Häufig wird es Ihnen begegnen, insbesondere bei Verkehrszivilsachen oder Klagen auf Schadensersatz und Schmerzensgeld wegen Körperverletzungen, dass ein Zahlungsantrag hinsichtlich eines bereits bezifferbaren Schadensersatzbetrags neben einem Feststellungsantrag steht, der in die Zukunft hineinwirkt. In diesem Fall müssen Sie wie folgt tenorieren:

> 1. Der Beklagte wird verurteilt, an den Kläger € … nebst Zinsen in Höhe von … seit dem … zu zahlen.
> 2. Es wird festgestellt, dass der Beklagte dem Kläger alle weiteren Schäden, die aus dem Verkehrsunfall vom … *(hier muss die genaue Bezeichnung des schadensbegründenden Ereignisses eingesetzt werden)* resultieren, zu ersetzen hat.
>
> (…)

Die Kostenentscheidung folgt den allgemeinen Regeln. Das Urteil ist in dieser letzten Konstallation auch bezüglich der Hauptsache für vorläufig vollstreckbar zu erklären.

4. Tatbestand

a) Allgemeines

45 Nicht jedes Ihrer Urteile erfordert einen Tatbestand. Das Gesetz ermöglicht es Ihnen, im Rahmen eines Versäumnis-, Anerkenntnis- oder Verzichtsurteils auf den Tatbestand zu verzichten, § 313b I 1 ZPO. Der Tatbestand ist nach § 313a I 1 ZPO auch in dem Fall entbehrlich, in dem Rechtsmittel gegen Ihr Urteil unzweifelhaft nicht zulässig sind.

Beim Abfassen Ihres Tatbestands gilt der oberste Grundsatz, dass der Tatbestand aus sich heraus beim einmaligen Durchlesen verständlich sein muss. Ferner müssen sich alle Informationen, auf die Sie in den Entscheidungsgründen Ihr Urteil stützen, im Tatbestand wiederfinden. Mit anderen Worten müssen Tatbestand und Entscheidungsgründe kongruent sein. Zwar bedeutet dies, dass Sie die Teile des Parteivortrages weglassen können, die für die Entscheidungsfindung irrelevant sind. Dennoch sollten Sie stets auf solchen Tatsachen- und Rechtsvortrag in den Entscheidungsgründen und damit auch im Tatbestand eingehen, von dem Sie erkennen, dass die Parteien ihn für besonders wichtig erachten. Die Parteien sollten den Eindruck gewinnen, dass Sie ihren Vortrag umfassend gewürdigt haben. Letztendlich schreiben Sie Ihr Urteil für die Parteien, so dass Sie diese von Ihrer tatsächlichen und rechtlichen Würdigung überzeugen müssen. Dies wird Ihnen kaum gelingen, wenn Sie auf wesentliche Teile des Vortrags nicht eingehen. Insofern sollten Sie auch die Rechtsansichten, die den Parteien erkennbar wichtig und richtig erscheinen, in Ihren Tatbestand aufnehmen. In praktischer Hinsicht wird sich dadurch die Quote der eingelegten Rechtsmittel gegen Ihre Urteile verringern. Der Grundsatz *iura novit curia* gilt zwar uneingeschränkt, Sie werden aber – auch aufgrund der knappen Zeit für die Bearbeitung Ihrer Akten – über (richtigen) Rechtsvortrag aus Beschleunigungsgründen dankbar sein. Dies sollte sich auch im Urteil widerspiegeln.

Im Grundsatz gilt folgender Aufbau für den Tatbestand: 46

- Einleitungssatz
- Unstreitige Tatsachen
- Streitiger Tatsachenvortrag des Klägers
- Rechtsansichten des Klägers
- Kleine Prozessgeschichte
- Sachanträge
- Streitiger Tatsachenvortrag des Beklagten
- Rechtsansichten des Beklagten
- Falls erfolgt: Replik, Duplik
- Prozessgeschichte

Dass Sie einen Einleitungssatz schreiben, ist nicht zwingend erforderlich. Er verfolgt den Zweck, für den Leser des Tatbestands den Hintergrund der Streitigkeit grob zu umschreiben, damit dieser sogleich im Bilde ist. 47

Sodann folgt der unstreitige Tatsachenvortrag. Bauen Sie chronologisch auf. Verfassen Sie den Tatbestand im Indikativ Imperfekt. Bei noch andauernden Zuständen wird das Präsens verwendet, wohingegen zeitlich vorgelagerte Ereignisse durch das Plusquamperfekt kenntlich gemacht werden.

Der streitige Tatsachenvortrag des Klägers schließt sich unmittelbar an. Er ist in indirekter Rede grundsätzlich im Konjunktiv Perfekt abzufassen, für gegenwärtige Zustände im Konjunktiv Präsens. Die Rechtsansichten werden im Konjunktiv Präsens dargelegt.

Die kleine Prozessgeschichte ist nur dann erforderlich, wenn sie für das Verständnis der nachfolgenden Anträge von Bedeutung ist, also wenn die ursprünglichen Anträge der Parteien aufgrund bisheriger Ereignisse des Rechtsstreits verändert wurden. Die kleine Prozessgeschichte ist eine Abspaltung der grundsätzlich am Ende des Tatbestands erfolgenden Prozessgeschichte. Sie ist in indirekter Rede im Indikativ Perfekt abzufassen.

Sodann folgen die aktuellen Anträge der Parteien im Präsens; sie sind einzurücken und auf den Hauptsacheantrag zu beschränken. Die Parteien stellen in der Praxis oftmals Anträge, die ohnehin von Amts wegen zu berücksichtigen sind. Dies gilt – wie sich aus § 308 II ZPO ergibt – für Anträge zur Kostenentscheidung und zur vorläufigen Vollstreckbarkeit. Diese Anträge können Sie in der Klageschrift, der mündlichen Verhandlung und auch im Tatbestand Ihres Urteils ignorieren.

Daraufhin folgt der streitige Tatsachenvortrag des Beklagten, der ebenfalls grundsätzlich im Konjunktiv Perfekt erfolgt.

Sofern sie vorliegen, werden anschließend Replik und Duplik dargestellt. Eine Replik wird Ihnen noch vergleichsweise häufig begegnen. Diese liegt allerdings nicht bereits dann vor, wenn auf die Klageerwiderung durch den Kläger erneut reagiert wird. Tatsachen, die in einem weiteren klägerischen Vortrag vorgebracht werden, sind grundsätzlich Teil des unstreitigen Tatsachen- oder des streitigen Klägervortrags. Nur soweit Entgegnungen des Klägers auf die Klageerwiderung ausschließlich dadurch verständlich werden, dass Sie zuvor den streitigen Beklagtenvortrag dargestellt haben, z.B. zu Einreden, müssen Sie den Vortrag im Tatbestand in einer Replik darstellen. Dasselbe gilt für weitere Schriftsätze des Beklagten, die nur in seltenen Fällen eine Duplik darstellen werden.

Daran schließt sich die große Prozessgeschichte an, in der Sie alle prozessual bedeutsamen Ereignisse des Rechtsstreits, die nicht Gegenstand der kleinen Prozessgeschichte waren, darstellen, z.B. eine Beweisaufnahme. In der Praxis wird von der umfassenden Darstellung der großen Prozessgeschichte oftmals abgesehen. Insbesondere wird teilweise auf die Darstellung der Beweisbeschlüsse des Gerichts verzichtet, da diese den Parteien bekannt sind und im Übrigen aus den Entscheidungsgründen ersichtlich sind.

Im Anschluss können Sie noch auf die Schriftsätze der Parteien zur Ergänzung des Tatbestands verweisen. Seien Sie sich aber bewusst, dass Sie dieser Pauschalverweis nicht davon entbindet, die Tatsachen, auf die Sie Ihre Entscheidungsgründe stützen, im Tatbestand darzustellen, damit Ihr Urteil auch ohne Hinzuziehung der Akte verstanden werden kann. Bezugnahmen auf konkret bezeichnete Schriftsätze oder Anlagen sind aber durchaus üblich und zulässig (§ 313 II 2 ZPO).

b) Besondere Konstellationen

48 **aa) Unberücksichtigte Beweisangebote.** Sie werden in einigen Verfahren damit konfrontiert, dass eine der Parteien wiederholt ein Beweisangebot unterbreitet, auf das Sie allerdings nicht eingehen müssen, da Sie es entweder für unzulässig halten oder nach Ihrer rechtlichen Würdigung nicht für notwendig erachten.[23] In diesem Fall ist es ratsam, der Partei zu verdeutlichen, dass Sie das Beweisangebot wahrgenommen, es aber nicht weiter verfolgt haben. Insoweit bietet sich eine Erwähnung im streitigen Tatbestand an.

> Der Beklagte behauptet, die Forderung sei durch Erfüllung erloschen. Hierfür hat er Beweis durch Vernehmung der Zeugin … angeboten.

49 **bb) Verspätete Angriffs- und Verteidigungsmittel.** Wenn Sie vorgebrachte Angriffs- und Verteidigungsmittel für verspätet halten, müssen Sie aufgrund der Kongruenz von Tatbestand und Entscheidungsgründen die Daten des Vorbringens und ihres Eingangs bei Gericht im Tatbestand erwähnen. Ob eine Verzögerung im Rechtssinne vorliegt, müssen Sie dann in den Entscheidungsgründen erörtern.

Der Übersichtlichkeit halber erfolgt in der Praxis die Darstellung im Rahmen der Prozessgeschichte am Ende des Tatbestands.

[23] Vgl. § 9 Rn. 113 ff.

Mit (nicht nachgelassenem) Schriftsatz vom ..., bei Gericht eingegangen am ..., hat der Kläger vorgetragen, ...

5. Entscheidungsgründe

a) Allgemeines

aa) Urteilsstil. In den Entscheidungsgründen ist der Urteilsstil zu verwenden. Dieser unterscheidet sich als solcher – anders als häufig behauptet wird – gar nicht so stark vom Gutachtenstil. Während dort in einem ersten Schritt die zu klärende Frage aufgeworfen wird (Fraglich ist, ob ...), sodann in einem zweiten und einem dritten Schritt Definition und Subsumtion erfolgen und schließlich in einem vierten Schritt das Ergebnis formuliert wird, wird im Urteil einfach der vierte Schritt (das Ergebnis) nach vorn gezogen, es entfällt die Frage. Der Vorgang von Definition und Subsumtion ist – anders kann es ja auch nicht sein – in Gutachten und Urteil identisch. 50

Versuchen Sie stets, Ihre Begründung so zu schreiben, dass Sie gedanklich jeden Satz innerhalb eines Gliederungspunktes der Ergebnisbegründung mit einem „weil“, „denn“ oder „da“ verbinden könnten. Hieraus ergibt sich dann eine logisch zwingende Kette von Begründungssätzen, von denen der eine aus dem anderen folgt.

Der Urteilsstil mit der Subsumtion als letztem Schritt führt dazu, dass die einzelnen Ergebnisse gewissermaßen „in der Luft hängen“. Sie werden deshalb am Anfang ihrer beruflichen Tätigkeit sicherlich das ein oder andere Mal das Bedürfnis verspüren, das Ergebnis Ihrer Ausführungen – insbesondere bei langen Urteilsbegründungen – am Ende zusammenzufassen. Versuchen Sie, diesem Verlangen zu widerstehen! Es gibt kein Bedürfnis für eine Zusammenfassung. Das Ergebnis wurde dem Leser schließlich bereits am Anfang des Urteils im Tenor mitgeteilt. Formulierungen wie, „deshalb war zu entscheiden, wie erkannt“, sollten Sie daher nach Möglichkeit vermeiden.

Oberstes Gebot bei der Abfassung des Urteils ist die Verständlichkeit. Sie sollten daher auf eine möglichst einfache, schnörkellose Sprache achten. Dazu gehört auch, Schachtelsätze, unnötige Zitate und Fremdwörter zu vermeiden. Sie sollen keinen wissenschaftlichen Aufsatz schreiben, sondern eine von Ihnen getroffene Entscheidung begründen. Häufig versteckt sich hinter komplizierten Formulierungen nur die Unsicherheit des Verfassers über die Richtigkeit seines Ergebnisses. Stellen Sie sich beim Abfassen Ihres Urteils am besten die Parteien, insbesondere die unterlegene Par tei vor, der Sie Ihre Entscheidung erläutern. Die einfache Sprache folgt dann meist von selbst. 51

Die Verständlichkeit des Urteils darf aber natürlich nicht zu inhaltlicher Belanglosigkeit führen. Sie müssen daher beim Abfassen des Urteils insbesondere auch die Berufungsinstanz im Blick haben, vor der Ihre Ausführungen Bestand haben müssen. Sie werden aber schnell feststellen, dass Sie auch die inhaltlichen Probleme tiefer durchdringen, wenn Sie sich zwingen, in kurzen und klaren Sätzen zu schreiben.

Gelegentlich entsteht beim Abfassen eines Urteils das Bedürfnis, eine Entscheidung auf zwei Beine zu stellen, also Hilfserwägungen anzustellen. Das mag etwa der Fall sein, wenn Sie eine auf einen vertraglichen Anspruch gestützte Klage abweisen wollen, weil sowohl bereits kein Vertrag zwischen den Parteien zustande gekommen ist, als auch etwaige vertragliche Ansprüche verjährt wären. Das Bedürfnis nach Nennung beider Gründe für die Klageabweisung ist schon wegen des Grundsatzes „Doppelt hält besser!“ gut nachvollziehbar. Seien Sie trotzdem zurückhaltend mit Mehrfachbegründungen. Diese widersprechen grundsätzlich dem Urteilsstil und verraten letztlich die Unsicherheit des Richters darüber, ob die gewählte Begründung die Ent- 52 scheidung wirklich trägt. In dem oben genannten Beispiel ist es gleichwohl zulässig, sowohl auf den fehlenden Vertragsschluss als auch auf die Verjährung einzugehen. Es besteht hier durchaus ein berechtigtes Interesse der unterlegenen Partei, zu erfahren, dass der Anspruch nicht nur wegen Ablaufs der Verjährungsfrist abgewiesen wurde, sondern auch dem Grunde nach nicht bestand.

Generell gilt in diesem Zusammenhang die Regel, dass Sie sich beim klagestattgebenden Urteil nur mit einer Anspruchsgrundlage auseinandersetzen müssen, aus der der Anspruch folgt, und dass Sie bei der Klageabweisung ausführen müssen, warum sich im konkreten Fall der Anspruch aus allen in Betracht kommenden Anspruchsgrundlagen nicht ergibt.

53 Beim Verwenden von „Zwar-aber-Sätzen", die häufig eine große Klammer um die ganzen Entscheidungsgründe bilden, sollten Sie nach Zweckmäßigkeitserwägungen verfahren. Einerseits gilt auch hier, dass der „Zwar"-Teil nicht erforderlich ist, weil er die Entscheidung aufgrund des „Aber"-Teils nicht trägt. Andererseits kann dieser Aufbau durch das Interesse der Partei an der Auffassung des Gerichts über einen Punkt, der zwar nicht entscheidungserheblich ist, aber zwischen den Parteien ausführlich und kontrovers diskutiert wurde, gerechtfertigt sein.

Obiter dicta, also Ausführungen, auf denen die von Ihnen getroffene Entscheidung nicht beruht, sollten dagegen grundsätzlich in Ihrem Urteil keinen Platz haben. Sie entscheiden ausschließlich über den Ihnen zur Entscheidung vorgelegten Sachverhalt.

54 **bb) Aufbau der Entscheidungsgründe.** Wenn Sie – wie im Normalfall – Entscheidungsgründe abzufassen haben, unterliegen diese der folgenden Gliederung[24]:

Obersatz: Gesamtergebnis

A. Zulässigkeit
B. Begründetheit

Eventuell: Auslegung des Klageantrags

I. Hauptsache
  1. Hauptforderung(en)
  2. Nebenforderung(en)

II. Nebenentscheidungen
  1. Kostenentscheidung
  2. Vorläufige Vollstreckbarkeit

55 Zur Zulässigkeit müssen Sie nur Stellung beziehen, wenn sich an dieser Stelle Probleme ergeben. In der Regel genügt die kurze Feststellung der Zulässigkeit der Klage:

Die Klage ist zulässig.

Oder:

Die zulässige Klage ist begründet/nicht begründet.

[24] Weiterführend *Stein*, Aufbau und Inhalt von Entscheidungsgründen im Zivilurteil – Ein Überblick, JuS 2014, 320.

Die Schwierigkeit der rechtlichen Würdigung besteht neben der erforderlichen inhaltlichen Richtigkeit darin, dass Sie trotz der gebotenen Kürze die Parteien von der Richtigkeit Ihrer juristischen Wertungen und tatsächlichen Würdigungen überzeugen. Ihre Entscheidungsgründe sollten sich daher nicht allein auf die relevanten juristischen Erwägungen stützen. Mitunter kann es auch sinnvoll sein, auf Argumente einzugehen, die zwar nicht durchgreifen, für die Parteien aber erkennbar von Bedeutung sind. Sie sollten daher bei der Abfassung Ihrer Entscheidungsgründe Folgendes berücksichtigen: 56

Bei einem klageabweisenden Urteil haben Sie häufig verschiedene Möglichkeiten der Darstellung der Entscheidungsgründe. Sofern die Klageforderung an einem bestimmten Merkmal eindeutig scheitert, sollten Sie sich diesem Merkmal intensiv widmen und so der unterlegenen Partei zeigen, dass Sie auch unter Anwendung größter juristischer Sorgfalt und unter Berücksichtigung aller Argumente keine Möglichkeit sehen, dieses Tatbestandsmerkmal zu bejahen. In den übrigen Entscheidungsgründen können Sie sich dann knapp fassen. 57

> Selbst unter Berücksichtigung des klägerischen Vortrags läge hier kein Verschulden vor, weil …

Sofern Sie bei einem klageabweisenden Urteil dagegen auch Argumente für die Bejahung einzelner Tatbestandsmerkmale erkennen, die nach Ihrer rechtlichen Würdigung aber nicht durchgreifen, sollten Sie Ihre Entscheidungsgründe durch die Darstellung weiterer Tatbestandsmerkmale, die ebenfalls nicht vorliegen, absichern. Auf diese Weise zeigen Sie dem Kläger sogleich die Hürden auf, die dieser für ein erfolgreiches Rechtsmittel überspringen muss.

> Selbst wenn der Kläger eine Pflichtverletzung des Beklagten nachgewiesen hätte, läge hier jedenfalls kein kausaler Schaden vor.

Eine ähnliche Situation ergibt sich, wenn Sie einer Klage stattgeben. In diesem Fall sollten Sie dem Beklagten zeigen, dass Sie seine tatsächlichen und rechtlichen Bedenken umfassend gewürdigt haben. 58

Die Auslegung des Klageantrags sollten Sie nur ansprechen, wenn der Antrag nicht eindeutig ist. Auf unklare Anträge sollten Sie ohnehin bereits zuvor gemäß § 139 I 2 ZPO hingewiesen haben.[25]

cc) **Weglassen der Entscheidungsgründe.** Wie schon im Falle des Tatbestands müssen Sie beachten, dass nach § 313b I 1 ZPO auch das Abfassen der Entscheidungsgründe im Falle eines Versäumnis-, Anerkenntnis- oder Verzichtsurteils entbehrlich ist. Zudem kommt die Entbehrlichkeit der Entscheidungsgründe nach § 313a I 2 ZPO in Betracht. Anders als beim Tatbestand müssen Sie hier allerdings beachten, dass das Weglassen der Entscheidungsgründe neben den Anforderungen des § 313a I 1 ZPO zusätzlich den Verzicht der Parteien oder die Aufnahme des wesentlichen Inhalts der Entscheidungsgründe in das Protokoll voraussetzt. Sofern die Parteien nicht zu einem Verzicht bereit sind, sollten Sie daher beim Diktieren des Protokolls an diese Vorschrift denken, falls Sie in Ihrem Urteil auf die Entscheidungsgründe 59

[25] Zur richterlichen Hinweispflicht § 4.

verzichten wollen. Gerade am Anfang ihrer Berufstätigkeit empfiehlt sich die vorstehend skizzierte Vorgehensweise grundsätzlich nicht. Die Gefahr, etwas zu übersehen, ist hierbei zu groß.

b) Besondere Umstände

60 **aa) Materielle Rechtskraft.** Es kann vorkommen, dass hinsichtlich eines Teils des von Ihnen zu entscheidenden Rechtsstreits bereits eine rechtskräftige Entscheidung vorliegt. Die materielle Rechtskraft einer solchen vorherigen Entscheidung ist in der Begründetheit der Entscheidungsgründe aufzugreifen, wenn hierüber Streit entsteht. Sofern über den gesamten Streitgegenstand bereits rechtskräftig entschieden wurde, müssen Sie dagegen die Zulässigkeit der Klage verneinen.

Eine Teilerstreckung der Rechtskraft kann Ihnen insbesondere begegnen, wenn zuvor im Wege eines Teilurteils über eine bestimmte abgegrenzte Frage des Rechtsstreits entschieden wurde.

> Über die Frage, ob, …, ist mit Urteil des … vom … rechtskräftig entschieden worden. Hieran ist das erkennende Gericht nach § 322 I ZPO gebunden.

61 **bb) Verspätete Angriffs- und Verteidigungsmittel.** Spiegelbildlich zum Tatbestand sollten Sie bei verspäteten Angriffs- und Verteidigungsmitteln die Daten aufgreifen und stets unter die einschlägigen Vorschriften der §§ 296, 296a ZPO subsumieren. Mit Ihrer juristischen Argumentation müssen Sie in erster Linie die Partei überzeugen, deren Angriffs- oder Verteidigungsmittel Sie nicht berücksichtigt haben.

6. Rechtsbehelfsbelehrung

62 Anfechtbare Entscheidungen in Zivilprozessverfahren ohne Anwaltszwang müssen eine Rechtsbehelfsbelehrung enthalten (§ 232 ZPO).[26] Ebenso wie für das Rubrum gilt, dass Sie die Rechtsbehelfsbelehrung in Ihrer beruflichen Praxis meist nicht selbst werden erstellen müssen, weil bei Ihrem Gericht hierfür Formulare oder Vorlagen in elektronischen Aktenverwaltungsprogrammen, wie „forumStar", vorgehalten werden. Sie müssen aber in der Lage sein, diese Formulare zu überprüfen, da Sie sich die Rechtsbehelfsbelehrung mit Ihrer Unterschrift, die unter der Belehrung erfolgt, zu Eigen machen.

Nach dem gesetzlichen Wortlaut muss die Rechtsbehelfsbelehrung Angaben enthalten über die Anfechtbarkeit der Entscheidung, den statthaften Rechtsbehelf (Rechtsmittel, Einspruch, Widerspruch oder Erinnerung), das Gericht, bei dem der Rechtsbehelf einzulegen ist, den Sitz des Gerichts, die einzuhaltende Form und die einzuhaltende Frist.[27]

Die häufigsten Konstellationen, in denen eine Belehrung erforderlich ist, sind die Belehrung über das Rechtsmittel der Berufung gegen ein Endurteil des Amtsgerichts, über den Einspruch gegen ein Versäumnisurteil, über die sofortige Beschwerde gegen den einen Antrag auf Bewilligung von Prozesskostenhilfe zurückweisenden Beschluss und über die Beschwerde gemäß § 68 I GKG gegen einen Streitwertbeschluss (§ 5b

[26] Hierzu *Hartmann*, Die neue Rechtsbehelfsbelehrung im Zivilprozess, MDR 2013, 60; *ders.*, Rechtsbehelfsbelehrung trotz Unanfechtbarkeit?, NJW 2014, 117.

[27] Hierzu sowie zu weiteren Anforderungen *Fölsch*, Formulierungshilfen zur Rechtsbehelfsbelehrung im Zivilprozess, NJW 2013, 970 (971).

GKG).[28] Nicht erforderlich sind Rechtsbehelfsbelehrungen bei bestehendem Anwaltszwang (§ 78 I ZPO), soweit nicht der Einspruch oder der Widerspruch als Rechtsbehelf in Betracht kommen oder ein Zeuge oder Sachverständiger zu belehren ist (§ 232 S. 2 Hs. 2 ZPO). Eine weitere Ausnahme gilt für Streitwertbeschlüsse, da § 5b GKG den Anwaltsprozess nicht ausnimmt. Darüber hinaus hat der BGH entschieden, dass auch in Fällen mit obligatorischer Vertretung durch einen Rechtsanwalt eine Rechtsbehelfsbelehrung zu erteilen ist, wenn aufgrund der Verfahrenssituation eine Beratung und Belehrung durch einen Rechtsanwalt nicht sichergestellt ist.[29]

Halten Sie sich in allen Fällen den Zweck der Rechtsbehelfsbelehrung vor Augen: Die Belehrung muss geeignet sein, die rechtsunkundige Partei in die Lage zu versetzen, einen formrichtigen Rechtsbehelf gegen Ihre Entscheidung einzulegen. Die Belehrung sollte daher aus sich selbst heraus verständlich sein. Das sollte im Übrigen auch dann gelten, wenn die Partei durch einen Rechtsanwalt vertreten ist.[30]

Fehlt die erforderliche Rechtsbehelfsbelehrung oder ist sie nicht ordnungsgemäß ergangen, besteht nach § 233 S. 2 ZPO die Vermutung, dass ein Fristversäumnis schuldlos erfolgte.[31]

7. Unterschriften

Das Urteil ist von den Richtern, die an der Entscheidung, d.h. der letzten mündlichen Verhandlung, mitgewirkt haben, zu unterschreiben, § 315 I 1 ZPO. Ist ein Richter an der Unterschrift gehindert, so wird dies gemäß § 315 I 2 ZPO unter Angabe des Verhinderungsgrundes von dem Vorsitzenden und bei dessen Verhinderung von dem ältesten beisitzenden Richter unter dem Urteil vermerkt. 63

Denken Sie daran: Eine Paraphe reicht nicht, es ist ein individueller Schriftzug erforderlich, der charakteristische Merkmale einer Unterschrift mit vollem Namen aufweist.[32]

8. Weitere mögliche Bestandteile des Urteils

a) Streitwertfestsetzung

Nach der Abfassung des Urteils wird der endgültige Streitwert festgelegt, der eine ggf. erfolgte vorläufige Streitwertfestsetzung ersetzt. Die Streitwertfestsetzung kann direkt im Urteil im Rahmen der Nebenentscheidungen erfolgen. 64

> 4. Der Streitwert beträgt € 25.000.

Sie können dem Urteil aber auch einen gesonderten Streitwertbeschluss anfügen. Dies empfiehlt sich, um zu verhindern, dass ein Rechtsmittel gegen das Urteil nur wegen der Streitwertfestsetzung eingelegt wird.

> **Beschluss**
>
> Der (endgültige) Streitwert wird auf € 25.000 festgesetzt.

---

[28] Formulierungsvorschläge finden sich bei *Fölsch*, NJW 2013, 970 (972 ff.).

[29] *BGH* NJW 2016, 1827 Rn. 7.

[30] Für die Fälle fehlenden Anwaltszwangs auch *Huber*, Grundwissen – Zivilprozessrecht: Rechtsbehelfsbelehrung (§ 232 ZPO), JuS 2014, 972 (974).

[31] Vgl. hierzu aber auch § 20 Rn. 15.

[32] Zöller/*Feskorn*, § 315 Rn. 1 m.w.N.

Wegen Einzelheiten der Streitwertfestsetzung wird auf die obigen Ausführungen verwiesen.[33] Für Einzelfälle sollten Sie eine Kommentierung der §§ 3 ff. ZPO heranziehen.

b) Berufungszulassung

65 Sie müssen einen Ausspruch über die Berufungszulassung nur dann vornehmen, wenn Sie die Berufung nach § 511 II Nr. 2 ZPO ganz oder teilweise[34] zulassen möchten. Dies sollte dann Eingang in Ihren Tenor finden, auch wenn es für ausreichend erachtet wird, dass die Zulassung in den Entscheidungsgründen erfolgt.[35]

> 4. Die Berufung wird zugelassen.

Ein Schweigen über die Berufungszulassung wird in der Praxis als Nichtzulassung gedeutet, auch wenn sich die ZPO in dieser Hinsicht in § 511 nicht eindeutig positioniert.

Selbst wenn die Nichtzulassung nicht in den Tenor aufgenommen wird, müssen Sie sich gleichwohl hierzu in den Entscheidungsgründen äußern. Die Begründung richtet sich nach § 511 IV ZPO. Beachten Sie, dass die Voraussetzungen des § 511 IV 1 Nr. 1 und 2 ZPO kumulativ vorliegen müssen. Sie müssen daher stets zu beiden Voraussetzungen Stellung beziehen.

Die Voraussetzungen des § 511 IV 1 Nr. 1 ZPO werden in Ihrer beruflichen Tätigkeit zwar nicht besonders häufig auftreten. Gleichwohl ist es bedeutsam, dass Sie sie stets zumindest kurz prüfen.[36] Bei Nichtvorliegen genügt ein kurzer Hinweis in den Entscheidungsgründen.

> Die Voraussetzungen des § 511 IV 1 Nr. 1 ZPO liegen nicht vor.

IV. Urteile in besonderen Konstellationen

1. Anerkenntnisurteil

66 **Beispiel:** Der Kläger verklagt den Beklagten auf Zahlung von € 10.000. Dieser erkennt die Forderung nach einem entsprechenden Hinweis von Ihnen an.

Das zu erlassende Urteil ist als *Anerkenntnisurteil* zu bezeichnen, § 313b I 2 ZPO. Einer Schlüssigkeitsprüfung bedarf es – anders als beim Versäumnisurteil – nicht.

a) Tenor

67 **aa) Hauptsache.** Es bestehen keine Besonderheiten gegenüber dem Hauptsachetenor eines normalen Endurteils. Allerdings empfiehlt es sich, im Hauptsachetenor deutlich zu machen, dass über den Rechtsstreit aufgrund eines Anerkenntnisses entschieden wird. Das gilt insbesondere, wenn es sich um ein *Teilanerkenntnisurteil* handelt.

---

[33] § 3 Rn. 82 ff.

[34] Eine nur beschränkte Zulassung der Berufung ist unter denselben Voraussetzungen wie die beschränkte Zulassung der Revision zulässig, vgl. *BGH* NJW 2018, 937 Rn. 8.

[35] *BGH* NJW 2016, 1179 Rn. 5.

[36] Dazu *BVerfG* NJW 2016, 3295 Rn. 12 ff.; *BVerfG* BeckRS 2017, 117816 Rn. 13 ff.

> 1. Der Beklagte wird auf sein Anerkenntnis verurteilt, an den Kläger € 10.000 zu zahlen.
>
> oder:
>
> 1. Der Beklagte wird auf sein Anerkenntnis verurteilt, an den Kläger € 10.000 zu zahlen. Der Beklagte wird weiter verurteilt, an den Kläger € 5.000 zu zahlen.

bb) Kosten. Grundsätzlich liegt beim Anerkenntnis ein reguläres Unterliegen vor, so dass der Beklagte die Kosten zu tragen hat. Denkbar ist auch eine verhältnismäßige Teilung der Kosten, wenn nur ein Teilanerkenntnis vorliegt.

> 2. Der Beklagte trägt die Kosten des Rechtsstreits.
>
> oder
>
> 2. Der Kläger trägt 18%, der Beklagte trägt 82% der Kosten des Rechtsstreits.

Im Rahmen von Anerkenntnisurteilen werden Sie häufig mit der Frage konfrontiert, ob die Prozesskosten gemäß § 93 ZPO dem Kläger aufzuerlegen sind. Das ist nur dann der Fall, wenn der Beklagte nicht durch sein Verhalten Veranlassung zur Erhebung der Klage gegeben hat und wenn sein Anerkenntnis im Sinne des § 307 ZPO sofort erfolgt. Ein sofortiges Anerkenntnis in diesem Sinne liegt bei einem frühen ersten Termin vor, wenn der Anspruch vor Stellung der Anträge vorbehaltlos anerkannt wird, im schriftlichen Vorverfahren fordert die h.M., dass das Anerkenntnis spätestens mit der Klageerwiderung erfolgt.[37] Erkennt der Beklagte die Forderung im vorgenannten Sinne sofort an, ist die Kostenentscheidung in Abweichung zu oben wie folgt zu fassen:

> 2. Der Kläger trägt die Kosten des Rechtsstreits.

Häufig wird Ihnen das sofortige Anerkenntnis als Teilanerkenntnis begegnen. Es 68
ist dann ein Teilanerkenntnisurteil zu fertigen, in dem die Kostenentscheidung der Schlussentscheidung vorbehalten bleibt.

Beispiel: Der Kläger erhebt Klage auf Zahlung von € 20.000. Sie ordnen das schriftliche Vorverfahren an. Der Beklagte erkennt einen abgrenzbaren Teil des Anspruchs in Höhe von € 10.000, den er immer zu zahlen bereit war, in der Klageerwiderung an, und beantragt im Übrigen Klageabweisung. Nach streitiger Verhandlung wird der Beklagte zur Zahlung von (weiteren) € 10.000 verurteilt.

Es ergeht zunächst folgendes Teilanerkenntnisurteil im schriftlichen Vorverfahren:

> 1. Der Beklagte wird auf sein Anerkenntnis verurteilt, an den Kläger € 10.000 zu zahlen.
> 2. Die Kostenentscheidung bleibt der Schlussentscheidung vorbehalten.
> 3. Das Urteil ist vorläufig vollstreckbar.

Nach der streitigen mündlichen Verhandlung ergeht sodann ein Schlussurteil:

---

[37] Zöller/*Herget*, § 93 Rn. 4 m.w.N.; zum sofortigen Anerkenntnis bei Zug-um-Zug-Anträgen *Arz*, Das sofortige Anerkenntnis im Rahmen von Zug-um-Zug-Verurteilungen, NJW 2014, 2828.

> 1. Der Beklagte wird verurteilt, an den Kläger weitere € 10.000 zu zahlen.
> 2. Die Kosten des Rechtsstreits trägt der Beklagte.
> 3. Das Urteil ist gegen Sicherheitsleistung in Höhe von 110% des jeweils zu vollstreckenden Betrags vorläufig vollstreckbar.

69 cc) **Vorläufige Vollstreckbarkeit.** Das Anerkenntnisurteil ist nach § 708 Nr. 1 Var. 1 ZPO stets ohne Sicherheitsleistung vorläufig vollstreckbar. Dementsprechend findet die Abwendungsbefugnis des § 711 ZPO keine Anwendung. Es besteht aber die Möglichkeit eines Schutzantrags nach § 712 ZPO. Sie tenorieren:

> 3. Das Urteil ist vorläufig vollstreckbar.

b) Tatbestand und Entscheidungsgründe

70 Gemäß § 313b I 1 ZPO bedarf das Anerkenntnisurteil nicht des Tatbestands und der Entscheidungsgründe.

2. Versäumnisurteil

71 Das Versäumnisurteil wird im Rahmen des Abschnitts Säumnisverfahren dargestellt.[38]

3. Teil- und Schlussurteil

a) Teilurteil

72 **Beispiel:** Der Kläger verklagt den Beklagten auf Zahlung von € 10.000. Sie entscheiden zunächst nur über € 5.000 und geben der Klage insoweit statt.

73 aa) **Tenor.** Hauptsachetenor und Vollstreckbarkeitsentscheidung unterliegen keinen Besonderheiten, mit Ausnahme des Umstands, dass sich beides nur auf den bereits entschiedenen Teil des Rechtsstreits bezieht. Abweichungen zum normalen Urteil bestehen insbesondere bei der Kostenentscheidung. Bei einem Teilurteil dürfen Sie nämlich wegen des Grundsatzes der Einheit der Kostenentscheidung noch nicht über die Kosten entscheiden.

> 1. Der Beklagte wird verurteilt, an den Kläger € 5.000 zu zahlen.
> 2. Die Kostenentscheidung bleibt der Schlussentscheidung vorbehalten.
> 3. Das Urteil ist gegen Sicherheitsleistung in Höhe von 110% des jeweils zu vollstreckenden Betrags vorläufig vollstreckbar.

74 bb) **Tatbestand.** Es bestehen keine Besonderheiten gegenüber einem normalen Tatbestand. Allerdings können Sie sich auf den Teil des Lebenssachverhalts beschränken, auf den sich Ihr Teilurteil bezieht.

75 cc) **Entscheidungsgründe.** In den Entscheidungsgründen haben Sie sich auf die Begründung des tatsächlich von Ihnen entschiedenen Teils des Rechtsstreits zu beschränken. Insoweit bestehen keine Unterschiede zu den Entscheidungsgründen eines normalen Endurteils.

---

[38] § 14 Rn. 2 ff.

b) Schlussurteil

aa) Tenor. Sofern Sie im weiteren Verlauf des Rechtsstreits zu dem Ergebnis gelangen, dass auch die übrige Forderung begründet ist, sollten Sie in die Tenorierung des Schlussurteils zur Klarstellung aufnehmen, dass bereits eine erste Verurteilung zur Zahlung vorlag. 76

> 1. Der Beklagte wird verurteilt, weitere € 5.000 an den Kläger zu zahlen.
> 2. Die Kosten des Rechtsstreits trägt der Beklagte.
> 3. Das Urteil ist gegen Sicherheitsleistung in Höhe von 110% des jeweils zu vollstreckenden Betrags vorläufig vollstreckbar.

bb) Tatbestand. Beim Abfassen eines Schlussurteils haben Sie die Möglichkeit, auf Ihre tatbestandlichen Ausführungen im Teilurteil, das dem Schlussurteil vorausging, zu verweisen. 77

Zudem wird das zuvor ergangene Urteil in die Prozessgeschichte aufgenommen.

> Das Gericht hat den Beklagten mit Teilurteil vom … verurteilt, an den Kläger … zu zahlen. Der Rechtsstreit ist durch die mündliche Verhandlung vom … fortgesetzt worden.

cc) Entscheidungsgründe. Es bestehen keine Besonderheiten. Sie begründen die Entscheidung über den noch nicht entschiedenen Teil des Rechtsstreits. 78

4. Grundurteil

Beispiel: Der Kläger verklagt den Beklagten auf Schadensersatz aufgrund eines Verkehrsunfalls. Die Unfallverursachung durch den Beklagten ist unstreitig, die Höhe des entstandenen Schadens ist dagegen streitig.

a) Tenor

Es steht in Ihrem freien Ermessen, ob Sie in der vorstehenden Konstellation ein *„Zwischenurteil über den Grund“* (§ 304 ZPO) erlassen oder nicht.[39] Im als solches zu bezeichnenden *Grundurteil* enthält Ihre Tenorierung lediglich den Ausspruch darüber, ob der geltend gemachte Anspruch des Klägers dem Grunde nach besteht. Sofern Sie zu der Überzeugung gelangen, dass der Anspruch nur quotal besteht, müssen Sie dies ebenfalls in den Tenor aufnehmen. Es ergeht weder eine Kostenentscheidung noch eine Entscheidung zur vorläufigen Vollstreckbarkeit. Für das Zwischenurteil, das kein Grundurteil ist, gilt dasselbe. Sie tenorieren: 79

> Der Schadensersatzanspruch des Klägers gegen den Beklagten aus dem Unfall vom … besteht dem Grunde nach.

b) Tatbestand und Entscheidungsgründe

Es bestehen keine Besonderheiten. Sie lassen lediglich Ausführungen zur Höhe eines bestehenden Schadensersatzanspruchs weg. Achten Sie darauf, alle zum Grund des Anspruchs gehörenden Fragen abzuarbeiten. Dazu gehören die Zulässigkeit der 80

---

[39] *BGH* NJW 1995, 1093 (1095).

Klage, alle anspruchsbegründenden Tatsachen und das Fehlen berechtigter Einwendungen (z.B. Aufrechnung, Mitverschulden, Verjährung). Andernfalls ist das Grundurteil unzulässig.[40]

c) Betragsverfahren

81 Dem Grundurteil schließt sich das Betragsverfahren an, in dem Sie durch *Schlussurteil* über die Höhe des Anspruchs entscheiden. In der Prozessgeschichte stellen Sie das Grundurteil dar. Beide Urteile sind selbstständig durch Rechtsmittel angreifbar. Wird das Grundurteil abgeändert und die Klage abgewiesen, entfällt das Schlussurteil von selbst. Der Tenor lautet:

> 1. Der Beklagte wird verurteilt, an den Kläger € 5.000 zu zahlen.
> 2. Die Kosten des Rechtsstreits trägt der Beklagte.
> 3. Das Urteil ist gegen Sicherheitsleistung in Höhe von 110% des jeweils zu vollstreckenden Betrags vorläufig vollstreckbar.

5. Zwischenurteil über die Zulässigkeit der Klage

Beispiel: Der Beklagte macht geltend, über den eingeklagten Anspruch sei in einem vorherigen Rechtsstreit bereits rechtskräftig entschieden worden. Die Klage sei daher unzulässig. Der Kläger bestreitet dies.

82 Bei Streit über die Zulässigkeit der Klage können Sie gemäß § 280 I ZPO anordnen, dass über die Zulässigkeit der Klage abgesondert verhandelt wird. Typische Streitigkeiten in diesem Zusammenhang sind solche über die Zulässigkeit des Rechtswegs, die örtliche, sachliche und internationale Zuständigkeit sowie über die Parteifähigkeit oder die Wirksamkeit eines Parteiwechsels. Ob Sie über die Zulässigkeit abgesondert verhandeln, liegt in Ihrem Ermessen und sollte maßgeblich davon abhängen, wie intensiv der Streit der Parteien über die Zulässigkeit geführt wird und ob eine Beweisaufnahme hierzu erforderlich ist. Wenn sie abgesondert über die Zulässigkeit verhandeln, ergeht bei Unzulässigkeit der Klage ein Endurteil, ansonsten ein Zwischenurteil, das wie ein Endurteil mit Rechtsmitteln angegriffen werden kann (§ 280 II 1 ZPO).

a) Tenor

83 Ist die Klage unzulässig, weisen Sie sie durch Endurteil ab:

> 1. Die Klage wird abgewiesen.
> 2. …
> 3. …

Ist die Klage zulässig, entscheiden Sie durch Zwischenurteil:

> Die Klage ist zulässig.
>
> oder:
>
> Die Sache ist nicht anderweitig rechtshängig.

[40] *BGH* NJW-RR 2005, 928.

b) Tatbestand und Entscheidungsgründe

Sie stellen im Tatbestand des Zwischenurteils nur den Streit um die Zulässigkeit der Klage dar und arbeiten die dazu gehörenden Rechtsfragen in den Entscheidungsgründen ab. Der materiell-rechtliche Streit wird erst im Endurteil dargestellt und entschieden. 84

c) Hauptsacheverfahren

Nach Erlass des Zwischenurteils können Sie auf Antrag (§ 280 II 2 ZPO) Verhandlung zur Hauptsache anordnen. Nach Rechtskraft des Zwischenurteils haben Sie dies von Amts wegen zu tun.[41] Sie entscheiden durch normales Endurteil. 85

6. Vorbehaltsurteil

Vorbehaltsurteile werden Ihnen im Wesentlichen in zwei Fällen begegnen: Im Falle der Aufrechnung nach § 302 ZPO und im Vorverfahren des *Urkundenprozesses* nach § 599 I ZPO. 86

Beispiel: Der Kläger verklagt den Beklagten auf Zahlung von € 10.000. Dieser erklärt die Aufrechnung mit einer Gegenforderung in Höhe von € 10.000.

Ob Sie in einer Aufrechnungssituation nach § 302 ZPO zunächst ein Vorbehaltsurteil absetzen, steht grundsätzlich in Ihrem freien Ermessen. Bei Forderungen aus einem gegenseitigen Vertrag sollten Sie aber von einem Vorbehaltsurteil absehen, da andernfalls die Gefahr besteht, dass die Klageforderung sich ohne Rücksicht auf ihre materiell-rechtliche Abhängigkeit von Gegenansprüchen verselbstständigt.[42] Dagegen empfiehlt sich ein Vorbehaltsurteil, wenn Sie davon ausgehen, dass die Klärung der Tatsachengrundlage der Gegenforderung noch erhebliche prozessuale Schritte erfordert, wohingegen die Hauptforderung bereits entscheidungsreif ist.

a) Tenor

Die Gegenforderung, über welche die Entscheidung vorbehalten bleibt, sollten Sie möglichst präzise beschreiben. 87

1. Der Beklagte wird verurteilt, an den Kläger € 10.000 zu zahlen.
2. Die Kosten des Rechtsstreits trägt der Beklagte.
3. Das Urteil ist gegen Sicherheitsleistung in Höhe von 110% des jeweils zu vollstreckenden Betrags vorläufig vollstreckbar.
4. Die Entscheidung über die durch den Beklagten in der mündlichen Verhandlung vom … erklärte Aufrechnung mit einer Gegenforderung aus dem Bauvertrag vom 31.10.2017 bleibt vorbehalten.

Die Kostenentscheidung bezieht sich zunächst nur auf das Vorbehaltsurteil, so dass hier von einem vollständigen Unterliegen auszugehen ist. Aufgrund von § 45 III GKG kann im Falle einer Hilfsaufrechnung der endgültige Streitwert möglicherweise erst im Schlussurteil festgestellt werden, so dass Sie dann im Schlussurteil die endgültige berichtigende Kostenrechnung anstellen müssen (§ 302 IV 2 ZPO).

Variante: Der Kläger verklagt den Beklagten auf Zahlung von € 10.000. Dieser erklärt die Aufrechnung mit einer Gegenforderung in Höhe von € 5.000. 88

---

[41] Thomas/Putzo/*Reichold*, § 280 Rn. 9.
[42] BGHZ 165, 134 (137 f.) = NJW 2006, 698; Zöller/*Feskorn*, § 302 Rn. 6.

Beträgt die Gegenforderung nur € 5.000 und liegt somit unterhalb der Hauptforderung, kann die Hauptforderung selbst im Fall des Erfolgs der Aufrechnung nur in Höhe von € 5.000 erlöschen. Dies führt dazu, dass Sie ein Vorbehalts- und Teilurteil erlassen müssen, da über einen Teil der Hauptforderung keine Entscheidung vorbehalten bleibt. In Ihrem Tenor zum Vorbehalt muss daher der Betrag zum Ausdruck kommen, hinsichtlich dessen eine weitere Entscheidung vorbehalten bleibt.

1. Der Beklagte wird verurteilt, an den Kläger € 10.000 zu zahlen.
2. Die Kosten des Rechtsstreits trägt der Beklagte.
3. Das Urteil ist gegen Sicherheitsleistung in Höhe von 110% des jeweils zu vollstreckenden Betrags vorläufig vollstreckbar.
4. Die Entscheidung über die durch den Beklagten in der mündlichen Verhandlung vom ... erklärte Aufrechnung mit einer Gegenforderung aus dem Bauvertrag der Parteien vom 31.10.2017 bleibt hinsichtlich eines Betrags von € 5.000 vorbehalten.

89 Im Schlussurteil müssen Sie sodann bedenken, dass Sie nach § 302 IV 2 ZPO das zuvor erlassene Vorbehaltsurteil aufheben, soweit die Aufrechnung durchgreift, und erneut über die vollständigen Kosten entscheiden.

1. Das Vorbehaltsurteil vom ... wird in Höhe von € 5.000 für vorbehaltlos erklärt. Im Übrigen wird es aufgehoben und die Klage abgewiesen.
2. Die Kosten des Rechtsstreits werden gegeneinander aufgehoben.
3. Das Urteil ist vorläufig vollstreckbar. Der Beklagte kann die Vollstreckung durch Sicherheitsleistung in Höhe von 110% des aufgrund des Urteils vollstreckbaren Betrags abwenden, wenn nicht der Kläger vor der Vollstreckung Sicherheit in Höhe von 110% des jeweils zu vollstreckenden Betrags leistet.

Die Anordnung der vorläufigen Vollstreckbarkeit beruht in dieser Konstellation auf § 708 Nr. 5 ZPO. Der Beklagte kann aus dem Urteil nichts vollstrecken.

90 **Beispiel:** Der Kläger verklagt den Beklagten im Wege des Urkundenprozesses auf Zahlung von € 10.000.

Variante 1: Die Klage ist unstatthaft.

Nach § 597 II ZPO müssen Sie die Unstatthaftigkeit des Urkundenprozesses im Tenor deutlich machen. Das Urteil ist nach § 708 Nr. 4 ZPO zudem ohne Sicherheitsleistung für vorläufig vollstreckbar zu erklären.

1. Die Klage wird als in der gewählten Prozessart unstatthaft abgewiesen.
2. Die Kosten des Rechtsstreits trägt der Kläger.
3. Das Urteil ist vorläufig vollstreckbar. Der Kläger kann die Vollstreckung durch Sicherheitsleistung in Höhe von 110% des aufgrund des Urteils vollstreckbaren Betrags abwenden, wenn nicht der Beklagte vor der Vollstreckung Sicherheit in Höhe von 110% des jeweils zu vollstreckenden Betrags leistet.

91 **Variante 2:** Die Klage hat Erfolg. Der Beklagte erhebt Einwendungen gegen den Klageanspruch, die er unter Zeugenbeweis stellt.

Wenn der Beklagte dem geltend gemachten Anspruch widersprochen hat, ist ihm nach § 599 I ZPO die Ausführung seiner Rechte vorzubehalten.

> 1. Der Beklagte wird verurteilt, an den Kläger € 10.000 zu zahlen.
> 2. Dem Beklagten bleibt die Ausführung seiner Rechte im Nachverfahren vorbehalten.
> 3. Die Kosten des Rechtsstreits trägt der Beklagte.
> 4. Das Urteil ist vorläufig vollstreckbar. Der Beklagte kann die Vollstreckung durch Sicherheitsleistung in Höhe von 110% des aufgrund des Urteils vollstreckbaren Betrags abwenden, wenn nicht der Kläger vor der Vollstreckung Sicherheit in Höhe von 110% des jeweils zu vollstreckenden Betrags leistet.

Das Urkunden-Vorbehaltsurteil wird bei einem Widerspruch des Beklagten in einem Nachverfahren überprüft, das mit einem Schlussurteil endet. In diesem müssen Sie deutlich machen, welches Schicksal dem zuvor ausgesprochenen Vorbehaltsurteil widerfährt. Soweit das Vorbehaltsurteil im Nachverfahren bestätigt wird, tenorieren Sie wie folgt: 92

> 1. Das Vorbehaltsurteil vom ... wird für vorbehaltlos erklärt.
> 2. Der Beklagte trägt die weiteren Kosten des Rechtsstreits.
> 3. Das Urteil ist vorläufig vollstreckbar. Der Beklagte kann die Vollstreckung durch Sicherheitsleistung in Höhe von 110% des aufgrund des Urteils vollstreckbaren Betrags abwenden, wenn nicht der Kläger vor der Vollstreckung Sicherheit in Höhe von 110% des jeweils zu vollstreckenden Betrags leistet.

Der Verweis auf die „weiteren" Kosten verdeutlicht, dass Sie dem Beklagten im Vorbehaltsurteil zuvor die Kosten bis zu diesem Zeitpunkt aufgebürdet haben. Die Entscheidung zur vorläufigen Vollstreckbarkeit ergibt sich nun aus § 708 Nr. 5 ZPO.

Führt das Nachverfahren dagegen zur Aufhebung des Vorbehaltsurteils, so ist dies ebenfalls von Ihnen in der Tenorierung des Schlussurteils hervorzuheben: 93

> 1. Das Vorbehaltsurteil vom ... wird aufgehoben.
> 2. Die Klage wird abgewiesen.
> 3. Die Kosten des Rechtsstreits trägt der Kläger.
> 4. Das Urteil ist gegen Sicherheitsleistung in Höhe von 110% des jeweils zu vollstreckenden Betrags vorläufig vollstreckbar.

Die Pflicht zur Aufhebung des Vorbehaltsurteils ergibt sich aus § 600 II ZPO in Verbindung mit § 302 IV 2 ZPO. Die Tenorierung der vorläufigen Vollstreckbarkeit richtet sich nach den allgemeinen Regeln.

b) Tatbestand und Entscheidungsgründe

Im Vorbehaltsurteil können Sie sich darauf beschränken, den vorbehaltenen Anspruch zu erwähnen. Im Schlussurteil verweisen Sie zunächst in der Prozessgeschichte des Tatbestands auf das Vorbehaltsurteil und machen dann in den Entscheidungsgründen lediglich noch Ausführungen zum dem vorbehaltenen Anspruch. 94

7. Verzichtsurteil

Beispiel: Der Kläger verklagt den Beklagten auf Zahlung von € 5.000. In der mündlichen Verhandlung verzichtet der Kläger auf die Klageforderung. Der Beklagte beantragt daraufhin ein Verzichtsurteil. 95

Das Verzichtsurteil (§ 306 ZPO) wird Ihnen nur sehr selten begegnen. Im Gegensatz zur Klagerücknahme erwächst das Verzichtsurteil als reguläres Sachurteil in Rechtskraft und ist deshalb für den Beklagten vorteilhaft.

a) Tenor

96 In der Tenorierung der Hauptsache und der Kostenentscheidung ergeben sich keine Abweichungen zur regulären Klageabweisung. Das Verzichtsurteil ist aber wegen § 708 Nr. 1 ZPO ohne Sicherheitsleistung vorläufig vollstreckbar. Insoweit gelten die Ausführungen zum Anerkenntnisurteil entsprechend.

1. Der Kläger wird mit seinem Anspruch abgewiesen. (Oder: Die Klage wird abgewiesen.)
2. Der Kläger trägt die Kosten des Rechtsstreits.
3. Das Urteil ist vorläufig vollstreckbar.

b) Tatbestand und Entscheidungsgründe

97 Grundsätzlich bedarf es keines Tatbestands und keiner Entscheidungsgründe (§ 313b I ZPO).

8. Urteil nach Mahnverfahren

98 Da Sie mit dem streitigen Verfahren betraut sind, können Akten aus dem Mahnverfahren nur auf zwei Wegen zu Ihnen gelangt sein:[43] Entweder hat der Antragsgegner einen Widerspruch nach § 694 ZPO gegen den Mahnbescheid eingelegt und nach § 696 I 1 ZPO das streitige Verfahren beantragt, oder im Mahnverfahren wurde bereits ein Vollstreckungsbescheid erlassen, gegen den Einspruch gemäß § 700 ZPO eingelegt wurde.

a) Tenor

99 **aa) Widerspruch gegen Mahnbescheid.** Bei einem vorangegangenen Widerspruch gegen einen Mahnbescheid bestehen keine Besonderheiten bei der Tenorierung. Erscheint der Beklagte im Termin nicht, ergeht bei Vorliegen der Voraussetzungen ein erstes Versäumnisurteil.

100 **bb) Einspruch gegen Vollstreckungsbescheid.** Ist Ihrem Verfahren ein Einspruch gegen einen Vollstreckungsbescheid vorangegangen, hat dies dagegen Auswirkungen auf die Tenorierung.

Wenn Sie die Klage abweisen, müssen Sie – wie beim Versäumnisurteil – daran denken, den Vollstreckungsbescheid aufzuheben (§§ 700 I, 343 ZPO).[44] Der Tenor lautet:

1. Der Vollstreckungsbescheid vom … Az. … wird aufgehoben und die Klage abgewiesen.
2. Der Kläger trägt die Kosten des Rechtsstreits.
3. Das Urteil ist (wegen der Kosten) vorläufig vollstreckbar. Der Kläger kann die Vollstreckung durch Sicherheitsleistung in Höhe von 110% des aufgrund des Urteils vollstreckbaren Betrags abwenden, wenn nicht der Beklagte zuvor Sicherheit in Höhe von 110% des jeweils zu vollstreckenden Betrags leistet.

---

[43] Hierzu ausführlich § 7.

[44] Zur Tenorierung im Säumnisverfahren § 14 Rn. 15 ff.

Wenn die Klage Erfolg hat, müssen Sie im Tenor den Vollstreckungsbescheid aufrechterhalten. In der Kostenentscheidung ist nur über die weiteren Kosten zu entscheiden. Bei der Entscheidung über die vorläufige Vollstreckbarkeit ist § 709 Satz 3 ZPO zu beachten:

1. Der Vollstreckungsbescheid vom ... Az. ... wird aufrechterhalten.
2. Der Beklagte trägt die weiteren Kosten des Rechtsstreits.
3. Das Urteil ist gegen Sicherheitsleistung in Höhe von 110% des jeweils zu vollstreckenden Betrags vorläufig vollstreckbar. Die Vollstreckung aus dem Vollstreckungsbescheid vom ... Az. ... darf nur gegen Leistung dieser Sicherheit fortgesetzt werden.

Erscheint der Beklagte im Einspruchstermin nicht, wird der Einspruch durch zweites Versäumnisurteil verworfen. Allerdings müssen Sie hier erstmals die Schlüssigkeit der Klage prüfen, da dies im Rahmen des Erlasses des Vollstreckungsbescheids – anders als beim ersten Versäumnisurteil – nicht geschehen ist. Sie tenorieren:

1. Der Einspruch gegen den Vollstreckungsbescheid vom ... Az. ... wird verworfen.
2. Der Beklagte trägt die weiteren Kosten des Rechtsstreits.
3. Das Urteil ist vorläufig vollstreckbar.[45]

Liegen die Voraussetzungen für den Erlass eines Vollstreckungsbescheids nicht vor, wird dieser im Einspruchstermin trotz Säumnis des Beklagten aufgehoben und die Klage abgewiesen, § 700 VI 2. Hs. ZPO.

b) Tatbestand

aa) Widerspruch gegen Mahnbescheid. Ist das Verfahren nach Widerspruch gegen einen Mahnbescheid zu Ihnen gelangt, müssen Sie lediglich das Zustellungsdatum des Mahnbescheids in den Tatbestand aufnehmen. Die Zustellung löst nämlich im Rahmen der Verjährungsvorschriften die hemmende Wirkung des § 204 I Nr. 3 BGB aus. Das Datum wird für Sie daher immer dann relevant, wenn die Einrede der Verjährung von einer Partei erhoben wird und das Mahnverfahren auf die Verjährung von Einfluss ist. Selbst wenn sich das Mahnverfahren im Ergebnis nicht auf die Verjährung auswirkt, aber eine Partei erkennbar hierauf abstellt, sollten Sie aus den allgemeinen Erwägungen zur Nachvollziehbarkeit des Tatbestands für die Parteien das Datum erwähnen. 101

Die Zustellung des Mahnbescheids entfaltet zudem über § 696 III ZPO Relevanz für die Rechtshängigkeit. Daher müssen Sie das Zustellungsdatum des Mahnbescheids auch aufnehmen, wenn die Frage des Zeitpunkts der Rechtshängigkeit für Ihre Entscheidung relevant ist. Dies ist bereits dann der Fall, wenn eine Nebenentscheidung, bspw. über den Zeitpunkt, ab dem Prozesszinsen zu zahlen sind, hiervon abhängt.

In beiden Fällen sollten Sie das Datum in der großen Prozessgeschichte nennen.

Ansonsten gilt: Soweit der Ablauf oder die Daten des Mahnverfahrens in Ihren Entscheidungsgründen relevant werden, sind sie aufgrund der erforderlichen Kongruenz zwischen Tatbestand und Entscheidungsgründen im Tatbestand darzustellen.

---

[45] § 708 Nr. 2 ZPO.

102 **bb) Einspruch gegen Vollstreckungsbescheid.** Wurde Einspruch gegen einen Vollstreckungsbescheid eingelegt, ist das Mahnverfahren schon für die Anträge bedeutsam. Da der Vollstreckungsbescheid bereits erlassen wurde, begehrt der Kläger nun die Aufrechterhaltung des Vollstreckungsbescheids, wohingegen der Beklagte in der Regel die Aufhebung des Vollstreckungsbescheids beantragen wird. Das vorangegangene Mahnverfahren sollte daher bereits in der kleinen Prozessgeschichte dargestellt werden.

c) Entscheidungsgründe

103 Es bestehen keine Besonderheiten.

9. Klageänderung und teilweise Klagerücknahme

104 **Beispiel:** Der Kläger verklagt den Beklagten auf Zahlung von € 10.000. Noch vor der mündlichen Verhandlung nimmt er die Klage in Höhe von € 2.000 zurück.

a) Tenor

105 Hinsichtlich des Hauptsachetenors und der Vollstreckbarkeitsentscheidung bestehen keine Besonderheiten. Die Kostenentscheidung ist wegen der mit Klageänderungen (häufig) und Klagerücknahmen (immer) verbundenen Änderung des Gegenstandswerts für die Terminsgebühr i.d.R. ein Anwendungsfall des sog. Mehrkostenprinzips.[46] Im Fall der teilweisen Klagerücknahme ist sie zudem nicht nur auf die §§ 91 ff. ZPO, sondern auch auf § 269 III ZPO zu stützen. Dies kommt allerdings nur in der Begründung der Kostenentscheidung, nicht in der Formulierung des Tenors zum Ausdruck.

b) Tatbestand

106 **aa) Klageänderung.** Soweit der ursprüngliche Streitgegenstand für die Kostenentscheidung relevant wird, muss dieser in den Tatbestand aufgenommen werden. Im Rahmen der Klageänderung liegt eine weitere Besonderheit zudem in der Erwähnung dieses Umstandes in der kleinen Prozessgeschichte, da nur so die aktuellen Anträge verständlich werden.

> In seiner Klageschrift vom … hatte der Kläger zunächst im Hinblick auf … *(Sachverhaltsbeschreibung)* beantragt, den Beklagten zu verurteilen, an ihn € … zu zahlen. Insoweit wird auf den Schriftsatz des Klägers vom … verwiesen. Mit Schriftsatz vom … hat der Kläger seine Klageforderung auf … umgestellt. Der Beklagte hat eingewilligt./Der Beklagte hat der Klageänderung widersprochen./Der Beklagte hat sich in der mündlichen Verhandlung vom … auf die abgeänderte Klage eingelassen.
>
> Der Kläger beantragt nunmehr,
>
> den Beklagten zu verurteilen, …

Sofern der Beklagte nicht einwilligt oder gar widerspricht und Sie Ihr Urteil nur verfassen, weil Sie die Klageänderung nach § 263 ZPO für sachdienlich erachtet haben, ist dies an dieser Stelle noch nicht darzustellen. Die Sachdienlichkeit ist allein im Rahmen der Entscheidungsgründe zu begründen.

---

[46] Siehe dazu oben Rn. 17 f.

bb) Teilweise Klagerücknahme. Die teilweise Klagerücknahme[47] ist – wie die Klageänderung – in die kleine Prozessgeschichte aufzunehmen. Die Formulierung ist daher ähnlich. Bis zur Antragstellung des Beklagten in der ersten mündlichen Verhandlung kann die Klage gemäß §§ 269 I, 137 I ZPO ohne dessen Einwilligung zurückgenommen werden: 107

> In seiner Klageschrift vom ... hatte der Kläger zunächst im Hinblick auf ... beantragt, den Beklagten zu verurteilen, an ihn € 10.000 zu zahlen. Insoweit wird auf den Schriftsatz des Klägers vom ... verwiesen. Mit Schriftsatz vom ... hat der Kläger erklärt, seinen Antrag auf Zahlung von € 2.000 wegen ... zurückzunehmen.
>
> Der Kläger beantragt nunmehr,
>
> den Beklagten zu verurteilen, an ihn € 8.000 zu zahlen.

Danach ist die Einwilligung des Beklagten erforderlich. Insoweit geht § 269 ZPO der Regelung in § 264 Nr. 2 ZPO vor.

> In seiner Klageschrift vom ... hatte der Kläger zunächst im Hinblick auf ... beantragt, den Beklagten zu verurteilen, an ihn € 10.000 zu zahlen.
>
> Insoweit wird auf den Schriftsatz des Klägers vom ... verwiesen. Der Kläger hat in der mündlichen Verhandlung vom ... seinen Antrag auf Zahlung von € 2.000 wegen ... zurückgenommen. Der Beklagte hat der Klagerücknahme zugestimmt.
>
> Der Kläger beantragt nunmehr,
>
> den Beklagten zu verurteilen, an ihn € 8.000 zu zahlen.

c) Entscheidungsgründe

Die Sachdienlichkeit einer Klageänderung ist den Entscheidungsgründen abzuhandeln. Im Übrigen sind hinsichtlich der zurückgenommenen Teile keine Ausführungen erforderlich. Allerdings müssen Sie möglicherweise im Rahmen der Begründung der Kostenentscheidung hierauf eingehen. 108

10. Klage und Widerklage

Beispiel: Der Kläger verklagt den Beklagten auf Zahlung von € 20.000. Der Beklagte erhebt Widerklage in Höhe von € 10.000. 109

a) Tenor

Im Fall von Klage und Widerklage können sich unterschiedliche Konstellationen entwickeln. Denkbar ist zunächst, dass Sie der Klage stattgeben, die Widerklage aber abweisen. In diesem Fall müssten Sie wie folgt tenorieren: 110

> 1. Der Beklagte wird verurteilt, an den Kläger € 20.000 zu zahlen.
> 2. Die Widerklage wird abgewiesen.
> 3. Die Kosten des Rechtsstreits trägt der Beklagte.
> 4. Das Urteil ist gegen Sicherheitsleistung in Höhe von 110% des jeweils zu vollstreckenden Betrags vorläufig vollstreckbar.

---

[47] Zur vollständigen Klagerücknahme siehe unten § 13.

Im umgekehrten Fall unterliegt der Kläger mit seiner Klage, Sie geben aber der Widerklage statt. Dies führt zur folgenden Tenorierung:

1. Die Klage wird abgewiesen.
2. Auf die Widerklage wird der Kläger verurteilt, an den Beklagten € 10.000 zu zahlen.
3. Die Kosten des Rechtsstreits trägt der Kläger.
4. Das Urteil ist gegen Sicherheitsleistung in Höhe von 110% des jeweils zu vollstreckenden Betrags vorläufig vollstreckbar.

Schließlich können die Klage und die Widerklage jeweils teilweise erfolgreich sein. Dies schlägt sich in Ihrer Tenorierung wie folgt nieder:

1. Der Beklagte wird verurteilt, an den Kläger € 10.000 zu zahlen.
2. Auf die Widerklage wird der Kläger verurteilt, an den Beklagten € 5.000 zu zahlen.
3. Im Übrigen werden Klage und Widerklage abgewiesen.
4. Die Kosten des Rechtsstreits werden gegeneinander aufgehoben.
5. Das Urteil ist gegen Sicherheitsleistung in Höhe von 110% des jeweils zu vollstreckenden Betrags vorläufig vollstreckbar.

Auch im Fall von Klage und Widerklage ergeht eine einheitliche Kostenentscheidung, die in der letzten Konstellation nach § 92 ZPO zu bilden ist. Beachten Sie, dass nach § 45 I 1 GKG der Wert der mit Klage und Widerklage geltend gemachten Ansprüche zusammengerechnet wird, es sei denn, sie betreffen denselben Gegenstand, dann ist nur der Wert des höheren Anspruchs maßgebend, § 45 I 3 GKG.

Da die Parteien im obigen Beispiel mit Ihrer Klage jeweils zur Hälfte obsiegen und verlieren und die Werte von Klage und Widerklage addiert werden, können die Kosten gegeneinander aufgehoben werden. Andernfalls wären Sie verhältnismäßig zu teilen.

b) Tatbestand

111 Müssen Sie über Klage und Widerklage entscheiden, können Sie den Tatbestand auf unterschiedliche Art und Weise darstellen. Da die Klage und die Widerklage in der Praxis regelmäßig Gemeinsamkeiten im Lebenssachverhalt aufweisen, wird die gemeinsame Darstellung die Regel sein:

Einleitungssatz

Unstreitiger Tatsachenvortrag der Parteien

Streitiger Klägervortrag

Kleine Prozessgeschichte

Anträge
– des Klägers zur Klage
– des Beklagten zur Klage
– des Beklagten zur Widerklage
– des Klägers zur Widerklage

Streitiger Beklagtenvortrag

Ggf. Replik des Klägers zur Widerklage

Prozessgeschichte

Bestehen dagegen keine Gemeinsamkeiten, empfiehlt sich die getrennte Darstellung: 112

Darstellung zur Klage
Einleitungssatz
Unstreitiger Tatsachenvortrag der Parteien
Streitiger Klägervortrag
Kleine Prozessgeschichte
Anträge
– des Klägers
– des Beklagten
Streitiger Beklagtenvortrag

Darstellung zur Widerklage
Einleitungssatz
Unstreitiger Tatsachenvortrag der Parteien
Streitiger Beklagtenvortrag
Kleine Prozessgeschichte
Anträge
– des Beklagten
– des Klägers
Streitiger Klägervortrag
Prozessgeschichte

Wenn Sie sich für die gemeinsame Darstellung entscheiden, müssen Sie eine kleine Prozessgeschichte einfügen, damit die Anträge zur Klage und Widerklage verständlich werden.

Mit seinem Schriftsatz vom ..., eingegangen bei Gericht am ..., hat der Beklagte Widerklage gegen den Kläger erhoben.

c) Entscheidungsgründe

Anders als im Tatbestand müssen Sie in den Entscheidungsgründen die Klage und die Widerklage grundsätzlich getrennt voneinander abhandeln. 113

I. Prüfung der Klage
   1. Zulässigkeit
   2. Begründetheit

II. Prüfung der Widerklage
   1. Zulässigkeit
   2. Begründetheit

III. Nebenentscheidungen
   1. Kosten
   2. Vorläufige Vollstreckbarkeit

11. Prozessaufrechnung

114 Die Prozessaufrechnung ist ein taktisches Mittel des Beklagten, um die Klageforderung zu Fall zu bringen. Sie kann das einzige Verteidigungsmittel des Beklagten sein (Primäraufrechnung) oder aber hilfsweise als bedingte Aufrechnung für den Fall erklärt werden, dass der Kläger mit seiner Hauptforderung trotz der übrigen angebotenen Verteidigungsmittel des Beklagten durchdringt (Hilfsaufrechnung).

a) Tenor

115 Hinsichtlich des Hauptsachetenors bestehen keine Besonderheiten. Im Rahmen der Kostenentscheidung ist bei einer Klageabweisung, die aufgrund einer erfolgreichen Hilfsaufrechnung erfolgt, umstritten, ob der Kläger die Kosten vollständig gemäß § 91 ZPO zu tragen hat oder ob eine Kostenquotelung nach § 92 ZPO erfolgt. Die h.M. vertritt die zuletzt genannte Ansicht unter Hinweis auf die streitwerterhöhende Wirkung der Hilfsaufrechnung.[48] Hinsichtlich der Ermittlung des Kostenstreitwerts gilt § 45 III GKG.

b) Tatbestand

116 Bei der Darstellung der Prozessaufrechnung müssen Sie anders verfahren als bei einer Eventualklagehäufung. Der Charakter der Aufrechnung als Verteidigungsmittel führt dazu, dass sie den Antrag des Beklagten nicht berührt. Dieser wird in der Regel schlicht beantragen, die Klage abzuweisen. Demzufolge darf die Prozessaufrechnung von Ihnen nicht bereits in der kleinen Prozessgeschichte dargestellt werden.

In der Praxis hat es sich aus Gründen der Übersichtlichkeit eingebürgert, die Prozessaufrechnung grundsätzlich am Ende des streitigen Beklagtenvortrags darzustellen.

> Der Beklagte erklärt die Aufrechnung und meint, die Klageforderung sei durch diese Aufrechnung in Höhe von € ... erloschen. Hierzu behauptet er, ...

Sofern die Gegenforderung unstreitig ist und der Kläger sich nur gegen die Zulässigkeit der Aufrechnung wendet, kann die Aufrechnung auch im unstreitigen Teil des Tatbestands wiedergegeben werden.

c) Entscheidungsgründe

117 In den Entscheidungsgründen müssen Sie nicht nur den klageweise geltend gemachten Anspruch prüfen, sondern auch den zur Aufrechnung gestellten Anspruch des Beklagten. Im Falle einer Hilfsaufrechnung gilt dies aber nur dann, wenn die klägerische Forderung Ihrer Ansicht nach ganz oder teilweise besteht.

12. Mehrheit von Streitgegenständen

a) Objektive Klagehäufung

118 **aa) Tenor.** Es bestehen keine Besonderheiten. Handelt es sich bei den verschiedenen Anträgen um verschiedenartige, werden Sie aber mehrere Hauptsacheentscheidungen zu formulieren haben.

119 **bb) Tatbestand.** Im Fall der Klagehäufung müssen Sie stets sämtliche Anträge im Urteil behandeln. Die Darstellung der Ansprüche unterliegt denselben Erwägungen wie

---

[48] Thomas/Putzo/*Hüßtege*, § 92 Rn. 4 m.w.N.

im Falle der Eventualklagehäufung, so dass insoweit auf die dortigen Ausführungen verwiesen werden kann.[49]

cc) Entscheidungsgründe. Die Zulässigkeitsprüfung im Rahmen der regulären objektiven Klagehäufung erfolgt für alle Anträge zusammen. Auf diese Weise vermeiden Sie unnötige Verweisungen. Sofern Sie allerdings Besonderheiten feststellen, müssen Sie dies kenntlich machen. Sie sollten – jedenfalls gedanklich – kurz die Voraussetzungen der objektiven Klagehäufung ansprechen und prüfen. 120

> Die Klage ist hinsichtlich aller Anträge zulässig.
> Hinsichtlich des Antrags zu 3) ist sie auch begründet.

In der Begründetheit sollten Sie dagegen eine getrennte Prüfung der Anträge vornehmen, da sich hier nur selten Gemeinsamkeiten ergeben werden:

> A. Zulässigkeit
>
> B. Begründetheit
> I. Streitgegenstand 1
> II. Streitgegenstand 2
> III. Streitgegenstand 3
> IV. Nebenentscheidungen
> 1. Kosten
> 2. Vorläufige Vollstreckbarkeit

b) Stufenklage

Beispiel: Der Kläger verklagt den Beklagten und beantragt, diesen zu verurteilen: 121
1. Auskunft zu erteilen über …,
2. die zu 1) erteilte Auskunft an Eides statt zu versichern,
3. einen nach Auskunftserteilung näher zu beziffernden Betrag an den Kläger zu zahlen.

Bei der Stufenklage (§ 254 ZPO) werden sowohl die Hilfsansprüche (auf Auskunftserteilung und Richtigkeitsversicherung) als auch bereits der – noch nicht bezifferte – Hauptanspruch mit Erhebung der Klage rechtshängig.[50] Soweit Sie zu der Überzeugung gelangen, dass die erste Stufe der Klage Erfolg hat, müssen Sie über diese im Wege des Teilurteils entscheiden. Es kann Ihnen also passieren, dass Sie im Rahmen einer Stufenklage drei (Teil-)Urteile schreiben müssen, obwohl es sich nur um „eine Sache" handelt. Der Grundsatz der Einheit der Kostenentscheidung gebietet, dass die Entscheidung über die Kosten erst in der Schlussentscheidung getroffen wird. Die vorläufige Vollstreckbarkeit richtet sich nach den allgemeinen Vorschriften. Bei der Entscheidung über die Auskunftsstufe lautet der Tenor demnach wie folgt:

> 1. Der Beklagte wird verurteilt, dem Kläger Auskunft über … *(genaue Bezeichnung des Auskunftsgegenstands)* zu erteilen.
> 2. Die Entscheidung über die Kosten des Rechtsstreits bleibt der Schlussentscheidung vorbehalten.

[49] Siehe unten Rn. 124.
[50] Zöller/*Greger*, § 254 Rn. 1.

3. Das Urteil ist vorläufig vollstreckbar. Der Beklagte kann die Vollstreckung durch Sicherheitsleistung in Höhe von € ... *(hier ist ausnahmsweise eine zahlenmäßige Angabe der Sicherheitsleistung erforderlich)* abwenden, wenn nicht der Kläger vor der Vollstreckung Sicherheit in gleicher Höhe leistet.

122 Wird der Rechtsstreit nach der Erteilung der Auskunft fortgesetzt, erlassen Sie – ggf. nach einem weiteren Teilurteil über die zweite Stufe (Richtigkeitsversicherung) – schließlich ein Schlussurteil, mit dem auch über die Kosten entschieden wird. Nach Auskunftserteilung und Richtigkeitsversicherung hat sich die Forderung des Klägers so präzisiert, dass er einen bezifferten Antrag stellen kann. Entsprechend müssen Sie tenorieren:

1. Der Beklagte wird verurteilt, an den Kläger € ... zu zahlen.
2. Die Kosten des Rechtsstreits trägt der Beklagte
3. Das Urteil ist gegen Sicherheitsleistung in Höhe von 110% des jeweils zu vollstreckenden Betrags vorläufig vollstreckbar.

c) **Eventualklagehäufung (Haupt- und Hilfsantrag)**

123 aa) **Tenor.** Die Tenorierung richtet sich nach den allgemeinen Vorschriften. Der Kostenstreitwert wird nach § 45 I 2 GKG ermittelt.

124 bb) **Tatbestand.** Bei einer Eventualklagehäufung gilt zwar grundsätzlich, dass der Hilfsantrag für den Fall des Erfolgs des Hauptantrags nicht rechtshängig wird. Dennoch sollten Sie auch die den Hilfsantrag betreffenden Tatsachen vollständig im Tatbestand darstellen, zumindest jedoch auf die entsprechenden Schriftsätze in der Akte verweisen.

Wenn Sie die Tatsachen zu beiden Anträgen darstellen, sei es, dass Sie es müssen, weil der Hauptantrag erfolglos ist, oder sei es, dass Sie sich trotz des Erfolgs des Hauptantrags dazu entschieden haben, so besteht eine Wahlmöglichkeit:

Sie können entweder zunächst den Hauptantrag abhandeln und dort das komplette streitige und unstreitige Vorbringen darstellen, um sodann den Hilfsantrag darzustellen.

Hauptantrag
– Unstreitiger Tatsachenvortrag der Parteien
– Streitiger Tatsachenvortrag der Parteien

Hilfsantrag
– Unstreitiger Tatsachenvortrag der Parteien
– Streitiger Tatsachenvortrag der Parteien

Oder Sie behandeln die Anträge zusammen und stellen zunächst das unstreitige Vorbringen zu beiden Anträgen dar und widmen sich anschließend dem kompletten streitigen Vortrag zu beiden Anträgen. Letzteres ist insbesondere dann zweckmäßig, wenn der Haupt- und der Hilfsantrag eine ähnliche Tatsachengrundlage haben, also derselbe Lebenssachverhalt betroffen ist.

Unstreitiger Tatsachenvortrag der Parteien
– Zum Hauptantrag
– Zum Hilfsantrag

Streitiger Tatsachenvortrag der Parteien
– Zum Hauptantrag
– Zum Hilfsantrag

cc) Entscheidungsgründe. Wenn die Prüfung des Hilfsantrags vom Eintritt einer Bedingung abhängig gemacht wird, muss sich dies in Ihren Entscheidungsgründen widerspiegeln. Sie beginnen im Falle der Eventualklagehäufung demnach mit der Prüfung des Hauptantrags und machen dort die erforderlichen Ausführungen zur Zulässigkeit und Begründetheit. Im Anschluss daran müssen Sie feststellen, ob die Bedingung eingetreten ist. Wenn dies der Fall ist, entfaltet sich der folgende Prüfungsaufbau: 125

I. Prüfung des Hauptantrags
   1. Zulässigkeit
   2. Begründetheit

II. Prüfung des Hilfsantrags
   1. Prüfung des Bedingungseintritts
   2. Zulässigkeit
   3. Begründetheit

III. Nebenentscheidungen
   1. Kosten
   2. Vorläufige Vollstreckbarkeit

13. Mehrheit von Parteien oder Beteiligten

a) Gewillkürter Parteiwechsel

aa) Tenor. Die Tenorierung der Hauptsache erfolgt nach den allgemeinen Regeln. Die Kostenentscheidung ergeht beim Klägerwechsel zwischen dem neuen Kläger und dem Beklagten. Eventuelle Mehrkosten infolge des Ausscheidens sind dem ursprünglichen Kläger aufzuerlegen. Beim Beklagtenwechsel sind die Kosten des ausscheidenden Beklagten dem Kläger gemäß § 269 III 2 ZPO aufzuerlegen. Für die Vollstreckbarkeitsentscheidung gelten wiederum keine Besonderheiten. 126

bb) Tatbestand. Der Parteiwechsel als subjektive Form der Klageänderung ist in die kleine Prozessgeschichte aufzunehmen. Er kann vor der mündlichen Verhandlung erfolgen: 127

In seiner Klageschrift vom … hatte der Kläger zu 1) zunächst im Hinblick auf … beantragt, den Beklagten zu verurteilen, an ihn € … zu zahlen. Nach der Zustellung der Klageschrift an den Beklagten am … hat der Kläger zu 1) die streitgegenständliche Klageforderung durch die Erklärung vom … an den Kläger zu 2) abgetreten. Der Beklagte hat in die Übernahme des Prozesses durch den Kläger zu 2) eingewilligt.[51]

---

[51] Die Einwilligung des Beklagten ist gemäß § 265 II 2 ZPO Voraussetzung für die Übernahme des Prozesses durch den Rechtsnachfolger.

Erfolgt er dagegen in der mündlichen Verhandlung, sind die zusätzlichen Voraussetzungen des § 263 ZPO zu prüfen. Im Tatbestand ist daher bereits auf die entsprechenden Voraussetzungen der §§ 263, 267 ZPO einzugehen:

> Der Kläger zu 1) hatte in der mündlichen Verhandlung vom ... vor der Stellung der Anträge erklärt, dass nunmehr der Kläger zu 2) seine Klägerposition übernehmen solle. Der Kläger zu 2) hat diesem Parteiwechsel zugestimmt. Ebenso hat der Beklagtenvertreter dem Parteiwechsel zugestimmt.
>
> Der Kläger zu 2) beantragt nunmehr,
>
> den Beklagten zu verurteilen, an ihn € ... zu zahlen.

128 cc) **Entscheidungsgründe.** Es bestehen keine Besonderheiten.

b) Streitgenossenschaft

129 Streitgenossenschaft kann sowohl auf Klägerseite (subjektive Klagehäufung) als auch auf Beklagtenseite bestehen. Die nachfolgenden Ausführungen betreffen beide Konstellationen gleichermaßen.

130 aa) **Tenor.** Die Tenorierung der Hauptsache und die Vollstreckbarkeitsentscheidung folgen den allgemeinen Regeln. Besonderheiten weist aber die Kostenentscheidung auf.

Bei Vorliegen von Streitgenossenschaft müssen Sie zusätzlich zu den allgemeinen Regeln die Vorschrift des § 100 ZPO berücksichtigen. Nach § 100 I ZPO haften die unterliegenden Streitgenossen grundsätzlich nach Kopfteilen.

> 2. Die Kosten des Rechtsstreits tragen die Beklagten/Kläger.

Da § 100 I ZPO den Anteil der Haftung des unterliegenden Teils gesetzlich festlegt, ist es für Ihr Urteil ausreichend, wenn Sie allein die Kostentragungspflicht der unterlegenen Parteien feststellen.

Eine erste Ausnahme, die nach dem Wortlaut des § 100 II ZPO in Ihr Ermessen gestellt ist, können Sie vornehmen, wenn die Beteiligung der Streitgenossen am Rechtsstreit in erheblicher Weise voneinander abweicht.

> 2. Die Kosten des Rechtsstreits tragen der Beklagte zu 1) zu 75%, der Beklagte zu 2) zu 25%.

131 Diese Vorschrift sollten Sie insbesondere dann anwenden, wenn die Beweisaufnahme nicht für alle Streitgenossen erforderlich war. Dies kann der Fall sein, wenn einer der Streitgenossen den Anspruch anerkennt oder säumig war. Sie sollten hier erwägen, die allein durch einen Streitgenossen verursachten, konkreten prozessualen Kosten allein diesem aufzuerlegen:

> 2. Die Kosten des Rechtsstreits tragen die Beklagten; die Mehrkosten, die durch die Beweisaufnahme entstanden sind, trägt der Beklagte zu 1).

Eine ähnliche Tenorierung erfordert § 100 III ZPO. Anders als in § 100 II ZPO haben Sie nach dieser Vorschrift allerdings kein Ermessen. Der jeweilige Streitgenosse trägt bei Vorliegen der Voraussetzungen stets die Kosten des veranlassten Angriffs- oder Verteidigungsmittels. 132

> 2. Die Kosten des Rechtsstreits tragen die Beklagten; die Mehrkosten, die durch das Sachverständigengutachten vom ... entstanden sind, trägt der Beklagte zu 1).

Werden die Beklagten als Gesamtschuldner verurteilt, ist eine Differenzierung zwischen ihnen nach § 100 IV 1 ZPO grundsätzlich nicht notwendig. Der Gerichtsvollzieher muss Ihrem Tenor allerdings entnehmen können, dass die Kosten gesamtschuldnerisch zu tragen sind.

> 2. Die Kosten des Rechtsstreits tragen die Beklagten als Gesamtschuldner.

Da § 100 ZPO keine Regelung darüber trifft, wie zu verfahren ist, wenn die Streitgenossen mit unterschiedlichen Quoten unterliegen, müssen Sie jenseits dieser Vorschrift die sog. Baumbach'sche Kostenformel beachten: 133

Beispiel: Der Kläger verklagt den Beklagten zu 1) und den Beklagten zu 2) als Gesamtschuldner auf Zahlung von € 12.000. Die Klage hat gegen den Beklagten zu 1) in Höhe von € 8.000 Erfolg. Gegen den Beklagten zu 2) ist die Klage unbegründet.

Wenn in einem Ihrer Urteile der Kläger gegenüber mehreren Beteiligten mit unterschiedlichen Quoten erfolgreich ist, müssen Sie das Verhältnis des Klägers zu den einzelnen Beteiligten getrennt bestimmen. Hierfür errechnen Sie zunächst einen fiktiven Gebührenstreitwert. 134

Der tatsächliche Streitwert im Beispielsfall beträgt € 12.000. Die Inanspruchnahme des Beklagten zu 1) und des Beklagten zu 2) sind allerdings als zwei getrennte Angriffe des Klägers zu werten. Zur Berechnung des fiktiven Gebührenstreitwertes müssen Sie daher den tatsächlichen Streitwert mit der Anzahl der erfolgten Angriffe multiplizieren, so dass sich im Beispielsfall ein fiktiver Gebührenstreitwert von € 24.000 ergibt.

Der fiktive Gebührenstreitwert ist maßgeblich für Ihre Berechnung der Gerichtskosten und der außergerichtlichen Kosten des Klägers. Bezogen auf diesen Streitwert obsiegt der Kläger mit € 8.000, also mit 1/3. Er hat daher 2/3 der Gerichtskosten und seiner außergerichtlichen Kosten zu tragen. Den Rest hat der Beklagte zu 1) zu tragen, der bezogen auf den fiktiven Streitwert mit 1/3 unterliegt.

Bezüglich der außergerichtlichen Kosten der Beklagten müssen Sie sodann die Kosten für jeden Beteiligten einzeln bestimmen: Der Kläger obsiegt im Verhältnis zum Beklagten zu 1) mit 2/3 und hat demnach nur 1/3 der außergerichtlichen Kosten des Beklagten zu 1) zu tragen. Im Verhältnis zum Beklagten zu 2) unterliegt er dagegen vollständig, so dass er dessen Kosten vollständig zu tragen hat.

Beachten Sie bitte: Die Beklagten haben mit den außergerichtlichen Kosten der jeweils anderen Beklagten nichts zu tun.

> 2. Die Gerichtskosten und die außergerichtlichen Kosten des Klägers tragen der Beklagte zu 1) zu 1/3 und der Kläger zu 2/3. Die außergerichtlichen Kosten des Beklagten zu 1)

> tragen der Beklagte zu 1) zu 2/3 und der Kläger zu 1/3. Die außergerichtlichen Kosten des Beklagten zu 2) trägt der Kläger.

135 **bb) Tatbestand.** Es bestehen keine Besonderheiten.

136 **cc) Entscheidungsgründe.** Sofern Sie einen Rechtsstreit mit mehreren Streitgenossen zu entscheiden haben, gilt grundsätzlich, dass die Zulässigkeit für die Streitgenossen zusammen geprüft werden kann, wenn sich keine besonderen Abweichungen ergeben. In der Begründetheit sollten Sie dann aber nach den verschiedenen Streitgenossen unterteilen.

> A. Zulässigkeit
>
> B. Begründetheit
> - I. Streitgenosse 1
> - II. Streitgenosse 2
> - III. Nebenentscheidungen
>   1. Kosten
>   2. Vorläufige Vollstreckbarkeit

c) Streithelfer

137 **aa) Tenor.** Bei der Hauptsacheentscheidung und bei der Entscheidung über die vorläufige Vollstreckbarkeit bestehen keine Besonderheiten. Anders ist dies bei der Kostenentscheidung.

Beispiel: Der Kläger verklagt den Beklagten auf Zahlung von € 10.000. Dem Rechtsstreit tritt ein Streithelfer auf Seiten des Beklagten bei. Der Kläger obsiegt.

Im Falle des Beitritts eines Streithelfers gilt die Vorschrift des § 101 ZPO. Danach müssen die Kosten der Nebenintervention nie von der Hauptpartei getragen werden. Bei Unterliegen des Gegners der Hauptpartei werden sie von diesem getragen, andernfalls trägt sie der Nebenintervenient selbst. Vergessen Sie nicht, über die Kosten der Nebenintervention gesondert zu entscheiden, und zwar auch dann, wenn der Gegner der Hauptpartei sämtliche Kosten des Rechtsstreits zu tragen hat, da hiervon die Kosten der Nebenintervention nicht erfasst werden.[52]

> Der Beklagte trägt die Kosten des Rechtsstreits mit Ausnahme der außergerichtlichen Kosten des Nebenintervenienten, die dieser selbst trägt.

138 **bb) Tatbestand.** Da § 67 ZPO anordnet, dass die Behauptung eines Streithelfers wie Parteivortrag zu werten ist, brauchen Sie zwischen den jeweiligen Aussagen im Tatbestand grundsätzlich keine Unterscheidung zu treffen. Eine andere Einordnung müssen Sie in Folge des § 67 Hs. 2 ZPO allerdings vornehmen, wenn die Handlungen des Streithelfers im Widerspruch zu denen der Hauptpartei stehen.

> Der Kläger behauptet, dass …, wohingegen der Streithelfer behauptet, dass …

---

[52] Weiterführend hierzu *Jungemeyer/Teichmann*, Die unterbliebene Kostengrundentscheidung in Fällen einer Nebenintervention, MDR 2011, 1019.

Dass ein Streithelfer aufgetreten und zu welchem Zeitpunkt dies geschehen ist, ist zudem in der Prozessgeschichte zu erwähnen. Anders ist dies bei der bloßen Streitverkündung, auf die hin kein Beitritt erfolgt ist. Diese wird von Ihnen in der Prozessgeschichte nicht erwähnt.[53]

cc) Entscheidungsgründe. Die Wirkung der Nebenintervention wird in Ihren Entscheidungsgründen primär dann eine Rolle spielen, wenn Sie einen Rechtsstreit zu entscheiden haben, bei dem einer der beteiligten Parteien in einem Vorprozess nach § 74 ZPO der Streit verkündet wurde, so dass für diese Partei ab dem Zeitpunkt der Streitverkündung über § 74 III ZPO die Wirkung der Nebenintervention nach § 68 ZPO eingreift. Der weitere Fall der freiwilligen Nebenintervention nach § 66 ZPO wird daneben eher die Ausnahme bleiben. 139

Die Wirkungen des § 68 ZPO sind in beiden Fällen dieselben: Der Nebenintervenient wird grundsätzlich nicht mit der Behauptung gehört, dass einzelne Elemente des Urteils unrichtig entschieden seien. Sie müssen daher die Entscheidungsgründe aus dem Vorurteil heranziehen und beurteilen, ob über bestimmte Fragen bereits in diesem entschieden wurde. Inwieweit Sie auf das Urteil des Vorprozesses zurückgreifen, sollten Sie in Ihren Entscheidungsgründen hervorheben, damit die Parteien die Wirkungen des Vorprozesses von Ihrer Entscheidung abgrenzen können.

> Soweit der Kläger behauptet, dass …, bringt er damit zum Ausdruck, dass über diese Frage durch das Urteil des … vom … unrichtig entschieden worden sei. Mit dieser Behauptung wird er gemäß § 68 Hs. 1 ZPO vorliegend nicht mehr gehört.

d) Streitverkündung

aa) Tenor. Eine Streitverkündung spielt für die Tenorierung nur dann eine Rolle, wenn der Streitverkündete beigetreten ist, da Sie dann auch über dessen Kosten entscheiden müssen.[54] 140

bb) Tatbestand. Im Tatbestand müssen Sie die Frage der Streitverkündung nur im Nachprozess erwähnen. Im Vorprozess wird die Streitverkündung nur relevant, wenn daraufhin ein Nebenintervenient hinzutritt. In diesem Fall verfahren Sie nach den Regeln zur Darstellung des Streithelfers. 141

Im Folgeprozess kann die Streitverkündung dagegen bedeutsam werden, da der Vorprozess insoweit Wirkung entfalten kann. Daher müssen Sie die Streitverkündung im Tatbestand darstellen. Es empfiehlt sich, eine Darstellung im Rahmen des unstreitigen Parteivortrages vorzunehmen. Eine Verortung in der Prozessgeschichte scheidet aus, da die Streitverkündung nicht den gegenständlichen Prozess betrifft.

> Im Rechtsstreit vor dem Landgericht Hamburg zum Az. … hatte der Kläger dem Beklagten mit Schriftsatz vom …, zugestellt am …, den Streit verkündet. Der Beklagte trat dem Rechtsstreit mit Schriftsatz vom …, eingegangen bei Gericht am …, auf Seiten des … bei.

cc) Entscheidungsgründe. Im Vorprozess, in dem die Streitverkündung erfolgt, hat diese keine Auswirkungen auf die Entscheidungsgründe. Anders dagegen im Folgeprozess, sofern dieser Bindungswirkung entfaltet. Hier müssen Sie insbesondere auch – sofern streitig – die Zulässigkeit der Streitverkündung nach § 72 ZPO prüfen. 142

---

[53] Dazu sogleich Rn. 141.

[54] Hierzu Rn. 137.

14. Prozessvergleich

143 Grundsätzlich führt ein Prozessvergleich dazu, dass Sie kein Urteil mehr absetzen müssen. Wie oben gesehen, kommt es in der Praxis allerdings häufig vor, dass die Parteivertreter in Abwesenheit der Parteien einen Vergleich mit Widerrufsvorbehalt schließen.[55] Falls dieser Vergleich widerrufen wird, müssen Sie das Verfahren fortsetzen.

Ein früherer Prozessvergleich, der sich – etwa durch Widerruf – vollständig erledigt hat, muss von Ihnen weder im Tatbestand noch in den Entscheidungsgründen aufgeführt werden.

Streiten die Parteien dagegen um die Wirksamkeit des Vergleichs, müssen Sie hierzu in den Entscheidungsgründen Stellung nehmen. In diesem Fall muss der Prozessvergleich in die Prozessgeschichte aufgenommen werden.

> In der mündlichen Verhandlung vom ... haben die Parteien zur Erledigung des Rechtsstreits den nachfolgenden Vergleich geschlossen: (...).
>
> Mit Schriftsatz vom ... bestreitet der Kläger/Beklagte die Wirksamkeit dieses Vergleichs.

144 Ein Prozessvergleich kann Ihnen zudem bei der Urteilsabfassung begegnen, wenn eine der Vergleichsparteien sich mit Hilfe der Vollstreckungsgegenklage nach §§ 767, 795 ZPO gegen die Vollstreckung aus dem Vergleich wehrt, oder wenn eine Abänderungsklage gemäß § 323 I, IV ZPO gegen einen bereits geschlossenen Vergleich angestrengt wird. In diesen Fällen ist der Vergleich die entscheidende Grundlage des Rechtsstreits. Sie müssen ihn daher vollständig in den unstreitigen und streitigen Parteivortrag einbetten.

15. Urteil im einstweiligen Rechtsschutz

145 Bei Urteilen im einstweiligen Rechtsschutz (Arrest und einstweilige Verfügung) gelten Besonderheiten insbesondere bei der Tenorierung. Hierzu sei auf die Ausführungen zum einstweiligen Rechtsschutz verwiesen.[56]

16. Berufungsurteil

146 Auch für Berufungsurteile gelten zahlreiche Besonderheiten. Hierzu sei auf die Ausführungen zum Berufungsverfahren verwiesen.[57]

17. Urteile im Rahmen der Zwangsvollstreckung

147 Besonderheiten bei der Tenorierung und beim Aufbau der Entscheidungsgründe bestehen schließlich auch bei Urteilen, die im Zusammenhang mit Zwangsvollstreckungsmaßnahmen ergehen, z.B. Drittwiderspruchsklagen gemäß § 771 ZPO oder Vollstreckungsgegenklagen gemäß § 767 ZPO. Diese Besonderheiten können hier nicht im Einzelnen dargestellt werden. Insoweit muss auf die Spezialliteratur zum Zwangsvollstreckungsrecht verwiesen werden.[58]

---

[55] § 8 Rn. 36.
[56] Siehe dazu § 19.
[57] Siehe dazu § 20 Rn. 56 ff.
[58] Vgl. beispielsweise *Lackmann*, Zwangsvollstreckungsrecht, 11. Aufl. 2018.

V. Berichtigung und Ergänzung des Urteils

Anträge auf Berichtigung und Ergänzung Ihres Urteils werden Ihnen wiederholt begegnen. Ein Grund hierfür ist, dass Berichtigung und Ergänzung des Tatbestands von den Parteien oftmals zur Vorbereitung einer Berufung beantragt werden. 148

1. Berichtigung des Urteils nach § 319 ZPO

§ 319 ZPO differenziert nicht zwischen den einzelnen Bestandteilen des Urteils. Insofern ist Ihnen eine Berichtigung aller Urteilsbestandteile erlaubt.[59] Dafür engt § 319 ZPO aber die Voraussetzungen einer Berichtigung stark ein. Diese ist nur im Falle von Schreibfehlern, Rechnungsfehlern und offenbaren Unrichtigkeiten des Urteils möglich. 149

Sofern Ihnen ein Fehler im Urteil unterlaufen ist, sind primär Sie für die Berichtigung zuständig. Am Amtsgericht und bei einer Einzelrichtersache am Landgericht sind Sie sogar die einzige Person, welche die Berichtigung vornehmen darf. Wenn allerdings (am Landgericht) die Kammer ein fehlerhaftes Urteil erlassen hat, genügt es, dass derselbe Spruchkörper die Berichtigung vornimmt. Dies muss nicht zwangsläufig in derselben Besetzung erfolgen.

Bei offenbaren Unrichtigkeiten müssen Sie von Amts wegen oder auf Antrag einer der Parteien ein Verfahren zur Berichtigung einleiten. Sofern die Parteien oder ihre Vertreter Anträge zur Berichtigung stellen, sind diese als Überprüfungsauftrag an das Gericht zu werten. Einer Überprüfung sollten Sie sich in dieser Situation nur in Ausnahmefällen entziehen, insbesondere wenn der Antrag verwirkt ist oder rechtsmissbräuchlich erscheint.

Formell ergeht die Entscheidung als Beschluss. Vor Erlass des Berichtigungsbeschlusses müssen Sie jedenfalls der Partei, zu deren Nachteil die Berichtigung erfolgt, rechtliches Gehör gewähren. Insofern besteht die Möglichkeit der mündlichen Verhandlung nach § 128 IV ZPO. Die Gewährung rechtlichen Gehörs kann nur bei der Berichtigung bloßer Schreib- und Rechenfehler unterbleiben, da hier schon kein grundrechtsrelevanter Eingriff vorliegt. 150

Der Beschluss kann den Antrag auf die Berichtigung entweder zurückweisen:

Beschluss

Der Antrag des Beklagten auf Berichtigung des Urteils vom … wird zurückgewiesen.

Gründe:

Eine offenbare Unrichtigkeit des Urteils liegt nicht vor, weil …

V.

1. Beschlussausfertigung an Partei-V. (EB)
2. Schlussbehandlung

oder die Berichtigung aussprechen:

[59] Zu einer Berichtigung des Rubrums nach § 319 ZPO siehe *OLG Köln* BeckRS 2016, 6011 Rn. 13 ff.

Beschluss

Das Urteil vom … wird dahin berichtigt, dass der Tenor wie folgt lautet:

Der Beklagte wird verurteilt, an den Kläger € 4.500 nebst Zinsen in Höhe von 5 Prozentpunkten über dem jeweiligen Basiszinssatz seit dem 1.4.2018 zu zahlen.

Gründe:

Das Urteil war nach § 319 ZPO zu berichtigen, da ein offensichtlicher Schreibfehler hinsichtlich des zugesprochenen Betrags vorliegt. Dies ergibt sich aus dem Zusammenhang des Urteils.

Rechtsbehelfsbelehrung

V.

1. Beschlussausfertigung an Partei-V. (EB) mit Zusatz: Um Rückgabe der bereits erteilten Urteilsausfertigung zwecks Berichtigung wird gebeten.
2. Schlussbehandlung

151 Die Zustellung des Beschlusses erfolgt durch Ihre Geschäftsstelle gemäß § 329 ZPO. Gegen den Beschluss ist gemäß § 319 III ZPO die sofortige Beschwerde statthaft, sofern er die Berichtigung ausspricht.

2. Berichtigung des Tatbestands nach § 320 ZPO

152 Das Tatbestandsberichtigungsverfahren des § 320 ZPO[60] kann nur durch den Antrag einer Partei eingeleitet werden. Der Antrag muss hinreichend substantiiert sein, d.h., die Partei muss darlegen, an welchen Stellen der Tatbestand unrichtig ist und berichtigt werden soll. Der Tatbestandsberichtigungsantrag dient vorwiegend der Vorbereitung eines nachfolgenden Rechtsmittels gegen das Urteil. Sie können aber auch mit einem Tatbestandsberichtigungsantrag konfrontiert werden, obwohl das Urteil rechtskräftig ist. In diesem Fall können Sie den Antrag nicht mangels Rechtsschutzinteresses zurückweisen, da Sie auch die Möglichkeit einer Verfassungsbeschwerde berücksichtigen müssen.

Die Zuständigkeit können Sie der Vorschrift des § 320 IV ZPO entnehmen. Danach ist der Spruchkörper des Gerichtes zuständig, welcher das Urteil erlassen hat. Nach § 320 IV 2 ZPO wirken nur die Richter mit, die am Urteil beteiligt waren. Sofern ein Richter verhindert ist,[61] gibt bei Stimmengleichheit gemäß § 320 IV 3 ZPO die Stimme des Vorsitzenden und bei dessen Verhinderung die Stimme des ältesten Richters den Ausschlag. Sind alle Richter verhindert, ist eine Entscheidung nicht möglich.

§ 320 I ZPO setzt den Parteien eine Frist von zwei Wochen zur Einreichung des Antrags. Gemäß § 320 II 1 ZPO beginnt die (gesetzliche) Frist mit der Zustellung des in vollständiger Form abgefassten Urteils. Sie dürfen die Frist nicht nach § 224 II ZPO verlängern. Da es sich nicht um eine Notfrist handelt, müssen Sie den Parteien nach h.M. auch eine Wiedereinsetzung in den vorigen Stand verwehren.[62] § 320 II 3 ZPO enthält zudem eine Ausschlussfrist von drei Monaten, die mit der Verkündung

[60] Weiterführend *Einsiedler*, Die Berichtigung des Tatbestands nach § 320 ZPO, MDR 2011, 1454.

[61] Das ist z.B. bei Ausscheiden eines Richters aus dem Spruchkörper der Fall, vgl. *KG* BeckRS 2015, 17366 Rn. 2.

[62] Zöller/*Feskorn*, § 320 Rn. 9 m.w.N.

des Urteils beginnt. Gegen die Versäumung dieser Frist findet nach h.M. ebenfalls keine Wiedereinsetzung statt.[63]

Über den Tatbestandsberichtigungsantrag wird nur auf Antrag mündlich verhandelt. Ein solcher Antrag wird Ihnen aber nur selten begegnen. Ist der Antrag bereits unzulässig, bspw. aufgrund der Fristversäumung, müssen Sie keine mündliche Verhandlung anberaumen. 153

Die Ablehnung oder Stattgabe des Antrags erfolgt durch Beschluss; diesen müssen Sie begründen.

Beschluss

Der Tatbestand des Urteils vom ... wird gemäß § 320 ZPO wie folgt berichtigt:

Auf Seite ... wird in Absatz ... der Satz ... *(genaue Angabe des zu streichenden Satzes)* gestrichen/ersetzt durch ... Auf Seite ... wird nach ... *(genaue Angabe)* folgender Satz eingefügt: (...).

Gründe:

(...)

Beschluss

Der Antrag auf Berichtigung des Tatbestands des Urteils vom ... wird zurückgewiesen.

Gründe:

Die vom Antragsteller vermisste Wiedergabe seines Vorbringens findet sich im Tatbestand auf Seite ... Der Antragsteller hat keinen Anspruch auf Verwendung der von ihm gewählten Formulierung.

Die vom Antragsteller als unterlassen gerügte Wiedergabe seines Vorbringens betreffend ..., ist durch die nach § 313 II 1 ZPO vorgeschriebene Kürze des Tatbestands bedingt und durch die im Tatbestand enthaltene Verweisung auf die Schriftsätze der Parteien gedeckt (§ 313 II 2 ZPO).

Der Vortrag der Gegenseite, dass ..., ist vom Antragsteller weder in den Schriftsätzen noch in der mündlichen Verhandlung bestritten worden. Er ist daher zu Recht im unstreitigen Tatbestand wiedergegeben worden.

Der Beschluss ist gemäß § 320 IV 4 ZPO unanfechtbar.

3. Ergänzung des Urteils nach § 321 ZPO

a) Verfahren

Neben der Berichtigung des Urteils nach § 319 ZPO und der Berichtigung des Tatbestands nach § 320 ZPO kommt gemäß § 321 ZPO auch eine Ergänzung des Urteils in Betracht. 154

§ 321 ZPO setzt eine Entscheidungslücke voraus, die durch die Ergänzung geschlossen werden kann. Seien Sie sich der Außergewöhnlichkeit dieses Vorgangs bewusst, schließlich sind Sie im Ausgangspunkt gemäß § 318 ZPO an die von Ihnen erlassenen Entscheidungen gebunden.

[63] BGHZ 32, 17 (27) = NJW 1960, 866 (868); *OLG Hamburg* NJW-RR 2005, 653; a.A. unter Berufung auf die Grundsätze des fairen Verfahrens *KG* NJW-RR 2001, 1296.

Gemäß § 321 II ZPO muss die Urteilsergänzung binnen einer Frist von zwei Wochen ab Zustellung des zu ergänzenden Urteils beantragt werden. Die Frist beginnt nur zu laufen, wenn sich die Ergänzungsbedürftigkeit aus der Entscheidung ergibt (das ist möglicherweise bei der Zustellung abgekürzter Entscheidungen nicht der Fall). War zunächst der Tatbestand gemäß § 320 ZPO zu berichtigen, beginnt die Frist erst mit Zustellung des Berichtigungsbeschlusses.

Über den Ergänzungsantrag ist nach mündlicher Verhandlung oder mit von Ihnen einzuholender Zustimmung der Parteien im schriftlichen Verfahren gemäß § 128 II ZPO[64] durch selbstständig anfechtbares Urteil zu entscheiden. Ebenfalls möglich sind hier Versäumnis- und Anerkenntnisurteile. Das Urteil muss eine eigenständige Kostenentscheidung enthalten (§ 308 II ZPO).

Ergänzungsurteil

Das Urteil vom ... wird im Tenor wie folgt ergänzt:

Das Urteil ist gegen Sicherheitsleistung in Höhe von 110% des jeweils zu vollstreckenden Betrags vorläufig vollstreckbar.

(...)

Tatbestand:

Das Landgericht Hamburg hat folgendes Urteil erlassen: ... Der Kläger hat mit Schriftsatz vom ... beantragt, das Urteil dahin zu ergänzen, dass das Urteil gegen Sicherheitsleistung für vorläufig vollstreckbar erklärt wird. Der Beklagte hat keinen Antrag gestellt.

Entscheidungsgründe:

Der Antrag ist gemäß § 321 ZPO statthaft. Er ist innerhalb der Frist des § 321 II ZPO gestellt worden.

Der Antrag ist auch begründet. In dem Urteil ist durch ein Versehen der Ausspruch über die vorläufige Vollstreckbarkeit unterblieben. Diese Entscheidung war durch Ergänzung des Urteils nachzuholen.

b) Umfang

155 § 321 ZPO greift ein, wenn ein – auch nach einem berichtigten Tatbestand – erhobener Haupt- oder Nebenanspruch oder die Kostenentscheidung oder sonst ein Anspruch im Urteil versehentlich übergangen sind.

Eine Urteilsergänzung kommt z.B. in Betracht, wenn Sie über einen Anspruch versehentlich nur teilweise entschieden haben,[65] oder wenn Sie einen Hilfsantrag, über den zu entscheiden war, übergangen haben oder wenn sie das Urteil versehentlich nicht für vorläufig vollstreckbar erklärt haben. Dagegen ist eine Ergänzung z.B. unzulässig, wenn Sie versehentlich Angriffs- und Verteidigungsmittel übergangen haben oder wenn Sie aufgrund eines Irrtums bewusst über einen Anspruch nicht entschieden haben.[66] Dies ist für die Parteien nur mit Rechtsmitteln angreifbar, Raum für eine Ergänzung des Urteils besteht dagegen nicht.

[64] Das wird für Sie die Regel sein, da die Rechtsanwälte zumeist keine Lust verspüren werden, wegen der Verhandlung über eine Urteilsergänzung vor Gericht zu erscheinen.

[65] *BVerfG* NJW-RR 2000, 1664.

[66] Weitere Nachweise für Einzelfälle bei Zöller/*Feskorn*, § 321 Rn. 3 f.

§ 12. Die Erledigung des Rechtsstreits

Erklärt der Kläger ganz oder teilweise die Erledigung des Rechtsstreits, hängen die prozessualen Folgen davon ab, wie der Beklagte darauf reagiert: Schließt er sich der Erledigungserklärung an, gilt § 91a ZPO (hierzu unter I.); der Kläger ist dann an seine Erledigungserklärung gebunden und kann diese nur ausnahmsweise widerrufen, wenn ein Restitutionsgrund nach § 580 ZPO besteht.[67] Schließt sich der Beklagte nicht an, wird der Prozess fortgeführt (hierzu unter II.).[68] 156

I. Übereinstimmende Erledigungserklärungen

Soweit der Rechtsstreit übereinstimmend für erledigt erklärt wird, endet die Rechtshängigkeit. Sie müssen dabei unterscheiden zwischen teilweisen und vollständigen übereinstimmenden Erledigungserklärungen. 157

1. Vollständige Erledigungserklärungen

Bei vollständigen übereinstimmenden Erledigungserklärungen müssen Sie nur noch durch Beschluss nach § 91a ZPO über die Kosten des Rechtsstreits entscheiden. 158

a) Verfahren

Erklärt der Kläger den Rechtsstreit in der Hauptsache für erledigt, etwa weil der Beklagte die streitgegenständliche Forderung nach Rechtshängigkeit[69] beglichen hat, werden Sie dem Beklagten diese Erklärung mit Gelegenheit zur Stellungnahme zuleiten. 159

Zumeist wird sich der Beklagte der Erledigungserklärung anschließen. Sie können sodann über die Kosten des Rechtsstreits durch Beschluss entscheiden, ohne mündlich verhandeln zu müssen (§ 128 IV ZPO). Widerspricht der Beklagte, liegt ein Fall der einseitigen Erledigungserklärung vor.[70]

Reagiert der Beklagte nicht, kann nach § 91a I 2 ZPO eine beiderseitige Erledigungserklärung im Wege einer Fiktion auch dann angenommen werden, wenn der Beklagte nicht innerhalb einer ihm gesetzten Frist der Erledigungserklärung widerspricht. Diese Vorschrift stellt für Ihre praktische Tätigkeit eine große Erleichterung dar, da es – vor allem beim Amtsgericht – nicht selten vorkommen wird, dass Erledigung, z.B. durch verspätete Zahlung des Beklagten, eintritt, dieser sich jedoch anschließend nicht mehr die Mühe macht, sich der Erledigungserklärung des Klägers anzuschließen. Damit Sie diese Zustimmungsfiktion herbeiführen können, ist es erforderlich, dass Sie dem Beklagten die schriftliche Erledigungserklärung des Klägers mit einem Hinweis auf die Zustimmungsfiktion bei ungenutztem Fristablauf zustellen und dieser innerhalb der Notfrist von zwei Wochen, wobei eine Wiedereinsetzung möglich ist,[71] nicht widerspricht.

---

67 *BGH* NJW 2013, 2686.

68 Vgl. die umfassende Darstellung bei Thomas/Putzo/*Hüßtege*, § 91a Rn. 22 ff. und *Knöringer*, Die Erledigung der Hauptsache im Zivilprozess, JuS 2010, 569.

69 Zum Fall der Erledigung zwischen Anhängigkeit und Rechtshängigkeit § 13 Rn. 170.

70 Dazu Rn. 163 ff.

71 Zöller/*Althammer*, § 91a Rn. 10; Thomas/Putzo/*Hüßtege*, § 91a Rn. 22a.

V.
1. Ss. vom ... an BeklV gegen EB/Bekl. gegen ZU zur Stellungnahme binnen 2 Wochen mit Zusatz: Es wird auf § 91a I 2 ZPO hingewiesen. Danach kann das Gericht durch Beschluss über die Kosten unter Berücksichtigung des bisherigen Sach- und Streitstands nach billigem Ermessen entscheiden, wenn Sie der Erledigungserklärung des Klägers nicht innerhalb einer nicht verlängerbaren Frist von zwei Wochen seit der Zustellung dieses Schriftsatzes widersprechen.[72]
2. WV 3 Wochen (Zustimmung Erledigungserklärung?)

b) Fertigung des Beschlusses

160 Im Rahmen der Tenorierung des Beschlusses nach § 91a ZPO ist lediglich der Kostenausspruch als solcher zwingend erforderlich. Zulässig ist es jedoch, in der Entscheidungsformel klarstellend festzustellen, dass der Rechtsstreit für erledigt erklärt wurde, oder vorausgegangene Entscheidungen (z.B. Versäumnisurteile) analog § 269 III 1 ZPO für wirkungslos zu erklären. Einen Ausspruch zur vorläufigen Vollstreckbarkeit müssen Sie nicht treffen, das der Beschluss nach § 91a ZPO bereits Vollstreckungstitel gemäß § 794 I Nr. 3 ZPO i.V.m. § 91a II ZPO ist.

In den Gründen ist unter Ziffer I. lediglich eine kurze Sachverhaltsdarstellung erforderlich, die insbesondere die Erledigungserklärungen umfassen muss. Sie können diese Angaben auch zusammen mit den Rechtsausführungen darstellen.

161 Für die Kostenentscheidung als solche unter Ziffer II. des Beschlusses ist unter Berücksichtigung des bisherigen Sach- und Streitstands der voraussichtliche Ausgang des Rechtsstreits ohne die Erledigungserklärung maßgeblich. Diese Prognose kann Ihnen auch im Rahmen eines § 91a-Beschlusses schwierige rechtliche Überlegungen abfordern. Sie müssen hierbei die allgemeinen Kostengrundsätze der §§ 91–98, 100, 101 ZPO heranziehen. Besteht, etwa weil noch eine Beweisaufnahme erforderlich gewesen wäre, Ungewissheit über den Prozessausgang, wird zumeist nur eine Kostenaufhebung analog § 92 I ZPO in Betracht kommen. Da gegen den Beschluss grundsätzlich die sofortige Beschwerde statthaft ist (§ 91a II ZPO), muss er im Amtsgerichtsprozess eine Rechtsbehelfsbelehrung enthalten.[73]

Beschluss

Der Beklagte hat die Kosten des Rechtsstreits zu tragen.

Gründe:

Die Parteien haben den Rechtsstreit in der Hauptsache übereinstimmend für erledigt erklärt, nachdem der Beklagte mit Schriftsatz vom ... eine strafbewehrte Unterlassungsverpflichtungserklärung bezüglich ... abgegeben hat. Zwar hat der Beklagte sich nicht ausdrücklich der Erledigungserklärung des Klägers angeschlossen; er hatte lediglich zuvor bereits seinerseits den Rechtsstreit für erledigt erklärt. Diese Erklärung gilt jedoch gemäß § 91a I 2 ZPO als abgegeben, wenn der Beklagte – wie hier – der Erledigungserklärung der Klägerseite nicht innerhalb einer Notfrist von zwei Wochen seit der Zustellung des Schriftsatzes und dem Hinweis auf die Folge des § 91a I 2 ZPO widerspricht.

Damit war nur noch eine Kostenentscheidung gemäß § 91a I 1 ZPO unter Berücksichtigung des bisherigen Sach- und Streitstands nach billigem Ermessen veranlasst. Dies führte

[72] Wenn eine Partei anwaltlich vertreten ist, reicht der bloße Hinweis auf § 91a I 2 ZPO ohne Wiedergabe des Gesetzestexts.

[73] Ausführlich zur Rechtsbehelfsbelehrung § 11 Rn. 62.

zur Auferlegung der Kosten auf den Beklagten, da er ohne den Eintritt des erledigenden Ereignisses in dem Rechtsstreit aller Voraussicht nach unterlegen wäre.

(…)

V.

1. Beschlussausfertigung an Partei-V. (EB)
2. WV 3 Wochen (sofortige Beschwerde?)

2. Teilweise Erledigungserklärungen

Bei nur teilweiser übereinstimmender Erledigungserklärung müssen Sie über den noch rechtshängigen Teil des Rechtsstreits durch Urteil entscheiden. Hinsichtlich des für erledigt erklärten Teils entfällt die Rechtshängigkeit und Sie müssen nur über die Kosten des insoweit erledigten Teils der Klage entscheiden. Wegen des Grundsatzes der Einheit der Kostenentscheidung muss dies im Urteil geschehen. Sie müssen eine – häufig recht komplizierte – Kostenmischentscheidung treffen, bei der Sie zum einen die Grundsätze des § 91a ZPO und zum anderen die allgemeinen Kostengrundsätze der §§ 91 ff. ZPO berücksichtigen müssen. Dabei ergibt sich aus der Kostenentscheidung im Tenor nicht, zu welchen Teilen sie auf welcher Norm beruht. Sie müssen dies allerdings in den Entscheidungsgründen bei der Begründung der Kostenentscheidung darlegen, weil die Entscheidung, soweit sie auf § 91a ZPO beruht, gemäß § 91a II ZPO isoliert mit der sofortigen Beschwerde angreifbar ist. 162

Bei der vorläufigen Vollstreckbarkeitserklärung ist der auf § 91a ZPO beruhende Teil der Kosten von der Berechnung der Sicherheitsleistung und der Abwendungsbefugnis auszunehmen, weil dieser Teil gemäß § 794 I Nr. 3 ZPO ohne weiteres vollstreckbar ist.

II. Einseitige Erledigungserklärung

Auch bei der einseitigen Erledigungserklärung müssen Sie zwischen teilweiser und vollständiger Erledigungserklärung unterscheiden. 163

1. Vollständige Erledigungserklärung

Widerspricht der Beklagte der Erledigungserklärung des Klägers, können Sie nicht nach § 91a ZPO durch Beschluss über die Kosten entscheiden. Sie müssen mündlich verhandeln und ein Urteil schreiben. Der Umstand der einseitigen Erledigungserklärung findet im Tatbestand in der kleinen Prozessgeschichte vor den Anträgen Erwähnung. 164

Nachdem der Kläger zunächst beantragt hatte, den Beklagten zu verurteilen, an ihn € 5.000 zu zahlen, hat er in der mündlichen Verhandlung vom … den Rechtsstreit in der Hauptsache für erledigt erklärt. Der Beklagte hat sich der Erledigungserklärung nicht angeschlossen.

Der Kläger beantragt nunmehr,

festzustellen, dass der Rechtsstreit in der Hauptsache erledigt ist.

Der Beklagte beantragt,

die Klage abzuweisen.

165 Nach h. M. ist die einseitige Erledigungserklärung als gemäß § 264 Nr. 2 ZPO stets zulässige Klageänderung in eine Feststellungsklage anzusehen. Die Klage ist begründet, wenn sie ursprünglich zulässig und begründet war und erst nach Rechtshängigkeit durch ein erledigendes Ereignis unbegründet oder unzulässig wurde. Stellt sich heraus, dass keine Erledigung im Rechtssinne eingetreten ist,[74] kann der Kläger seine Erledigungserklärung widerrufen und wieder seinen ursprünglichen Antrag verfolgen.[75] Bei „Erledigung" vor Rechtshängigkeit gelten die vorstehenden Grundsätze nicht. Erklärt ein Kläger in einem solchen Fall gleichwohl für erledigt, sollten Sie ihn im Rahmen Ihrer richterlichen Hinweispflicht auf die für diese Fälle bestehende Möglichkeit der Klagerücknahme gemäß § 269 III 3 ZPO aufmerksam machen.[76] Zulässig ist es auch, die Erledigungserklärung interessengerecht als Rücknahme auszulegen.[77]

166 Im Unterschied zur übereinstimmenden Erledigungserklärung müssen Sie im Tenor zwingend die Erledigung aussprechen.

> **Urteil**
>
> 1. Es wird festgestellt, dass der Rechtsstreit in der Hauptsache erledigt ist.
> 2. Der Beklagte trägt die Kosten des Rechtsstreits.
> 3. Das Urteil ist vorläufig vollstreckbar. Der Beklagte kann die Vollstreckung durch Sicherheitsleistung in Höhe von 110% des aufgrund des Urteils vollstreckbaren Betrags abwenden, wenn nicht der Kläger vor der Vollstreckung Sicherheit in Höhe von 110% des jeweils zu vollstreckenden Betrags leistet.

Alternativ zur vorstehenden Formulierung könnten Sie auch bloß „Der Rechtsstreit ist in der Hauptsache erledigt" tenorieren. Die Formulierung, „Es wird festgestellt, dass …", hebt jedoch den Charakter als Feststellungsurteil noch deutlicher hervor und ist daher vorzugswürdig. Dagegen dürfen Sie nicht tenorieren, „ist für erledigt erklärt", da dies auf übereinstimmende Erledigungserklärungen hindeuten würde, die ja gerade nicht vorliegen. Die Kostenentscheidung folgt allein aus § 91 I ZPO. § 91a ZPO ist dagegen auf die Fälle einseitiger Erledigungserklärungen nicht anwendbar.

2. Teilweise Erledigungserklärung

167 Bei einer teilweisen einseitigen Erledigungserklärung müssen Sie im Urteil über den nicht für erledigt erklärten ursprünglichen Antrag des Klägers sowie über den Erledigungsfeststellungsantrag entscheiden. Die Kostenentscheidung folgt nicht aus § 91a ZPO, sondern lediglich aus §§ 91 I, 92 ZPO. Die Entscheidung über die vorläufige Vollstreckbarkeit folgt allgemeinen Grundsätzen.

---

[74] Vgl. bspw. zu Leistungen aufgrund vorläufig vollstreckbarer Titel zuletzt *BGH* NJW 2014, 2199 Rn. 8, zur Aufrechnungserklärung und Verjährungseinrede *BGH* NJW 2010, 2422.

[75] *BGH* NJW 2014, 2199, Rn. 14.

[76] Dazu § 13 Rn. 170.

[77] *OLG Koblenz* (12 U 757/14) BeckRS 2015, 06247 Rn. 6; *OLG Karlsruhe* NJW-RR 2014, 546 (547).

[78] Die Tenorierung zur Sicherheitsleistung hängt natürlich vom – hier nicht mitgeteilten – Streitwert ab. Grundsätzlich ist zu beachten, dass für nach Abgabe der Erledigungserklärung entstandene Kosten im Zusammenhang mit der Erledigungsfeststellungsklage nur ein ermäßigter Gebührenstreitwert zugrunde zu legen ist.

Urteil

1. Der Beklagte wird verurteilt, an den Kläger € 10.000 zu zahlen.
2. Es wird festgestellt, dass der Rechtsstreit im Übrigen in der Hauptsache erledigt ist.
3. Der Beklagte trägt die Kosten des Rechtsstreits.
4. Das Urteil ist gegen Sicherheitsleistung in Höhe von 110% des jeweils zu vollstreckenden Betrags vorläufig vollstreckbar.

§ 13. Die Klagerücknahme

Nimmt der Kläger die Klage zurück, hängt der Prozessverlauf davon ab, ob und gegebenenfalls wie der Beklagte hierauf reagieren muss bzw. reagiert. Besteht Streit über die Wirksamkeit einer Klagerücknahme, müssen Sie mündlich verhandeln und über die Wirksamkeit durch Zwischenurteil entscheiden.[79] **168**

I. Rücknahme vor mündlicher Verhandlung des Beklagten

Bis zum Beginn der mündlichen Verhandlung des Beklagten (§ 137 I ZPO) kann der Kläger die Klage ohne dessen Zustimmung zurücknehmen. Erfolgt die Rücknahme schriftlich, können Sie den Schriftsatz formlos übermitteln. Stellt der Beklagte keinen Kostenantrag, können Sie die Akte weglegen lassen. **169**

V.
Schlussbehandlung

Wird dagegen ein Kostenantrag gestellt, müssen Sie eine Kostenentscheidung durch Beschluss gemäß § 269 IV ZPO treffen. **170**

In der Regel wird der Kläger gemäß § 269 III 2 ZPO verpflichtet sein, die gesamten Kosten des Verfahrens (auch die Kosten einer eventuellen Säumnis des Beklagten) zu tragen. Eine Ausnahme von diesem Grundsatz regelt § 269 III 2 Hs. 2 ZPO, der mit der Formulierung „aufzuerlegen sind" auf das Vorhandensein einer anderen Norm abstellt, die Ihnen diese Möglichkeit einräumt (z.B. § 93d ZPO, § 344 ZPO).

Für Ihren Arbeitsalltag von größerer Bedeutung ist § 269 III 3 ZPO. Diese Vorschrift ermöglicht Ihnen eine dem bereits erläuterten § 91a ZPO vergleichbare Entscheidung über die Kosten. Allerdings kann sich der Kläger auch die Kosten des Rechtsstreits (zunächst) auferlegen lassen und sodann eine separate Kostenerstattungsklage gegen den Beklagten erheben.[80]

§ 269 III 3 ZPO setzt voraus, dass der „Anlass" für die Klage vor Rechtshängigkeit, gemäß §§ 253 I, 261 I ZPO also vor deren Zustellung, weggefallen ist. Damit sind insbesondere die Fälle der Erledigung zwischen Anhängigkeit und Rechtshängigkeit gemeint, zum Beispiel durch Erfüllung.

---

[79] *OLG Celle* (8 W 58/11) BeckRS 2011, 26863.
[80] *BGH* NJW 2013, 2201 Rn. 8.

Beschluss

Der Beklagte hat die Kosten des Rechtsstreits zu tragen.

Gründe:

Der Kläger hat die Klage zurückgenommen, nachdem der Beklagte die streitige Forderung am … und damit zwischen Anhängigkeit und Rechtshängigkeit beglichen hat.

Damit war nur noch eine Kostenentscheidung gemäß § 269 III 3 ZPO unter Berücksichtigung des bisherigen Sach- und Streitstands nach billigem Ermessen veranlasst. Dies führte zur Auferlegung der Kosten auf den Beklagten, da er sich mit der Erfüllung der streitgegenständlichen Forderung im Zahlungsverzug befand. (…)

V.

1. Beschlussausfertigung an Partei-V. (EB)
2. WV 3 Wochen (sofortige Beschwerde?)

Nicht anwendbar ist § 269 III 3 ZPO, wenn die Erledigung nach Rechtshängigkeit eintritt. In einem solchen Fall hat der Kläger kein Wahlrecht, er muss vielmehr den Rechtsstreit für erledigt erklären, wenn er nicht die Kosten gemäß § 269 III 2 Hs. 1 ZPO tragen will. Eine ausdrückliche Klagerücknahme lässt sich nicht in eine Erledigungserklärung umdeuten.[81]

War der Anlass zur Klageeinreichung bereits vor Eingang der Klage bei Gericht weggefallen, bleibt es grundsätzlich bei der Kostentragungslast des Klägers nach § 269 III 2 ZPO. Eine Ausnahme soll gelten, wenn der Kläger ohne sein Verschulden keine Kenntnis von der „Erledigung“ hatte.[82]

171 Liegt nur eine teilweise Klagerücknahme vor, müssen Sie über den nicht zurückgenommenen Teil der Klage entscheiden; die Teilrücknahme hat lediglich für die einheitliche Kostenentscheidung Relevanz; dabei müssen Sie das sog. Mehrkostenprinzip beachten.[83]

II. Rücknahme nach mündlicher Verhandlung des Beklagten

172 Nimmt der Kläger die Klage schriftlich zurück, nachdem bereits eine mündliche Verhandlung stattgefunden hat, müssen Sie diesen Schriftsatz dem Beklagten zustellen, denn nunmehr ist seine Einwilligung erforderlich (§ 269 I, II 3 ZPO). Weisen Sie ihn dabei auf die Einwilligungsfiktion in § 269 II 4 ZPO hin.

V.

1. Klagerücknahme an BeklV zustellen mit Hinweis auf § 269 II 4 ZPO
2. WV 3 Wochen (Kostenentscheidung?)

1. Einwilligung liegt vor

173 Willigt der Beklagte ein oder greift die Fiktion des § 269 II 4 ZPO, entspricht das weitere Vorgehen dem unter I. dargestellten.

[81] *BGH* NJW 2014, 3520 Rn. 6.
[82] Hierzu bspw. *OLG Frankfurt* NJW-RR 2014, 1406.
[83] Hierzu ausführlich § 11 Rn. 17 ff.

2. Einwilligung liegt nicht vor

Verweigert der Beklagte die Einwilligung, ist die Rücknahme unwirksam und die Klage bleibt rechtshängig. Sie müssen also erneut mündlich verhandeln. Dies gilt auch dann, wenn der Kläger auf den Anspruch verzichtet, denn – im Gegensatz zum Anerkenntnisurteil (§ 307 S. 2 ZPO) – muss der Verzicht in der mündlichen Verhandlung erklärt werden (§ 306 ZPO).[84] **174**

Auch wenn der Kläger nur einen Teil der Klage zurücknimmt, ist er auf die Einwilligung angewiesen, denn § 269 I ZPO geht § 264 Nr. 2 ZPO vor.[85]

Ob bei Wegfall des Klageanlasses zwischen Anhängigkeit und Rechtshängigkeit § 269 III 3 ZPO auch ohne die nach § 269 I ZPO erforderliche Einwilligung Anwendung findet, ist bislang nicht entschieden.[86]

---

[84] Vgl. *BGH* (X ZR 112/07) BeckRS 2010, 27057 Rn. 3.

[85] *OLG Düsseldorf* NJW 2012, 85 (86); vgl. auch *BGH* NJW 1990, 2682.

[86] Hierzu Musielak/Voit/*Foerste*, § 269 Rn. 13.

6. Kapitel
Besondere Verfahren

§ 14. Säumnisverfahren[1]

I. Säumnis einer Partei in der mündlichen Verhandlung

Erscheint eine nicht anwaltlich vertretene Partei im Parteiprozess oder im Anwaltsprozess ein Parteivertreter nicht, kommt in erster Linie der Erlass eines Versäumnisurteils in Betracht. Beachten Sie, dass nur die Säumnis in einer mündlichen Verhandlung erheblich ist. Das setzt bspw. voraus, dass eine vertagte Beweisaufnahme zuvor beendet worden ist (§ 370 I)[2]. Üblicherweise sollten Sie 10–15 Minuten warten, ob der Säumige nicht doch noch eintrifft. Sie können sich auch in der Kanzlei des Parteivertreters erkundigen, ob noch mit dem Erscheinen zu rechnen ist. Sie können protokollieren: 1

> Bei Aufruf der Sache erscheint für den Kläger Rechtsanwalt Müller mit dem Kläger, für den Beklagten niemand.

Als nicht erschienen gilt auch die Partei, die zwar anwesend bzw. vertreten ist, aber keinen Sachantrag stellt, sondern in die Säumnis „flüchtet" (§ 333 ZPO). Beachten Sie: Auch wenn allen Beteiligten klar ist, dass der „Flüchtende" gegen das Versäumnisurteil Einspruch einlegen wird, dürfen Sie nicht bereits jetzt zur Verfahrensbeschleunigung einen Einspruchstermin anberaumen.[3]

> Bei Aufruf der Sache erscheint für den Kläger Rechtsanwalt Müller mit dem Kläger, für den Beklagten Rechtsanwältin Lehmann.
>
> Der Klägervertreter stellt den Antrag aus der Klageschrift vom 12.8.2018, Blatt 2 der Akte, mit der Maßgabe, dass Zinsen erst ab Rechtshängigkeit begehrt werden.
>
> Die Beklagtenvertreterin erklärt: Es soll heute kein Antrag gestellt werden.

1. Erlass eines Versäumnisurteils

a) Formale Voraussetzungen

Überprüfen Sie anhand der Akte, ob die säumige Partei rechtzeitig (§ 217 ZPO) geladen wurde (§ 335 I Nr. 2 ZPO). Andernfalls müssen Sie die Verhandlung vertagen (§ 335 II ZPO). Entgegen § 218 ZPO müssen Sie der nicht erschienenen Partei diese 2

[1] Hierzu allg. auch *Stadler/Jarsumbek*, Das Versäumnisverfahren gem. §§ 330 ff. ZPO, insbesondere das zweite Versäumnisurteil, JuS 2006, 34.
[2] *OLG Frankfurt* (2 U 142/14) BeckRS 2015, 07642 Rn. 6.
[3] *BGH* NJW 2011, 928 Rn. 12 ff.

Ladung zustellen lassen (§ 335 II ZPO). Dasselbe gilt, wenn Ihnen ein Entschuldigungsgrund für das Fernbleiben bekannt ist.

Beantragt der Gegner dennoch den Erlass eines Versäumnisurteils, weisen Sie diesen Antrag durch Beschluss zurück, der im Amtsgerichtsprozess eine Rechtsbehelfsbelehrung enthalten muss.[4]

> Es wird festgestellt, dass der Beklagtenvertreter nicht ordnungsgemäß geladen wurde.
>
> Der Klägervertreter stellt den Antrag aus der Klageschrift vom 12.8.2018, Blatt 2 der Akte, und beantragt den Erlass eines Versäumnisurteils.
>
> b.u.v.
>
> 1. Der Antrag auf Erlass eines Versäumnisurteils wird wegen der nicht ordnungsgemäßen Ladung des Beklagten zurückgewiesen.
> 2. Neuer Termin zur mündlichen Verhandlung wird anberaumt auf …

Wird auf die hiergegen eingelegte sofortige Beschwerde (§ 336 I 1 ZPO) Ihr Beschluss vom Beschwerdegericht aufgehoben, müssen Sie einen neuen Termin anberaumen, zu dem Sie die säumige Partei nicht laden dürfen (§ 336 I 2 ZPO).

b) Materielle Voraussetzungen

3 **aa) Säumnis des Klägers.** Bei Säumnis des Klägers wird die Klage abgewiesen (§ 330 ZPO). Hierfür müssen Sie keine weiteren Voraussetzungen prüfen. Das Urteil können Sie sofort verkünden. Es ist ohne Sicherheitsleistung und ohne Abwendungsbefugnis vorläufig vollstreckbar (§§ 708 Nr. 2, 711 ZPO) und muss auch im Landgerichtsprozess eine Rechtsbehelfsbelehrung enthalten (§ 232 S. 2 Hs. 2 ZPO).[5] Tatbestand- und Entscheidungsgründe sind dagegen grundsätzlich entbehrlich (§ 313b I 1 ZPO).

> Die Beklagtenvertreterin beantragt den Erlass eines Versäumnisurteils.
>
> Es ergeht im Namen des Volkes das folgende Versäumnisurteil:
>
> 1. Die Klage wird abgewiesen.
> 2. Der Kläger hat die Kosten des Rechtsstreits zu tragen.
> 3. Das Urteil ist vorläufig vollstreckbar.

4 **bb) Säumnis des Beklagten.** Bei Säumnis des Beklagten gilt das tatsächliche Vorbringen des Klägers als zugestanden (§ 331 I 1 ZPO). Sollten Sie es noch nicht getan haben, müssen Sie prüfen, ob die Klage auf der Grundlage dieses Vorbringens schlüssig ist. Diese Prüfung ist besonders sorgfältig vorzunehmen, denn Sie dürfen den späteren Erlass eines Zweiten Versäumnisurteils nicht ablehnen, wenn Sie in diesem Zusammenhang zum ersten Mal Schlüssigkeitsbedenken haben.[6] Weisen Sie den erschienenen Kläger ggf. auf Bedenken gegen die Schlüssigkeit der Klage hin, raten Sie ihm in diesem Fall zur (Teil-)Rücknahme.

> Der Klägervertreter stellt den Antrag aus der Klageschrift vom 12.8.2018, Blatt 2 der Akte, mit der Maßgabe, dass Zinsen erst ab Rechtshängigkeit begehrt werden, und beantragt den Erlass eines Versäumnisurteils.

[4] Ausführlich zur Rechtsbehelfsbelehrung § 11 Rn. 62.
[5] Ausführlich zur Rechtsbehelfsbelehrung § 11 Rn. 62.
[6] Hierzu ausführlich Rn. 14.

> Es ergeht im Namen des Volkes das folgende Versäumnisurteil:
>
> 1. Der Beklagte wird verurteilt, an den Kläger … zu zahlen.
> 2. Der Beklagte hat die Kosten des Rechtsstreits zu tragen.
> 3. Das Urteil ist vorläufig vollstreckbar.

Stellt der Kläger den Antrag auf Erlass eines Versäumnisurteils, obwohl die Klage unschlüssig ist, weil er bspw. eine schnelle Entscheidung des Berufungsgerichts begehrt, ergeht ein sog. unechtes Versäumnisurteil, d.h. ein Endurteil, mit dem die Klage abgewiesen wird. 5

> Der Klägervertreter stellt den Antrag aus der Klageschrift vom 12.8.2018, Blatt 2 der Akte, und beantragt den Erlass eines Versäumnisurteils.
>
> Das Gericht weist den Klägervertreter darauf hin, dass die Klage unschlüssig ist, da es bislang an einer Darlegung der Pflichtverletzung des Beklagten fehlt.
>
> Der Klägervertreter erklärt: Ich halte an meinen Anträgen fest.
>
> Sodann ergeht im Namen des Volkes das folgende Urteil:
>
> 1. Die Klage wird abgewiesen.
> 2. Der Kläger hat die Kosten des Rechtsstreits zu tragen.
>
> (3. Vorl. Vollstreckbarkeit nach §§ 708, 709 ZPO)

Ergänzt der Kläger auf Ihren Hinweis seinen Sachvortrag, dürfen Sie kein Versäumnisurteil erlassen (§ 335 I Nr. 3 ZPO). Sie können entweder einen neuen Verhandlungstermin anberaumen und dem Beklagten mit der Ladung (§ 335 II ZPO) eine Stellungnahmefrist zu dem neuen Vortrag gewähren oder weitere prozessleitende Anordnungen zu einem späteren Zeitpunkt erlassen. 6

Sie müssen das echte oder unechte Versäumnisurteil nicht sofort erlassen. Wollen Sie die Voraussetzungen in Ruhe prüfen, können Sie am Schluss der Sitzung oder in einem Verkündungstermin verkünden.

Ist zu erwarten, dass das Versäumnisurteil im Ausland vollstreckt werden soll, müssen Sie es mit Tatbestand und Entscheidungsgründen versehen (§ 313b III ZPO). Muss das Versäumnisurteil im Ausland oder durch öffentliche Zustellung zugestellt werden, müssen Sie die Einspruchsfrist gesondert festsetzen (§ 339 II ZPO).

2. Entscheidung nach Lage der Akten

Gemäß §§ 331a, 251a II ZPO können Sie auf Antrag der erschienen Partei nach Lage der Akte entscheiden, wenn Sie bereits eine mündliche Verhandlung in dieser Sache durchgeführt haben und die Sache entscheidungsreif ist. Beachten Sie, dass § 331 I ZPO keine Anwendung findet. Inhaltlich entspricht Ihr Vorgehen also dem bei einem normalen streitigen Urteil. Selbstverständlich entscheiden Sie wieder selbst, ob Sie das Urteil sofort oder in einem Verkündungstermin verkünden. 7

> Der Klägervertreter stellt den Antrag aus der Klageschrift vom 12.8.2018, Blatt 2 der Akte, und beantragt eine Entscheidung nach Lage der Akten.
>
> b.u.v.
>
> Termin zur Verkündung einer Entscheidung wird anberaumt auf …

II. Säumnis beider Parteien in der mündlichen Verhandlung

8 Bei Säumnis beider Parteien haben Sie folgende Möglichkeiten:
- Anberaumung eines neuen Termins, § 251a III ZPO;
- Entscheidung nach Lage der Akten, § 251a I, II ZPO;
- Anordnung des Ruhens des Verfahrens, § 251a III ZPO.

III. Versäumnisurteil im schriftlichen Vorverfahren

9 Ein Versäumnisurteil kann auf Antrag des Klägers auch im schriftlichen Vorverfahren ergehen, wenn der Beklagte nicht innerhalb der zweiwöchigen Notfrist des § 276 I 1 ZPO seine Verteidigungsbereitschaft angezeigt hat (§ 331 III ZPO).[7] Beachten Sie aber, dass eine Verteidigungsanzeige, die nach Ablauf der Frist eingeht, beachtlich ist, sofern Sie das Versäumnisurteil noch nicht unterschrieben und auf die Geschäftsstelle gebracht haben (§ 331 III 1 Hs. 2 ZPO).

10 Für die Schlüssigkeitsprüfung gilt im Vergleich zum Versäumnisurteil bei Säumnis im Termin eine Besonderheit: Nach § 331 III 3 ZPO können Sie eine unschlüssige Klage nicht durch unechtes Versäumnisurteil abweisen, es sei denn, die Klage ist lediglich in Bezug auf Nebenforderungen unschlüssig und Sie haben den Kläger darauf hingewiesen.

> V.
>
> 1. Schreiben an KlV mit EB: „Das Gericht weist darauf hin, dass die Klage in Bezug auf die geltend gemachten vorgerichtlichen Rechtsanwaltskosten unschlüssig ist, da nicht vorgetragen wird, dass sich der Beklagte bei Beauftragung des Klägervertreters bereits im Zahlungsverzug befand. Auf § 331 III 3 ZPO wird hingewiesen."
> 2. WV 3 Wochen

Nimmt der Kläger auf diesen Hinweis den unschlüssigen Teil der Klage zurück, erlassen Sie ein *„Versäumnisurteil im schriftlichen Vorverfahren"*.

> **Versäumnisurteil im schriftlichen Vorverfahren**
>
> 1. Der Beklagte wird verurteilt, an den Kläger € 6.000 zuzüglich Zinsen in Höhe von 5 Prozentpunkten über dem jeweiligen Basiszinssatz seit dem 2.1.2019 zu zahlen.
> 2. Der Beklagte hat die Kosten des Rechtsstreits zu tragen.
> 3. Das Urteil ist vorläufig vollstreckbar.

Nimmt der Kläger den unschlüssigen Teil nicht zurück, erlassen Sie ein *„Versäumnisteil- und Schlussurteil"*, mit dem Sie die Klage im Übrigen abweisen.

> **Versäumnisteil- und Schlussurteil im schriftlichen Vorverfahren**
>
> 1. Der Beklagte wird verurteilt, an den Kläger € 6.000 zuzüglich Zinsen in Höhe von 5 Prozentpunkten über dem jeweiligen Basiszinssatz seit dem 2.1.2019 zu zahlen. Im Übrigen wird die Klage abgewiesen.

[7] Zum schriftlichen Vorverfahren § 5 Rn. 18.

2. Der Beklagte hat die Kosten des Rechtsstreits zu tragen.
3. Das Urteil ist vorläufig vollstreckbar.

Ergänzt der Kläger auf Ihren Hinweis seinen Vortrag, dürfen Sie kein Versäumnisurteil erlassen, sondern müssen dem Beklagten zunächst rechtliches Gehör zu diesem neuen Vorbringen gewähren (§ 335 I Nr. 3 ZPO).

IV. Einspruchsverfahren

Ihr Geschäftsstellenverwalter stellt das Versäumnisurteil an die säumige Partei zu und legt Ihnen die Akte spätestens nach Ablauf der zweiwöchigen Einspruchsfrist (§ 339 I ZPO) wieder vor. Ist kein Einspruch eingegangen, können Sie die Akte weglegen lassen. Geht ein Einspruch ein, müssen Sie zunächst dessen Zulässigkeit prüfen (§ 341 I ZPO) und sodann ggf. einen Einspruchstermin anberaumen (§ 341a ZPO). 11

1. Unzulässigkeit des Einspruchs

Ist der Einspruch unzulässig, weil z.B. die zweiwöchige Einspruchsfrist bei Einlegung des Einspruchs abgelaufen war und auch kein begründeter Wiedereinsetzungsantrag vorliegt oder der Einspruch im Landgerichtsverfahren nicht durch einen Rechtsanwalt eingelegt wurde, weisen Sie die Partei darauf hin, dass Sie beabsichtigen, den Einspruch zu verwerfen. 12

V.

1. An Bekl./BeklV mit EB; an Kl./KlV formlos:

Das Gericht beabsichtigt, den gegen das Versäumnisurteil vom … eingelegten Einspruch durch Urteil als unzulässig zu verwerfen (§ 341 II ZPO). Der Einspruch ist nicht innerhalb der Zweiwochenfrist des § 339 I ZPO eingelegt worden. Das Versäumnisurteil wurde dem Beklagten bereits am … zugestellt, der Einspruch ging jedoch erst am … bei Gericht ein. Der Beklagte erhält Gelegenheit zur Stellungnahme binnen zwei Wochen.

2. WV 3 Wochen

Kann Sie der Beklagte innerhalb der Stellungnahmefrist nicht von der Zulässigkeit des Einspruchs überzeugen und auch keinen begründeten Wiedereinsetzungsantrag stellen, verwerfen Sie den Einspruch durch Urteil, das ohne mündliche Verhandlung ergehen kann, als unzulässig (§§ 341 I, II ZPO). 13

Tenor:

1. Der Einspruch des Beklagten gegen das Versäumnisurteil vom … wird als unzulässig verworfen.
2. Der Beklagte trägt die weiteren Kosten des Rechtsstreits.
3. Das Urteil ist vorläufig vollstreckbar.

Tatbestand:

Das Gericht hat am … gegen den Beklagten ein Versäumnisurteil erlassen, das dem Beklagten am … zugestellt worden ist. Mit Schriftsatz vom … hat der Beklagte hiergegen Einspruch eingelegt.

Entscheidungsgründe:

Der Einspruch ist als unzulässig zu verwerfen. Er ist nicht innerhalb der Zweiwochenfrist der §§ 339 I ZPO eingelegt worden. Das Versäumnisurteil wurde dem Beklagten bereits am … zugestellt, der Einspruch ging jedoch erst am … bei Gericht ein. Die Nebenentscheidungen folgen aus § 97 I ZPO analog, 708 Nr. 3 ZPO.

2. Einspruchstermin

14 Ist der Einspruch zulässig, müssen Sie einen Einspruchstermin anberaumen. Dessen Ablauf weist nur wenige Besonderheiten gegenüber einem „normalen" Verhandlungstermin auf:

- Die Parteien stellen nicht mehr die in Klage und Klageerwiderung angekündigten, sondern auf das Versäumnisurteil bezogene Anträge, die der späteren Tenorierung entsprechen sollten (siehe 3.).
- Ist der Beklagte im Einspruchstermin säumig, erlassen Sie nach § 345 ZPO ein Zweites Versäumnisurteil. Wegen dessen strengen Folgen sollten Sie aber länger als die üblichen 15 Minuten warten, wenn Sie keine Anhaltspunkte dafür haben, dass der Beklagte nicht erscheinen wird.[8] Vor Erlass des Urteils müssen Sie weder prüfen, ob das (erste) Versäumnisurteil in gesetzlicher Weise ergangen ist, noch dürfen Sie den Erlass ablehnen, weil die Klage unschlüssig ist.[9]

Bei Aufruf der Sache erscheint für den Kläger Rechtsanwalt Müller mit dem Kläger, für den Beklagten niemand.

Es wird festgestellt, dass der Beklagte zum heutigen Termin ordnungsgemäß geladen wurde.

Sodann ergeht im Namen des Volkes das folgende Zweite Versäumnisurteil:

1. Der Einspruch des Beklagten gegen das Versäumnisurteil vom … wird verworfen.
2. Der Beklagte trägt die weiteren Kosten des Verfahrens.
3. Das Urteil ist vorläufig vollstreckbar.[10]

3. Die Entscheidung

15 Für das Urteil nach zulässigem Einspruch gelten einige Besonderheiten.[11]

a) Tenor

16 Beim Abfassen des Urteilstenors müssen Sie beachten, dass der Kläger mit dem Versäumnisurteil bereits einen Titel hat. Sie entscheiden deshalb nur darüber, ob bzw. in welchem Umfang er diesen behalten darf.

17 aa) **Hauptsache.** Die Formulierung des Tenors zur Hauptsache ergibt sich aus § 343 ZPO. Heben Sie das Versäumnisurteil auf, müssen Sie darüber hinaus die Klage abweisen.

---

[8] Vgl. aber *OLG Düsseldorf* (24 U 125/11) BeckRS 2012, 05266: Der Beklagtenvertreter war im Einspruchstermin vor dem Landgericht 16 Minuten zu spät erschienen, woraufhin ein Zweites Versäumnisurteil gegen ihn erging.

[9] Umkehrschluss aus § 700 VI ZPO; *BGH* NJW 1999, 2599.

[10] § 708 Nr. 2 ZPO; vgl. Zöller/*Herget*, § 708 Rn. 4.

[11] Allgemein zum Urteil § 11.

> Das Versäumnisurteil vom ... wird aufrechterhalten.
>
> Das Versäumnisurteil vom ... wird aufgehoben und die Klage abgewiesen.
>
> Das Versäumnisurteil vom ... wird in Höhe von € ... zuzüglich Zinsen in Höhe von ... Prozentpunkten über dem Basiszinssatz seit dem ... aufrechterhalten. Im Übrigen wird es aufgehoben und die Klage abgewiesen.

bb) Kosten. Halten Sie das Versäumnisurteil aufrecht, trägt der Beklagte die weiteren Kosten des Rechtsstreits. 18

> Der Beklagte hat die weiteren Kosten des Rechtsstreits zu tragen.

Bei der Aufhebung des Versäumnisurteils ist § 344 ZPO zu beachten. Danach trägt die Partei, gegen die das Versäumnisurteil ergangen ist, die Kosten der Säumnis auch dann, wenn das Versäumnisurteil im vollen Umfang aufgehoben wird, es sei denn, das Versäumnisurteil ist nicht in gesetzlicher Weise ergangen.

> Der Kläger hat die Kosten des Rechtsstreits zu tragen, mit Ausnahme der Kosten, die durch die Säumnis des Beklagten im Termin vom ... entstanden sind, diese trägt der Beklagte.

cc) Vorläufige Vollstreckbarkeit. Die vorläufige Vollstreckbarkeit richtet sich nach den Grundsätzen der §§ 708 Nr. 11, 709 ZPO. Nach überwiegender Auffassung soll in die Berechnung nach § 708 Nr. 11 ZPO auch der Tenor des Versäumnisurteils einfließen, so dass Sie bei dessen Aufrechterhaltung nicht lediglich auf die weiteren Kosten abstellen dürfen.[12] Für die Aufrechterhaltung eines Versäumnisurteils, das unter § 709 ZPO fällt, ist zudem § 709 S. 3 ZPO zu beachten, wonach Sie anordnen müssen, dass die Vollstreckung aus dem Versäumnisurteil nur gegen Leistung der Sicherheit fortgesetzt werden darf. 19

> Das Urteil ist gegen Sicherheitsleistung in Höhe von 110% des jeweils zu vollstreckenden Betrags vorläufig vollstreckbar. Die Vollstreckung aus dem Versäumnisurteil vom ... darf nur gegen Leistung dieser Sicherheit fortgesetzt werden.

b) Tatbestand

In der kleinen Prozessgeschichte sollten Sie Erlass und Inhalt des Versäumnisurteils sowie die Einlegung des Einspruchs mitteilen. Es folgen die zuletzt gestellten Anträge. 20

> Das Gericht hat mit Versäumnisurteil vom ... den Beklagten verurteilt, an den Kläger € 6.000 zuzüglich Zinsen in Höhe von 5 Prozentpunkten über dem Basiszinssatz seit dem ... zu zahlen. Der Beklagte hat hiergegen mit Schriftsatz vom ..., eingegangen am ..., Einspruch eingelegt.
>
> Der Kläger beantragt nunmehr,
>
> das Versäumnisurteil vom ... aufrechtzuerhalten.

[12] Vgl. Zöller/*Herget*, § 709 Rn. 8 m.w.N.

> Der Beklagte beantragt,
> das Versäumnisurteil aufzuheben und die Klage abzuweisen.

c) **Entscheidungsgründe**

21 In den Entscheidungsgründen sollten Sie die Zulässigkeit des Einspruchs bzw. einer eventuellen Wiedereinsetzung erwähnen.

> Das Versäumnisurteil vom ... war aufrechtzuerhalten. Der form- und fristgerecht eingelegte Einspruch hat in der Sache keinen Erfolg. Die zulässige Klage ist begründet.
>
> Das Versäumnisurteil war aufzuheben. Der form- und fristgerecht eingelegte Einspruch hat in der Sache Erfolg. Die zulässige Klage ist unbegründet.
>
> Das Versäumnisurteil war aufzuheben. Der Einspruch hat in der Sache Erfolg. Die zulässige Klage ist unbegründet. Zwar war bei Eingang der Einspruchsschrift am ... die zweiwöchige Einspruchsfrist des § 339 I ZPO abgelaufen, da dem Beklagten das Versäumnisurteil bereits am ... zugestellt worden war. Dem Beklagten war jedoch Wiedereinsetzung in die Einspruchsfrist zu gewähren. Er hat glaubhaft gemacht, dass er ohne sein Verschulden verhindert war, die Einspruchsfrist einzuhalten (§ 233 ZPO). (...)

§ 15. (Isoliertes) Prozesskostenhilfeverfahren

22 Ob Sie tatsächlich ein isoliertes Verfahren über die Bewilligung von Prozesskostenhilfe (PKH) durchführen müssen, hängt vom Antrag des Antragstellers als potentiellem Kläger ab. Stellt er ausschließlich einen PKH-Antrag, wird auch nur das PKH-Verfahren durchgeführt. Anders ist es, wenn der PKH-Antrag mit einer Klageschrift eingereicht wird. Hier müssen Sie prüfen, ob die Klage unter der Bedingung der PKH-Bewilligung oder unbedingt erhoben wird. Anhaltspunkte für eine bedingte Klageerhebung müssen sich aus dem Antrag oder dem Schriftsatz (z.B. Bezeichnung als „Klageentwurf", fehlende Unterschrift unter der Klage) ergeben. Haben Sie Zweifel, sollten Sie beim Antragsteller/Kläger nachfragen. Beachten Sie, dass für den PKH-Antrag kein Anwaltszwang gilt (§§ 117 I 1 Hs. 2, 78 III ZPO).

Im Folgenden wird das isolierte PKH-Verfahren dargestellt. Erfolgt die Klageerhebung unbedingt, müssen Sie die Klage bei Vorliegen der allgemeinen Voraussetzungen zustellen. Das Bewilligungsverfahren tritt dann neben das Klageverfahren.

I. Voraussetzungen des § 114 ZPO

23 Prüfen Sie die Schlüssigkeit des Klägervortrages zu den Erfolgsaussichten seiner beabsichtigten Klage (§ 114 I 1 ZPO) und die Vollständigkeit der Erklärung über die persönlichen und wirtschaftlichen Verhältnisse des Antragstellers und der hierzu eingereichten Unterlagen (§ 117 II 1 ZPO).[13] Außerdem darf die Rechtsverfolgung nicht mutwillig i.S.v. § 114 II ZPO sein.

[13] Hierzu auch *Schneider*, Wesentliche Angaben im Pkh-Bewilligungsverfahren, NJW 2014, 1287.

Hinsichtlich der Erfolgsaussichten müssen Sie daran denken, dass zunächst nur eine summarische Prüfung angezeigt ist. Im PKH-Prüfverfahren dürfen Sie – jedenfalls zu Lasten des Antragstellers – keine schwierigen, bislang ungeklärten Rechtsfragen beantworten,[14] eine vorweggenommene Beweiswürdigung ist nur in engen Grenzen statthaft.[15] Tatsächliche Feststellungen in einem schon vorliegenden Strafurteil dürfen aber verwertet werden.[16]

II. Verfahren

1. Hinweise und Auflagen für den Antragsteller

Liegen nicht alle Voraussetzungen für eine PKH-Bewilligung vor, müssen Sie dem Antragsteller Gelegenheit zur Nachbesserung seines Antrags geben. Eine hilfreiche Vorschrift ist dabei § 118 II 4 ZPO. Danach können Sie einen PKH-Antrag abweisen, wenn der Antragsteller Ihren Auflagen nicht nachkommt. Machen Sie den Antragsteller auf diese Folge aufmerksam. 24

2. Rechtliches Gehör

Kommt eine PKH-Bewilligung in Betracht, müssen Sie dem Antragsgegner rechtliches Gehör gewähren (§ 118 I 1 ZPO). Stellen Sie ihm hierfür den PKH-Antrag bzw. die unbeglaubigte Abschrift der Klageschrift zu. Nimmt der Antragsgegner Stellung, müssen Sie diese Stellungnahme dem Antragsteller zumindest dann zur Erwiderung zuleiten, wenn Sie Ihre Entscheidung darauf stützen wollen.[17] 25

Beachten Sie bitte während des gesamten Verfahrens, dass der Gegner ohne die Zustimmung des Antragstellers grundsätzlich keine Kenntnis von dessen persönlichen und wirtschaftlichen Verhältnissen erlangen darf (§ 117 II 2 ZPO).[18]

3. Beispielsverfügung

V. 26

1. Unbegl. Abschrift an Antragsgegner zustellen zur Stellungnahme binnen 3 Wochen
2. Auflage an Antragsteller mit ZU unter Hinweis auf § 118 II 4 ZPO, binnen 3 Wochen die erklärten Darlehensbelastungen zu belegen.
3. WV 4 Wochen

4. PKH-Prüftermin

Gemäß § 118 I 3 ZPO können Sie einen Anhörungstermin anberaumen, in dem Sie mit den Parteien die Erfolgsaussichten der Klage erörtern und bereits Vergleichsmöglichkeiten ausloten können. 27

[14] *BVerfG* NJW 2004, 1789; *BVerfG* NJW-RR 2011, 1043 Rn. 26; *BVerfG* NJW 2016, 1377 Rn. 20 ff.

[15] *OLG Koblenz* NJOZ 2016, 458 Rn. 4 f.; ausführlich Zöller/*Geimer*, § 114 Rn. 26.

[16] *OLG Koblenz* NJOZ 2014, 1421.

[17] *OLG Naumburg* (1 W 40/15) BeckRS 2016, 1991 Rn. 5.

[18] Vgl. hierzu auch *BGH* NJW 2015, 1827 Rn. 22.

III. Verweisung

28 Halten Sie sich für unzuständig, können Sie die Sache analog § 281 ZPO verweisen. Diese Verweisung bindet das Gericht, an das abgegeben wird, allerdings nur für das PKH-Verfahren, d.h., im Hauptsacheverfahren kann die Sache erneut – auch an Sie – verwiesen werden.[19]

IV. Entscheidung über den PKH-Antrag

1. Grundsätze

29 Sie entscheiden durch Beschluss, der ohne mündliche Verhandlung ergehen kann (§ 127 I ZPO), aber begründet werden muss, soweit Sie vom Antrag des Antragstellers abweichen, also auch, wenn Sie PKH nur mit Ratenzahlung bewilligen.[20] Bitte beachten Sie auch hier, dass der Antragsgegner ohne Zustimmung des Antragstellers keine Kenntnis von dessen persönlichen und wirtschaftlichen Verhältnissen erlangen darf (§ 127 I 3 ZPO).

Für die Prüfung, ob der Antragsteller bedürftig ist bzw. auf die Prozesskostenhilfe Monatsraten zahlen muss, gibt es verschiedene Hilfsmittel, z.B. das Tool „PKH-fix“, das unter www.pkh-fix.de als kostenloser Download angeboten wird, oder entsprechende Berechnungsformulare. Gibt es in Ihrem Bundesland eine landesgesetzliche Regelung nach § 20 II RPflG, können Sie die Prüfung der persönlichen und wirtschaftlichen Verhältnisse des Antragstellers auch auf den Rechtspfleger übertragen.

2. Bewilligung

30 Bitte machen Sie sich bewusst, dass Sie mit der Bewilligung von PKH über Steuergelder verfügen, denn die Gerichtskosten und die Kosten des Antragstellervertreters trägt im Zweifel die Staatskasse (§ 122 I Nr. 1, II ZPO).

a) Beiordnung eines Rechtsanwalts

31 Im Landgerichtsverfahren müssen Sie dem Antragsteller mit der PKH-Bewilligung immer einen Rechtsanwalt beiordnen (§ 121 I ZPO)[21], im Amtsgerichtsverfahren nur unter den Voraussetzungen von § 121 II ZPO. Regelmäßig wird Ihnen der „Rechtsanwalt der Wahl“ (§ 121 I, II ZPO) benannt. Bei der Beiordnung müssen Sie lediglich darauf achten, dass ein auswärtiger Rechtsanwalt nur beigeordnet werden kann, wenn dadurch weitere Kosten nicht entstehen (§ 121 III ZPO).[22] Kann der Antragsteller – ggf. nach Aufforderung – nachvollziehbar erläutern, dass er trotz angemessener Bemühungen keinen vertretungsbereiten Rechtsanwalt gefunden hat, müssen Sie einen Rechtsanwalt beiordnen (§ 121 V ZPO). Sollten Sie selbst keinen Rechtsanwalt kennen, den Sie im konkreten Fall für geeignet halten, fragen Sie bei Ihren Kollegen oder der örtlichen Rechtsanwaltskammer nach.

---

[19] Vgl. *BGH* NJW-RR 1992, 59 (60).

[20] Zöller/*Geimer*, § 127 Rn. 3 ff.

[21] Unter den Voraussetzungen der §§ 78b, 78c ZPO kann auch der nicht bedürftigen Partei ein Rechtsanwalt beigeordnet werden.

[22] Zu den Einzelheiten Zöller/*Geimer*, § 121 Rn. 13a ff.; allg. *Fellner*, Prozesskostenhilfeverfahren – Beiordnung eines auswärtigen Anwalts, MDR 2015, 867.

b) Beschluss

Dem Antragsteller wird Prozesskostenhilfe für die I. Instanz bewilligt. 32

Frau Rechtsanwältin ... wird (zu den Bedingungen eines Hamburger Rechtsanwalts) zur Vertretung beigeordnet.

Auf die Kosten der Prozessführung hat der Antragsteller keine Raten zu zahlen.

Der vorläufige Streitwert wird festgesetzt auf € ...

oder

Dem Antragsteller wird Prozesskostenhilfe für die I. Instanz unter Beiordnung des Rechtsanwalts ... bewilligt.

Frau Rechtsanwältin ... wird zur Vertretung beigeordnet.

Auf die Kosten der Prozessführung hat der Antragsteller Monatsraten in Höhe von € ... nach gesonderter Zahlungsaufforderung durch die Justizkasse ... zu zahlen.

Gemäß § 115 II 4 ZPO sind jedoch höchstens 48 Monatsraten zu zahlen.

Der vorläufige Streitwert wird festgesetzt auf € ...

Gründe:

Das nach den Abzügen verbleibende monatliche Einkommen des Antragstellers beträgt € ...

c) Verfügung

Nach der Bewilligung von PKH kann das Klageverfahren beginnen. Liegt Ihnen bereits die Klageschrift mit der beglaubigten Abschrift vor, können Sie wie nach Eingang der Klageschrift verfahren und stellen den PKH-Beschluss mit der Klageschrift und der Verfahrensverfügung zu. 33

Liegt Ihnen nur ein Klageentwurf vor, können Sie den Antragsteller darauf hinweisen, dass die Klageschrift noch fehlt.

V.

1. Beschlussausfertigung an Parteien zustellen (ggf.: an Antragsgegner ohne Gründe)
2. Hinweis an Antragsteller, dass noch keine ordnungsgemäße Klageschrift vorliegt
3. WV 6 Wochen

Bei einem isolierten PKH-Antrag können Sie einfach den Eingang der Klageschrift abwarten.

V.

1. Beschlussausfertigung an Parteien
2. WV 6 Wochen

d) Folgen der Bewilligung für das Verfahren

Gemäß § 122 I Nr. 1 ZPO befreit die Bewilligung der Prozesskostenhilfe ohne Ratenzahlung den Kläger von Vorschüssen für Klage, Zeugen und Sachverständige etc. Gleichzeitig muss auch der Beklagte keine Vorschüsse mehr leisten (§ 122 II ZPO). 34

3. Versagung

35 Der Beschluss, mit dem Sie dem Antragsteller die Prozesskostenhilfe versagen, bedarf auch vor dem Landgericht einer Rechtsbehelfsbelehrung, da insoweit kein Anwaltszwang besteht.[23]

> **Beschluss**
>
> Der Antrag des Antragstellers auf Bewilligung von Prozesskostenhilfe wird zurückgewiesen.
>
> **Gründe:**
>
> Die vom Antragsteller beabsichtigte Rechtsverfolgung bietet keine hinreichende Aussicht auf Erfolg (§ 114 ZPO), weil … / Der Antragsteller ist nicht bedürftig … / Der Antragsteller hat innerhalb der vom Gericht gesetzten Frist nicht belegt, dass … (§ 118 II 4 ZPO).
>
> Rechtsbehelfsbelehrung
>
> Unterschrift
>
> V.
>
> 1. Beschlussausfertigung an Antragsteller mit ZU / Antragstellervertreter mit EB; an Gegner formlos / Beschlussausfertigung an Antragsteller mit ZU /Antragstellervertreter mit EB + Hinweis an Gegner, dass der PKH-Antrag in Bezug auf die persönlichen und wirtschaftlichen Verhältnisse des Antragstellers abgelehnt wurde.
> 2. WV 5 Wochen (sof. B.?)

V. Sofortige Beschwerde

36 Gegen Ihre Entscheidungen im PKH-Verfahren ist grundsätzlich die sofortige Beschwerde statthaft.[24]

Wer sofortige Beschwerde gegen Ihre Entscheidung einlegen kann, hängt davon ab, ob Sie PKH ohne oder mit Ratenzahlung bewilligt oder den Antrag zurückgewiesen haben. In keinem Fall befugt ist der Antragsgegner. Er kann durch Ihre Entscheidung nicht beschwert sein, da er auch bei Bewilligung von PKH seine außergerichtlichen Kosten vom unterlegenen Kläger erstattet verlangen kann (§ 123 ZPO).

1. Gegen Bewilligung ohne Ratenzahlung

37 Gegen die Bewilligung der PKH ohne Ratenzahlung oder Vermögenseinsatz ist nur die sofortige Beschwerde der Staatskasse statthaft (§ 127 III 1 ZPO). Da dies vergleichsweise selten vorkommt, wird für die Einzelheiten des Beschwerdeverfahrens auf die einschlägigen Kommentierungen des § 127 III ZPO verwiesen.

2. Gegen Bewilligung mit Ratenzahlung und Versagung

38 Gegen die Bewilligung der PKH mit Ratenzahlung und gegen die Zurückweisung des Antrags ist die sofortige Beschwerde des Antragstellers statthaft (§ 127 II 2 ZPO). Trägt dieser dabei neue Tatsachen vor, die eine Änderung der Entscheidung rechtfertigen, müssen Sie dem Antragsgegner rechtliches Gehör gewähren. Sodann erlassen

---

[23] Ausführlich zur Rechtsbehelfsbelehrung § 11 Rn. 62.

[24] Ausführlich zur sofortigen Beschwerde § 21.

Sie ggf. einen Abhilfebeschluss. Das Verfahren läuft dann wie bei einer sofortigen Gewährung weiter.

> **Beschluss**
>
> Auf die sofortige Beschwerde des Antragstellers vom … wird der Beschluss vom … wie folgt geändert:
>
> 1. Dem Antragsteller wird Prozesskostenhilfe für die I. Instanz bewilligt. …

Kann Sie der Antragsteller auch mit seinem Beschwerdevorbringen nicht überzeugen, erlassen Sie einen Nichtabhilfebeschluss mit Gründen und leiten die Akte an das Beschwerdegericht weiter. 39

> **Beschluss**
>
> Der sofortigen Beschwerde des Antragstellers vom … gegen den Beschluss … wird nicht abgeholfen.
>
> **Gründe:**
>
> Die mit der sofortigen Beschwerde vorgetragenen Tatsachen und Argumente geben dem Gericht keinen Anlass, von seiner Entscheidung in dem angefochtenen Beschluss abzuweichen …
>
> V.
>
> 1. Beschlussausfertigung an Parteien/ParteiV
> 2. U.m.A. dem LG/OLG zur Entscheidung über die sofortige Beschwerde vom … (Blatt …).

Dasselbe gilt, wenn Sie die Beschwerde für unzulässig halten. Beachten Sie dabei bitte zwei Punkte:

- Es gilt ausnahmsweise eine Monatsfrist für die Einlegung der sofortigen Beschwerde, § 127 II ZPO.
- Sie sind für die Verwerfung der Beschwerde nicht zuständig.

Weist das Beschwerdegericht die sofortige Beschwerde zurück, können Sie die Akte weglegen, falls nicht der Antragsteller doch noch Kostenvorschuss einzahlt; in diesem Fall beginnt das normale Klageverfahren. 40

Hebt das Beschwerdegericht Ihren Beschluss auf und bewilligt PKH, läuft das Verfahren so, als ob Sie sofort PKH bewilligt hätten.

VI. PKH-Antrag des Beklagten

Auch wenn der PKH-Antrag des Beklagten keinen Einfluss auf die Verfahrenseinleitung hat, soll er der Vollständigkeit halber an dieser Stelle erwähnt werden. Er weist keine besonderen Schwierigkeiten auf, da der Beklagte seinen Antrag erst im laufenden Verfahren stellen kann. Für Verfahren und Entscheidung gelten die Ausführungen zum klägerischen PKH-Antrag entsprechend. 41

§ 16. Vereinfachtes Verfahren gemäß § 495a ZPO

42 Bei Amtsgerichtsprozessen mit einem Streitwert bis € 600 können Sie die Verfahrensweise nach billigem Ermessen bestimmen (§ 495a ZPO). Lassen Sie sich durch den Begriff des billigen Ermessens aber nicht irreführen. Die wichtigsten zivilprozessualen Verfahrensgrundsätze, auf die die Parteien einen auch verfassungsrechtlich abgesicherten Anspruch haben,[25] gelten auch im Verfahren nach § 495a ZPO. Bereits die Wahl des Verfahrens nach § 495a ZPO kann unter bestimmten Voraussetzungen willkürlich sein.[26] Sie müssen insbesondere der Versuchung einer Überbeschleunigung des Verfahrens widerstehen. Richtig angewendet, dürften sich daher im Verfahren nach § 495a ZPO keine großen Unterschiede zum Normalverfahren ergeben, so dass leider auch die angestrebte Entlastung häufig nur gering ausfallen wird.

I. Anwendbarkeit

43 Anwendbar ist das vereinfachte Verfahren bis zu einem Streitwert von € 600. Dabei ist auf den Zuständigkeitsstreitwert der ZPO abzustellen (§§ 2 ff. ZPO)[27], so dass eine mögliche höhere Beschwer, bspw. durch eine Widerklage, die ihrerseits € 600 nicht übersteigt,[28] oder Hilfsaufrechnungen, die Anwendung des § 495a ZPO nicht hindert. Wird der zum Zeitpunkt der Klageeinreichung (§ 4 ZPO) gegebene Zuständigkeitswert durch Klageerhöhung oder Klageerweiterung überschritten, müssen Sie jedoch in das Normalverfahren überleiten. Umgekehrt können Sie das Verfahren dann aber auch nach billigem Ermessen bestimmen, wenn der Streitwert durch Teil-Klagerücknahme oder Teil-Vergleich unter € 600 sinkt.[29]

Daneben steht der Übergang in das Normalverfahren jederzeit in Ihrem freien Ermessen. Gleiches gilt selbstverständlich für die Durchführung einer mündlichen Verhandlung. § 495a ZPO verbietet es nicht, die möglichen Verfahrenserleichterungen zu ignorieren. Wollen Sie die Berufung gemäß § 511 II Nr. 2 ZPO zulassen oder ist Berufung aufgrund des Wertes des Beschwerdegegenstands – z. B. bei Klage und Widerklage – zulässig, empfiehlt sich ebenfalls die Durchführung des Normalverfahrens.

Das Verfahren nach § 495a ZPO gilt für alle Verfahren, also bspw. auch für Arrestverfahren und einstweilige Verfügungen. Allerdings gehen die speziellen Anforderungen dieser Verfahren auch im Anwendungsbereich des § 495a ZPO stets vor.

44 Eine Anordnung des vereinfachten Verfahrens könnte wie folgt aussehen:

> V.
>
> 1. Schreiben an Partei-V.:
>
> Das vereinfachte Verfahren gemäß § 495a ZPO wird angeordnet. Das heißt, das Gericht bestimmt sein Verfahren nach billigem Ermessen und kann insbesondere ohne

[25] Vgl. *BVerfG* (1 BvR 3135/07) BeckRS 2009, 26753, zur Verletzung rechtlichen Gehörs gemäß Art. 103 I GG.
[26] *BVerfG* NJW 1995, 2911.
[27] Musielak/Voit/*Wittschier*, § 495a ZPO Rn. 4; Thomas/Putzo/*Reichold*, § 495a Rn. 1.
[28] Vgl. Zöller/*Herget*, § 495a Rn. 5.
[29] Musielak/Voit/*Wittschier*, § 495a ZPO Rn. 4; Thomas/Putzo/*Reichold*, § 495a Rn. 1.

mündliche Verhandlung entscheiden. Ein solches Verfahren ist möglich, da der Wert des Streitgegenstands € 600 nicht übersteigt. Termin zur mündlichen Verhandlung wird nur anberaumt werden, wenn eine der Parteien das ausdrücklich und innerhalb der Erklärungsfristen beantragt oder wenn das Gericht es für erforderlich hält.

Die Parteien werden darauf hingewiesen, dass sie nach Ablauf jeder Frist, die ihnen in diesem Rechtsstreit gesetzt wird, mit einer Entscheidung im vereinfachten Verfahren rechnen müssen. Das kann auch ein die Instanz beendendes Urteil sein, gegen das kein Einspruch möglich ist. Das gilt auch, wenn sich eine Partei innerhalb der Frist gar nicht erklärt. Das gilt ferner auch, wenn eine Partei in einem Termin zur mündlichen Verhandlung säumig ist.

2. Klageschrift an Beklagten gegen ZU / an Beklagten-V. gegen EB zustellen mit der Aufforderung zur Klageerwiderung binnen 2 Wochen. Es wird darauf hingewiesen, dass die Frist nur eingehalten ist, wenn das Schreiben innerhalb der Frist bei Gericht eingeht.
3. WV: 3 Wochen

II. Verfahrenserleichterungen

45 Einer der wenigen wirklichen Vorteile des Verfahrens nach § 495a ZPO ist, dass Sie nur dann mündlich verhandeln müssen, wenn es eine Partei beantragt (§ 495a S. 2 ZPO).[30] Häufig wird es sich jedoch auch in Verfahren mit einem Streitwert unter € 600 als sinnvoll erweisen, eine mündliche Verhandlung durchzuführen, bspw. um die Parteien nach § 141 ZPO persönlich anzuhören.

Neben dem Verzicht auf eine mündliche Verhandlung besteht nur in geringfügigem Umfang die Möglichkeit der Verfahrensvereinfachung. So können Sie etwa Fristen verkürzen, müssen hierbei jedoch darauf achten, dass eine angemessene Zeit zur Stellungnahme bleibt. Andernfalls liegt ein Verstoß gegen das Gebot rechtlichen Gehörs vor. Fristen unter einer Woche dürften daher in den seltensten Fällen möglich sein. Vor Ablauf der von Ihnen selbst gesetzten Frist dürfen Sie auf keinen Fall entscheiden, das würde immer einen Verstoß gegen den Grundsatz rechtlichen Gehörs darstellen.[31]

Sie können frei Beweis erheben, insbesondere können Sie Zeugen telefonisch hören.[32] Das Ergebnis einer solchen Beweiserhebung ist jedoch zweifelhaft. Zudem ist fraglich, ob Ihnen dieses Vorgehen wirklich Arbeitserleichterung verschafft, da Sie den Parteien hinsichtlich des Ergebnisses der Zeugenvernehmung rechtliches Gehör gewähren müssen. Konkret bedeutet dies, dass die Parteien Gelegenheit zur schriftlichen Stellungnahme erhalten müssen, ggf. wird es erforderlich, dass sich die Gegenseite hierzu noch einmal äußert. In einem Beweisaufnahmetermin kann die Gewährung rechtlichen Gehörs dagegen gleich „miterledigt" werden, weshalb es praktisch viel unkomplizierter sein dürfte, von vornherein einen Beweisaufnahmetermin durchzuführen.

[30] Im Falle eines Antrags einer Partei stellt das Unterlassen der mündlichen Verhandlung immer einen Verstoß gegen den Grundsatz rechtlichen Gehörs gemäß Art. 103 I GG dar, *BVerfG* NJW 2015, 3779 Rn. 7; weiterführend *Thum*, Der Antrag auf mündliche Verhandlung im Verfahren nach billigem Ermessen, NJW 2014, 3198.

[31] *BVerfG* (1 BvR 859/13) BeckRS 2014, 46308 Rn. 9 ff.

[32] Musielak/Voit/*Wittschier*, § 495a ZPO Rn. 6.

III. Entscheidungen

46 Sie entscheiden, falls keine anderweitige Erledigung des Rechtsstreits eintritt, durch Urteil. Eine Urteilsbegründung ist in keinem Fall entbehrlich.[33] Allerdings kann die Darstellung eines Tatbestands entfallen, und es ist möglich, von den Entscheidungsgründen abzusehen, wenn deren wesentlicher Inhalt in das Protokoll aufgenommen wurde (§ 313a I 2 ZPO). Ist ein Rechtsmittel gegen das Urteil möglich, weil die Beschwer € 600 übersteigt, gilt § 313a I 2 ZPO nicht, so dass es eines Tatbestands und der Entscheidungsgründe bedarf.

47 Ist Säumnislage gegeben, können Sie bei Schlüssigkeit der Klage entweder ein Versäumnisurteil erlassen oder kontradiktorisch entscheiden, wenn Sie zuvor (bspw. in der Verfügung über die Anordnung des Verfahrens nach § 495a ZPO) darauf hingewiesen haben. Prüfen Sie insoweit unbedingt die an Ihrem Gericht vorhandenen Formulare. Nicht immer wird dieser Hinweis enthalten sein. Das kontradiktorische Urteil in der Säumnislage sichert Ihnen eine schnelle und unkomplizierte Verfahrenserledigung. Sie sollten aber bedenken, dass diese Vorgehensweise unter rechtsstaatlichen Gesichtspunkten nicht völlig unbedenklich ist, da sie die im Normalverfahren mögliche „Flucht in die Säumnis" abschneidet.

IV. Rechtsmittel: Gehörsrüge

48 Gegen die Anordnung (oder Nichtanordnung) des vereinfachten Verfahrens ist kein Rechtsmittel möglich, ebenso wenig gegen Ihre Endentscheidung, wenn nicht (ausnahmsweise) die Beschwer € 600 übersteigt und daher die Berufung zulässig ist. Wohl aber können die Parteien gegen Ihre Entscheidung Gehörsrüge gemäß § 321a ZPO erheben.[34]

§ 17. Selbstständiges Beweisverfahren

49 Besonders in Streitigkeiten um mangelhafte Werkleistungen werden Sie als Richter mit einer ganz eigenständigen Verfahrensart konfrontiert: dem selbstständigen Beweisverfahren gemäß §§ 485–494a ZPO. Sollten Sie Richter in einer Baukammer des Landgerichts sein, werden Sie praktisch täglich hiermit zu tun haben.

In Fällen, in denen eine umfangreiche Beweisaufnahme, insbesondere die Einholung von Sachverständigengutachten, erforderlich ist, kann es aus Sicht der Parteien sinnvoll sein, vor der Erhebung einer Klage eine selbstständige Beweiserhebung vorzuschalten, um schnell und ggf. auch ohne Zustimmung des Gegners die Ursache eines bestimmten Schadens zu klären. In der Praxis vor allem des Bauprozesses zeigt sich in letzter Zeit aber leider zunehmend, dass eine schnelle Klärung aufgrund nicht enden wollender Ergänzungsfragen der Parteivertreter sowie durch zahlreiche Streitverkündungen und Nebeninterventionen nicht erfolgen kann und sich selbstständige Beweisverfahren über Jahre hinziehen können.

Da Sie als Richter das selbstständige Beweisverfahren lediglich „begleiten", ohne eine Entscheidung in der Sache treffen zu müssen, wird Ihnen dieses Verfahren in der

---

[33] BVerfGE 71, 122 (135 f.) = NJW 1987, 1619 (1620); *BVerfG* NJW 1995, 2911.

[34] Dazu ausführlich § 22.

Regel weniger Arbeit machen als ein streitiges Verfahren. Allerdings sollten Sie alle Ihnen zur Verfügung stehenden Mittel nutzen, um schon in diesem Verfahrensstadium auf eine gütliche Einigung der Parteien hinzuwirken. Andernfalls kann sich ein streitiges Verfahren anschließen, für das Sie regelmäßig ebenfalls zuständig sein werden (vgl. § 486 II ZPO).

I. Allgemeines

Das selbstständige Beweisverfahren dient der schnellen Sicherung von Beweisen 50
(§ 485 I ZPO) oder der vorprozessualen Einholung eines Sachverständigengutachtens, sofern der Antragsteller hieran ein rechtliches Interesse hat (§ 485 II ZPO). Es führt trotz seines grundsätzlich kontradiktorischen Charakters zu keiner streitigen Entscheidung. Allerdings ist ein gerichtlicher Vergleich möglich (vgl. § 492 III ZPO).

Das selbstständige Beweisverfahren kostet die Parteien gemäß Nr. 1610 KV GKG nur eine Gerichtsgebühr, allerdings müssen die Auslagen einer Beweisaufnahme (in der Regel werden dies die Kosten eines Sachverständigen sein) gezahlt werden. Hierzu müssen Sie vom Antragsteller einen Vorschuss anfordern.[35]

Nach h.M. ist eine Streitverkündung im selbstständigen Beweisverfahren zulässig.[36] Geht eine Streitverkündungsschrift bei Ihnen ein, müssen Sie verfahren wie im normalen streitigen Verfahren.[37] Die Streitverkündung hat zur Folge, dass der Streitverkündete ebenso wie der Antragsgegner das Ergebnis der Beweisaufnahme gegen sich gelten lassen muss (§§ 68, 493 ZPO).

II. Verfahren

1. Einleitung des Verfahrens

Die Einleitung des selbstständigen Beweisverfahrens erfolgt durch die Einreichung 51
einer Antragsschrift, die die Angaben des § 487 ZPO enthalten muss. Beachten Sie, dass der Antrag nicht dem Anwaltszwang unterfällt (§§ 78 III, 486 IV ZPO). Die Zustellung des Antrags hemmt die Verjährung (§ 204 I Nr. 7 BGB).

Das selbstständige Beweisverfahren kennt zwei Verfahrenszwecke. Gemäß § 485 I ZPO kann auf Antrag einer Partei während oder außerhalb eines Streitverfahrens die Einnahme des Augenscheins, die Vernehmung von Zeugen oder die Begutachtung durch einen Sachverständigen angeordnet werden. Voraussetzung ist, dass der Gegner zustimmt oder zu besorgen ist, dass das Beweismittel verloren geht oder seine Benutzung erschwert wird.

Gemäß § 485 II ZPO kann, wenn ein Rechtsstreit noch nicht anhängig ist, eine Partei die schriftliche Begutachtung durch einen Sachverständigen beantragen, wenn sie ein rechtliches Interesse an der Feststellung des Zustands einer Person oder der Ursache eines Personen- oder Sachschadens oder Sachmangels hat. Dabei wird das rechtliche Interesse vermutet, wenn die Feststellung der Vermeidung eines Rechtsstreits dienen kann. Seien Sie großzügig bei der Annahme des rechtlichen Interesses. Hier ist keine Schlüssigkeits- oder Erheblichkeitsprüfung von Ihnen gefordert. Sie

[35] Näher zum Vorschuss § 9 Rn. 143.
[36] *BGH* NJW 1997, 859.
[37] Dazu § 3 Rn. 71 ff.

können das rechtliche Interesse nach der Rechtsprechung nur ablehnen, wenn evident ist, dass der behauptete Anspruch keinesfalls bestehen kann.[38]

Die folgenden Ausführungen beschränken sich auf die vorprozessuale Einholung eines Sachverständigengutachtens im Sinne von § 485 II ZPO, da es sich hierbei um die häufigste Fallgestaltung handelt.

a) Beweisantrag

52 Zur Einleitung des selbstständigen Beweisverfahrens ist gemäß § 486 ZPO ein Antrag erforderlich, der zwingend die Angaben des § 487 ZPO enthalten muss (Bezeichnung des Antragsgegners, der Tatsachen, über die Beweis erhoben werden soll, und der Beweismittel).

Der Antragsteller muss die Tatsachen glaubhaft machen, die zur Zulässigkeit des selbstständigen Beweisverfahrens und zur Zuständigkeit des Gerichts führen. Das sind die oben dargestellten Voraussetzungen des § 485 I oder II ZPO.

b) Zuständigkeit

53 Sie müssen – wie in normalen Streitverfahren auch – Ihre sachliche und örtliche Zuständigkeit prüfen.

Die sachliche Zuständigkeit beurteilt sich nach dem Gegenstandswert, d.h. nach dem Interesse des Antragstellers an dem zu sichernden Anspruch.[39] Die örtliche Zuständigkeit folgt für den Regelfall, in dem ein Rechtsstreit noch nicht anhängig ist, aus § 486 II 1 ZPO. Danach ist das Gericht zuständig, das nach dem Vortrag des Antragstellers zur Entscheidung in der Hauptsache berufen wäre; insoweit gelten dann die §§ 12 ff. ZPO.

Ist bereits ein Streitverfahren anhängig, richtet sich die örtliche Zuständigkeit nach § 486 I ZPO. Danach ist der Antrag in diesem Fall beim Prozessgericht zu stellen.

Gemäß § 486 III ZPO ist in Eilfällen, d.h. in Fällen dringender Gefahr, unabhängig vom Streitwert das Amtsgericht zuständig, in dessen Bezirk die zu vernehmende oder zu begutachtende Person sich aufhält oder die in Augenschein zu nehmende oder zu begutachtende Sache sich befindet.

c) Rechtliches Gehör

54 Geht der Antrag gemäß §§ 486, 487 ZPO bei Ihnen ein und haben Sie Ihre Zuständigkeit bejaht, müssen Sie dem Gegner rechtliches Gehör gewähren. Sie leiten ihm daher die Antragsschrift zur kurzfristigen Stellungnahme zu. Gleichzeitig sollten Sie den Antragsteller gemäß § 139 ZPO auf Mängel der Antragsschrift hinweisen. Derartige Mängel können etwa darin liegen, dass es sich bei der behaupteten Tatsache gar nicht um eine solche, sondern um eine Rechtsansicht oder eine Schlussfolgerung handelt. Sind die Behauptungen in einer Weise formuliert, die einer Beweiserhebung nicht zugänglich ist, müssen Sie den Antragsteller ebenfalls hierauf hinweisen und ihn ggf. nachbessern lassen. Gelingt ihm dies nicht, ist der Antrag als unzulässig zurückzuweisen. Im Leistungsstörungsrecht und damit auch auf dem praktisch relevanten Gebiet der Baumängel reicht es aber, die Schadstellen und auftretenden Mängel zu beschreiben (sog. Symptomtheorie).[40]

---

[38] *BGH* NJW 2004, 3488.

[39] Diesen werden Sie mangels konkreter Bezifferung häufig gemäß § 3 ZPO schätzen müssen. In Bausachen wird häufig auf die zu erwartenden Mängelbeseitigungskosten abzustellen sein; vgl. dazu unten Rn. 60.

[40] Musielak/Voit/*Huber*, § 487 Rn. 3.

V.
1. Abschrift des Antrags vom … und Ziff. 2) an Antragsgegner gegen ZU zur Stellungnahme binnen 2 Wochen
2. Schreiben an Antragsteller gegen ZU/Antragsteller-V. gegen EB: Sie werden darauf hingewiesen, dass es sich bei der Behauptung, …, nicht um eine Tatsachenbehauptung, sondern um eine rechtliche Wertung handelt, die dem Gericht obliegt. Es besteht Gelegenheit zur Stellungnahme binnen 2 Wochen.
3. WV 3 Wochen

2. Entscheidung

Bei Zulässigkeit des Antrags müssen Sie den beantragten Beweisbeschluss ohne Prüfung von Schlüssigkeit, Erheblichkeit und Beweisbedürftigkeit der bezeichneten Tatsachen erlassen. Der Beschluss könnte wie folgt aussehen: 55

Beschluss
1. Es soll gemäß § 485 II ZPO ein schriftliches Gutachten durch einen von der Handelskammer Hamburg zu benennenden Sachverständigen über folgende Behauptungen des Antragstellers erhoben werden:
   a) …
   b) …[41]
2. Dem Sachverständigen wird aufgegeben:
   a) zur erforderlichen Inaugenscheinnahme des streitgegenständlichen Hauses beide Parteien rechtzeitig schriftlich zu laden.
   b) seine voraussichtlichen Kosten zu schätzen und dem Gericht Mitteilung zu machen, wenn diese den in Ziff. 3 genannten Betrag überschreiten.
3. Die Beauftragung des Sachverständigen wird davon abhängig gemacht, dass der Antragsteller binnen 3 Wochen einen Vorschuss in Höhe von € 2.000 zur Gerichtskasse einzahlt.
4. WV 4 Wochen (Beauftragung des SV)

Die Beauftragung des Sachverständigen ist nach § 17 I GKG von der Zahlung des Auslagenvorschusses abhängig zu machen. Die Ladung des Gegners zum Beweisaufnahmetermin hat gemäß § 491 I ZPO zu erfolgen, damit das Ergebnis der Beweisaufnahme auch im Fall des Nichterscheinens nutzbar ist (§ 493 II ZPO). Sie müssen den Beweisbeschluss gemäß § 329 II ZPO förmlich zustellen. Der Beschluss ist zwar unanfechtbar, dennoch sollten Sie auf eine begründete Gegenvorstellung ggf. flexibel reagieren (z.B. durch Austausch des Sachverständigen, wenn sich später berechtigte Einwände einer Partei gegen seine Person ergeben). Dies fördert im Zweifel die Vergleichsbereitschaft der Parteien und trägt dazu bei, ein weiteres Streitverfahren zu vermeiden. 56

3. Durchführung der Beweisaufnahme

Die wichtigste Maßnahme, die Sie im Zuge der Beweisaufnahme zu treffen haben, ist die Auswahl des Sachverständigen. Diese Aufgabe obliegt – ebenso wie im Rahmen eines normalen Klageverfahrens[42] – allein Ihnen (vgl. §§ 492 I, 404 ZPO). Aller- 57

---

[41] Hier müssen Sie die Behauptungen des Antragstellers aus der Antragsschrift einfügen.

[42] Dazu § 9 Rn. 144.

dings sollten Sie, wie die Neuregelung des § 404 II ZPO nahelegt, die Parteien zur Person des Sachverständigen vor dessen Ernennung anhören.

Nach der Ernennung des Sachverständigen müssen Sie die Akte an ihn übersenden.

> V.
>
> 1. U.m.A. dem Sachverständigen mit der Bitte um Erstattung des Sachverständigengutachtens gemäß Beschluss vom ... (Bl. ... d.A.) und Hinweis, dass hier ein Kostenvorschuss von € 2.000 eingezahlt wurde. Es wird um umgehende Mitteilung gebeten, wenn sich im Zuge der Begutachtung herausstellt, dass dieser Betrag nicht ausreichend ist.
> 2. Retent-Frist: 3 Monate

Die Beweisaufnahme erfolgt sodann nach den allgemeinen Grundsätzen, zumeist also den Regeln des Sachverständigenbeweises.[43]

III. Abschluss und Wirkung des Verfahrens

58 Das selbstständige Beweisverfahren endet mit seiner sachlichen Erledigung. Diese tritt meist schon durch die bloße Übersendung des Sachverständigengutachtens ein. Sie sollten den Parteien mit der Übersendung eine angemessene Frist gemäß § 411 IV ZPO setzen, innerhalb der sie eventuelle Einwendungen gegen das Gutachten vorbringen können.[44] Nur dann ist es Ihnen möglich, einen exakten Beendigungstermin zu ermitteln (und die Akte als erledigt austragen zu lassen).[45]

> V.
>
> 1. Ausfertigung des Gutachtens an Partei-V. (EB) mit Zusatz: Es besteht Gelegenheit zur Stellungnahme zum Gutachten vom ... binnen 3 Wochen.
> 2. WV 4 Wochen

Selbstverständlich können die Parteien auch von sich aus solche Einwendungen binnen eines angemessenen Zeitraums (§ 411 IV 1 ZPO) erheben. Was angemessen ist, ist eine Frage des Einzelfalls und dürfte vor allem von der Schwierigkeit des Gutachtens abhängen.

59 Wenn das schriftliche Sachverständigengutachten vorliegt, müssen Sie die Parteien und den Sachverständigen gleichwohl zu einem Erörterungstermin laden, wenn dies von einer der Parteien beantragt wird oder Sie es selbst – z.B. wegen eines unzureichenden schriftlichen Gutachtens – für erforderlich halten (vgl. § 411 III ZPO). Für diesen Erörterungstermin gilt beim Landgericht der Anwaltszwang. Ein Erörterungstermin ist auch sinnvoll, wenn infolge des Ergebnisses des Gutachtens mit einer gütlichen Streitbeilegung zu rechnen ist (vgl. § 493 III ZPO).[46]

Alternativ können Sie ein schriftliches Ergänzungsgutachten anordnen (§ 411 III 2 ZPO).

---

[43] Ausführlich § 9 Rn. 142 ff.

[44] Diese sollte mindestens zwei Wochen und maximal drei Monate betragen.

[45] Zur Beendigung des selbstständigen Beweisverfahrens vgl. *BGH* NJW 2011, 594.

[46] *Fellner*, Selbständiges Beweisverfahren (§ 485 Abs. 2 ZPO) – Mittel der Streitschlichtung und Schaffung eines Hemmungstatbestands, MDR 2014, 66.

Kommt es nicht zu einer vergleichsweisen Einigung, haben Sie – allerdings nur auf Antrag – gemäß § 494a ZPO Frist zur Klageerhebung anzuordnen:

> V.
>
> 1. Dem Antragsteller wird eine Frist zur Erhebung der Klage von 2 Monaten gesetzt.
> 2. WV 10 Wochen (Kostenentscheidung gemäß § 494a II ZPO?)

Einen entsprechenden Antrag wird der am selbstständigen Beweisverfahren beteiligte Gegner zumeist dann stellen, wenn er eine Entscheidung über die Kosten (z.B. seines Rechtsanwalts) erstrebt. Kommt der Antragsteller Ihrer Anordnung nicht nach, haben Sie durch Beschluss auszusprechen, dass der Antragsteller die dem Antragsgegner entstandenen Kosten zu tragen hat, § 494a II ZPO.[47]

Davon abgesehen ergeht im selbstständigen Beweisverfahren grundsätzlich keine Kostenentscheidung.[48] Wird allerdings ein selbstständiges Beweisverfahren nicht zu Ende geführt, können Sie dem Antragsteller auf Antrag des Gegners analog § 269 III 2 ZPO die Kosten auferlegen.[49] Besteht dagegen ein Bedürfnis, den Antragsgegner die Kosten tragen zu lassen, etwa weil er eingelenkt und einen Mangel beseitigt hat, verbleibt nur die Möglichkeit, eine zu einer Kostengrundentscheidung auch über die Kosten des selbstständigen Beweisverfahrens führende Feststellungsklage dahingehend zu erheben, dass der Gegner zur Vornahme der Handlung verpflichtet war, oder den materiell-rechtlichen Kostenerstattungsanspruch mit einer neuen Leistungsklage geltend zu machen.[50]

Abschließend müssen Sie noch den Streitwert des selbstständigen Beweisverfahrens 60 festsetzen, der sich nach dem Interesse des Antragstellers an dem zu sichernden Anspruch orientiert und gemäß § 3 ZPO zu schätzen ist. Ein häufiger Streitpunkt zwischen den Parteien ist, ob hierbei auf die vom Antragsteller in seinem Antrag vermuteten Mängelbeseitigungskosten oder auf die hiervon möglicherweise erheblich abweichende Kostenschätzung des Sachverständigen abzustellen. Die h.M. hält die Feststellungen des Sachverständigen für die Wertfestsetzung für maßgebend.[51] Der Beschluss bedarf einer Rechtsmittelbelehrung (§ 5b GKG).

Nach Ablauf der Beschwerdefrist gegen den Streitwertbeschluss lassen Sie die Akte aus Ihrem Register austragen.

> **Beschluss**
>
> Der Streitwert wird auf € 20.000 festgesetzt.
>
> V.
>
> 1. B.-Ausf. an Partei-V. (EB)
> 2. WV 3 Wochen (sofortige Beschwerde? Austragen?)

In einem etwaigen späteren Hauptsacheverfahren steht die Beweiserhebung im 61 selbstständigen Beweisverfahren der Beweisaufnahme vor dem Prozessgericht

47 Weiterführend *Fellner*, Kostenentscheidung im selbständigen Beweisverfahren, MDR 2014, 1301.

48 *BGH* NJW-RR 2004, 1005.

49 *BGH* NJW 2017, 1399 Rn. 27.

50 *BGH* NJW 2018, 402 Rn. 16 ff.

51 *BGH* NJW-RR 2005, 1011; Thomas/Putzo/*Hüßtege*, § 3 Rn. 33.

gleich, § 493 I ZPO. Voraussetzung dafür ist allerdings, dass das selbstständige Beweisverfahren gesetzmäßig verlaufen ist. Aus diesem Grund ist es von besonderer Wichtigkeit, dass Sie im selbstständigen Beweisverfahren – auch wenn dies in Ihrem Arbeitsalltag häufig eher „nebenbei" mitläuft – sorgfältig arbeiten und insbesondere stets rechtliches Gehör gewähren. Die Abwesenheit einer Partei beim Termin zur Beweisaufnahme im selbstständigen Beweisverfahren schadet gemäß § 493 II ZPO nämlich nur dann nicht, wenn sie rechtzeitig geladen wurde.[52] Ist das Verfahren aber ordnungsgemäß abgelaufen, können Sie im späteren Hauptsacheprozess die Akten des selbstständigen Beweisverfahrens beiziehen und verwerten. Eine neue Beweisaufnahme ist nicht erforderlich. Ein neues Gutachten in einem sich anschließenden Rechtsstreit kann nur unter den engen Voraussetzungen des § 412 ZPO eingeholt werden.[53]

§ 18. Urkunden- und Wechselprozess

I. Allgemeines

62 Der Urkunden- und Wechselprozess gemäß §§ 592–605a ZPO ist ein in zwei Abschnitte unterteiltes Verfahren, mit dem Gläubiger schnell zu einem vollstreckbaren Titel kommen können. Der Urkundenprozess hat in der Praxis eine gewisse Bedeutung, wird Ihnen in Ihrer richterlichen Tätigkeit aber nicht jeden Tag begegnen.

In einem ersten Abschnitt, dem eigentlichen Urkundenprozess, ergeht regelmäßig ein Vorbehaltsurteil. In einem zweiten Abschnitt, dem Nachverfahren, kommt es zu einer endgültigen Entscheidung, dem Schlussurteil.

II. Vorverfahren

63 Die Besonderheit des eigentlichen Urkundenverfahrens ist die Beschränkung der zugelassenen Beweismittel. § 592 S. 1 ZPO bestimmt insoweit, dass „sämtliche zur Begründung des Anspruchs erforderlichen" Tatsachen durch Urkunden bewiesen werden können müssen. Urkunden i.S.d. § 592 ZPO sind schriftlich verkörperte Gedankenerklärungen, wobei sie dem Beweis ihrer Echtheit oder Unechtheit zugänglich sein müssen. Es genügt jede Urkunde, die geeignet ist, dem Gericht gegenüber den Beweis für die Richtigkeit der klagebegründenden Tatsachen unmittelbar oder mittelbar zu erbringen. Hierbei reicht es aus, dass mit der Urkunde eine Indiztatsache bewiesen wird, die den Schluss auf die anspruchsbegründende Tatsache zulässt.[54]

Können die anspruchsbegründenden Tatsachen nicht durch Urkunden bewiesen werden, soll der Urkundenprozess bereits unstatthaft sein.[55] Entgegen dem Wortlaut

---

[52] Da im Fall einer Begutachtung durch einen Sachverständigen dieser – sinnvollerweise durch eingeschriebenen Brief – zum Termin über eine Inaugenscheinnahme des Beweisgegenstands lädt, müssen Sie ihn an dieser Stelle sorgfältig anleiten und überwachen.

[53] *BGH* NJW 2018, 1171 Rn. 14.

[54] *OLG Düsseldorf* (I-21 U 40/15) BeckRS 2016, 7922 Rn. 29 f.

[55] *OLG Schleswig* NJW 2014, 945 (946); zustimmend *Leidig/Jöbges*, Sämtliche sind ausnahmslos alle – Zur Zulässigkeit des Urkundenprozesses, NJW 2014, 892.

des § 592 S. 1 ZPO verlangt allerdings der BGH in ständiger Rechtsprechung nur für die beweisbedürftigen Tatsachen einen urkundlichen Nachweis, nicht aber für Tatsachen, die unstreitig, offenkundig oder gerichtsbekannt sind.[56] Anders ist das wiederum nur im Fall der Säumnis.[57]

Es wird im Urkundenprozess relativ häufig vorkommen, dass der Beklagte gegen den geltend gemachten Anspruch Einwendungen erhebt, die sich nicht aus Urkunden ergeben. Beachten Sie, dass dies nicht zur Unstatthaftigkeit des Urkundenprozesses führt, da es sich um eine Frage der Begründetheit handelt. Sie haben die Einwendungen – da sie sich nicht aus Urkunden ergeben – im ersten Verfahrensabschnitt zurückzustellen (vgl. § 595 II ZPO) und müssen sich hiermit ggf. im Nachverfahren beschäftigen.

Im Fall eines erfolgreichen Urkundenprozesses auf der ersten Stufe ergeht ein sog. Urkunden-Vorbehaltsurteil. Allerdings setzt dies voraus, dass der Beklagte dem geltend gemachten Anspruch im Sinne von § 599 I ZPO widersprochen hat. Liegt ein solcher Widerspruch vor, wobei Sie hier keine zu strengen Anforderungen stellen dürfen, müssen Sie von Amts wegen ein Vorbehaltsurteil erlassen, ohne dass der Beklagte dies gesondert beantragen müsste:

Urkunden-Vorbehaltsurteil

1. Der Beklagte wird verurteilt, an den Kläger € 20.000 zuzüglich Zinsen in Höhe von fünf Prozentpunkten über dem jeweiligen Basiszinssatz seit dem 1.3.2018 zu zahlen.
2. Dem Beklagten bleibt die Ausführung seiner Rechte im Nachverfahren vorbehalten.
3. Der Beklagte trägt die Kosten des Rechtsstreits.
4. Das Urteil ist vorläufig vollstreckbar. Der Beklagte kann die Vollstreckung durch Sicherheitsleistung in Höhe von 110% des aufgrund des Urteils vollstreckbaren Betrags abwenden, wenn nicht der Kläger vor der Vollstreckung Sicherheit in Höhe von 110% des jeweils zu vollstreckenden Betrags leistet.

Sie müssen im Vorbehaltsurteil die vorläufige Vollstreckbarkeit anordnen. Das ergibt sich aus § 599 III ZPO. Die Entscheidung folgt dann aus §§ 708 Nr. 4, 711 ZPO.

Eine Klageabweisung kommt im Urkundenprozess aus verschiedenen Gründen in 64
Betracht. Fehlt es an den allgemeinen Prozessvoraussetzungen oder ist die Klage unschlüssig, können Sie durch normales Endurteil (Prozess- bzw. Sachurteil) entscheiden. Fehlen dagegen die spezifischen Voraussetzungen des Urkundenprozesses (z.B. weil der Kläger seinen Anspruch auf andere als die in § 595 II ZPO zulässigen Beweismittel stützt), so müssen Sie die Klage gemäß § 597 II ZPO durch ein besonderes Prozessurteil abweisen, bei dem Sie bereits im Tenor zum Ausdruck bringen müssen, dass die Klage im Urkundenprozess nicht statthaft ist:

Urteil

1. Die Klage wird als im Urkundenprozess unstatthaft abgewiesen.
2. Der Kläger trägt die Kosten des Rechtsstreits.
3. …

---

[56] *BGH* NJW 2015, 475 Rn. 14; *BGH* NJW 2008, 523 Rn. 13; Darstellung des Meinungsstreits bei Musielak/Voit/*Voit*, § 592 Rn. 11 m.w.N.

[57] *BGH* NJW 2015, 475 Rn. 14.

65 Der Kläger kann dem Prozessurteil nach § 597 II ZPO dadurch entgehen, dass er gemäß § 596 ZPO vom Urkundenprozess Abstand nimmt. Dann müssen Sie das Verfahren als ganz normales Klageverfahren weiterführen. Die Abstandnahme vom Urkundenprozess wird Ihnen immer dann begegnen, wenn der Beklagte zuvor umfangreiche Einwendungen vorgetragen hat, die er auf Beweismittel gestützt hat, die im Urkundenprozess unstatthaft sind, die aber auch dem Kläger zeigen, dass ihm ohnehin ein langwieriges Nachverfahren droht. Macht das Gericht nicht hinreichend deutlich, dass es den Urkundenprozess wegen Ungeeignetheit der Beweismittel für unstatthaft hält, kann dies einen Verstoß gegen § 139 ZPO darstellen. Nimmt der Kläger den unvollständigen Hinweis gleichwohl zum Anlass, vom Urkundenprozess Abstand zu nehmen (§ 596 ZPO), kann das die Wiedereröffnung der mündlichen Verhandlung gebieten.[58]

III. Nachverfahren

66 Sind dem Beklagten im Vorverfahren seine Rechte vorbehalten worden, so bleibt der Rechtsstreit gemäß § 600 I ZPO im ordentlichen Verfahren anhängig und der Beklagte kann eine endgültige Entscheidung herbeiführen.

Das Nachverfahren ist kein eigenständiges Verfahren, sondern bildet mit dem Vorverfahren eine Einheit, d.h., dass es ohne eine neue Klage automatisch mit der Verkündung des Vorbehaltsurteils beginnt. Es gibt keinen Devolutiveffekt, d.h., dass Sie auch für ein Nachverfahren zuständig sind, wenn Sie im eigentlichen Urkundenprozess zuständig waren.

Im Nachverfahren stehen – und das wird insbesondere der Beklagte nutzen – den Parteien nun sämtliche Beweismittel zur Verfügung. Allerdings sind Sie bei Ihrer Entscheidung nicht völlig frei, sondern gemäß § 318 ZPO an Ihre Entscheidung aus dem Vorverfahren gebunden. Diese Bindungswirkung erfasst alles, was im Vorverfahren bereits entscheidungserheblich war. Dagegen umfasst die Bindung alles das nicht, was der Beklagte im Vorverfahren aufgrund der Beschränkung der Beweismittel nicht hat vorbringen können (z.B. Vortrag, der unter Zeugenbeweis zu stellen wäre).

67 Es sind drei Ergebnisse des Nachverfahrens denkbar:

→ *Die Klage ist immer noch begründet. Sie tenorieren wie folgt:*

Schlussurteil

1. Das Vorbehaltsurteil vom … wird für vorbehaltlos erklärt.
2. Die weiteren Kosten des Rechtsstreits trägt der Beklagte.
3. Das Urteil ist vorläufig vollstreckbar. Dem Beklagten wird nachgelassen, die Vollstreckung durch Sicherheitsleistung in Höhe von 110% des aufgrund des Urteils vollstreckbaren Betrags abzuwenden, wenn nicht der Kläger vor der Vollstreckung Sicherheit in Höhe von 110% des jeweils zu vollstreckenden Betrags leistet.

Die Beschränkung des Kostenanspruchs auf die weiteren Kosten folgt daraus, dass mit dem Vorbehaltsurteil bereits ein Endurteil existiert, das eine Kostenregelung enthält. Die Entscheidung über die vorläufige Vollstreckbarkeit folgt aus §§ 708 Nr. 5, 711 ZPO.

[58] *OLG Koblenz* (5 U 140/15) BeckRS 2016, 1675 Rn. 22 ff.

→ *Die Klage stellt sich nunmehr als unbegründet heraus. Sie tenorieren wie folgt:*

Schlussurteil

1. Die Klage wird unter Aufhebung des Vorbehaltsurteils vom ... abgewiesen.
2. Der Kläger trägt die Kosten des Rechtsstreits.
3. ... (vorläufige Vollstreckbarkeit nach allgemeinen Regeln)

→ *Die Klage stellt sich als teilweise begründet heraus. Sie tenorieren in diesem Fall:*

Schlussurteil

1. Das Vorbehaltsurteil vom ... wird insoweit für vorbehaltlos erklärt, als der Beklagte verurteilt wird, an den Kläger € ... zu zahlen.
2. Im Übrigen wird das Vorbehaltsurteil vom ... aufgehoben und die Klage abgewiesen.
3. Die Kosten des Rechtsstreits trägt der Kläger zu ...% und der Beklagte zu ...%.
4. ... (vorläufige Vollstreckbarkeit für den Kläger nach §§ 708 Nr. 5, 711 ZPO, für den Beklagten nach den allgemeinen Regeln).

IV. Besonderheiten des Wechsel- und Scheckprozesses

Für den Wechsel- und den Scheckprozess gelten die vorstehend dargestellten Vorschriften des Urkundenprozesses entsprechend (§§ 602, 605a ZPO). Es gelten aber einige Besonderheiten: 68

Geklagt werden kann nicht nur im allgemeinen Gerichtsstand des Beklagten (§ 13 ZPO), sondern gemäß § 603 I ZPO auch beim Gericht des Zahlungsorts. Anders als im Urkundenprozess (§ 593 II ZPO) muss im Wechselprozess zum Nachweis der Inhaberschaft der Wechselforderung das Original des Wechsels vorgelegt werden.

Es hat sich in der Praxis eingebürgert, dass der Schuldner nur Zug um Zug gegen Aushändigung des quittierten Wechsels oder Schecks zu leisten hat.[59] Sie müssen daher wie folgt tenorieren:

Wechsel-Vorbehaltsanerkenntnisurteil[60]

1. Der Beklagte wird verurteilt, an den Kläger € ... nebst Zinsen in Höhe von ... sowie € ... Wechselunkosten zu zahlen, Zug um Zug gegen Aushändigung des quittierten Wechsels vom ...
2. Der Beklagte trägt die Kosten des Rechtsstreits.
3. Das Urteil ist vorläufig vollstreckbar.
4. Dem Beklagten bleibt die Ausführung seiner Rechte im Nachverfahren vorbehalten.

[59] Zöller/*Greger*, § 602 Rn. 12.

[60] Ein Vorbehaltsanerkenntnisurteil kommt nach h. M. trotz dogmatischer Bedenken dann in Betracht, wenn der Beklagte den Anspruch unter Vorbehalt seiner Rechte im Nachverfahren für das Vorverfahren anerkennt.

§ 19. Einstweiliger Rechtsschutz

I. Allgemeines

69 Sie werden in Ihrer richterlichen Tätigkeit immer wieder mit Verfahren des einstweiligen Rechtsschutzes (Arrest oder einstweilige Verfügung)[61] befasst werden. Bei bestimmten Verwendungen, z.B. als Richter in einer Wettbewerbs-, Urheber- oder Pressekammer des Landgerichts, werden Ihnen Anträge auf Erlass einstweiliger Verfügungen praktisch täglich begegnen. Verlieren Sie nicht die Ruhe, wenn ein Verfahren des einstweiligen Rechtsschutzes auf Ihrem Schreibtisch landet. Zwar sollten Sie in der Tat unverzüglich in die Akte sehen, um zu prüfen, was konkret von Ihnen zu veranlassen ist, ggf. müssen Sie auch wirklich unverzüglich tätig werden. So sollten Sie als Beisitzer am Landgericht zunächst prüfen, ob Ihre Kammer zur Verfügung steht und sich ggf. um Vertreter kümmern, falls nicht ohnehin ein Fall vorliegt, in dem der Vorsitzende nach § 944 ZPO allein entscheiden kann. Nicht in allen Fällen ist es jedoch wirklich erforderlich, sofort alles stehen und liegen zu lassen, um noch am selben Tag zu einer Entscheidung zu gelangen. Häufig behaupten die Antragsteller eine viel größere Eilbedürftigkeit, als sie tatsächlich gegeben ist. Beachten Sie außerdem, dass auch in den wirklich eiligen Sachen immer Zeit für Sie vorhanden sein muss, in Ruhe über die Sache nachzudenken und sich ggf. mit Kollegen zu beraten. Sie sollen schließlich nicht nur überhaupt zu einer Entscheidung kommen, sondern auch zu einer richtigen.

II. Arrest

1. Verfahren nach Eingang eines Arrestantrags

70 Klären Sie zunächst Ihre sachliche, örtliche und gerichtsinterne Zuständigkeit. Nach § 919 ZPO besteht eine Zuständigkeit sowohl des Gerichts der Hauptsache (zum Begriff § 943 I ZPO) als auch des Amtsgerichts, in dessen Bezirk der mit dem Arrest zu belegende Gegenstand oder die in ihrer Freiheit zu beschränkende Person sich befindet. Der Gläubiger hat ein Wahlrecht (§ 35 ZPO). Die gerichtsinterne Zuständigkeit richtet sich nach dem Geschäftsverteilungsplan Ihres Gerichts.

Beachten Sie die Besonderheit, dass es sich beim Arrestverfahren um ein einseitiges Verfahren handelt. Das bedeutet, dass Sie zunächst einmal nur die Antragsschrift einer Partei haben, auf deren Grundlage Sie die erste Entscheidung treffen müssen, nämlich ob Sie den Arrest erlassen oder nicht.

a) Erlass des Arrests

71 Die den Arrestanspruch und den Arrestgrund begründenden Tatsachen sind vom Antragsteller glaubhaft zu machen. Reicht Ihnen der dazu gehaltene Vortrag aus, so erlassen Sie den Arrest durch Beschluss. Ob Sie mit oder ohne mündliche Verhandlung entscheiden, steht Ihnen grundsätzlich frei. Die mündliche Verhandlung wird wegen des aus Sicht des Antragstellers gegebenen Bedürfnisses nach einem Überra-

---

[61] Einführend dazu *Huber*, Grundwissen – Zivilprozessrecht: Einstweiliger Rechtsschutz durch Arrest und einstweilige Verfügung, JuS 2018, 226; 2018, 421.

schungseffekt aber die Ausnahme sein. Bei einer vorherigen Zustellung des Arrestgesuchs und anschließender mündlicher Verhandlung ist die Gefahr, dass der Gegenstand der Sicherung beiseite geschafft wird, häufig viel zu groß.

Der Arrest gemäß §§ 916 ff. ZPO ist nur möglich hinsichtlich Geldforderungen oder Ansprüchen, die in solche übergehen können. Beachten Sie außerdem, dass Regelungsgegenstand nur eine Sicherung, nicht dagegen eine Durchsetzung dieser Geldforderung ist. Die Vollziehung des dinglichen Arrests, der gegenüber dem persönlichen Arrest der absolute Regelfall ist, in eine Forderung erfolgt gemäß § 930 I 3 ZPO durch Pfändung dieser Forderung. Hierfür ist das Arrestgericht als Vollstreckungsgericht zuständig. Die Überweisung der Forderung ist nicht möglich, weil dies bereits eine Befriedigung wäre.[62] Gleiches gilt bei beweglichen Sachen, bei denen aufgrund des Arrestbefehls eine Pfändung möglich ist, nicht jedoch eine Verwertung durch Versteigerung (Ausnahme bei Gefahr der Wertminderung in § 930 ZPO). Für die Vollziehung in ein Recht an einem Grundstück lässt § 932 ZPO die Eintragung einer Zwangshypothek als einziges zulässiges Sicherungsmittel zu.

Ein dem Antrag stattgebender Beschluss bedarf – anders als das Urteil oder die ablehnende Entscheidung – nach h.M. wegen § 922 I 1 ZPO grundsätzlich keiner Begründung, wenn dem Antragsgegner zugleich in Nachholung des zunächst zurückgestellten rechtlichen Gehörs eine Abschrift des Arrestgesuchs mit zugestellt wird.[63] Etwas anderes (Begründungszwang) gilt nur, wenn der Arrestbefehl im Geltungsbereich der EuGVVO in einem anderen Staat vollstreckt werden soll.[64]

Beschluss

1. Zur Sicherung der Zwangsvollstreckung wegen einer Forderung des Antragstellers gegen den Antragsgegner in Höhe von € 50.000, zuzüglich einer Kostenpauschale von € 2.000, wird der dingliche Arrest in das bewegliche und unbewegliche Vermögen des Antragsgegners angeordnet.
2. Durch die Hinterlegung von € 52.000 wird die Vollziehung dieses Arrests gehemmt und der Antragsgegner berechtigt, die Aufhebung des vollzogenen Arrests zu beantragen.[65]
3. In Vollziehung des Arrests wird die Forderung des Antragsgegners gegen die Deutsche Bank aus der Kontoverbindung mit der IBAN ... bis zum Höchstbetrag von € ... gepfändet. Der Antragsgegner hat sich insoweit jeder Verfügung über die Forderung zu enthalten. Der Drittschuldner darf nicht mehr an den Antragsgegner leisten.
4. Die Kosten des Verfahrens trägt der Antragsgegner.[66]

Der Arrestbeschluss wird dem Antragsgegner vom Antragsteller im Parteibetrieb 72
zugestellt. Sie müssen lediglich dem Antragsteller den Beschluss zustellen oder übergeben (§ 173 ZPO), weiteres ist von Ihnen nicht zu veranlassen.

Der persönliche Arrest ist gegenüber dem dinglichen Arrest subsidiär, weil er 73
nach § 918 ZPO gerade voraussetzt, dass der dingliche Arrest zur Sicherung des

[62] Zöller/*G. Vollkommer*, § 930 Rn. 1, 3 f.

[63] Zöller/*G. Vollkommer*, § 922 Rn. 10 m.w.N.

[64] Thomas/Putzo/*Seiler*, § 922 Rn. 4.

[65] Diese sog. Lösungssumme ist gemäß § 923 ZPO von Amts wegen in den Tenor aufzunehmen.

[66] Die Kostenentscheidung richtet sich nach § 91 I ZPO. Ein Ausspruch über die vorläufige Vollstreckbarkeit entfällt bei einem erfolgreichen Antrag, da der einstweilige Rechtsschutz kraft Natur der Sache ohne Ausspruch vollstreckbar ist. Bei Ablehnung des Antrags durch ein Urteil gelten dagegen die §§ 708 Nr. 6, 711 ZPO.

Gläubigers nicht ausreichend ist. Der Beschluss in diesem Ausnahmefall würde wie folgt lauten:

> **Beschluss**
> 1. Zur Sicherung der Zwangsvollstreckung wegen einer Forderung des Antragstellers gegen den Antragsgegner in Höhe von € 50.000, zuzüglich einer Kostenpauschale von € 2.000, wird der persönliche Arrest gegen den Antragsgegner angeordnet.
> 2. In Vollziehung des Arrests wird die Haft gegen den Antragsgegner angeordnet.

b) Verfahren bei Nichterlass des Arrests

74 Wollen Sie den Arrest nicht erlassen, haben Sie grundsätzlich zwei Möglichkeiten:

75 **aa) Ablehnung des Arrestantrags durch Beschluss.** Zum einen können Sie den Antrag durch zu begründenden Beschluss ablehnen. Dies kommt etwa in Betracht, wenn Sie nicht zuständig sind oder der Antrag aus anderen Gründen nicht zulässig ist, Sie die rechtliche Wertung des Antragstellers nicht teilen, aber selbstverständlich auch, wenn die zugrunde liegenden Tatsachen nicht glaubhaft gemacht worden sind. Bei fehlender Glaubhaftmachung können Sie gemäß § 921 ZPO den Arrest gleichwohl anordnen, wenn wegen der dem Gegner drohenden Nachteile Sicherheit geleistet wird. Bevor Sie ein Arrestgesuch zurückweisen, sollten Sie mit dem Antragstellervertreter telefonieren und ihm Gelegenheit geben, seinen Antrag nachzubessern.[67]

> **Beschluss**
> 1. Der Antrag auf Erlass eines Arrests vom … wird zurückgewiesen.
> 2. Der Antragsteller trägt die Kosten des Verfahrens.

76 **bb) Anberaumung einer mündlichen Verhandlung.** Zum anderen können Sie einen Termin zur mündlichen Verhandlung anberaumen, zu dem Sie beide Parteien, also auch den Gegner, von Amts wegen laden müssen. Es handelt sich dann nicht mehr um ein einseitiges, sondern um ein kontradiktorisches Verfahren.

Sie müssen vor der mündlichen Verhandlung dem Gegner die Antragsschrift zuleiten. Die Parteien müssen ihren Tatsachenvortrag im Termin glaubhaft machen. Sie werden daher häufig Zeugen (und ggf. Sachverständige) zum Termin sistieren. Das kann für Sie bedeuten, dass Sie ggf. sofort eine Beweisaufnahme durchführen müssen.[68] Bereiten Sie sich hierauf gut vor: Lesen Sie die Akte noch einmal unter dem Gesichtspunkt, welche Zeugen oder Sachverständige sistiert werden könnten und welche Fragen Sie ggf. an diese Personen haben. Beachten Sie, dass präsente Zeugen nach § 296 ZPO von Ihnen nicht allein wegen fortgeschrittener Zeit abgelehnt werden dürfen.[69]

Im Anschluss an die mündliche Verhandlung entscheiden Sie durch Endurteil, das beiden Parteien von Amts wegen zuzustellen ist.

[67] Siehe allgemein zur Hinweispflicht § 4.
[68] Zur Beweisaufnahme siehe oben § 9.
[69] *OLG Koblenz* (5 U 781/15) BeckRS 2016, 11766 Rn. 18.

→ *Wenn Sie dem Arrestantrag stattgeben, tenorieren Sie:*

> **Urteil**
>
> 1. Zur Sicherung der Zwangsvollstreckung wegen einer Forderung des Antragstellers[70] gegen den Antragsgegner in Höhe von € 50.000, zuzüglich einer Kostenpauschale von € 2.000, wird der dingliche Arrest in das bewegliche und unbewegliche Vermögen des Antragsgegners angeordnet.
> 2. Durch die Hinterlegung von € 52.000 wird die Vollziehung dieses Arrests gehemmt und der Antragsgegner berechtigt, die Aufhebung des vollzogenen Arrests zu beantragen.
> 3. In Vollziehung des Arrests wird die Forderung des Antragsgegners gegen die Deutsche Bank aus der Kontoverbindung mit der IBAN ... bis zum Höchstbetrag von € ... gepfändet. Der Antragsgegner hat sich insoweit jeder Verfügung über die Forderung zu enthalten. Der Drittschuldner darf an den Antragsgegner nicht mehr leisten.
> 4. Die Kosten des Verfahrens trägt der Antragsgegner.

→ *Wenn Sie den Arrestantrag ablehnen, tenorieren Sie:*

> **Urteil**
>
> 1. Der Antrag auf Erlass eines Arrests vom ... wird zurückgewiesen.
> 2. Der Antragsteller trägt die Kosten des Verfahrens.
> 3. Das Urteil ist vorläufig vollstreckbar. Dem Antragsteller wird nachgelassen, die Vollstreckung des Antragsgegners (wegen der Kosten) durch Sicherheitsleistung in Höhe von 110% des aufgrund des Urteils vollstreckbaren Betrags abzuwenden, wenn nicht der Antragsgegner vor der Vollstreckung Sicherheit in Höhe von 110% des jeweils zu vollstreckenden Betrags leistet.[71]

2. Verfahren nach Widerspruch

Es wird häufig vorkommen, dass Sie einen Arrest erlassen und anschließend nichts mehr hören. Sie können die Sache dann nach einer Frist von drei Monaten aus Ihrer Statistik austragen lassen. Genauso gut kann es aber sein, dass der Antragsgegner Widerspruch gemäß § 924 ZPO einlegt. 77

a) Verfahrensablauf

Der Widerspruch hat keinen Devolutiveffekt, vielmehr kommt es beim selben Gericht zu einer mündlichen Verhandlung. In diesem Fall müssen Sie zügig terminieren.[72] Hierzu kann es erforderlich werden, dass Sie auch an einem anderen als Ihrem angestammten Sitzungstag eine mündliche Verhandlung durchführen müssen. Auf Antrag müssen Sie ggf. gemäß §§ 924 III 2, 707 ZPO die einstweilige Einstellung der Zwangsvollstreckung anordnen.[73] 78

b) Urteil nach Widerspruch

Bei einem Urteil nach einem Widerspruch müssen Sie unbedingt beachten, dass bereits ein Beschluss existiert. Ihr Urteil muss sich also auch zum Schicksal dieses Be- 79

---

[70] Statt – wie hier – Antragsteller und Antragsgegner können Sie im Fall einer mündlichen Verhandlung auch die Bezeichnungen Arrestkläger und Arrestbeklagter verwenden.

[71] Die vorläufige Vollstreckbarkeit folgt aus §§ 708 Nr. 6, 711 ZPO.

[72] Zur Terminierung siehe § 8 Rn. 1 ff.

[73] Zur einstweiligen Einstellung der Zwangsvollstreckung siehe § 3 Rn. 100 ff.

schlusses äußern. Sie können den Arrest ganz oder teilweise bestätigen, abändern oder aufheben (§ 925 II ZPO).

Kommen Sie nach der mündlichen Verhandlung zu dem Ergebnis, dass der Arrestbefehl zu bestätigen ist, tenorieren Sie wie folgt:

Urteil

1. Der Arrestbefehl vom ... wird bestätigt.
2. Der Antragsgegner trägt die weiteren Kosten des Verfahrens.
3. (vorläufige Vollstreckbarkeit)

Kommen Sie dagegen nach der mündlichen Verhandlung zu dem Ergebnis, dass Sie den Arrestbefehl aus jetziger Sicht nicht mehr erlassen würden, tenorieren Sie wie folgt:

Urteil

1. Der Arrestbefehl vom ... wird aufgehoben und der Antrag auf Erlass eines Arrests vom ... zurückgewiesen.
2. Der Antragsteller trägt die Kosten des Verfahrens.
3. Das Urteil ist vorläufig vollstreckbar. Dem Antragsteller wird nachgelassen, die Vollstreckung des Antragsgegners (wegen der Kosten) durch Sicherheitsleistung in Höhe von 110% des aufgrund des Urteils vollstreckbaren Betrags abzuwenden, wenn nicht der Antragsgegner vor der Vollstreckung Sicherheit in Höhe von 110% des jeweils zu vollstreckenden Betrags leistet.[74]

Die vorstehenden Tenorierungen müssen Sie miteinander kombinieren, wenn Sie nach der mündlichen Verhandlung zu einer teilweisen Korrektur des Arrestbefehls kommen:

Urteil

1. Der Arrestbefehl vom ... wird in Höhe eines Teilbetrags von € 25.000 bestätigt.
2. Im Übrigen wird der Arrestbefehl vom ... aufgehoben und der Antrag auf Erlass eines Arrests vom ... zurückgewiesen.
3. Die Kosten des Verfahrens werden gegeneinander aufgehoben.
4. ... (Entscheidung zur vorläufigen Vollstreckbarkeit)

III. Einstweilige Verfügung

80 Anträge auf Erlass einer einstweiligen Verfügung werden Ihnen wesentlich häufiger begegnen als Arrestanträge. Die Gemeinsamkeiten des Verfahrens sind aber groß (§ 936 ZPO). Ebenso wie beim Arrestverfahren handelt es sich beim Verfahren über eine einstweilige Verfügung zunächst um ein einseitiges Verfahren. Gemäß § 936 ZPO finden die Vorschriften über die Anordnung von Arresten und über das Arrestverfahren entsprechende Anwendung.

[74] Die vorläufige Vollstreckbarkeit folgt aus §§ 708 Nr. 6, 711 ZPO.

1. Vorgehensweise nach Eingang eines Antrags auf Erlass einer einstweiligen Verfügung

Beispiel: Sie bekommen an einem Freitagnachmittag einen Anruf der Geschäftsstelle mit der Mitteilung, dass ein Antrag auf Erlass einer einstweiligen Verfügung eingegangen sei. Außer Ihnen ist kein Kollege mehr da. Aus der Ihnen vorgelegten Akte ergibt sich folgender Fall: Der Antragsteller betreibt eine Autovermietung. Am 1.4.2018 vermietete er ein Campingmobil an den Antragsgegner, der das Fahrzeug zum vertraglich vereinbarten Rückgabezeitpunkt nicht zurückgab. Wenige Tage später entdeckt der Antragsteller, dass der Antragsgegner das Fahrzeug im Internet zum Verkauf anbietet. Er verlangt im Wege einer einstweiligen Verfügung Herausgabe an sich. 81

a) Erste Arbeitsschritte

Auch bei der einstweiligen Verfügung müssen Sie als Erstes Ihre sachliche, örtliche und gerichtsinterne Zuständigkeit klären. Die sachliche und örtliche Zuständigkeit ist anders als beim Arrest geregelt. Im einstweiligen Verfügungsverfahren muss grundsätzlich das Gericht der Hauptsache (§ 943 ZPO) und kann nur in dringenden Fällen das Amtsgericht der belegenen Sache (§ 942 ZPO) angerufen werden, ein Wahlrecht (wie beim Arrest) gibt es nicht. Die Zuständigkeit bestimmt sich daher zumeist nach den Regeln des Erkenntnisverfahrens. Die gerichtsinterne Zuständigkeit richtet sich nach dem Geschäftsverteilungsplan Ihres Gerichts. Am Landgericht stellt sich dabei auch die Frage, ob Sie als Einzelrichter entscheiden können oder ob Sie eine volle Kammerbesetzung benötigen. Diese funktionelle Zuständigkeit richtet sich auch im Rahmen des einstweiligen Rechtsschutzes nach den §§ 348 ff. ZPO. Das bedeutet, dass Sie in Sachen, in denen eine originäre Kammerzuständigkeit besteht, nur durch die Kammer entscheiden können. Muss im obigen Beispielsfall also noch am Freitagnachmittag eine Entscheidung ergehen, müssen Sie sich darum kümmern, dass eine Vertretungskammer zur Verfügung steht. Sollten Sie den Kammervorsitzenden vertreten dürfen, können Sie gemäß § 944 ZPO in besonders dringenden Fällen auch allein entscheiden. 82

Der Antrag auf Erlass einer einstweiligen Verfügung wird schon mit seinem Eingang bei Gericht rechtshängig. Hierzu reicht – auch beim Landgericht – gemäß § 920 III ZPO, dass das Gesuch zu Protokoll der Geschäftsstelle erklärt wird. Einen Gerichtskostenvorschuss müssen Sie nicht anfordern.

Häufig – insbesondere in Fällen des gewerblichen Rechtsschutzes – rechnen potentielle Antragsgegner damit, dass einstweilige Verfügungen gegen sie beantragt werden. Um zu verhindern, dass das Gericht diese antragsgemäß erlässt, hinterlegen die möglichen Antragsgegner sog. Schutzschriften bei Gericht, in denen sie ihre Verteidigungsmittel darlegen und sich so das rechtliche Gehör schon vor der Entscheidung des Gerichts über den Antrag auf Erlass der einstweiligen Verfügung sichern.[75] Sie müssen eine vorhandene Schutzschrift bei Ihrer Entscheidung berücksichtigen.[76] Dies kann dazu führen, dass Sie Termin zur mündlichen Verhandlung anberaumen müssen. Fragen Sie auf Ihrer Geschäftsstelle, ob dort eine Schutzschrift vorliegt. Die Geschäftsstelle hat auch die Möglichkeit, über ein automatisiertes Abrufverfahren im zentralen länderübergreifenden elektronischen Schutzschriftenregister nachzusehen, ob eine Schutzschrift existiert. Dieses Schutzschriftenregister wird von der Landesjustizverwaltung Hessen für alle Bundesländer geführt

[75] Eine Legaldefinition enthält jetzt der neue § 945a I 2 ZPO: Schutzschriften sind vorbeugende Verteidigungsschriftsätze gegen erwartete Anträge auf Arrest oder einstweilige Verfügung.

[76] Zöller/*G. Vollkommer*, § 937 Rn. 4 m.w.N.

(§ 945a I 1 ZPO).[77] Eine in das Schutzschriftenregister eingestellte Schutzschrift gilt als bei allen ordentlichen Gerichten der Länder eingereicht (§ 945a II 1 ZPO).

b) Rechtliche Prüfung

83 Der Antragsteller muss einen Verfügungsanspruch (in dem obigen Beispiel: den Herausgabeanspruch) und einen Verfügungsgrund (die besondere Eilbedürftigkeit) glaubhaft machen. Im Rahmen der Begründetheit müssen Sie prüfen, ob dem Antragsteller ein Verfügungsanspruch zusteht und ob ein Verfügungsgrund besteht, also eine besondere Dringlichkeit. Dabei gelten dieselben Darlegungs- und Beweislastgrundsätze wie im normalen Zivilprozess.[78] Einzige Ausnahme ist, dass die Parteien ihre Behauptungen nicht beweisen, sondern (lediglich) im Sinne von § 294 ZPO glaubhaft machen müssen. An die Stelle des Vollbeweises tritt demnach die Feststellung einer überwiegenden Wahrscheinlichkeit.[79]

c) Entscheidung über das weitere Vorgehen

84 Beachten Sie, dass es sich bei dem Antrag auf Erlass einer einstweiligen Verfügung um ein Eilverfahren handelt. Das bedeutet, dass Sie – anders als bei einer normalen Klage – keinen frühen ersten Termin anberaumen oder ein schriftliches Vorverfahren anordnen dürfen, sondern dass Sie unverzüglich etwas veranlassen müssen. Folgende Möglichkeiten stehen Ihnen zur Verfügung:

85 **aa) Erlass der einstweiligen Verfügung durch Beschluss.** Ist der Antrag schlüssig und reicht Ihnen die in der Antragsschrift angebotene Glaubhaftmachung aus, so erlassen Sie in dringenden Fällen die einstweilige Verfügung ohne mündliche Verhandlung durch Beschluss (§ 937 II ZPO). Beachten Sie aber, dass das BVerfG in einer jüngeren Entscheidung angedeutet hat, dass der Erlass einer einstweiligen Verfügung ohne vorherige mündliche Verhandlung einen Verstoß gegen die Verfahrensgrundrechte der prozessualen Waffengleichheit und des fairen Verfahrens darstellen kann, weshalb auch eine Verfassungsbeschwerde unmittelbar gegen die einstweilige Verfügung zulässig sein soll.[80] Es steht Ihnen – ebenso wie beim Arrest – wegen § 922 I 1 ZPO frei, ob Sie den Beschluss begründen oder nicht. Vorzugswürdig, gerade auch im Hinblick auf das fehlende rechtliche Gehör, ist es sicherlich, wenn Sie es schaffen, den Beschluss kurz zu begründen.

Es wird Ihnen häufig – wie im obigen Beispielsfall – begegnen, dass der Antragsteller mit der einstweiligen Verfügung die Herausgabe einer bestimmten Sache an sich selbst verlangt. Einem solchen Antrag dürfen Sie meistens nicht vollumfänglich stattgeben. Da sich die angeordnete Maßnahme grundsätzlich auf die Anspruchssicherung zu beschränken hat, um nicht in unzulässiger Weise die Hauptsache vorweg zu nehmen, ist hier unter Zurückweisung des Antrags im Übrigen die Herausgabe nicht an den Antragsteller selbst, sondern an einen Sequester anzuordnen.

Im Unterschied zum Arrestverfahren brauchen Sie keine Lösungssumme festzusetzen (vgl. § 939 ZPO). Die Kostenentscheidung folgt grundsätzlich den allgemeinen Regeln der §§ 91 ff. ZPO und beruht im vorstehenden Fall auf § 92 II Nr. 1 ZPO, da

[77] Die Vorschrift des § 945a ZPO wurde durch das Gesetz zur Förderung des elektronischen Rechtsverkehrs mit den Gerichten vom 10.10.2013 beschlossen und ist zum 1.1.2018 in Kraft getreten.

[78] Zur Darlegungs- und Beweislast siehe § 9 Rn. 74 ff.

[79] Zur Glaubhaftmachung siehe oben § 9 Rn. 73.

[80] *BVerfG* NJW 2017, 2985 Rn. 7 ff.

das Herausgabeverlangen an sich selbst statt an den Sequester lediglich als geringfügige Zuvielforderung anzusehen ist.

Beschluss

1. Dem Antragsgegner wird im Wege der einstweiligen Verfügung aufgegeben, zur Sicherung des Anspruchs des Antragstellers auf Herausgabe des Campingmobils mit der FIN ... dieses an einen vom Antragsteller zu beauftragenden Gerichtsvollzieher als Sequester herauszugeben.
2. Im Übrigen wird der Antrag auf Erlass einer einstweiligen Verfügung zurückgewiesen.
3. Der Antragsgegner trägt die Kosten des Verfahrens.

Sehr häufig wird es in den Anträgen auf Erlass einer einstweiligen Verfügung um Unterlassungsansprüche gehen. Diese spielen etwa im Urheber- und Wettbewerbsrecht eine große Rolle. Ein Unterlassungstenor lautet dann bspw. wie folgt: 86

Beschluss

1. Im Wege der einstweiligen Verfügung – der Dringlichkeit wegen ohne vorherige mündliche Verhandlung – wird dem Antragsgegner bei Vermeidung eines vom Gericht für jeden Fall der Zuwiderhandlung festzusetzenden Ordnungsgeldes und für den Fall, dass dieses nicht beigetrieben werden kann, einer Ordnungshaft bis zu sechs Monaten (Ordnungsgeld im Einzelfall höchstens € 250.000; Ordnungshaft insgesamt höchstens zwei Jahre), verboten, die nachfolgend abgebildeten Fotos *(hier ist eine Abbildung einzufügen)* öffentlich zugänglich zu machen bzw. öffentlich zugänglich machen zu lassen und/oder zu vervielfältigen bzw. vervielfältigen zu lassen, wie auf der Internetseite www.... geschehen.
2. Der Antragsgegner trägt die Kosten des Verfahrens.

Die einstweilige Verfügung wird ebenso wie der Arrestbeschluss vom Antragsteller im Parteibetrieb zugestellt. Sie müssen daher insoweit nichts veranlassen. Erfahrene Anwälte werden sich auf der Geschäftsstelle erkundigen, ob die einstweilige Verfügung bereits erlassen wurde, um sie dann durch einen Boten abholen zu lassen.

bb) Verfahren bei Nichterlass der einstweiligen Verfügung.

(1) Ablehnung des Antrags ohne mündliche Verhandlung. Fehlt es aus Ihrer Sicht an Zulässigkeit und/oder Begründetheit des Antrags auf Erlass der einstweiligen Verfügung, müssen sie ihn durch zu begründenden Beschluss ablehnen. 87

Beschluss

1. Der Antrag auf Erlass einer einstweiligen Verfügung vom ... wird zurückgewiesen.
2. Der Antragsteller trägt die Kosten des Verfahrens.

Gründe:

(...)

Hiergegen steht dem Antragsteller der Rechtsbehelf der sofortigen Beschwerde zu.

(2) Anberaumung einer mündlichen Verhandlung. Reichen Ihnen die Darlegungen des Antragstellers zwar für einen Erlass der einstweiligen Verfügung nicht aus, sind Sie aber gleichwohl der Ansicht, an der Sache sei „etwas dran“, oder haben Sie Bedenken, ohne vorherige Anhörung des Gegners zu entscheiden, müssen Sie Termin 88 zur mündlichen Verhandlung anberaumen (§ 937 II ZPO). In diesem Termin haben die Parteien ihre Behauptungen glaubhaft zu machen. Zu der Verhandlung sind beide Parteien von Amts wegen zu laden, dem Antragsgegner muss mit der Ladung die Antragsschrift zugeleitet werden.

> V.
>
> 1. Termin zur mündlichen Verhandlung wird anberaumt auf …, Saal …
> 2. Laden: Antragsteller, Antragsteller-V. (EB), Antragsgegner mit beglaubigter Abschrift der Antragsschrift gegen ZU (am Landgericht mit Hinweis auf den Anwaltszwang)
> 3. WV z.T.

Gemäß § 294 II ZPO ist eine Beweisaufnahme, die nicht sofort erfolgen kann, unstatthaft. Das bedeutet, dass nicht präsente Beweismittel nicht angeboten werden dürfen bzw. für Sie irrelevant sind. Benennt also bspw. eine Partei in der mündlichen Verhandlung lediglich einen Zeugen, ohne ihn mitgebracht zu haben, dürfen Sie nicht vertagen, sondern haben Ihre Entscheidung ohne diesen Zeugen zu treffen. Handelt es sich um eine beweisbedürftige Tatsache, von der der Antrag wegen Beweislast des Antragstellers abhängt, so geht dies zu Lasten des Antragstellers.

Nach der mündlichen Verhandlung entscheiden Sie durch Urteil.

89 (a) **Erlass nach mündlicher Verhandlung.** Gelangen Sie zu der Überzeugung, dass eine überwiegende Wahrscheinlichkeit für die Version des Antragstellers spricht, so erlassen Sie die beantragte einstweilige Verfügung durch Urteil, wobei Sie zuvor den Antragsteller ggf. zur Beschränkung zu weit gefasster Anträge veranlassen sollten:

> **Urteil**
>
> 1. Dem Antragsgegner wird im Wege der einstweiligen Verfügung aufgegeben, zur Sicherung des Anspruchs des Antragstellers auf Herausgabe des Campingmobils mit der FIN … dieses an einen vom Antragsteller zu beauftragenden Gerichtsvollzieher als Sequester herauszugeben.
> 2. Der Antragsgegner trägt die Kosten des Verfahrens.

Eine stattgebende Verfügungsentscheidung muss nicht für vorläufig vollstreckbar erklärt werden, da sich die Vollstreckbarkeit der einstweiligen Verfügung aus der Natur der Sache ergibt.

90 (b) **Nichterlass nach mündlicher Verhandlung.** Gelangen Sie zu der Überzeugung, dass keine überwiegende Wahrscheinlichkeit für die Version des Antragstellers spricht, weisen Sie den Antrag durch Urteil zurück.

> **Urteil**
>
> 1. Der Antrag auf Erlass einer einstweiligen Verfügung vom … wird zurückgewiesen.
> 2. Der Antragsteller trägt die Kosten des Verfahrens.

[81] Sie können im Urteil auch von Verfügungskläger und Verfügungsbeklagtem sprechen. Richten Sie sich hier nach den an Ihrem Gericht herrschenden Gepflogenheiten. Erfahrene Kollegen werden Sie sicher hierüber aufklären.

3. Das Urteil ist vorläufig vollstreckbar. Dem Antragsteller wird nachgelassen, die Vollstreckung des Antragsgegners (wegen der Kosten) durch Sicherheitsleistung in Höhe von 110% des aufgrund des Urteils vollstreckbaren Betrags abzuwenden, wenn nicht der Antragsgegner vor der Vollstreckung Sicherheit in Höhe von 110% des jeweils zu vollstreckenden Betrags leistet.[82]

2. Verfahren nach Eingang eines Widerspruchs

a) Anberaumung der mündlichen Verhandlung

Legt der Antragsgegner gegen den stattgebenden Beschluss Widerspruch gemäß §§ 936, 924 ZPO ein, müssen Sie zügig Termin zur mündlichen Verhandlung anberaumen. Beachten Sie, dass vor dem Landgericht für den Widerspruch Anwaltszwang herrscht.[83] Legt in einem solchen Fall die Partei selbst Widerspruch ein, sollten Sie sie noch einmal auf den Anwaltszwang hinweisen. Nur wenn sich hierauf ein Anwalt legitimiert, müssen Sie terminieren: 91

V.
1. Termin zur mündlichen Verhandlung nach Widerspruch gegen die einstweilige Verfügung vom … wird anberaumt auf …, Saal …
2. Laden: Parteien, Partei-V. (EB)
3. WV z.T.

Wie beim Arrest gilt hier, dass es erforderlich werden kann, dass Sie auch an einem anderen als Ihrem angestammten Sitzungstag eine mündliche Verhandlung durchführen müssen, wenn anders eine zügige Verhandlung nicht organisiert werden kann. Wenn Sie aufgrund Ihres Dezernatszuschnitts häufig mit Verfahren des vorläufigen Rechtsschutzes zu tun haben, empfiehlt es sich daher, in Ihrem Terminkalender Lücken für etwaige Widerspruchsverhandlungen zu lassen.

b) Entscheidung durch Urteil

Bei einer mündlichen Verhandlung nach einem Widerspruch sind zwei Ergebnisse denkbar: Die Bestätigung oder die Aufhebung der bereits erlassenen einstweiligen Verfügung. Wie beim Arrest gilt auch hier, dass sich Ihr Urteil wegen des bereits existierenden stattgebenden Beschlusses unbedingt zum Schicksal dieses Beschlusses äußern muss (§§ 936, 925 II ZPO). 92

Kommen Sie nach der mündlichen Verhandlung zu dem Ergebnis, dass die einstweilige Verfügung zu bestätigen ist, tenorieren Sie wie folgt. Beachten Sie, keinen Ausspruch zur vorläufigen Vollstreckbarkeit zu tätigen, da es bei der kraft Gesetzes gegebenen Vollstreckbarkeit der Vorentscheidung verbleibt.[84]

1. Die einstweilige Verfügung vom … wird bestätigt.
2. Der Antragsgegner trägt die weiteren Kosten des Verfahrens.

[82] Die vorläufige Vollstreckbarkeit folgt aus §§ 708 Nr. 6, 711 ZPO.
[83] Zöller/G. *Vollkommer*, § 924 Rn. 7.
[84] Zöller/*Herget*, § 708 Rn. 8.

Kommen Sie dagegen nach der mündlichen Verhandlung zu dem Ergebnis, dass Sie die einstweilige Verfügung jetzt nicht mehr erlassen würden, tenorieren Sie wie folgt:

1. Die einstweilige Verfügung vom … wird aufgehoben und der Antrag auf Erlass einer einstweiligen Verfügung vom … zurückgewiesen.
2. Der Antragsteller trägt die Kosten des Verfahrens.
3. Das Urteil ist vorläufig vollstreckbar. Dem Antragsteller wird nachgelassen, die Vollstreckung des Antragsgegners (wegen der Kosten) durch Sicherheitsleistung in Höhe von 110% des aufgrund des Urteils vollstreckbaren Betrags abzuwenden, wenn nicht der Antragsgegner vor der Vollstreckung Sicherheit in Höhe von 110% des jeweils zu vollstreckenden Betrags leistet.[85]

93 Die vorstehenden Tenorierungen müssen Sie miteinander kombinieren, wenn Sie nach der mündlichen Verhandlung zu einer teilweisen Korrektur der einstweiligen Verfügung kommen:

1. Die einstweilige Verfügung vom … wird mit der Maßgabe bestätigt, dass …
2. Im Übrigen wird die einstweilige Verfügung vom … aufgehoben und der Antrag auf Erlass einer einstweiligen Verfügung vom … zurückgewiesen.
3. Die Kosten des Verfahrens werden gegeneinander aufgehoben.
4. … (Entscheidung zur vorläufigen Vollstreckbarkeit)

3. Weitere Schritte nach Erlass oder Bestätigung der einstweiligen Verfügung

a) Vollziehung der einstweiligen Verfügung

94 Die stattgebende einstweilige Verfügung ist dem Antragsteller gemäß §§ 936, 929 II, 329 II 2 ZPO von Amts wegen zuzustellen. Dies gilt unabhängig davon, ob sie durch Beschluss oder durch Urteil erlassen wurde. Mit dieser Zustellung wird die Vollziehungsfrist nach §§ 936, 929 II ZPO in Lauf gesetzt. Das bedeutet, dass der Antragsteller die einstweilige Verfügung innerhalb einer Frist von einem Monat im Parteibetrieb (§§ 160, 170 ZPO) dem Antragsgegner zustellen lassen muss. Versäumt der Antragsteller die Vollziehungsfrist, wird die einstweilige Verfügung unwirksam. Auf Antrag des Antragsgegners ist sie gemäß §§ 936, 927 ZPO aufzuheben.

b) Anordnung der Klageerhebung

95 Der Antragsgegner, der sich zu Unrecht einer einstweiligen Verfügung ausgesetzt sieht, kann gemäß §§ 936, 926 ZPO beantragen, dass dem Antragsteller eine Frist zur Erhebung der Hauptsacheklage gesetzt wird. Die entsprechende Anordnung treffen nicht Sie, sondern gemäß § 20 Nr. 14 RPflG der Rechtspfleger. Wird dieser Anordnung nicht Folge geleistet, müssen Sie gemäß §§ 936, 926 II ZPO auf Antrag die Aufhebung der einstweiligen Verfügung durch Endurteil aussprechen.

Urteil

1. Die einstweilige Verfügung vom … wird aufgehoben.
2. Der Antragsteller hat die Kosten des Verfahrens zu tragen.
3. … (Entscheidung zur vorläufigen Vollstreckbarkeit)

[85] Die vorläufige Vollstreckbarkeit folgt aus §§ 708 Nr. 6, 711 ZPO.

c) Aufhebung wegen veränderter Umstände

Der Antragsgegner kann gemäß §§ 936, 927 ZPO wegen veränderter Umstände die Aufhebung der einstweiligen Verfügung bei dem Gericht beantragen, das diese Entscheidung getroffen hat (§ 802 ZPO). Über den Antrag ist nach mündlicher Verhandlung durch Urteil zu entscheiden. 96

Die Gründe, die eine Aufhebung der einstweiligen Verfügung wegen veränderter Umstände zu rechtfertigen vermögen, müssen nach dem Erlass entstanden sein. Dazu gehört bspw. das Versäumen der Vollziehungsfrist, §§ 936, 929 II ZPO, die Erledigung des Verfügungsanspruchs, etwa durch Abgabe einer strafbewehrten Unterlassungsverpflichtungserklärung, oder ein abweisendes Urteil im Hauptsacheverfahren.

Der Tenor des Urteils bei erfolgreichem Aufhebungsantrag lautet:

1. Die einstweilige Verfügung vom … wird aufgehoben und der Antrag auf Erlass einer einstweiligen Verfügung vom … zurückgewiesen.
2. Der Antragsteller hat die Kosten des Verfahrens zu tragen.
3. … (Entscheidung zur vorläufigen Vollstreckbarkeit)

4. Bestrafungsverfahren

Befolgt der Antragsgegner ein in einer einstweiligen Verfügung ausgesprochenes Ge- oder Verbot nicht, kann gegen ihn ein Ordnungs- bzw. Zwangsgeld verhängt werden. Das Ordnungs- bzw. Zwangsgeld ist Teil des sog. Bestrafungsverfahrens. 97

Vor Verhängung eines Ordnungs- oder Zwangsgeldes muss dieses angedroht werden. Meist ist die Androhung schon in der einstweiligen Verfügung selbst enthalten. Sofern die Androhung nicht bereits in den Tenor der Verfügungsentscheidung aufgenommen worden ist, kann beim Prozessgericht des ersten Rechtszugs beantragt werden, eine solche Androhung gemäß § 890 II ZPO zu erlassen.

Innerhalb des antragsgemäß eingeleiteten Bestrafungsverfahrens gilt die Parteimaxime, der Antragsteller muss also einen Verstoß des Antragsgegners gegen die einstweilige Verfügung nachweisen. Zudem setzt die Verhängung eines Ordnungsgeldes ein ebenfalls durch den Antragsteller nachzuweisendes Verschulden auf Seiten des Antragsgegners voraus.

Die Höhe eines Ordnungsgeldes kann sich gemäß des gesetzlich festgelegten Rahmens in einem Bereich von bis zu € 250.000 (§ 890 I ZPO) bewegen. Die genaue Höhe des Ordnungsgeldes liegt in Ihrem Ermessen. Die Bemessung des Ordnungsgeldes hat sich dabei an seinem Zweck und dem Verhältnismäßigkeitsgrundsatz zu orientieren. Zu berücksichtigen sind deshalb bei der Festsetzung von Ordnungsmitteln insbesondere Art, Umfang und Dauer des Verstoßes, der Verschuldensgrad, der Vorteil des Verletzers aus der Verletzungshandlung und die Gefährlichkeit der begangenen und möglicher künftiger Verletzungshandlungen für den Verletzten.[86]

Gemäß § 891 ZPO entscheiden Sie durch Beschluss, selbst wenn Sie über den Antrag mündlich verhandelt haben.

[86] *BGH* NJW 2004, 506 (510).

Beschluss

1. Wegen Verstoßes gegen das Verbot, die nachfolgend abgebildeten Fotos (*hier ist eine Abbildung einzufügen*) öffentlich zugänglich zu machen bzw. öffentlich zugänglich machen zu lassen und/oder zu vervielfältigen bzw. vervielfältigen zu lassen, wie auf der Internetseite www.... geschehen, wird dem Antragsgegner Ordnungsgeld in Höhe von € 5.000, und für den Fall, dass dieses nicht beigetrieben werden kann, eine Ordnungshaft von fünf Tagen auferlegt.
2. Der Antragsgegner hat die Kosten des Bestrafungsverfahrens zu tragen.

7. Kapitel
Berufung und sonstige Rechtsbehelfe

§ 20. Das Berufungsverfahren

Im Folgenden sollen für diejenigen, die als Mitglied einer Berufungskammer am Landgericht in ihr Zivilrichterleben starten, die Grundzüge des Berufungsverfahrens dargestellt werden.[1] 1

Berufungssachen sind Kammersachen. Eine Übertragung auf den Einzelrichter ist unter den Voraussetzungen des § 526 I ZPO zulässig, allerdings erst, nachdem die Kammer die Berufung nicht durch Beschluss nach § 522 I ZPO als unzulässig verworfen oder gemäß § 522 II ZPO als unbegründet zurückgewiesen hat (§ 523 S. 1 ZPO). Unter den Voraussetzungen des § 526 II ZPO kann die Sache anschließend auch wieder auf die Kammer übertragen werden. Kann der Rechtsstreit nicht auf den Einzelrichter übertragen werden, weil bspw. die Revision zugelassen werden soll, ist es möglich, die Sache dem Berichterstatter zur Vorbereitung der Entscheidung zuzuweisen (§ 527 ZPO). Mit Zustimmung beider Parteien darf der vorbereitende Einzelrichter auch in der Sache entscheiden (§ 527 IV ZPO).

I. Vorlage der Akte beim Richter

Das Berufungsverfahren wird dadurch eingeleitet, dass der Berufungskläger eine Berufungsschrift beim Berufungsgericht einreicht (§ 519 I ZPO). Die Geschäftsstelle stellt die Berufung zu (§ 521 I ZPO) und fordert beim Amtsgericht die Verfahrensakte an (§ 541 I ZPO). Ob sie die Akte im weiteren Verlauf dem Vorsitzenden oder direkt Ihnen als Berichterstatter vorlegt, hängt von den Absprachen in Ihrer Kammer ab. Die folgende Darstellung geht von einer Vorlage bei Ihnen aus. Beachten Sie dabei aber, dass Sie bis zu einer Übertragung der Sache auf Sie als Einzelrichter allein keine Entscheidungen treffen dürfen. 2

1. Eingang der Berufungsbegründung

Die Geschäftsstelle legt die Akte vor, sobald die Berufungsbegründung eingegangen ist. Nach § 521 I ZPO muss die Berufungsbegründung dem Gegner zugestellt werden. Sinnvoll ist dies aber erst, wenn Sie wissen, wie das Verfahren ablaufen soll. 3

2. Fristverlängerungsantrag

Geht statt der Berufungsbegründung ein Fristverlängerungsantrag des Berufungsklägers ein, müssen Sie prüfen, ob diesem Antrag stattzugeben ist. Beachten Sie, dass die Entscheidung über die Fristverlängerung vom Kammervorsitzenden zu treffen ist; Sie können sie lediglich vorbereiten (§ 520 II 2, 3 ZPO). Ohne Einwilligung des Berufungsbeklagten ist eine Fristverlängerung nur um bis zu einen Monat und unter den 4

[1] Ausführlich *Kramer*, Die Berufung in Zivilsachen.

weiteren Voraussetzungen des § 520 II 3 ZPO statthaft. Die Verlängerung muss unbedingt erfolgen; wird die Frist dennoch unter einer Bedingung verlängert, bspw. dem Nachweis der Einwilligung, ist nur die Bedingung unwirksam, während die Fristverlängerung bestehen bleibt.[2]

3. Ablauf der Berufungsbegründungsfrist

5 Geht weder die Berufungsbegründung noch ein Fristverlängerungsantrag ein, wird Ihnen die Akte spätestens nach Ablauf der Berufungsbegründungsfrist vorgelegt.

II. „Vorprüfung"

6 Wie beim Eingang einer Klageschrift müssen Sie zunächst prüfen, ob Sie gerichts- und kammerintern für die Berufung zuständig sind. Auch in der Berufungsinstanz kommt eine Abgabe an die Kammer für Handelssachen in Betracht (§ 100 GVG), die jedoch bereits in der Berufungsschrift beantragt werden muss.[3]

III. Zulässigkeitsprüfung

7 Gemäß § 522 I ZPO ist von Amts wegen zu prüfen, ob die Berufung zulässig ist.

1. Statthaftigkeit

8 Die Berufung ist nach § 511 I, II ZPO statthaft, wenn sie sich gegen ein Endurteil im ersten Rechtszug richtet und der Wert des Beschwerdegegenstands € 600 übersteigt. Wird dieser Wert nicht erreicht, ist die Berufung nur statthaft, wenn das Amtsgericht sie im Urteil zugelassen hat. Durch die nachträgliche Beschränkung auf eine Beschwer unter € 600 wird die Berufung unzulässig, wenn die Beschränkung willkürlich, d.h. aus eigener Entschließung des Berufungsklägers und nicht als Reaktion auf Verhalten des Gegners oder einen Hinweis des Gerichts erfolgt.[4]

a) Berufungsgegenstand

9 Grundsätzlich sind alle Endurteile mit der Berufung angreifbar. Hierunter fallen auch Vorbehaltsurteile (§ 302 III ZPO), Grundurteile (§ 304 II ZPO) und Zwischenurteile nach § 280 II 1 ZPO. Versäumnisurteile sind mit der Berufung nur angreifbar, wenn es sich um sog. Zweite Versäumnisurteile handelt (§ 514 II 1 ZPO). Die Berufung kann jedoch (zunächst) nur darauf gestützt werden, dass die Säumnis im Einspruchstermin unverschuldet war (§ 514 II 1 ZPO).

Die Kostenentscheidung ist grundsätzlich nicht isoliert anfechtbar (§ 99 I ZPO). Das gilt grundsätzlich auch für ein Schlussurteil über die Kosten des Rechtsstreits.[5] Dient die Erstreckung der Berufung auf die Hauptsache ersichtlich nur dem Zweck, die Kostenentscheidung anzugreifen, ist die Berufung ebenfalls unzulässig.

Die Berufung darf nicht bedingt eingelegt werden, also insbesondere nicht von einer PKH-Bewilligung abhängig gemacht werden.[6]

---

[2] *BGH* NJW-RR 2017, 1145 Rn. 8.

[3] *OLG Brandenburg* (1 AR 40/04) BeckRS 2004, 10104.

[4] *BGH* (VIII ZR 98/16) BeckRS 2017, 102358 Rn. 8.

[5] Zu den Ausnahmen vgl. Zöller/*Herget*, § 99 Rn. 9 ff.

[6] *BGH* (IX ZB 72/17) BeckRS 2018, 9386 Rn. 4.

b) Wert des Beschwerdegegenstands

Die Berufung ist unzulässig, wenn sie nicht darauf gerichtet ist, die Beschwer der angefochtenen Entscheidung für den Berufungskläger zu beseitigen. Die Beschwer muss noch zum Zeitpunkt der Entscheidung über die Berufung vorliegen; maßgeblich für ihre Ermittlung ist dagegen der Zeitpunkt der Berufungseinlegung.[7] Für den Kläger gilt die sog. formelle Beschwer, die nur dann vorliegt, wenn die angefochtene Entscheidung von dem erstinstanzlich gestellten Antrag nachteilig abweicht, dem Begehren des Klägers also nicht voll entsprochen worden ist; demgegenüber bedarf es für die Zulässigkeit der Berufung eines Beklagten der sog. materiellen Beschwer, für die es nicht darauf ankommt, in welcher Weise er zu dem Klagevorbringen Stellung genommen hat; es reicht aus, ist aber auch notwendig, dass ihm die angefochtene Entscheidung ihrem Inhalt nach nachteilig ist.[8] 10

Hat der Berufungskläger seine Beschwer entgegen § 511 III ZPO nicht glaubhaft gemacht, darf die Berufung trotzdem nicht verworfen werden. Vielmehr müssen Sie diesen Wert auf Grund eigener Lebenserfahrung und Sachkenntnis unter Auswertung des Akteninhalts nach freiem Ermessen schätzen.[9]

c) Zulassung der Berufung

Das Amtsgericht muss die Berufung im angefochtenen Urteil ausdrücklich zugelassen haben.[10] An diese Zulassung sind Sie gebunden (§ 511 IV 2 ZPO). 11

2. Zuständigkeit

Ihr Gericht muss örtlich und sachlich für die Berufung zuständig sein. 12

3. Form und Inhalt

Berufung und Berufungsbegründung müssen von einem Rechtsanwalt eigenhändig unterschrieben sein. Ein Mangel der Vollmacht kann nach § 89 II ZPO genehmigt werden, soweit noch kein verwerfendes Urteil vorliegt.[11] 13

Nach § 519 II ZPO muss die Berufungsschrift die Erklärung enthalten, dass gegen das konkret bezeichnete Urteil Berufung eingelegt werde, und zugleich allein oder in der Zusammenschau mit weiteren, bis zum Ablauf der Berufungsfrist vorliegenden Unterlagen eindeutig erkennen lassen, wer Berufungskläger und wer Berufungsbeklagter sein soll.[12]

Für die Berufungsbegründung gilt § 520 III, IV ZPO. Danach muss der Berufungskläger einen Berufungsantrag stellen, der erkennen lässt, inwieweit das Urteil angegriffen und welche Abänderung des Urteils verlangt wird. Seine schriftsätzlichen Ausführungen müssen die Umstände bezeichnen, aus denen sich die Berufungsgründe ergeben.[13] Dabei muss die Begründung auf den konkreten Streitfall zugeschnitten sein; rein formale Begründungen ohne konkreten Bezug zu den Gründen des angefochtenen Urteils genügen nicht.[14] Die Berufungsbegründung muss vielmehr in einer auf die Fest-

---

[7] *BGH* (VIII ZR 98/16) BeckRS 2017, 102358 Rn. 8.
[8] Vgl. die instruktive Entscheidung *BGH* NJW-RR 2015, 1203 Rn. 8 ff.
[9] *BGH* (V ZB 254/17) BeckRS 2018, 15658 Rn. 6.
[10] Ausführlich § 11 Rn. 65.
[11] *BGH* (V ZB 35/17) BeckRS 2017, 140257 Rn. 8.
[12] *BGH* (X ZB 9/15) BeckRS 2017 Rn. 14.
[13] Instruktiv *BGH* NJW 2015, 1458 Rn. 8.
[14] *BGH* NJW 2013, 174 Rn. 10.

stellungen des angefochtenen Urteils zugeschnittenen Darlegung zum einen erkennen lassen, in welchen Punkten tatsächlicher oder rechtlicher Art das Urteil nach Ansicht des Berufungsklägers unrichtig ist, und zum anderen im Einzelnen angeben, aus welchen Gründen er die tatsächliche oder rechtliche Würdigung des vorinstanzlichen Urteils in den angegebenen Punkten für unrichtig hält.[15] Dagegen führt das Festhalten an einer im Urteil erster Instanz zurückgewiesenen Rechtsansicht auch dann nicht zur Unzulässigkeit der Berufung, wenn in der Berufungsbegründung lediglich bereits in erster Instanz vorgetragene rechtliche Argumente wiederholt werden.[16] Im Übrigen kommt es auch nicht darauf an, ob die Ausführungen schlüssig oder rechtlich haltbar sind.[17] An die inhaltliche Begründung der Berufung dürfen auch sonst keine überzogenen Anforderungen gestellt werden.[18] Hat das Ausgangsgericht seine Entscheidung auf mehrere rechtliche Gründe gestützt, von denen jeder für sich die Entscheidung trägt, muss die Begründung sich mit jedem dieser Gründe auseinandersetzen.[19] Bei mehreren Streitgegenständen muss grundsätzlich für jeden einzelnen eine Begründung abgegeben werden.[20] Liegt dem Rechtsstreit ein einheitlicher Streitgegenstand zugrunde, muss der Berufungskläger nicht zu allen für ihn nachteilig beurteilten Streitpunkten in der Berufungsbegründung Stellung nehmen, wenn schon der allein vorgebrachte – unterstellt erfolgreiche – Berufungsangriff gegen einen Punkt geeignet ist, der Begründung des angefochtenen Urteils insgesamt die Tragfähigkeit zu nehmen.[21]

Nutzt der Kläger eine Berufung ausschließlich dafür, im Wege der Klageänderung einen völlig neuen Streitgegenstand in den Prozess einzuführen, ist die Berufung unzulässig, wenn er seinen erstinstanzlichen Antrag nicht wenigstens hilfsweise aufrechterhält.[22]

4. Frist

14 Die Berufung ist unzulässig, wenn Berufungs- oder Berufungsbegründungsschrift nicht innerhalb der gesetzlichen bzw. verlängerten Frist beim zuständigen Gericht eingegangen sind.

a) Berufungsfrist

15 Die Berufung muss binnen eines Monats nach Zustellung des Urteils (§ 517 ZPO) beim Berufungsgericht eingelegt werden (§ 519 I ZPO). Für den Fristbeginn genügt nach § 317 ZPO die Zustellung einer beglaubigten Abschrift; eine Ausfertigung ist nicht (mehr) erforderlich.[23] Der Zustellungsnachweis durch Empfangsbekenntnis kann auch durch eine entsprechende Mitteilung in der Berufungsschrift als geführt angesehen werden.[24] Auch bei Urteils- oder Tatbestandsberichtigung nach §§ 319, 320 ZPO ist grundsätzlich die ursprüngliche Zustellung maßgeblich.[25] Ist das Urteil

---

[15] Vgl. *BGH* NJW-RR 2004, 1716 Rn. 5.
[16] *BGH* NJW 2018, 2894 Rn. 10.
[17] *BGH* NJW 2015, 1458 Rn. 8.
[18] *BGH* NJW-RR 2014, 760 Rn. 7 ff.
[19] *BGH* NJW 2013, 174 Rn. 11.
[20] *BGH* NJW-RR 2014, 492 Rn. 56.
[21] *BGH* NJW 2015, 3040 Rn. 12.
[22] *BGH* NJW-RR 2012, 516 Rn. 17; vgl. hierzu auch *BGH* (I ZR 4/14) BeckRS 2015, 16149 Rn. 27 ff.
[23] *BGH* NJW 2016, 1160 Rn. 16.
[24] *BGH* NJW-RR 2018, 60 Rn. 12.
[25] Vgl. zu Ausnahmen *BGH* NJW-RR 2017, 55 Rn. 6.

zwar verkündet, aber nicht zugestellt worden, beginnt die Frist nach Ablauf von fünf Monaten seit der Verkündung (§ 517 ZPO). Da sie Notfrist ist, kann sie nicht verlängert werden. Der Berufungskläger kann jedoch Wiedereinsetzung in den vorigen Stand beantragen, wenn er die Frist schuldlos versäumt hat (§ 233 S. 1 ZPO). Auf eine fehlerhafte Rechtsbehelfsbelehrung (§ 233 S. 2 ZPO) darf sich ein Rechtsanwalt dabei grundsätzlich nicht berufen.

Die Berufung muss beim Landgericht als Berufungsgericht eingelegt worden sein (§ 519 I ZPO). Die Einlegung der Berufung bei einem falschen Gericht, z.B. dem Ausgangsgericht, wirkt nicht fristwahrend. Hier kommt es darauf an, ob die Berufung innerhalb der Frist an das zuständige Gericht weitergeleitet wurde und dort eingegangen ist. Gegebenenfalls kommt Wiedereinsetzung in den vorigen Stand in Betracht.[26]

Für den Nebenintervenienten der erstinstanzlich unterlegenen Partei, der grundsätzlich für diese Berufung einlegen darf, soweit er sich damit nicht in Widerspruch zur Hauptpartei setzt,[27] beginnt die Frist bereits mit der Zustellung an die Partei.[28] Etwas anderes gilt nur für den Fall einer streitgenössischen Nebenintervention.

b) Berufungsbegründungsfrist

Die Berufungsbegründungsfrist beträgt zwei Monate und beginnt mit der Berufungsfrist (§ 520 II 1 ZPO). Wird die Frist verlängert, beginnt die verlängerte Frist mit dem Ablauf der ursprünglichen Begründungsfrist; das wirkt sich aus, wenn das eigentliche Fristende auf einen Sonnabend, Sonntag oder Feiertag fällt.[29] Obwohl die Begründungsfrist keine Notfrist ist, kann bei Fristversäumung Wiedereinsetzung beantragt werden (§ 233 S. 1 ZPO).[30] Ein häufiger Anwendungsfall ist die Wiedereinsetzung nach Bewilligung von Prozesskostenhilfe.[31] 16

5. Entscheidung bei Unzulässigkeit

Gemäß § 522 I 3 ZPO kann die unzulässige Berufung durch Beschluss verworfen werden, so dass es keiner mündlichen Verhandlung bedarf (§ 128 IV ZPO). Das gilt auch, wenn die Berufung ausschließlich auf neues Vorbringen gestützt wird und die Berufungsbegründung keine Angaben zu den Tatsachen enthält, die eine Zulassung nach § 531 II ZPO rechtfertigen; es ist nicht geboten, eine mündliche Verhandlung anzuberaumen, um festzustellen, ob der Vortrag unstreitig bleibt.[32] Nach einer Einzelrichterübertragung kann die Berufung zwar auch von dem Einzelrichter verworfen werden, aber nur durch Urteil.[33] 17

a) Hinweis

Will die Kammer nicht über die Zulässigkeit der Berufung mündlich verhandeln, muss sie dem Berufungskläger rechtliches Gehör gewähren.[34] Bei dieser Gelegenheit kann dem Gegner die Berufungsbegründung zugestellt werden. Die Verfügung muss vom Kammervorsitzenden unterschrieben werden. 18

[26] Vgl. bspw. *OLG Hamburg* (11 U 245/14) BeckRS 2015, 07137.
[27] Vgl. *BGH* (II ZR 177/14) BeckRS 2015, 14207 Rn. 7.
[28] *BGH* NJW-RR 2012, 1042 Rn. 3.
[29] *BGH* NJW-RR 2010, 211 Rn. 6.
[30] Vgl. hierzu den jährlichen Überblick über die Rechtsprechung des BGH in der NJW; zuletzt *Rohwetter* NJW 2018, 2019.
[31] Hierzu ausführlich unter Rn. 67.
[32] *BGH* NJW-RR 2015, 465 Rn. 10; vgl. hierzu auch Rn. 30.
[33] *BGH* NJW-RR 2012, 702 Rn. 10; hierzu Rn. 58.
[34] *BGH* NJW-RR 2010, 1075 Rn. 7.

V.

1. An BerKlV mit EB:
   Die Kammer beabsichtigt, die Berufung gemäß § 522 I ZPO durch Beschluss als unzulässig zu verwerfen, denn
   - die Berufungsschrift ist nicht innerhalb der Frist des § 517 ZPO eingegangen. Das angefochtene Urteil wurde dem Berufungskläger am … zugestellt, die Berufungsfrist endete somit am … Die Berufungsschrift ging jedoch erst am … beim Gericht ein.
   - die Berufungsbegründung ist nicht / nicht innerhalb der Frist des § 520 II 1 ZPO eingegangen. …
   - die Berufung kann nur innerhalb einer Frist von einem Monat seit Zustellung des Urteils durch einen Rechtsanwalt eingelegt werden.
   - der Wert des Beschwerdegegenstands übersteigt nicht € 600, sondern beträgt lediglich € …, denn …

   Die Kammer regt an, die Berufung zurückzunehmen; dabei ermäßigen sich die Gebühren nach Nr. 1220, 1222 der Anlage 1 des Gerichtskostengesetzes von vier auf zwei Gebühren.
   Es besteht Gelegenheit zur Stellungnahme binnen 3 Wochen.
2. Begl. Abschr. Berufgsbegrdg. + Mitt. v. 1) an Berufgsbekl./BerufgsbeklV mit ZU/EB
3. WV BE 4 Wochen

b) Entscheidung

19 **aa) Beschluss.** Kann der Berufungskläger weder die Zulässigkeitsbedenken entkräften noch einen begründeten Wiedereinsetzungsantrag stellen, ergeht der Beschluss nach § 522 I ZPO. Die Berufung wird als unzulässig verworfen. Dabei ist zu beachten, dass der Berufungskläger die Fristen ausschöpfen darf, so dass eine Verwerfung vor Ablauf der Fristen trotz Eingangs eines Wiedereinsetzungsantrags den Anspruch auf rechtliches Gehör verletzt, was zur Aufhebung und Zurückverweisung der Sache führen kann.[35] Die Kostenentscheidung folgt aus § 97 I ZPO. Da gegen den Beschluss die Rechtsbeschwerde statthaft ist (§ 522 I 4 ZPO), muss er den Sachverhalt wiedergeben sowie den Streitgegenstand und die Anträge in beiden Instanzen erkennen lassen; andernfalls wird er bereits deshalb aufgehoben.[36] Einer Rechtsbehelfsbelehrung bedarf es nur dann, wenn die Berufung nicht durch einen Rechtsanwalt eingelegt wurde.[37] Der Beschluss muss auch dem Berufungskläger zugestellt werden (§ 575 I 1 ZPO).

Beschluss

1. Die Berufung vom … gegen das Urteil des Amtsgerichts … vom … (Az. …) wird als unzulässig verworfen.
2. Der Kläger trägt die Kosten des Berufungsverfahrens.
3. Der Wert des Berufungsverfahrens wird auf € … festgesetzt.

Gründe:

I.

Die Parteien streiten …

[35] Vgl. *BGH* NJW-RR 2018, 1149 Rn. 7 ff.; vgl. NJW-RR 2018, 958 Rn. 11.

[36] *BGH* NJW-RR 2014, 1531 Rn. 7. Dieser Grundsatz gilt entsprechend, wenn die Berufung durch Urteil als unzulässig verworfen wird; *BGH* NJW 2014, 3583 Rn. 7. Ausführlich zur Darstellung der Gründe Rn. 63 ff.

[37] *BGH* NJW 2016, 1827 Rn. 7.

> II.
> Die Berufung ist als unzulässig zu verwerfen, denn …
>
> V.
>
> 1. Beschluss zustellen
> 2. Schlussbehandlung

bb) Fortgang des Verfahrens. Hält die Kammer nach der Stellungnahme des Klägers die Berufung für zulässig, wird das Berufungsverfahren fortgeführt. 20

IV. Prüfung der Erfolgsaussichten der Berufung

Die Prüfung der Erfolgsaussichten der Berufung steht im Mittelpunkt des Berufungsverfahrens. Ein Schwerpunkt vieler Verfahren ist dabei die Frage, auf welcher Tatsachengrundlage zu entscheiden ist. Deshalb soll an dieser Stelle ein kurzer Überblick gegeben werden. 21

1. Gegenstand des Berufungsverfahrens

a) Streitgegenstand und Anträge, § 528 ZPO

Auch im Berufungsverfahren sind Sie an die Anträge des Berufungsklägers gebunden (§ 528 ZPO). Die Berufung kann auf einen tatsächlich und rechtlich selbstständigen und abtrennbaren Teil des Gesamtstreitstoffs beschränkt werden.[38] Dies gilt nicht nur für verschiedene selbstständige Klageansprüche oder quantitativ abgrenzbare Teile von Ansprüchen, sondern auch für Verteidigungsmittel, sofern es sich hierbei um einen tatsächlich und rechtlich selbstständigen und abtrennbaren Teil des Gesamtstreitstoffs handelt, der unabhängig von dem übrigen Prozessstoff beurteilt werden kann.[39] Eine unzulässige Beschränkung ist unwirksam, die Berufung erfasst dann das gesamte erstinstanzliche Urteil; ggf. muss der Berufungskläger einen unbeschränkten Berufungsantrag stellen.[40] 22

Die Kostenentscheidung des angefochtenen Urteils müssen Sie von Amts wegen überprüfen, insoweit gilt auch nicht das Verschlechterungsverbot.[41]

Nicht gebunden sind Sie an das Vorbringen des Berufungsklägers zu den Berufungsgründen (§ 529 II 2 ZPO). Sie können ein Urteil also auch wegen eines Rechtsfehlers abändern, den der Berufungskläger nicht gerügt hat. Für Verfahrensfehler gilt jedoch die Einschränkung des § 529 II 1 ZPO.

b) Neue Ansprüche

Gemäß § 533 ZPO sind Klageänderung, Widerklage und Aufrechnung in der Berufungsinstanz zulässig, wenn der Gegner einwilligt oder Sie dies für sachdienlich halten und die Ansprüche auf solche Tatsachen gestützt werden können, die Sie Ihrer Entscheidung ohnehin zugrunde zu legen haben. Eine stillschweigende Einwilligung in die Klageänderung liegt vor, wenn sich der Beklagte in der Berufungsverhandlung rügelos auf die geänderte Klage eingelassen hat.[42] 23

---

[38] *BGH* NJW-RR 2001, 1572.
[39] *BGH* (II ZR 120/10) BeckRS 2013, 02103 Rn. 7.
[40] Vgl. *BGH* (II ZR 120/10) BeckRS 2013, 02103 Rn. 7.
[41] Zöller/*Heßler*, § 524 Rn. 35 m.w.N.
[42] *BGH* (VIII ZR 288/14) BeckRS 2016, 00482 Rn. 12.

2. Berufungsgrund: Rechtsverletzung, § 513 I Alt. 1 ZPO

24 Die Berufung hat Erfolg, wenn die amtsgerichtliche Entscheidung auf einer Rechtsverletzung beruht, das Amtsgericht also eine Rechtsnorm nicht oder nicht richtig angewendet hat (§ 546 ZPO). Das Urteil beruht auf der Verletzung einer materiellrechtlichen Norm, wenn die Entscheidung bei richtiger Anwendung der Norm für den Berufungskläger günstiger ausgefallen wäre; bei Verletzung einer prozessualen Norm, wenn die Möglichkeit besteht, dass das Amtsgericht andernfalls zu einem anderen Ergebnis gelangt wäre.[43] Rügt der Berufungskläger eine Verletzung seines Anspruchs auf rechtliches Gehör, muss er grundsätzlich darlegen, was er bei Gewährung des rechtlichen Gehörs vorgetragen hätte und dass nicht auszuschließen ist, dass dieser Vortrag zu einer anderen Entscheidung geführt hätte.[44] Etwas anderes gilt nur, wenn die Entscheidungserheblichkeit der Verletzung bereits unmittelbar und zweifelsfrei aus dem bisherigen Prozessstoff ersichtlich ist.[45]

3. Berufungsgrund: Fehler in der Tatsachenfeststellung, § 513 I Alt. 2 ZPO

25 Auch ohne Verletzung materieller oder prozessualer Normen durch das Amtsgericht kann die Berufung Erfolg haben, wenn die Tatsachenfeststellung aus anderen Gründen fehlerhaft war oder neue Tatsachen zuzulassen sind, die zu einer anderen rechtlichen Beurteilung führen. Grundlage der Prüfung ist der gesamte Tatsachenstoff des erstinstanzlichen Verfahrens (§§ 513 I, 529 I Nr. 1 ZPO). Sie müssen also zunächst sämtliche Tatsachen berücksichtigen, auf denen die Entscheidung beruht, unabhängig davon, ob sie ausdrücklich in Tatbestand oder Entscheidungsgründe aufgenommen sind (§ 314 ZPO) oder Gegenstand einer Beweisaufnahme waren. Haben Sie aufgrund konkreter Anhaltspunkte Zweifel an der Richtigkeit oder Vollständigkeit der entscheidungserheblichen Feststellungen, müssen Sie die Tatsachenfeststellung gegebenenfalls wiederholen bzw. erstmalig selbst vornehmen (§§ 529 I Nr. 1 Hs. 2, 538 I ZPO).

a) Bindung an den festgestellten Parteivortrag

26 Die behauptete Unrichtigkeit der Wiedergabe des Parteivortrags im Urteil kann solche Zweifel nicht begründen, da dieser Mangel allein mit einem Tatbestandsberichtigungsantrag an das Amtsgericht (§ 320 I ZPO) geltend gemacht werden kann.[46] Dies gilt allerdings nur für die falsche Wiedergabe des erstinstanzlichen Vortrags, nicht für Tatsachenvortrag, den das Amtsgericht überhaupt nicht in den Tatbestand (oder die Entscheidungsgründe) aufgenommen hat.[47] Ist die Wiedergabe widersprüchlich, weil bspw. der Vortrag sowohl im unstreitigen Tatbestand als auch im streitigen Parteivortrag enthalten ist, besteht die Bindungswirkung nicht.[48] Hat das Amtsgericht einen Tatbestandsberichtigungsantrag zurückgewiesen, sind Sie auch

---

[43] Musielak/Voit/*Ball*, § 513 Rn. 5.

[44] Vgl. *BGH* NJW 2016, 2890 Rn. 11, 18 zu § 285 I ZPO; NJW-RR 2015, 757 Rn. 8 zu § 139 ZPO.

[45] *BGH* NJW 2016, 2890 Rn. 11.

[46] *BGH* NJW 2012, 622 Rn. 18. Ausführlich zum Tatbestandsberichtigungsantrag § 11 Rn. 154; vgl. auch *Einsiedler*, Die Berichtigung des Tatbestands nach § 320 ZPO, MDR 2011, 1454. Vgl. allg. auch *Stackmann*, Der Angriff auf defizitäre Feststellungen im zivilprozessualen Ersturteil, NJW 2013, 2929 ff.

[47] *BGH* (II ZR 35/10) BeckRS 2012, 17736 Rn. 29; hierzu auch *Dräger*, Grundsätzlich keine negative Beweiskraft des Tatbestands, MDR 2015, 131.

[48] Vgl. *BGH* NJW 2011, 1513 Rn. 11.

hieran grundsätzlich gebunden, es sei denn, die Begründung der Zurückweisung widerspricht dem schriftsätzlichen Tatsachenvortrag der Partei im erstinstanzlichen Verfahren.[49]

Bestreitet eine Partei die im Tatbestand fälschlich als unstreitig wiedergegebene Behauptung der Gegenseite im Berufungsverfahren erneut, ist dieses Bestreiten als neues Verteidigungsvorbringen nur unter den Voraussetzungen des § 531 II 1 ZPO zuzulassen.[50] Das OLG Karlsruhe hält es dabei für naheliegend, dass es nachlässig sei, keinen Tatbestandsberichtigungsantrag zu stellen (Nr. 3).[51]

b) Berücksichtigung zu Unrecht zurückgewiesener Angriffs- und Verteidigungsmittel

Nach § 531 I ZPO dürfen Angriffs- und Verteidigungsmittel, die das Amtsgericht 27
zu Recht zurückgewiesen hat, auch im Berufungsverfahren nicht berücksichtigt werden. Dies gilt jedoch nicht, soweit der zurückgewiesene Vortrag nunmehr unstreitig geworden ist.[52] Die Zurückweisung des Vortrags wegen Präklusion muss sich unzweifelhaft aus den Entscheidungsgründen ergeben.[53] Prüfen Sie, ob die Voraussetzungen der angewendeten Präklusionsvorschriften zum Zeitpunkt der letzten mündlichen Verhandlung vorlagen. Beachten Sie, dass die Partei, deren Vortrag unberücksichtigt geblieben ist, auch in der Berufungsinstanz noch Entschuldigungsgründe für die Verspätung vorbringen darf, soweit sie dies erstinstanzlich ohne Verschulden unterlassen hat.[54] Nicht zulässig ist es, die Zurückweisung selbst vorzunehmen.[55] Nicht von § 531 I ZPO erfasst sind Angriffs- und Verteidigungsmittel, die nach Schluss der mündlichen Verhandlung in einem nicht nachgelassenen Schriftsatz vorgebracht werden, denn diese sind gemäß § 296a S. 1 ZPO ohne Zurückweisung unbeachtlich.[56] Sie können nur unter den Voraussetzungen des § 531 II ZPO als neuer Vortrag in der Berufungsinstanz berücksichtigt werden. Etwas anderes kann dann gelten, wenn das Landgericht diesen Vortrag trotzdem berücksichtigt hat.[57]

c) Berücksichtigung neuer Angriffs- und Verteidigungsmittel

aa) Neue Angriffs- und Verteidigungsmittel. Angriffs- und Verteidigungsmittel sind 28
alle zur Begründung des Klageantrags oder zur Verteidigung gegen diesen vorgebrachten tatsächlichen und rechtlichen Behauptungen, Einwendungen, Einreden und Beweisanträge sowie das Bestreiten des gegnerischen Vortrags (§ 282 I ZPO). Neu sind alle Angriffs- und Verteidigungsmittel, die bis zum Schluss der mündlichen Verhandlung in der ersten Instanz nicht vorgebracht worden sind; dazu gehören auch solche, die die Partei zwar zunächst vorgebracht, dann aber fallen gelassen hat (vgl. § 399 ZPO), wobei die bloße Nichtzahlung des Auslagenvorschusses für Sachverständige oder Zeugen grundsätzlich keinen solchen Verzicht darstellt.[58] Neu ist danach grundsätzlich auch Vortrag in einem nicht nachgelassenen Schriftsatz. Wie oben gezeigt, sind für die Frage, ob Tatsachen bis zum Schluss der mündlichen Verhandlung vorgetragen wurden, nicht allein Tatbestand und Entscheidungsgründe des an-

---

[49] *BGH* NJW 2011, 1513 Rn. 12.
[50] *BGH* NJW-RR 2012, 622 Rn. 18.
[51] *OLG Karlsruhe* NJW 2003, 778 (779).
[52] *BGH* NJW 1980, 945 (947).
[53] Musielak/Voit/*Ball*, § 531 Rn. 4.
[54] *BVerfG* NJW 1987, 2003.
[55] *BGH* NJW 2017, 2288 Rn. 15.
[56] Zöller/*Heßler*, § 531 Rn. 7.
[57] Vgl. *OLG Hamm* (9 U 45/04) BeckRS 2004, 11592 Rn. 8.
[58] *BGH* NJW 2017, 2288 Rn. 19, 21.

gefochtenen Urteils maßgeblich, sondern auch die Schriftsätze und das Protokoll der mündlichen Verhandlung. Nicht neu sind Angriffs- und Verteidigungsmittel, die in einem nachgelassenen Schriftsatz vorgebracht wurden, der verfahrensfehlerhaft nach § 296a S. 1 ZPO unberücksichtigt geblieben ist; dies gilt auch für neuen Vortrag, wenn er in Reaktion auf das verspätete Vorbringen des Gegners erfolgte, soweit es vom Schriftsatznachlass gedeckt war.[59] Dasselbe gilt, wenn schlüssiges erstinstanzliches Vorbringen durch weitere Tatsachenbehauptungen lediglich konkretisiert, verdeutlicht oder erläutert wird.[60]

bb) Berücksichtigung des neuen Vortrags.

29 **(1) Erheblichkeit.** Selbstverständlich müssen Sie sich mit der Frage der Zulassung neuer Angriffs- und Verteidigungsmittel nur dann auseinandersetzen, wenn dies Einfluss auf den Ausgang des Rechtsstreits hat, die angefochtene Entscheidung also unter keinem rechtlichen Gesichtspunkt Bestand haben kann bzw. eine erneute Tatsachenfeststellung erforderlich ist.

30 **(2) Kein Bestreiten durch den Gegner.** Neuer Tatsachenvortrag ist immer zu berücksichtigen, wenn er vom Gegner nicht bestritten wird; das gilt auch dann, wenn der unstreitige Vortrag im Hinblick auf Folgefragen eine Beweisaufnahme erfordert.[61] Deshalb kann eine Zurückweisung der Berufung durch einstimmigen Beschluss nach § 522 II ZPO ohne vorherige Stellungnahme des Gegners nur erfolgen, wenn die Berufungsbegründung keine oder lediglich unerhebliche neue Angriffs- oder Verteidigungsmittel enthält.

Andernfalls muss dem Gegner die Berufungsbegründung mit einer Stellungnahmefrist zugestellt werden (§§ 521 I ZPO). Diese Fristsetzung ist nur wirksam, wenn sie durch den Vorsitzenden oder die Kammer erfolgt (§ 521 II ZPO). Verspäteter Vortrag kann nur nach §§ 530, 296 ZPO zurückgewiesen werden, wenn der Prozessbevollmächtigte über diese Folgen einer Fristversäumung belehrt worden ist (§§ 521 II 2, 277 II ZPO).

31 **(3) Zulassung außerhalb von § 531 II ZPO.** Ist das neue Angriffs- oder Verteidigungsmittel erst nach Schluss der mündlichen Verhandlung vor dem Amtsgericht entstanden, ist es im Berufungsverfahren stets zuzulassen, ohne dass es auf das Vorliegen der Voraussetzungen des § 531 II ZPO ankommt.[62]

Dasselbe gilt für Vortrag, mit dem der Berufungskläger ein Gestaltungsrecht begründet, das er erst nach Schluss der mündlichen Verhandlung erster Instanz ausgeübt hat.[63]

(4) Zulassung nach § 531 II ZPO

32 **(a) Zulassung nach § 531 II 1 Nr. 1 ZPO.** § 531 II 1 Nr. 1 ZPO erfasst den Fall, dass Sie die Rechtslage anders beurteilen als das Amtsgericht und es insoweit an ausreichendem Parteivortrag fehlt, da die Parteien bislang keinen Anlass hatten, ergänzend vorzutragen. Dabei muss die Rechtsansicht des Amtsgerichts zumindest mitursächlich für die Verlagerung des Vortrags in das Berufungsverfahren geworden sein, bspw. durch frühzeitige Hinweise.[64] Es genügt also nicht, dass das Amtsgericht im Urteil eine andere Rechtsauffassung vertreten hat. Wäre aber das Amtsgericht bei Anwen-

[59] *BGH* NJW 2018, 1686 Rn. 15 ff.
[60] *BGH* (VII ZR 40/15) BeckRS 2016, 08184 Rn. 9.
[61] *BGH* (XI ZR 200/15) BeckRS 2016, 04977 Rn. 11.
[62] *BGH* NJW-RR 2010, 1478.
[63] *BGH* (VIII ZR 212/17) BeckRS 2018, 27450 Rn. 24 ff.
[64] *BGH* NJW 2015, 3455 Rn. 25.

dung Ihrer Rechtsauffassung zu einem Hinweis verpflichtet gewesen, ist der neue Vortrag zuzulassen.[65]

(b) Zulassung nach § 531 II 1 Nr. 2 ZPO. § 531 II 1 Nr. 2 ZPO ist vor allem dann einschlägig, wenn das Amtsgericht gegen seine Hinweispflicht aus § 139 II ZPO verstoßen hat, seine Entscheidung also bspw. auf einem Gesichtspunkt beruht, den eine Partei erkennbar übersehen oder für unerheblich gehalten hat, oder das Amtsgericht seine zunächst geäußerte Rechtsauffassung im Laufe des Verfahrens geändert hat, ohne dies den Parteien mitzuteilen.[66] Darüber hinaus sind alle Verfahrensfehler erfasst, die eine Partei dazu veranlasst haben, von einem bestimmten Vortrag abzusehen.[67] Diese Verfahrensfehler müssen aber für die Entscheidung ursächlich sein. Es genügt deshalb nicht, wenn der Berufungskläger lediglich einen Verstoß gegen die Hinweispflicht rügt, ohne dass er gleichzeitig darlegt, welche erheblichen Angriffs- und Verteidigungsmittel er bei rechtzeitigem Hinweis vorgebracht hätte. 33

(c) Zulassung nach § 531 II 1 Nr. 3 ZPO. Im Gegensatz zu Nr. 1 und Nr. 2 stellt Nr. 3 auf ein erstinstanzliches Versäumnis der Partei ab, das nicht auf der Rechtsaufassung oder der Verfahrensleitung des Amtsgerichts beruht. Neue Angriffs- und Verteidigungsmittel dürfen in diesem Fall nur zugelassen werden, wenn dieses Versäumnis nicht auf Nachlässigkeit der Partei beruhte. Nachlässigkeit liegt vor, wenn die Partei gegen ihre Prozessförderungspflicht verstoßen hat; jede Partei ist grundsätzlich gehalten, schon im ersten Rechtszug die Angriffs- und Verteidigungsmittel vorzubringen, deren Relevanz für den Rechtsstreit ihr bekannt ist oder bei Aufwendung der gebotenen Sorgfalt hätte bekannt sein müssen und zu deren Geltendmachung sie dort imstande ist; Sorgfaltsmaßstab ist dabei die einfache Fahrlässigkeit.[68] Eine Verpflichtung, tatsächliche Umstände, die der Partei nicht bekannt sind, erst zu ermitteln, besteht dagegen nicht.[69] 34

d) Beweisaufnahme in der Berufungsinstanz

aa) Erstmalige Beweisaufnahme. Führt Ihre Prüfung zu dem Ergebnis, dass das Amtsgericht über eine Tatsache, die Sie für erheblich halten, keinen Beweis erhoben hat, müssen Sie grundsätzlich die Beweisaufnahme selbst durchführen (§ 538 I ZPO). 35

bb) Wiederholung der erstinstanzlichen Beweisaufnahme. Eine Wiederholung der erstinstanzlichen Beweisaufnahme ist erforderlich, wenn die erstinstanzliche Tatsachenfeststellung rechtsfehlerhaft war, da das Amtsgericht die gesetzlichen Vorgaben des § 286 ZPO nicht eingehalten hat. Das ist der Fall, wenn die Beweiswürdigung unvollständig oder in sich widersprüchlich ist oder wenn sie gegen Denkgesetze oder Erfahrungssätze verstößt.[70] Ohne solche Rechtsfehler müssen Sie die Beweisaufnahme wiederholen, wenn Sie aufgrund konkreter Anhaltspunkte Zweifel an der Richtigkeit oder Vollständigkeit der Feststellungen haben. Solche Zweifel sind bereits dann zu bejahen, wenn aus Ihrer Sicht eine gewisse – nicht notwendig überwiegende – Wahrscheinlichkeit dafür besteht, dass im Falle der Beweiserhebung die erstinstanzliche 36

[65] Vgl. *BGH* NJW-RR 2015, 1278 Rn. 10.

[66] *BGH* NJW 2007, 2414 (2416). Zum Verbot einer überraschenden Entscheidung § 4 Rn. 134.

[67] Musielak/Voit/*Ball*, § 531 Rn. 18.

[68] *BGH* (V ZR 142/15) BeckRS 2016, 11505 Rn. 7; vgl. hierzu auch *BGH* (V ZR 238/15) BeckRS 2016, 13390 Rn. 8 zum Zurückhalten von Vorbringen aus prozesstaktischen Erwägungen.

[69] *BGH* (V ZR 238/15) BeckRS 2016, 13390 Rn. 8.

[70] *BGH* NJW 2004, 1876 m.w.N.

Feststellung keinen Bestand haben wird.[71] Eine Wiederholung der Beweisaufnahme ist deshalb vor allem dann zwingend geboten, wenn Sie die Aussage eines Zeugen anders als das Amtsgericht verstehen oder Sie die Ausführungen zur Glaubwürdigkeit nicht überzeugen.[72] Dasselbe gilt für die vom Amtsgericht gewürdigte Parteianhörung.[73] Die erneute Vernehmung eines Zeugen kann allenfalls dann unterbleiben, wenn Sie sich lediglich auf Umstände stützen, die weder die Urteilsfähigkeit, das Erinnerungsvermögen oder die Wahrheitsliebe des Zeugen noch die Vollständigkeit oder Widerspruchsfreiheit seiner Aussage betreffen.[74] Sie ist auch dann nicht nötig, wenn Sie die Sache auf der Grundlage der erstinstanzlichen Feststellungen lediglich rechtlich anders bewerten. Die Abgrenzung kann im Einzelfall schwierig sein. Ist der Zeuge verstorben oder sonst nicht erreichbar, kann seine Aussage abweichend gewürdigt werden.[75]

37 cc) **Ausnahme: § 538 II 1 Nr. 1 ZPO.** Wird die Beweisaufnahme aufgrund eines wesentlichen Verfahrensfehlers, der vom Berufungskläger wirksam gerügt worden ist (§§ 529 II 1, 534 ZPO), erforderlich und ist sie umfangreich oder aufwändig[76], dürfen Sie die Sache durch Urteil an das Amtsgericht zurückverweisen, sofern eine Partei dies beantragt (§ 538 II 1 Nr. 1 ZPO).[77] Ob ein wesentlicher Verfahrensmangel vorliegt, ist allein aufgrund des materiell-rechtlichen Standpunkts des erstinstanzlichen Gerichts zu beurteilen.[78] Die Annahme einer aufwändigen Beweisaufnahme setzt voraus, dass sie durch oder infolge der Korrektur des wesentlichen Verfahrensmangels sicher zu erwarten ist, also nicht schon, wenn sie zwar unter bestimmten Voraussetzungen erforderlich wird, der Eintritt dieser Voraussetzungen aber nicht sicher ist.[79] Auch bei Vorliegen dieser Voraussetzungen liegt die Zurückverweisung in Ihrem Ermessen.

4. Besonderheiten

a) Unzuständigkeit des Amtsgerichts

38 Gemäß § 513 II ZPO kann die Berufung nicht auf die Unzuständigkeit des Amtsgerichts gestützt werden. Dies gilt für die sachliche, örtliche und funktionelle Zuständigkeit und die Rechtswegzuständigkeit (§ 17a V GVG), nicht jedoch für die internationale Zuständigkeit.[80]

b) Zweites Versäumnisurteil

39 Versäumnisurteile sind mit der Berufung nur angreifbar, wenn es sich um sog. Zweite Versäumnisurteile handelt (§ 514 II ZPO). Die Berufung kann jedoch nur darauf gestützt werden, dass die Säumnis im Einspruchstermin unverschuldet war (§ 514 II 1 ZPO).[81]

---

[71] Vgl. *BGH* NJW 2014, 2797 Rn. 10.
[72] *BGH* NJW-RR 2012, 704 Rn. 6.
[73] *BGH* NJW 2018, 2334 Rn. 11.
[74] *BGH* NJW 2018, 2334 Rn. 10.
[75] *BGH* (X ZR 96/14) BeckRS 2016, 17575 Rn. 29.
[76] Hierzu instruktiv *BGH* (VII ZR 270/03) BeckRS 2005, 01811.
[77] Zur Tenorierung Rn. 61.
[78] *BGH* (VIII ZR 284/15) BeckRS 2017, 103968 Rn. 18.
[79] *BGH* NJW 2016, 2274 Rn. 19.
[80] *BGH* NJW-RR 2007, 1509 Rn. 3.
[81] Hierzu bspw. *BGH* NJW 2011, 928.

V. Zurückweisung der Berufung nach § 522 II ZPO

Hält die Kammer die Berufung einstimmig für aussichtslos, soll diese unter den Voraussetzungen des § 522 II 1 ZPO durch Beschluss zurückgewiesen werden. 40

1. Keine Erfolgsaussichten

Die Kammer muss sich nach Prüfung der Berufungsbegründung und einer möglichen Erwiderung des Gegners – die jedoch grundsätzlich nicht zuvor eingeholt werden muss –[82] einig darüber sein, dass die Berufung zwar zulässig,[83] aber offensichtlich unbegründet ist, weil die angefochtene Entscheidung nicht auf einer Rechtsverletzung beruht und die nach § 529 ZPO zugrunde zu legenden Tatsachen keine andere Entscheidung rechtfertigen (§ 513 ZPO), also nach der Überzeugung der Kammer keine erneute Tatsachenfeststellung geboten ist. 41

Eine Zurückweisung der Berufung durch Beschluss ist auch dann zulässig, wenn im Berufungsverfahren der Kläger die Klage geändert oder der Beklagte Widerklage erhoben hat; geänderte Klage bzw. Widerklage verlieren dann ihre Wirkung in entsprechender Anwendung des § 524 IV ZPO.[84]

2. Weitere Zurückweisungsvoraussetzungen nach Satz 1

a) Keine grundsätzliche Bedeutung

Grundsätzliche Bedeutung im Sinne des hier maßgebenden § 522 II 1 Nr. 2 ZPO kommt einer Sache nur dann zu, wenn sie eine klärungsbedürftige und klärungsfähige Rechtsfrage aufwirft, die sich in einer unbestimmten Vielzahl weiterer Fälle stellen kann und deshalb das abstrakte Interesse der Allgemeinheit an der einheitlichen Entwicklung und Handhabung des Rechts berührt.[85] Klärungsbedürftig sind solche Rechtsfragen, deren Beantwortung zweifelhaft ist oder zu denen unterschiedliche Auffassungen vertreten werden und die noch nicht oder nicht hinreichend höchstrichterlich geklärt sind, wobei es nicht genügt, dass lediglich einzelne Instanzgerichte oder Literaturstimmen der Rechtsprechung des BGH widersprechen.[86] 42

b) Kein Berufungsurteil erforderlich

Ein Urteil des Berufungsgerichts ist erforderlich, wenn die Voraussetzungen der Revisionszulassung nach § 543 II 1 ZPO vorliegen. 43

c) Keine mündliche Verhandlung geboten

Besteht für den Berufungskläger ein anerkennenswertes Bedürfnis, soll über die Berufung ausnahmsweise mündlich verhandelt werden, auch wenn das Rechtsmittel aussichtslos und eine Revision mangels Grundsatzbedeutung nicht zuzulassen ist.[87] Das kann der Fall sein, wenn die Rechtsverfolgung für den Berufungskläger existentielle Bedeutung hat, bspw. in Arzthaftungsprozessen.[88] 44

---

[82] *BGH* NJW-RR 2018, 303 Rn. 12.
[83] Vgl. hierzu *BGH* NJW 2016, 3380 Rn. 6.
[84] *BGH* NJW 2015, 251 Rn. 2 (Klageänderung); NJW 2014, 151 Rn. 19 (Widerklage).
[85] *BVerfG* NJW 2009, 572 (573).
[86] *BVerfG* NJW 2009, 572 (573).
[87] Musielak/Voit/*Ball*, § 522 Rn. 23a.
[88] Thomas/Putzo/*Reichold*, § 522 Rn. 15a.

3. Hinweis

45 Gemäß § 522 II 2 ZPO muss der Berufungskläger auf die beabsichtigte Zurückweisung hingewiesen werden. Der Hinweis kann entweder durch Kammerbeschluss oder durch Verfügung des Vorsitzenden ergehen. Gleichzeitig kann dem Gegner die Berufungsbegründung zugestellt werden.

Beschluss

Die Kammer beabsichtigt, die Berufung des ... gegen das Urteil des Amtsgerichts ... vom ... (Az. ...) durch einstimmigen Beschluss nach § 522 II 1 ZPO zurückzuweisen.

Gründe:

Die zulässige Berufung hat offensichtlich keine Aussicht auf Erfolg. Die Rechtssache hat keine grundsätzliche Bedeutung und weder die Fortbildung des Rechts noch die Sicherung einer einheitlichen Rechtsprechung erfordern eine Entscheidung des Berufungsgerichts. Eine mündliche Verhandlung ist ebenfalls nicht geboten.

Zu Recht und mit zutreffender Begründung hat das Amtsgericht die Klage abgewiesen.

...

Der ... erhält Gelegenheit zur Stellungnahme binnen drei Wochen. Die Kammer rät, die Berufung aus Kostengründen zurückzunehmen.

Unterschriften der Kammermitglieder

V.

1. Beschluss zustellen; an BerBeklV + Berufungsbegrdg. v. ...[89]
2. WV 4 Wochen

4. Entscheidung

a) Zurückweisung durch Beschluss

46 Reagiert der Berufungskläger auf den Hinweis nicht oder nicht mit erheblichem Vortrag, ergeht der Zurückweisungsbeschluss nach § 522 II ZPO.[90] Dabei sollte aber der Ablauf der Stellungnahmefrist auch dann abgewartet werden, wenn bereits eine Stellungnahme eingegangen ist.[91] Schriftsätze, die erst nach Ablauf der Stellungnahmefrist, aber vor Erlass des Zurückweisungsbeschlusses eingegangen sind, müssen zumindest in Bezug auf dort enthaltene Rechtsausführungen berücksichtigt werden.[92] Konkretisiert der Berufungskläger auf den Hinweis einen unbestimmten Klageantrag, ist die Konkretisierung zu berücksichtigen.[93] Haben Sie Ihren Hinweis auf einen Gesichtspunkt gestützt, den der Berufungskläger erkennbar übersehen oder für unerheblich gehalten hat, dürfen die dadurch veranlassten neuen Angriffs- und Verteidigungsmittel nicht zurückgewiesen werden; das gilt auch für Antragsänderungen[94].

[89] Wurde dem Gegner die Berufungsbegründung bereits zugestellt, genügt die formlose Mitteilung des Beschlusses.

[90] Zur Berufungsrücknahme sogleich unter Rn. 51.

[91] Es spricht sehr viel dafür, die zur Wiedereinsetzungsfrist ergangene Entscheidung *BGH* NJW-RR 2018, 1149 Rn. 7 ff. zu übertragen; hierzu *Büßer*, MDR 2018, 1426; vgl. auch Rn. 19.

[92] *BGH* (V ZR 3/16) BeckRS 2016, 20541 Rn. 13.

[93] *BGH* NJW 2017, 2623 Rn. 10.

[94] *BGH* NJW 2017, 2623 Rn. 11.

Der Berufungskläger trägt die Kosten des Berufungsverfahrens nach § 97 I ZPO. Ob davon auch die Kosten einer Anschlussberufung erfasst werden oder ob insoweit eine Quote gebildet werden muss, ist streitig.[95] Ist das angefochtene Urteil für den Berufungsbeklagten nur gegen Sicherheitsleistung vorläufig vollstreckbar, ist nunmehr auszusprechen, dass das angefochtene Urteil ohne Sicherheitsleistung vorläufig vollstreckbar ist (§ 708 Nr. 10 S. 2 ZPO); gegebenenfalls muss eine Abwendungsbefugnis für den Berufungskläger angeordnet werden (§§ 711, 713 ZPO). Sachverhalt und Anträge muss der Beschluss nur wiedergeben, wenn die Beschwer des Berufungsklägers € 20.000 übersteigt, denn dann ist der Beschluss mit der Nichtzulassungsbeschwerde anfechtbar (§§ 522 II 4, III, 544 I ZPO, 26 Nr. 8 S. 1 EGZPO). Das kann bei Berufungen gegen Amtsgerichtsurteile nur der Fall sein, wenn das Amtsgericht ohne Rücksicht auf den Wert des Streitgegenstandes sachlich zuständig ist (§ 23 Nr. 2 GVG). Ebenso wie das Berufungsurteil muss der Beschluss in diesem Fall nach § 540 I 1 Nr. 1 ZPO eine Bezugnahme auf die tatsächlichen Feststellungen im angefochtenen Urteil mit Darstellung etwaiger Änderungen oder Ergänzungen enthalten; auch im Übrigen gelten dieselben Inhaltsanforderungen an einen Zurückweisungsbeschluss wie bei einem Berufungsurteil, so dass der Beschluss, unter Umständen gemeinsam mit den Ausführungen in dem Hinweisbeschluss, zumindest sinngemäß erkennen lassen muss, was der Berufungskläger mit seinem Rechtsmittel erstrebt hat.[96] Zur Begründung der Entscheidung darf auf den Hinweis Bezug genommen werden (§ 522 II 3 ZPO), so dass Sie sich grundsätzlich nur noch mit den Argumenten auseinandersetzen müssen, die der Berufungskläger dagegen vorgebracht hat. Eine Rechtsbehelfsbelehrung ist nicht erforderlich (§ 232 S. 2 ZPO.)

Beschluss

1. Die Berufung des … gegen das Urteil des Amtsgerichts … vom … (Az. …) wird durch einstimmigen Beschluss gemäß § 522 II ZPO zurückgewiesen.
2. Der … trägt die Kosten des Berufungsverfahrens.
3. Das angefochtene Urteil ist ohne Sicherheitsleistung vorläufig vollstreckbar. (Der Kläger darf die Vollstreckung durch den Beklagten durch Sicherheitsleistung in Höhe von 110% des aufgrund des Urteils vollstreckbaren Betrages abwenden, wenn nicht der Beklagte vor der Vollstreckung Sicherheit in Höhe von 110% des jeweils zu vollstreckenden Betrages leistet.)
3. Der Wert des Berufungsverfahrens wird festgesetzt auf € …

Gründe:

Die zulässige Berufung hat offensichtlich keine Aussicht auf Erfolg. Zur Begründung nimmt die Kammer Bezug auf ihren Hinweisbeschluss vom …. Die Stellungnahme des … im Schriftsatz vom … gibt keinen Anlass, von der im Beschluss geäußerten Auffassung abzuweichen. …

Unterschriften der Kammermitglieder

V.

1. Beschluss zustellen; an BerfgbeklV mit Ss vom …
2. Schlussbehandlung

[95] Vgl. hierzu die umfassende Darstellung bei *Vidal/Aufderheide*, Kostentragung für die Anschlussberufung bei Zurückweisung der Berufung durch Beschluss, NJW 2016, 3269.

[96] *BGH* NJW-RR 2018, 1087 Rn. 6.

b) Fortgang des Verfahrens

47 Besteht in der Kammer nach der Stellungnahme des Berufungsklägers keine Einigkeit mehr über die mangelnden Erfolgsaussichten der Klage bzw. die weiteren in § 522 II 1 ZPO genannten Gründe, kann kein Zurückweisungsbeschluss ergehen. Es ist vielmehr ein Verhandlungstermin zu bestimmen (§ 523 I ZPO).

VI. Anberaumung eines Berufungstermins

1. Übertragung auf den Einzelrichter

48 Vor Anberaumung des Berufungstermins ist zu entscheiden, ob über die Berufung in der Kammer oder durch den Einzelrichter entschieden werden soll.[97] Die folgende Darstellung geht davon aus, dass Ihnen die Kammer den Rechtsstreit als Einzelrichter zur Entscheidung übertragen hat.

> **Beschluss**
>
> Der Rechtsstreit wird dem Berichterstatter als Einzelrichter zur Entscheidung übertragen (§ 526 ZPO).
>
> Unterschrift der Kammermitglieder

2. Terminierung

49 Für die Terminierung der Berufungsverhandlung müssen Sie grundsätzlich keine Besonderheiten gegenüber dem erstinstanzlichen Klageverfahren beachten.[98] Allerdings bedarf es gemäß § 525 S. 2 ZPO keiner Güteverhandlung. Zwischen der Zustellung der Ladung und dem Termin müssen mindestens zwei Wochen liegen (§§ 523 II, 274 III ZPO). Ist dem Berufungsbeklagten die Berufungsbegründung noch nicht zugestellt worden, müssen Sie die Zustellung verfügen. Soll er hierzu Stellung nehmen, können Sie ihm als Einzelrichter eine entsprechende Frist setzen (§ 521 II 1 ZPO).[99] Dabei müssen Sie über die Folgen einer Fristversäumung belehren, um verspäteten Vortrag gegebenenfalls nach §§ 530, 296 ZPO zurückweisen zu können (§§ 521 II 2, 277 II ZPO).

VII. Durchführung des Termins

50 Auch die Durchführung des Termins entspricht im Wesentlichen der mündlichen Verhandlung in der ersten Instanz. Da es keiner Güteverhandlung bedarf, beginnt die Berufungsverhandlung mit dem Stellen der Anträge (§ 137 I ZPO). Für den Fall der Säumnis einer Partei ergeht auf Antrag ein Versäumnisurteil mit dem Inhalt des § 539 I, II ZPO und einer Rechtsbehelfsbelehrung (§ 232 S. 2 Hs. 2 ZPO).

---

[97] Hierzu Rn. 1.

[98] Ausführlich § 8 Rn. 2 ff.

[99] Vor Übertragung auf den Einzelrichter kann die Frist nur vom Kammervorsitzenden oder der Kammer gesetzt werden (§ 521 II 1 ZPO). Andernfalls wird sie nicht wirksam in Gang gesetzt, so dass bspw. der Berufungsbeklagte auch nach ihrem (vermeintlichen) Ablauf noch eine Anschlussberufung gemäß § 524 ZPO einlegen kann.

Bereits in der Berufungsverhandlung sollten Sie daran denken, dass ein mögliches Berufungsurteil dann keiner Entscheidungsgründe bedarf, wenn ein Rechtsmittel unzweifelhaft nicht zulässig ist und die Parteien auf die Gründe verzichten oder Sie den wesentlichen Inhalt in das Protokoll aufgenommen haben (§§ 313a I 2, 540 II ZPO).[100]

VIII. Beendigung des Verfahrens ohne streitiges Urteil

1. Berufungsrücknahme

Der Berufungskläger kann die Berufung bis zur Verkündung des Berufungsurteils 51
durch Erklärung in der mündlichen Verhandlung oder mit Schriftsatz zurücknehmen (§ 516 I ZPO). Im Gegensatz zur Klagerücknahme, die nach Stellen des Klageabweisungsantrags durch den Beklagten in der mündlichen Verhandlung dessen Einwilligung bedarf (§ 269 I ZPO), ist eine Mitwirkung des Gegners zu keiner Zeit erforderlich. Nimmt der Berufungskläger in der Berufungsverhandlung die Berufung zurück, müssen Sie das entsprechende Diktat vorspielen und sich genehmigen lassen (§§ 162 I, 160 III Nr. 8 Alt. 2 ZPO).

Gemäß § 516 III 2 ZPO müssen Sie durch Beschluss aussprechen, dass der Berufungskläger die Berufung verliert und die Kosten des Berufungsverfahrens zu tragen hat. Hierzu gehören grundsätzlich auch die Kosten einer Anschlussberufung.

Beschluss

1. Der ... wird gemäß § 516 III ZPO der eingelegten Berufung für verlustig erklärt.
2. Der ... hat die Kosten des Berufungsverfahrens zu tragen.
3. Der Wert des Berufungsverfahrens wird festgesetzt auf € ...

V.

1. Beschluss zustellen
2. Schlussbehandlung

2. Klagerücknahme

Nimmt der Kläger auf die Berufung des Beklagten gegen ein stattgebendes Urteil 52
seine Klage zurück, gilt § 269 ZPO. Da der Beklagte erstinstanzlich bereits mündlich verhandelt hat, bedarf die Rücknahme stets seiner Einwilligung. Hat der Kläger nach einem gerichtlichen Hinweis zurückgenommen, wonach die Erfolgsaussichten der Berufung aufgrund neuen Beklagtenvorbringens scheitern, können Sie im Rahmen der einheitlichen Kostenentscheidung die Kosten des Berufungsverfahrens dem Beklagten auferlegen.[101]

3. Klageverzicht

Verzichtet der Kläger auf den Klageanspruch, müssen Sie ein Verzichtsurteil nach 53
§ 306 ZPO erlassen.[102]

---

[100] Hierzu Rn. 64.
[101] Vgl. *OLG Nürnberg* NJW 2013, 243.
[102] Hierzu § 11 Rn. 66.

4. Anerkenntnis

54 Erkennt der Beklagte den Klageanspruch an, müssen Sie ein Anerkenntnisurteil nach § 307 ZPO erlassen.[103]

5. Vergleich

55 Schließen die Parteien einen Vergleich, können Zustandekommen und Inhalt gemäß § 278 VI ZPO durch Beschluss festgestellt werden.[104]

IX. Beendigung des Verfahrens durch streitiges Berufungsurteil

56 Muss das Berufungsverfahren durch streitiges Urteil beendet werden, gelten einige Besonderheiten gegenüber dem erstinstanzlichen Urteil,[105] die im Folgenden dargestellt werden sollen.

1. Tenor

a) Verwerfung der unzulässigen Berufung

57 Halten Sie die Berufung für unzulässig, müssen Sie sie verwerfen. Hierfür wird zunächst auf Rn. 19 verwiesen. Der Berufungskläger trägt dann grundsätzlich die Kosten der Berufung nach § 97 I ZPO. Die vorläufige Vollstreckbarkeit richtet sich nach § 708 Nr. 10 ZPO. Beachten Sie, dass bei Verwerfung durch Urteil die Nichtzulassungsbeschwerde unabhängig vom Wert der Beschwer statthaft ist (§ 26 Nr. 8 S. 2 EGZPO), so dass Sie eine Abwendungsbefugnis anordnen und einen Tatbestand verfassen müssen. § 708 Nr. 10 ZPO bezieht sich in diesem Fall auch nur auf das Berufungsurteil.

1. Die Berufung des ... gegen das Urteil des Amtsgerichts ... vom ... (Az. ...) wird als unzulässig verworfen.
2. Der ... trägt die Kosten des Berufungsverfahrens.
3. Das Urteil ist vorläufig vollstreckbar. Der ... darf die Vollstreckung durch den ... durch Sicherheitsleistung in Höhe von 110% des aufgrund des Urteils vollstreckbaren Betrages abwenden, wenn nicht der ... zuvor Sicherheit in Höhe von 110% des jeweils zu vollstreckenden Betrages leistet.

b) Zurückweisung der unbegründeten Berufung

58 Halten Sie das angefochtene Urteil für richtig, müssen Sie die Berufung zurückweisen. Der Berufungskläger trägt wiederum grundsätzlich die Kosten der Berufung nach § 97 I ZPO. Die vorläufige Vollstreckbarkeit richtet sich ebenfalls nach § 708 Nr. 10 ZPO. Ist das angefochtene Urteil für den Berufungsbeklagten nur gegen Sicherheitsleistung vorläufig vollstreckbar, müssen Sie aussprechen, dass auch das angefochtene Urteil ohne Sicherheitsleistung vorläufig vollstreckbar ist (§ 708 Nr. 10 S. 2 ZPO). Haben Sie die Revision zugelassen (hierzu unter d) oder ist die Nichtzulassungsbeschwerde statthaft, weil der Wert der Beschwer € 20.000 übersteigt, müssen Sie zusätzlich die Abwendungsbefugnis anordnen (§§ 711, 713 ZPO). Bei Berufungen im

[103] Hierzu § 11 Rn. 96.
[104] Hierzu § 3 Rn. 111 ff.
[105] Hierzu ausführlich § 11.

einstweiligen Rechtsschutz ist zu beachten, dass die Revision (und damit auch die Nichtzulassungsbeschwerde) nicht statthaft ist (§ 542 II ZPO), so dass es keiner vorläufigen Vollstreckbarkeit bedarf. Dies gilt auch dann, wenn Sie ein vom Amtsgericht erlassenen Arrest bzw. eine einstweilige Verfügung aufheben; § 708 Nr. 6 ZPO findet insoweit keine Anwendung.

1. Die Berufung des … gegen das Urteil des Amtsgerichts … vom … (Az. …) wird zurückgewiesen.
2. Der … trägt die Kosten des Berufungsverfahrens.
3. Dieses und das angefochtene Urteil sind vorläufig vollstreckbar.

Hat der Berufungsgegner nur aufgrund eines neuen Angriffs- oder Verteidigungsmittels gewonnen, können Sie auch ihm die Kosten der Berufung auferlegen (§ 97 II ZPO). Ein Beispiel hierfür ist die erstmalige Erhebung der Verjährungseinrede in der Berufungsinstanz, die dann durchgreift, wenn die zugrunde liegenden Tatsachen unstreitig sind.[106]

c) Abänderung des angefochtenen Urteils

Hat der Berufungskläger mit seiner Berufung Erfolg, müssen Sie das angefochtene 59
Urteil abändern und die von Ihnen für richtig erachtete Entscheidung über die Klage tenorieren.

Auf die Berufung des Beklagten wird das Urteil des Amtsgerichts … vom … (Az. …) wie folgt abgeändert:

1. Die Klage wird abgewiesen.
2. Der Kläger trägt die Kosten des Rechtsstreits (§ 91 I ZPO).
3. Das Urteil ist vorläufig vollstreckbar (§ 708 Nr. 10, 713 ZPO).

d) Teilweise Abänderung des angefochtenen Urteils

60

Auf die Berufung des Klägers wird das Urteil des Amtsgerichts … vom … (Az. …) unter Zurückweisung des Rechtsmittels im Übrigen wie folgt abgeändert:

1. Der Beklagte wird verurteilt, an den Kläger … zu zahlen.
2. Im Übrigen bleibt die Klage abgewiesen.
3. Die Kosten des Rechtsstreits tragen der Kläger zu …, der Beklagte zu ….
4. Vorläufige Vollstreckbarkeit[107]

e) Aufhebung des angefochtenen Urteils und Zurückverweisung

Nur unter den Voraussetzungen des § 538 II ZPO können Sie die Sache auf Antrag 61
einer Partei (Ausnahme Nr. 7) an das Amtsgericht zurückverweisen.[108] In den Fällen der Nr. 1, 2, 3, 6 und 7 müssen Sie zugleich das angefochtene Urteil aufheben.

---

[106] *BGH* NJW 2008, 3434 Rn. 11.

[107] Beachten Sie, dass § 713 ZPO im Hinblick auf die Möglichkeit einer Anschlussrevision (§ 554 ZPO) nur anwendbar ist, wenn keiner Partei ein Rechtsmittel gegen Ihr Urteil zur Verfügung steht. Vgl. zur Auslegung von § 713 ZPO bereits § 11 Rn. 27.

[108] Hierzu *Baumert*, Zurückverweisung wegen Verfahrensmangel in der Berufungsinstanz und Anspruch auf Justizgewährung, MDR 2011, 893.

> 1. Auf die Berufung des … wird das Urteil des Amtsgerichts … vom … (Az. …) aufgehoben und die Sache an das Amtsgericht …, Abt. …, zur erneuten Verhandlung und Entscheidung zurückverwiesen.
> 2. Das Amtsgericht hat auch über die Kosten des Berufungsverfahrens zu entscheiden.
> 3. Das Urteil ist vorläufig vollstreckbar.[109]

f) Zulassung der Revision

62 Sie müssen prüfen, ob gemäß § 543 II ZPO Gründe dafür vorliegen, die Revision gegen Ihr Urteil zuzulassen. Auch diese Entscheidung muss sich im Tenor wiederfinden. Sie können die Zulassung auch auf einen tatsächlich und rechtlich abgrenzbaren Teil des Gesamtstreitstoffs beschränken, wenn dieser Gegenstand eines Teil- oder Grundurteils sein kann oder der Revisionskläger selbst sein Rechtsmittel hierauf beschränken könnte.[110] Die von Ihnen vorgenommene Beschränkung muss sich aber zumindest aus den Entscheidungsgründen ergeben.

> 4. Die Revision wird zugelassen/nicht zugelassen.

2. Bezugnahme auf den Tatbestand

63 Gemäß § 540 I 1 Nr. 1 ZPO bedarf das Berufungsurteil keines Tatbestands. Sie sollen vielmehr auf den Tatbestand des angefochtenen Urteils Bezug nehmen und lediglich den erheblichen Berufungsvortrag der Parteien und die Anträge darlegen. Halten Sie den Tatbestand des angefochtenen Urteils für unverständlich, können Sie aber auch einen eigenen Tatbestand abfassen.

> „I.
>
> Wegen des erstinstanzlichen Sach- und Streitstands wird gemäß § 540 I 1 Nr. 1 ZPO auf den Tatbestand des angefochtenen Urteils Bezug genommen.
>
> (Ggf.: Ergänzend hierzu wird festgestellt: …)
>
> Das Amtsgericht hat die Klage mit dem angefochtenen Urteil abgewiesen. (Kurze Darstellung der tragenden Gründe)
>
> Gegen dieses Urteil, das ihm am … zugestellt worden ist, hat der Kläger mit einem am … eingegangenen Schriftsatz Berufung eingelegt und diese mit einem am … eingegangenen Schriftsatz begründet.
>
> Der Kläger meint, das Amtsgericht habe …
>
> Der Kläger beantragt,
>
> das Urteil des Amtsgerichts … vom … abzuändern
>
> und den Beklagten zu verurteilen …
>
> Der Beklagte beantragt,
>
> die Berufung zurückzuweisen.
>
> Er verteidigt das angefochtene Urteil unter Wiederholung und Vertiefung seiner erstinstanzlichen Argumentation.
>
> (…)“

[109] Zöller/*Heßler*, § 538 Rn. 59.
[110] *BGH* NJW 2010, 2347 Rn. 13.

Haben Sie die Revision nicht zugelassen und ist eine Nichtzulassungsbeschwerde unstatthaft, können Sie gemäß §§ 313a I, 540 II ZPO davon absehen, einen Tatbestand abzufassen. Das sollten Sie jedoch dann nicht tun, wenn es vertretbar erscheint, den Streitwert auch höher als von Ihnen angenommen festzusetzen, denn der BGH ist im Rahmen der Statthaftigkeitsprüfung einer Nichtzulassungsbeschwerde bei der Ermittlung der Beschwer an Ihre Festsetzung nicht gebunden.

3. Entscheidungsgründe

Nach § 540 I 1 Nr. 2 ZPO sollen Sie Ihre Entscheidung kurz begründen. 64

> II.
>
> Die zulässige Berufung ist unbegründet. Zu Recht und mit zutreffender Begründung (ggf. nur: „Im Ergebnis zu Recht") hat das Amtsgericht die Klage abgewiesen. Das Berufungsvorbringen des Klägers gibt der Kammer/dem Berufungsgericht keinen Anlass, von dieser Entscheidung abzuweichen. Der Kläger hat gegen den Beklagten keinen Anspruch auf …

Ihr Urteil bedarf dann keiner Entscheidungsgründe, wenn ein Rechtsmittel unzweifelhaft nicht zulässig ist und die Parteien auf die Gründe verzichten oder Sie den wesentlichen Inhalt in das Protokoll aufgenommen haben (§§ 313a I 2, 540 II ZPO). Dieser Verzicht kann noch eine Woche nach der Berufungsverhandlung erklärt werden (§ 313a III ZPO).

Wenn Sie das Urteil abändern, weil Sie die Auffassung des Amtsgerichts nicht teilen, sollten Sie darauf achten, keine Formulierungen zu verwenden, die als herabsetzend oder zurechtweisend missverstanden werden könnten („verfehlt", „rechtsirrig" etc.).

> Die zulässige Berufung ist begründet. Der Kläger hat gegen den Beklagten einen Anspruch auf … Die Kammer/das Berufungsgericht folgt nicht der Auffassung des Amtsgerichts, wonach …

Einer Rechtsbehelfsbelehrung bedarf es nicht (§ 232 S. 2 ZPO).

4. Verkündung

Für die Verkündung des Urteils gelten keine Besonderheiten gegenüber dem erstinstanzlichen Verfahren. 65

X. Anschlussberufung

Gemäß § 524 ZPO kann sich der Berufungsbeklagte innerhalb der Berufungserwiderungsfrist durch Einreichung eines Begründungsschriftsatzes der (zulässigen) Berufung anschließen, wenn bei Eingang des Schriftsatzes die Berufung noch existiert, also nicht zurückgenommen, verworfen oder durch Beschluss zurückgewiesen worden ist.[111] Eine unzulässige Hauptberufung ist in eine Anschlussberufung umzudeuten, 66

[111] Musielak/Voit/*Ball*, § 524 Rn. 4.

wenn deren Zulässigkeitsvoraussetzungen vorliegen und die Umdeutung dem mutmaßlichen Parteiwillen entspricht.[112]

Auch eine nach Ablauf der Berufungserwiderungsfrist eingelegte Anschlussberufung ist in wenigen Ausnahmefällen zulässig:

- wenn die Fristsetzung unwirksam war, also bspw. nicht durch den Vorsitzenden bzw. den Senat erfolgt ist (§ 521 II 1 ZPO) oder nicht die nach §§ 521 II 2, 277 II, 524 III 2 ZPO erforderliche Belehrung enthielt.[113] In diesem Fall ist die Anschließung bis zum Schluss der Berufungsverhandlung zulässig. Eine Belehrung über die Folgen einer Versäumung der Frist für die Einlegung der Anschlussberufung ist nicht erforderlich;[114]
- wenn sie eine Verurteilung zu künftig fällig werdenden wiederkehrenden Leistungen zum Gegenstand hat (§ 524 II 3 ZPO), selbst wenn zugleich Rückstände geltend gemacht werden.[115]

Eine eigene Beschwer ist für die Anschlussberufung nicht erforderlich.[116] Deshalb kann (und muss) sich der erstinstanzlich vollständig obsiegende Kläger der Berufung des Beklagten anschließen, wenn er die Klage im Berufungsverfahren erweitern oder neue Ansprüche einführen will[117], bzw. sich der vollständig obsiegende Beklagte zum Zwecke der Erhebung einer Widerklage der Berufung des Klägers anschließen. Nach § 524 IV ZPO verliert die Anschlussberufung ihre Wirkung, wenn die Berufung zurückgenommen, verworfen oder durch Beschluss zurückgewiesen worden ist.[118] Eine Zurückweisung durch Urteil ist dagegen unerheblich.[119]

XI. Prozesskostenhilfe

1. PKH-Antrag des Berufungsklägers

67 Beantragt der Berufungskläger Prozesskostenhilfe, gelten dieselben Regeln wie im erstinstanzlichen Verfahren: Sie prüfen die Erfolgsaussichten der Berufung und die Bedürftigkeit des Berufungsklägers. Nimmt der Berufungskläger auf die erstinstanzlich eingereichte Erklärung über die persönlichen und wirtschaftlichen Verhältnisse Bezug, sollten Sie sich von ihm zumindest versichern lassen, dass sich an den Verhältnissen im Grunde nichts geändert hat. Für die Einzelheiten wird auf die Darstellung in § 15 verwiesen.

Hat der Berufungskläger die Berufung unter der Bedingung der PKH-Bewilligung eingelegt, ist sie unzulässig. Sie dürfen sie allerdings nicht sofort verwerfen, sondern müssen zunächst über den PKH-Antrag entscheiden, um dem Berufungskläger die Möglichkeit zu eröffnen, Wiedereinsetzung in den vorigen Stand zu beantragen.[120] Von einer bedingten Einlegung kann auch nur ausgegangen werden, wenn dies den Begleitumständen in einer jeden vernünftigen Zweifel ausschließenden Deutlichkeit

[112] *BGH* NJW-RR 2016, 445 Rn. 7.
[113] *BGH* NJW 2015, 1608 Rn. 12.
[114] *BGH* (XI ZR 572/16) BeckRS 2018, 18197 Rn. 19.
[115] *BGH* NJW 2016, 1963 Rn. 10.
[116] *BGH* NJW 1994, 944 (945).
[117] *BGH* NJW 2015, 2812 Rn. 28.
[118] Vgl. hierzu auch Rn. 46.
[119] *BGH* NJW 1984, 2951 (2952).
[120] Vgl. *BGH* NJW-RR 2013, 509 Rn. 11.

zu entnehmen ist.[121] So soll die Formulierung, „Die Berufung soll nur für den Fall der PKH-Bewilligung durchgeführt werden", nicht ausreichen, da insoweit auch eine Berufungsrücknahme nach Ablehnung des PKH-Antrags in Betracht kommt.[122] Dagegen liegt eine bedingte Berufung vor, wenn im PKH-Antrag angegeben wird, dass im Falle der Bewilligung Berufung eingelegt werde.[123]

Hat der Berufungskläger zunächst nur einen PKH-Antrag eingereicht, ist ihm im Falle der Bewilligung gegebenenfalls Wiedereinsetzung in die Berufungsbegründungsfrist zu gewähren. Dabei ist auch in der höchstrichterlichen Rechtsprechung nicht abschließend geklärt, ob die Begründungsfrist bereits mit der Zustellung des PKH-Bewilligungsbeschlusses beginnt oder erst mit der Mitteilung der Wiedereinsetzung.[124] Sollten Sie der ersten Ansicht folgen, müssen Sie von Amts wegen Wiedereinsetzung gewähren, wenn sich die Partei auf letztere Ansicht verlassen hat.[125] Erfüllt ein PKH-Antrag zugleich alle Anforderungen an eine Berufungsbegründung, kann nur dann eine bedingte Berufungsbegründung angenommen werden, wenn dies dem Schriftsatz und den Begleitumständen in einer jeden vernünftigen Zweifel ausschließenden Deutlichkeit zu entnehmen ist.[126]

Lehnen Sie den Antrag mangels Bedürftigkeit ab, kann der Berufungskläger Wiedereinsetzung in die Berufungsfrist nur mit Erfolg beantragen, wenn er vernünftigerweise nicht mit einer solchen Verweigerung der Prozesskostenhilfe rechnen musste.[127]

2. PKH-Antrag des Berufungsbeklagten

Den PKH-Antrag des Berufungsbeklagten dürfen Sie nicht wegen fehlender Erfolgsaussicht der Rechtsverteidigung zurückweisen (§ 119 I 2 ZPO). Ihm kann Prozesskostenhilfe nicht mit der Begründung versagt werden, dass infolge einer noch ausstehenden Entscheidung über die Zurückweisung der Berufung durch einstimmigen Beschluss eine Rechtsverteidigung noch nicht notwendig sei.[128] Haben Sie die Bedürftigkeit des Beklagten festgestellt, müssen Sie PKH bewilligen. 68

§ 21. Sofortige Beschwerde

Da eine Vielzahl von Entscheidungen durch Beschluss getroffen wird, werden Sie hin und wieder mit einer sofortigen Beschwerde konfrontiert sein. Im Folgenden soll der Verfahrensgang für zwei Konstellationen dargestellt werden: zum einen für den Fall, dass sich die sofortige Beschwerde gegen einen von Ihnen erlassenen Beschluss richtet, zum anderen für den Fall, dass Sie am Landgericht über eine sofortige Beschwerde gegen einen amtsgerichtlichen Beschluss entscheiden müssen. 69

[121] *BGH* (IX ZB 72/17) BeckRS 2018, 9386 Rn. 6.
[122] *BGH* (IX ZB 22/15) BeckRS 2016, 12096 Rn. 6.
[123] *BGH* (IX ZB 72/17) BeckRS 2018, 9386 Rn. 6.
[124] Vgl. hierzu die Darstellung in *BGH* NJW 2014, 2442 Rn. 7 ff.
[125] Vgl. *BGH* NJW 2013, 471 Rn. 19.
[126] *BGH* (VIII ZB 15/17) BeckRS 2017, 114668 Rn. 15.
[127] *BGH* (VI ZB 44/17) BeckRS 2018, 22191 Rn. 5.
[128] *BGH* (XII ZB 180/06) BeckRS 2010, 12769 Rn. 14 ff.

I. Sofortige Beschwerde gegen Ihren Beschluss

70 Geht gegen einen von Ihnen erlassenen Beschluss eine sofortige Beschwerde ein, müssen Sie nach § 572 I ZPO prüfen, ob die Beschwerde begründet ist.[129]

1. Abhilfe

71 Halten Sie die Beschwerde für begründet und wollen ihr deshalb abhelfen, müssen Sie dem Gegner zunächst Gelegenheit zur Stellungnahme geben.

> V.
>
> 1. Ss vom … an Gegner (EB) z. Stn. binnen 2 Wochen
> 2. WV 3 Wochen

Geht eine Stellungnahme ein, müssen Sie prüfen, ob überzeugende Gründe vorgebracht werden, der Beschwerde nicht abzuhelfen. Andernfalls erlassen Sie einen Beschluss, mit dem Sie Ihren angefochtenen Beschluss abändern und die begehrte Entscheidung treffen.

> **Beschluss**
>
> Auf die sofortige Beschwerde vom … wird der Beschluss vom … dahin gehend abgeandert, dass dem Kläger Prozesskostenhilfe für die erste Instanz ohne Ratenzahlung unter Beiordnung von Herrn Rechtsanwalt … bewilligt wird. (…)

2. Verwerfung

72 Grundsätzlich dürfen Sie die sofortige Beschwerde auch bei offensichtlicher Unzulässigkeit nicht selbst verwerfen.[130] Die Prüfung der Zulässigkeit obliegt allein dem Beschwerdegericht. Etwas anderes gilt nur dort, wo ein Beschwerderechtszug nicht eröffnet ist und es somit an einem Beschwerdegericht fehlt. So ist gemäß § 567 I ZPO die sofortige Beschwerde nur gegen erstinstanzliche Beschlüsse statthaft. Die im Berufungsverfahren gegen einen Ihrer Beschlüsse eingelegte sofortige Beschwerde ist folglich unzulässig. Sie können diese Beschwerde entweder selbst verwerfen oder als Gegenvorstellung behandeln.[131]

3. Nichtabhilfe

73 Wollen Sie der Beschwerde nicht abhelfen, müssen Sie grundsätzlich einen Nichtabhilfebeschluss erlassen, der jedenfalls dann eine Begründung enthalten muss, wenn der Beschwerdeführer mit der Beschwerde neue Tatsachen vorgetragen hat oder Ihre Ausgangsentscheidung keine Begründung enthält. Sodann müssen Sie die Akte unverzüglich dem Beschwerdegericht (Landgericht, § 72 I GVG, bzw. Ober-

---

[129] Hierzu *Schmidt*, Probleme des Abhilfeverfahrens nach § 572 Abs. 1 ZPO, MDR 2010, 725.

[130] Musielak/Voit/*Ball*, § 572 Rn. 7.

[131] Zur Gegenvorstellung *BGH* NJW-RR 2015, 1091 Rn. 12; vgl. auch *BGH* (VI ZR 25/14) BeckRS 2015, 18672 Rn. 1.

landesgericht, § 119 GVG) vorlegen. Eine Stellungnahme des Gegners ist hier nicht erforderlich, auch die Übermittlung der Beschwerdeschrift können Sie dem Beschwerdegericht überlassen.

Beschluss

Der sofortigen Beschwerde gegen den Beschluss vom ... wird nicht abgeholfen.

Gründe:

Die mit der sofortigen Beschwerde vorgebrachten Einwendungen geben dem Gericht keinen Anlass, von seiner Rechtsauffassung im angefochtenen Beschluss abzuweichen. (...)

V.

1. Beschluss an Parteien/ParteiV
2. U.m.A. dem Landgericht/Oberlandesgericht ... zur Entscheidung über die sofortige Beschwerde vom ... (Bl. ...)

II. Entscheidung über eine sofortige Beschwerde

Wird Ihnen als Mitglied einer Zivilkammer die amtsgerichtliche Akte vorgelegt, 74
müssen Sie prüfen, ob die angefochtene Entscheidung zu Recht ergangen ist.

1. Vorprüfung

a) Zuständigkeit

Prüfen Sie zunächst anhand des Geschäftsverteilungsplans, ob Sie für die Entschei- 75
dung über die sofortige Beschwerde gerichts- und kammerintern zuständig sind. Gemäß § 568 S. 1 ZPO sind sofortige Beschwerden gegen amtsgerichtliche Beschlüsse Einzelrichtersachen, können aber unter den Voraussetzungen von § 568 S. 2 ZPO auf die Kammer übertragen werden. Hierüber entscheiden Sie als Einzelrichter.[132]

b) Einholung des Nichtabhilfebeschlusses

Stellen Sie fest, dass das Amtsgericht keinen Nichtabhilfebeschluss erlassen hat, 76
müssen Sie die Akte zum Erlass eines solchen Beschlusses zurücksenden.

V.

Akte zurück an AG ... zur Entscheidung über die Abhilfe

2. Zulässigkeit der Beschwerde

a) Statthaftigkeit

Die sofortige Beschwerde ist unter den Voraussetzungen des § 567 I ZPO statthaft. 77

aa) Gesetzliche Bestimmung. Die sofortige Beschwerde ist statthaft, wenn dies im Ge- 78
setz ausdrücklich angeordnet wird (§ 567 I Nr. 1 ZPO), bspw. in folgenden Konstellationen:
- Zurückweisung eines Ablehnungsgesuchs gegen Richter, § 46 II Alt. 2 ZPO;
- Kostenentscheidung nach übereinstimmenden Erledigungserklärungen, § 91a II ZPO;

---

[132] Vgl. *BGH* (IX ZB 84/16) BeckRS 2017, 127501 Rn. 11.

- Kostenentscheidung eines Anerkenntnisurteils, § 99 II 1 ZPO;
- Kostenfestsetzungsbeschluss, § 104 III 1 ZPO;
- Zurückweisung eines PKH-Antrags, § 127 II 2 ZPO;
- Kostenbeschluss nach Klagerücknahme, § 269 V ZPO;
- Urteilsberichtigung, § 319 III Alt. 2 ZPO;
- Zurückweisung des Antrags auf Erlass eines VU, § 336 I 1 ZPO;
- Ordnungsmittelbeschlüsse gegen Zeugen, § 380 III ZPO;
- Zurückweisung einer Sachverständigen-Ablehnung, § 406 V Alt 2 ZPO;
- Ordnungsmittelbeschlüsse gegen SV, § 409 II ZPO.

79 **bb) Generalklausel.** Nach der Generalklausel des § 567 I Nr. 2 ZPO ist die sofortige Beschwerde darüber hinaus statthaft gegen Entscheidungen, die eine mündliche Verhandlung nicht erfordern und durch die ein das Verfahren betreffendes Gesuch zurückgewiesen worden ist.

80 **(1) Kein ausdrücklicher Ausschluss.** Dies gilt nicht, wenn die sofortige Beschwerde im Gesetz ausdrücklich ausgeschlossen wird, wie bspw. in diesen Fällen:

- Richterablehnung, § 46 II Alt. 1 ZPO;
- isolierte Beschwerde gegen Kostenentscheidungen, § 99 I ZPO;
- Beschwerde des Gegners gegen Bewilligung von Prozesskostenhilfe, § 127 II 1, III ZPO;
- Zurückweisung eines Fristverlängerungsantrags, § 225 III ZPO;
- Entscheidung über Terminsaufhebung und -verlegung, § 227 IV 2 ZPO;
- Verweisungsbeschluss, § 281 II 2 ZPO;
- Zurückweisung des Antrags auf Urteilsberichtigung, § 319 III Alt. 1 ZPO;
- Zurückweisung des Antrags auf Entscheidung nach Lage der Akten, § 336 II ZPO;
- Entscheidungen zur Kammer- bzw. Einzelrichterzuständigkeit, §§ 348 IV, 348a III ZPO;
- Beweisbeschluss, § 355 II ZPO;
- Sachverständigenablehnung, § 406 V Alt. 1 ZPO;
- Stattgabe des Antrags auf Durchführung eines selbstständigen Beweisverfahrens, § 490 II ZPO;
- Beschlüsse über Anträge zur einstweiligen Einstellung der Zwangsvollstreckung, § 707 II 2 ZPO.

81 **(2) Anfechtbare Entscheidungen.** Entscheidungen, die eine mündliche Verhandlung nicht erfordern, sind gemäß § 128 IV ZPO alle Entscheidungen des Gerichts, die nicht Urteile sind, also insbesondere Beschlüsse. Diese sind mit der sofortigen Beschwerde anfechtbar, wenn sie nicht von Amts wegen, sondern nur auf Antrag getroffen werden und dieser Antrag zurückgewiesen wurde.[133]

82 **cc) Beschwerdewert bei Beschwerden gegen Kostenentscheidungen.** Beschwerden gegen Entscheidungen über Kosten sind gemäß § 567 II ZPO nur statthaft, wenn ihr Gegenstandswert € 200 übersteigt.

b) Beschwerdefrist

83 Gemäß § 569 I ZPO muss die sofortige Beschwerde binnen zwei Wochen seit Zustellung des Beschlusses eingelegt werden. Zur Fristwahrung genügt die Einlegung beim Ausgangsgericht. Die Frist ist eine Notfrist, kann also nicht verlängert werden. Eine Wiedereinsetzung in die Beschwerdefrist ist nach § 233 ZPO möglich. Für die

[133] Beispiele bei Zöller/*Heßler*, § 567 Rn. 34, 35.

sofortige Beschwerde gegen die Ablehnung eines Antrags auf Bewilligung von Prozesskostenhilfe gilt abweichend eine Frist von einem Monat (§ 127 II 3 ZPO).

c) Form der Beschwerde

Für das hier allein interessierende Beschwerdeverfahren gegen amtsgerichtliche Entscheidungen besteht kein Anwaltszwang (§§ 569 III 1, 78 III ZPO). Die sofortige Beschwerde kann deshalb sowohl durch Einreichung einer Beschwerdeschrift eingelegt werden, in der die angefochtene Entscheidung genannt und erklärt wird, dass gegen diese Beschwerde eingelegt wird (§ 569 II ZPO), als auch durch Erklärung zu Protokoll der Geschäftsstelle (§ 569 III ZPO).[134] 84

3. Begründetheit der Beschwerde

Der Prüfung der Begründetheit der Beschwerde sind nicht nur die Angriffs- und Verteidigungsmittel zugrunde zu legen, die der Beschwerdeführer bis zum Erlass der angefochtenen Entscheidung vorgebracht hatte, sondern auch neue, soweit diese nicht präkludiert sind (§ 571 II 1, III ZPO).[135] 85

4. Entscheidung über die Beschwerde

Die Entscheidung über die sofortige Beschwerde ergeht durch Beschluss (§ 572 IV ZPO). Sie brauchen folglich nicht mündlich zu verhandeln (§ 128 IV ZPO). Grundsätzlich müssen Sie eine Kostenentscheidung nach §§ 91 ff. ZPO treffen. Dies gilt nicht für Beschwerden gegen Entscheidungen im Zwischenverfahren; ausdrücklich geregelt ist es für die PKH-Beschwerde in § 127 IV ZPO. 86

a) Unzulässigkeit

Ist die sofortige Beschwerde unzulässig, muss sie als unzulässig verworfen werden (§ 572 II 2 ZPO). Die Kostenentscheidung folgt aus § 97 I ZPO. 87

> Die sofortige Beschwerde gegen den Beschluss des Amtsgerichts … vom … wird auf Kosten des Beschwerdeführers als unzulässig verworfen.

b) Unbegründetheit

Ist die sofortige Beschwerde unbegründet, wird sie zurückgewiesen. Die Kostenentscheidung folgt ebenfalls aus § 97 I ZPO. 88

> Die sofortige Beschwerde gegen den Beschluss des Amtsgerichts … vom … wird auf Kosten des Beschwerdeführers zurückgewiesen.

c) Begründetheit

Ist die Beschwerde begründet, müssen Sie den angefochtenen Beschluss aufheben und gegebenenfalls die vom Beschwerdeführer begehrte Entscheidung treffen. Die Kosten trägt grundsätzlich der Gegner nach § 91 I ZPO. 89

---

[134] Zur Einlegung per E-Mail *LAG Hamm* (14 Ta 85/17) BeckRS 2017, 125836 Rn. 3.

[135] Vgl. hierzu *Himstedt*, Die Präklusion neuer Tatsachen im Beschwerdeverfahren, MDR 2018, 1160.

1. Auf die sofortige Beschwerde wird der Beschluss des Amtsgerichts ... vom ... aufgehoben.
2. Dem Kläger wird Prozesskostenhilfe für die erste Instanz ohne Ratenzahlung unter Beiordnung von Herrn Rechtsanwalt ... bewilligt.

Gemäß § 572 III ZPO können Sie nach Aufhebung des Beschlusses die Entscheidung auch dem Amtsgericht übertragen. Hiervon sollten Sie aber nur Gebrauch machen, wenn die Sache nicht entscheidungsreif ist.

5. Rücknahme der sofortigen Beschwerde

90 Der Beschwerdeführer kann die sofortige Beschwerde bis zum Erlass der Beschwerdeentscheidung jederzeit und ohne Mitwirkung des Gegners zurücknehmen, muss dann jedoch die Kosten des Beschwerdeverfahrens entsprechend § 516 III ZPO tragen.

§ 22. Gehörsrüge

91 Die Gehörsrüge eröffnet einer Partei, die ihren Anspruch auf rechtliches Gehör verletzt sieht, die Möglichkeit, gegen Ihre Entscheidung vorzugehen, obwohl kein Rechtsmittel oder Rechtsbehelf gegeben ist (§ 321a I S. 1 Nr. 1, S. 2 ZPO).[136] Andere Verfahrensfehler, bspw. ein Verstoß gegen das Gebot des gesetzlichen Richters, werden von § 321a ZPO jedenfalls nicht unmittelbar erfasst.[137]

I. Zulässigkeit der Gehörsrüge

1. Statthaftigkeit

92 Die Gehörsrüge ist gegen unanfechtbare Urteile oder instanzabschließende Beschlüsse statthaft:

- Endentscheidungen, gegen die kein Rechtsmittel oder Rechtsbehelf gegeben ist, sind vor allem: erstinstanzliche Urteile, deren Beschwer € 600 nicht übersteigt, soweit Sie nicht die Berufung zugelassen haben (§ 511 II ZPO); Kammerbeschlüsse, mit denen die Berufung gemäß § 522 II ZPO zurückgewiesen wurde, soweit der Wert der Beschwer € 20.000 nicht übersteigt[138]. Ob Berufungsurteile rügefähig sind, ist streitig.[139] Sie sind es jedenfalls dann nicht, wenn Sie die Revision zugelassen haben (§ 543 I Nr. 1 ZPO) oder die Beschwer € 20.000 übersteigt, so dass die Nichtzulassungsbeschwerde statthaft ist (§§ 544 ZPO, 26 Nr. 8 EGZPO).[140]
- Beschlüsse, mit denen Sie eine sofortige Beschwerde zurückgewiesen haben, soweit nicht die Rechtsbeschwerde statthaft ist (§§ 574 I ZPO).

Die gegen einen die Anhörungsrüge zurückweisenden Beschluss erhobene weitere Anhörungsrüge ist unzulässig (§ 321a IV 4 ZPO).[141]

---

[136] Hierzu *Zuck*, Praxishinweise zur zivilprozessualen Anhörungsrüge, MDR 2011, 399.
[137] *BGH* NJW 2011, 1516 Rn. 10.
[138] Vgl. hierzu Rn. 46.
[139] Vgl. die Darstellung bei *OLG Frankfurt* NJW 2005, 517.
[140] *BGH* NJW 2005, 680.
[141] *BGH* (VIII ZR 127/17) BeckRS 2018, 26415 Rn. 2.

2. Form

Die Rüge muss schriftlich erhoben werden (§ 321a II 4 ZPO). Im Anwaltsprozess gilt Anwaltszwang. Der Rügeführer muss die angegriffene Entscheidung bezeichnen und darlegen, worin er eine entscheidungserhebliche Verletzung seines Anspruchs auf rechtliches Gehör sieht (§ 321a II 5 ZPO). Es reicht nicht aus, wenn die Rüge sich auf eine wiederholende Darstellung oder Rechtfertigung des vermeintlich übergangenen Vorbringens beschränkt. In der Anhörungsrüge muss vielmehr zugleich anhand des angegriffenen Urteils näher herausgearbeitet werden, dass darin ein Rechtsstandpunkt eingenommen worden ist, bei dem das als übergangen gerügte Vorbringen schlechthin nicht unberücksichtigt bleiben konnte und eine Nichtberücksichtigung sich deshalb nur damit erklären lässt, dass es nicht zur Kenntnis genommen worden ist.[142] 93

3. Frist

Die Rüge ist innerhalb einer Notfrist von zwei Wochen nach Kenntnis der Verletzung rechtlichen Gehörs zu erheben; der Rügeführer muss diesen Zeitpunkt nennen und glaubhaft machen (§ 321a II 1 ZPO). 94

Ist seit der Bekanntgabe der Entscheidung mehr als ein Jahr vergangen, ist die Rüge unzulässig (§ 321a II 2 ZPO). Formlos mitgeteilte Entscheidungen gelten mit dem dritten Tag nach Aufgabe zur Post als bekannt gegeben (§ 321a II 3 ZPO).

II. Begründetheit der Gehörsrüge

Die Gehörsrüge ist begründet, wenn Sie den Anspruch der die Rüge führenden Partei auf rechtliches Gehör in entscheidungserheblicher Weise verletzt haben. 95

1. Verletzung des Anspruchs auf rechtliches Gehör

Sie haben den Anspruch der Partei auf rechtliches Gehör u.a. in den folgenden Fällen verletzt: 96

- Sie haben Ihre Entscheidung auf einen Tatsachenvortrag gestützt, zu dem die Partei nicht Stellung nehmen konnte.
- Sie haben Tatsachenvortrag oder Beweisantritte der Partei zu Unrecht nicht berücksichtigt.
- Sie haben die nach § 139 II ZPO gebotenen Hinweise nicht erteilt.[143]
- Sie haben zu Unrecht Angriffs- oder Verteidigungsmittel nach § 296 I, II ZPO zurückgewiesen.[144]

2. Entscheidungserheblichkeit

Die Verletzung ist entscheidungserheblich, wenn Sie nicht ausschließen können, dass Ihre Entscheidung bei Gewährung rechtlichen Gehörs anders ausgefallen wäre.[145] Ist das der Fall, ist die Rüge begründet. Es kommt nicht darauf an, ob Sie unter Berücksichtigung des übergangenen Vortrags inhaltlich an Ihrer Entscheidung festhalten wollen. 97

---

[142] *BGH* (VIII ZR 79/15) BeckRS 2016, 16288 Rn. 4.
[143] *BGH* NJW 2007, 2117 Rn. 8 f.
[144] Zöller/*G. Vollkommer*, § 321a Rn. 9a.
[145] Vgl. *BGH* NJW 2005, 2624 (2625).

III. Anhörung des Gegners

98 Eine Anhörung des Gegners soll gemäß § 321a III ZPO nur erfolgen, soweit das erforderlich ist. Regelmäßig wird das dann der Fall sein, wenn Sie die Rüge für begründet halten. Ansonsten müssen Sie dem Gegner keine Stellungnahmefrist gewähren.

IV. Entscheidung über die Gehörsrüge

99 Die Entscheidung über die Gehörsrüge ergeht durch Beschluss (§ 321a IV 4 ZPO). Sie brauchen folglich nicht mündlich zu verhandeln (§ 128 IV ZPO). Grundsätzlich müssen Sie eine Kostenentscheidung nach §§ 91 ff. ZPO treffen.

1. Unzulässigkeit

100 Ist die Gehörsrüge unzulässig, muss sie als unzulässig verworfen werden (§ 321a II 2 ZPO). Die Kostenentscheidung folgt aus § 97 I ZPO.

> Die Gehörsrüge des Klägers/Beklagten wird auf dessen Kosten als unzulässig verworfen.

2. Unbegründetheit

101 Ist die Gehörsrüge unbegründet, wird sie zurückgewiesen (§ 321a IV 3 ZPO). Die Kostenentscheidung folgt ebenfalls aus § 97 I ZPO.

> Die Gehörsrüge des Klägers/Beklagten wird auf dessen Kosten zurückgewiesen.

3. Begründetheit

102 Ist die Gehörsrüge begründet, müssen Sie ihr abhelfen. Dies geschieht nicht durch Beschluss, sondern indem Sie das Verfahren fortführen, soweit dies aufgrund der Rüge geboten ist (§ 321a V 1 ZPO).

> V.
>
> 1. Schreiben an ParteiV: Auf die Gehörsrüge des Klägers wird das Verfahren fortgeführt.
> 2. WV sofort (Beweisbeschl.?)

Da das Verfahren in die Lage zurückversetzt wird, in der es sich vor Schluss der mündlichen Verhandlung befand, müssen Sie einen neuen Verhandlungstermin anberaumen (§ 321a V 2 ZPO). Der Tenor des Urteils orientiert sich gemäß § 321a V 3 ZPO an § 343 ZPO.

> Das Urteil vom … wird aufrechterhalten.
>
> Das Urteil vom … wird aufgehoben und die Klage abgewiesen.
>
> Das Urteil vom … wird in Höhe von € … zuzüglich Zinsen in Höhe von … Prozentpunkten über dem Basiszinssatz seit dem … aufrechterhalten. Im Übrigen wird es aufgehoben und die Klage abgewiesen.

§ 23. Verzögerungsrüge

Erhebt eine Partei schriftlich oder in einer mündlichen Verhandlung eine Verzögerungsrüge nach § 198 III 1 GVG, müssen Sie hierzu keine dienstliche Stellungnahme abgeben, denn diese Rüge ist lediglich Voraussetzung für das später durchzuführende Entschädigungsverfahren. Es ist jedoch nicht ausgeschlossen, dass Sie im weiteren Verlauf von Ihrer Gerichtsleitung zur Stellungnahme aufgefordert werden, weil diese im Entschädigungsverfahren zur sekundären Darlegung verpflichtet sein kann.[146] 103

Der BGH stellt für die Beurteilung einer unangemessenen Dauer auf die Umstände des Einzelfalles und nicht auf statistische Durchschnittswerte ab; die Verfahrensführung wird nicht auf ihre Richtigkeit, sondern nur auf ihre Vertretbarkeit hin überprüft.[147]

Eine Untätigkeitsbeschwerde ist seit Einführung der Verzögerungsrüge nicht mehr statthaft.[148] 104

---

[146] Vgl. *BGH* NJW 2014, 220 Rn. 41.
[147] *BGH* NJW 2015, 1312 Rn. 26.
[148] *BGH* NJW 2013, 385 Rn. 3.

Stichwortverzeichnis

Die **fett** gedruckten Zahlen verweisen auf die Hauptfundstellen.